Guy R. Lefrancois

Psychologie des Lernens

Übersetzt und bearbeitet von
P. K. Leppmann W. F. Angermeier Th. J. Thiekötter

Zweite, vollkommen überarbeitete
und ergänzte Auflage

Mit 22 Abbildungen und 13 Tabellen

Springer-Verlag
Berlin Heidelberg New York Tokyo

Autor:
Guy R. Lefrancois Department of Educational Psychology, University
of Alberta, Edmonton/Canada

Übersetzer:
Professor Dr. Peter K. Leppmann
Department of Psychology University, of Guelph, Guelph, Ontario –
Canada

Professor Dr. Wilhelm F. Angermeier
Psychologisches Institut I der Universität zu Köln, Lehrstuhl 2,
Meister-Ekkehart-Straße 9, D-5000 Köln 41

Dr. Thomas J. Thiekötter
Springer-Verlag, Tiergartenstraße 17, D-6900 Heidelberg

Titel der englischen Ausgabe:
Psychological Theories and Human Learning: Kongors Report
© 1972 by Wadsworth Publishing Company Inc.
Belmont/California 94002

ISBN 3-540-16192-9 2. Aufl. Springer-Verlag Berlin Heidelberg New York Tokyo
ISBN 0-387-16192-9 2nd ed. Springer-Verlag New York Heidelberg Berlin Tokyo

ISBN 3-540-07588-7 1. Aufl. Springer-Verlag Berlin Heidelberg New York
ISBN 0-387-07588-7 1st ed. Springer-Verlag New York Heidelberg Berlin

CIP-Kurztitelaufnahme der Deutschen Bibliothek
Lefrancois, Guy R.: Psychologie des Lernens / Guy R. Lefrancois. Übers. u. bearb. von
P. K. Leppmann ... - 2., vollkommen überarb. u. erg. Aufl. -
Berlin ; Heidelberg ; New York ; Tokyo : Springer, 1986.
Einheitssacht.: Psychological theories and human learning ⟨dt.⟩
NE: Leppmann, Peter [Bearb.]

Satz: Appl, Wemding. Druck: Sala-Druck, Berlin. Binder: Helm, Berlin
2126/3020-543210

Psychologie des Lernens

2. Auflage

Teile hiervon wurden einem Buch mit dem anmaßenden Titel
„Psychologie des Lernens, Report von Kongor dem Androneaner"
geschrieben von Kongor persönlich, entwendet.

Guy R. Lefrancois
University of Alberta

Vorwort

Diese Übersetzung der 2., überarbeiteten und ergänzten amerikanischen Ausgabe des sehr erfolgreichen Lehrbuches von Guy R. Lefrançois haben wir aus folgenden Gründen zum jetzigen Zeitpunkt unternommen:

Autor wie Übersetzer hatten das Gefühl, daß die Zeit von „Kongor dem Androneaner", der die 1. Auflage „betreut" hatte, abgelaufen war. Dieser hatte tausenden von amerikanischen und deutschsprachigen Studenten in den letzten 10 Jahren das Lernen über das Lernen leichter gemacht. Für uns war von ausschlaggebender Bedeutung, daß wir - Autor wie Übersetzer - den in der 1. Auflage praktizierten lockeren Stil in der 2. Auflage beibehalten konnten.

Zum Inhalt der 2. Auflage dieses Buches: Dieser Text bleibt weiterhin eine kritische Auseinandersetzung und Wertung der traditionellen wie auch neueren Ansätze in der Lernpsychologie.

Hinzugekommen sind - gegenüber der 1. Auflage - Darstellungen der Gedächtnisforschung und ihrer theoretischen Grundlagen sowie, dem neueren Trend Rechnung tragend, eine Einführung in Terminologie und Forschungsansätze im Bereich der Künstlichen Intelligenz (Artificial Intelligence, AI).

Man sollte keine Lernpsychologie betreiben, ohne sich nicht auch zugleich Gedanken über deren *Anwendungsmöglichkeiten* zu machen. So werden z.B. die das Lernverhalten und das Lernergebnis beeinflussenden Faktoren besonders hervorgehoben und zusammengefaßt.

Durch diese vollständige Überarbeitung und Ergänzung hat dieser Text an Aktualität und Nutzen für die von uns angesprochenen Zielgruppen stark gewonnen:

Wir wünschen allen Psychologen, Pädagogen, Soziologen, Medizinern, Lehrern, Erziehern, Sozialarbeitern und allen denjenigen, die sich für menschliches Verhalten interessieren .... Viel Spaß am Lernen!

pkl
wfa
tt

Eine Erklärung

Wer nimmt sich heute noch Zeit, ein Vorwort zu lesen? Aber vielleicht gibt es doch den einen oder anderen, der eine Erklärung oder ein Geständnis liest. Das Folgende ist beides zugleich.

Ich gestehe, daß ich nicht alles, was in diesem Buch steht, selbst geschrieben habe. Kongor (M-III 216, 784, 912, LVKX4) schrieb die erste Auflage dieses Werkes. Davon habe ich jetzt einige Teile gestohlen (mitsamt dem Titel), habe dann einige selbst geschriebene Teile hinzugefügt und einen gutmütigen Verleger dazu überredet, das Werk so zu veröffentlichen, als sei es ausschließlich meins.

Zur Erklärung: Kongor kam von Androneas (dem dritten Solarsystem) im Frühjahr 1970 zu uns. Er war als Verhaltensforscher von seinen Vorgesetzten hierher gesandt worden, um die hiesige dominante Lebensform zu entdecken und einen Bericht über deren Verhalten zusammenzustellen. Ich war der erste Mensch, dem er begegnete. Wir wurden Freunde und, als er zurückbeordert wurde, hinterließ er mir Teile seines Berichtes. Daraus entstand die erste Auflage dieses Buches. Heute – ein ganzes Jahrzehnt später – ist vieles von dem, was Kongor damals geschrieben hatte, irreführend, ungenau order irrelevant. Deshalb diese zweite Auflage.

Als Kongor ging, versprach er zurückzukommen und mir den Rest seines Berichtes zu übermitteln. Dazu hinterließ er mir einen sog. Sonardukt-Empfänger. (Oh, all die Bücher, die ich hätte schreiben können, wenn er sein Versprechen gehalten hätte!) Offensichtlich halten Außerirdische nicht immer Wort. Keiner kann mir daher Vorwürfe machen, wenn ich einige unbedeutende Passagen aus einem Bericht übernommen habe, der sowieso äußerst beschränkt und nichtssagend war.

Ein kleines Vorwort

Dieses Buch versucht eine kritische Darstellung der wichtigsten lerntheoretischen Ansätze in der Psychologie. Es bespricht die bedeutensten S-R Theorien und die einflußreichsten kognitiven Theorien; die sie anhand zentraler, im ersten Kapitel aufgeführten Kriteria beurteilt. Des weiteren beschäftigt es sich mit der modernen Forschung zu den Themen künstliche Intelligenz, Gedächtnis, Motivation und soziales Lernen. Das Buch schließt mit einer Zusammenfassung und Integration aller Themenbereiche. Die einzelnen Abhandlungen sind so gehalten, daß die Argumentation verständlich, die Themen relevant und das Interesse des Lesers aufrechterhalten bleibt. Mein Ziel, den Leser zu motivieren, ließ mich etwas gemäßigter beginnen als enden. Auch enthalten die ersten Kapitel mehr Humor (hoffe ich) als die letzten; obendrein findet man anfangs ausführliche Erklärungen und Illustrationen. Dieses Buch wurde hauptsächlich für Studenten der Psychologie, aber auch für Lehrer, Therapeuten, Sozialarbeiter, Betriebspsychologen, Krankenschwestern, Sozialpsychologen, Ärzte, Anwälte, Zahnärzte, Ingenieure, Hausfrauen, Landwirte, Richter, Fischer und alle anderen Berufsgruppen geschrieben.

Danke schön

    an meinen ersten Schullehrer und seine Frau
    an meine Kusine Sylvia
    an alle meine anderen Vettern und Kusinen
    an alle meine anderen Verwandten
    an alle meine Freunde
    an deren Freunde
    und an alle anderen, wenn es noch andere gibt.

Ein ganz besonderes Dankeschön an die Rezensenten dieser Abendausgabe: Charles A. Buhler, Georgia Southwestern College; John H. Mueller, University of Missouri; Barry S. Markman, Wayne State University; Glen I. Nicholson, University of Arizona; Robert E. Prytula, Middle Tennessee State University; and Robert L., Williams, Gallandet College (Washington, D. C.)

Guy R. Lefrancois

Inhaltsverzeichnis

Einleitung: Wissenschaft und Theorie

Lernen: Reiz-Reaktions-Erklärungen

Lernen: Kognitive Erklärungen

Das Lernen beeinflussende Faktoren

Ein Schlußwort

Einleitung:
Wissenschaft und Theorie

Theorien und Lernen

Lernen

Für den Ausdruck Lernen gibt es eine Reihe verschiedener Definitionen. Wenn Laien diesen Begriff hören, so denken sie zumeist an die Aneignung irgendwelcher Informationen. Wenn ich Ihnen z.B. sage, daß ein Planet 48 Milliarden Jahre alt ist, und Sie dann wiederholen können, daß er 48 Milliarden Jahre alt ist, könnte man annehmen, daß ein Lernvorgang stattgefunden hat. In diesem Fall ist die Art der Information, die Sie sich angeeignet haben, natürlich klar und einleuchtend. Was glauben Sie jedoch würde passieren, wenn man z.B. den Kadetten einer Polizeischule auf einem Auge ein neutrales Bild und auf dem anderen Auge ein Bild, das Gewalttätigkeit darstellt, darbieten würde? (Toch & Schulte, 1961). Als dieses Experiment durchgeführt wurde, berichteten Kadetten im 3. Jahr eine wesentlich größere Anzahl von gewalttätigen Bildern als Neulinge. Hatten die älteren Kadetten etwas gelernt? Was hatten sie gelernt? Welche besondere Information hatten sie sich angeeignet? Jetzt sehen Sie, daß der Ausdruck *Lernen* viel komplizierter ist, als dies aufgrund der ursprünglichen Definition zu erwarten wäre.

Als ich zum ersten Mal mit meinem Volkswagen „Käfer" nach Hause kam, reagierte mein Hund in einer sehr ungewöhnlichen und für mich peinlichen Art und Weise. Als ich zur Rückseite des Hauses fuhr, folgte mir der Hund mit der Nase auf dem Boden und wedelte auf-

geregt mit dem Schwanz. Als ich anhielt, erhob er seine Pfote, streckte seine Nase bis auf wenige Zentimeter an die Motorhaube heran, richtete seinen Schwanz hoch in die Luft und erstarrte in dieser Position. Dieses Verhalten wiederholte sich mehrere Wochen lang zum Amüsement meiner Nachbarn, von denen noch keiner je Mitleid für meine mutigen Versuche, diesem armselig blöden Hund etwas beizubringen, gezeigt hatte.

Allmählich merkte der Hund, daß es sich bei dem orangenen Käfer nicht um eine neue Art von Wildvogel handelte, und gab es auf, ihn zu „stellen".

Diese Verhaltensänderung kann man auch als ein Beispiel für Lernen anführen. Betrachten wir auf der anderen Seite den Fall eines Studenten, der nach der Einnahme von LSD glaubt, die Straßenlampen seien Schlangen und der jetzt wie verrückt durch die Straßen läuft und um Hilfe schreit. Hier beobachten wir eine sehr auffallende Verhaltensänderung; diese jedoch in die Kategorie des Lernens einzuordnen, würde hier zu weit führen.

Eine etwas präzisere, obgleich nicht vollkommen zufriedenstellende Definition des Lernens lautet wie folgt: *Lernen umfaßt alle Verhaltensänderungen, die aufgrund von Erfahrungen zustandekommen.* Solche Änderungen schließen nicht nur die Aneignung neuer Informationen ein, sondern auch die Veränderungen des Verhaltens, deren Ursachen unbekannt sind. Andererseits sind in dieser Definition Veränderungen ausgeschlossen, die aufgrund von Reifevorgängen (genetisch vorbestimmten Änderungen), künstlichen chemischen Änderungen, wie z. B. Konsequenzen der Einnahme von Drogen, oder vorübergehenden Veränderungen, z. B. durch Ermüdung, entstehen.

Theorie

Theorie ist ein globaler Begriff, der oft dazu benutzt wird, bestimmte Betrachtungsweisen, verschiedene Arten der Erklärung von Beobachtungen und von Problemlösungsverhalten zu beschreiben. Man hört oft Leute sagen: „Darüber habe ich meine eigene Theorie". Was sie damit wirklich meinen, ist lediglich, daß sie glauben, bestimmte Phänomene erklären zu können. Studenten und Studentinnen, die behaupten, sie hätten eine Theorie über die Vorlesungsmanieren ihrer Professoren, sagen damit lediglich, daß sie wissen, wie ein oder zwei Professoren sich während der Vorlesung verhalten.

Obgleich das Wort *Theorie* sehr vielseitig verwendet wird, hat es im Zusammenhang mit der Wissenschaft einen furchterregenden Beigeschmack. Studenten, denen man im Zusammenhang mit dem „Theoretisieren" komplexes Fachchinesisch an den Kopf wirft, kommen schnell zu der Ansicht, daß die Wörter *Theorie* und „Unverständlichkeit" Synonyme sind. Theorien werden gewöhnlich von Studenten wie die Pest gemieden, was bei den Ausdrükken *Prinzipien* und *Gesetzmäßigkeiten* weniger der Fall ist.

Die Ironie dieser Situation liegt darin, daß die *Theorie* eigentlich eine präzise Vereinfachung von Beobachtungen sein soll; gewöhnlich sind die Beobachtungen kompliziert und nicht die Theorien, das gilt zumindest theoretisch gesehen. Wenn die Beobachtungen einfacher sind als die Theorie, dann sollte man die Theorie verwerfen.

Eine Theorie kann als eine Ansammlung miteinander in Beziehung stehender Aussagen definiert werden, deren wichtigste Funktion es ist, Beobachtungen (von denen angenommen wird, sie seien Tatsachen) zusammenzufassen und zu erklären. Einige dieser Aussagen kann man als Gesetzmäßigkeiten, andere als Prinzipien bezeichnen. Aber die meisten von ihnen sind weder das eine noch das andere. Man sollte sie am besten als Annahmen bezeichnen. Gesetzmäßigkeiten sind Aussagen, die über jeden Zweifel erhaben sind. Am häufigsten findet man solche fundamentalen Gesetze in der Physik, der Chemie, der Astronomie oder anderen Naturwissenschaften (ein Beispiel dafür wäre die Formel $E = mc^2$). Diese Gesetzmäßigkeiten sollten aber nicht mit Wahrheiten verwechselt werden, denn jedes Gesetz kann durch genügend gegenteilige Beweise widerlegt werden. Per definitionem kann Wahrheit nicht für unwahr befunden werden. Die Naturwissenschaften beschäftigen sich nicht mit Wahrheiten und die Sozialwissenschaften, einschließlich der Psychologie, beschäftigen sich nicht einmal mit Gesetzmäßigkeiten, sondern mit Prinzipien und vielleicht am meisten mit Annahmen. Prinzipien sind Aussagen über die Auftretenswahrscheinlichkeit einer Eigenschaft in der Natur, in der Psychologie über die Auftretenswahrscheinlichkeit eines Verhaltens. Prinzipien haben also nicht den selben wissenschaftlichen Stellenwert wie Gesetze, da sie fast immer etwas Vorläufiges beinhalten und widerlegt werden können. Obwohl Vorhersagegenauigkeit und Einheitlichkeit in der psychologischen Forschung praktisch niemals so zuverlässig sind, daß man ihre Befunde als Gesetze bezeichnen könnte, werden die Termini Gesetz und Prinzip häufig synonym verwendet.

Im Gegensatz zu Gesetzen und Prinzipien sind *Annahmen* eher persönliche und private Aussagen. Auch sie versuchen, Tatsachen zu beschreiben. Leider wird mit ihnen oft so umgegangen, als hätten sie die Gültigkeit von Prinzipien.

Funktionen

Die Prinzipien und Gesetze, die eine psychologische Theorie ausmachen, haben eine Anzahl wichtiger Funktionen. Wie schon gesagt, ist eine dieser Funktionen die, Beobachtungen zu reduzieren und zu systematisieren. Eine Theorie, die diese Kriterien erfüllt, sollte eine Vorhersage ermöglichen. Wenn die Theorie meiner Großmutter, nämlich, daß verschiedene Arten von Dünger für das Wachstum bestimmter Pflanzen am besten geeignet sind, Gültigkeit hat, sollte es ihr möglich sein, mit großer Wahrscheinlichkeit vorherzusagen, was im Garten passieren wird, wenn bestimmte Arten von Dünger verwendet werden. Allerdings setzt dies voraus, daß die Theorie die Zusammenhänge wichtiger Beobachtungen richtig erklären kann. In ähnlicher Weise besteht die Brauchbarkeit einer psychologischen Theorie in der Güte ihrer Vorhersagen. Eine Theorie über das menschliche Lernen sollte folglich Aussagen darüber machen, unter welchen Bedingungen optimales Lernen eintritt und unter welchen nicht.

Abgesehen von diesen praktischen Überlegungen sollten Theorien auch Hinweise darauf geben, welche Tatsachen (Beobachtungen) und welche Zusammenhänge dieser Tatsachen am wichtigsten sind (Thomas, 1979). Da Theoretiker äußerst unterschiedlicher Meinung über die Bedeutung verschiedener Tatsachen sein können, kann auf ein und demselben Forschungsgebiet eine große Anzahl von Theorien entstehen. Obwohl diese Theorien sehr unterschiedlich sein können, muß keine davon notwendigerweise völlig falsch sein, aber ihre Brauchbarkeit kann sehr unterschiedlich ausfallen.

Kriterien

Wie sollte man dann eine Theorie beurteilen? Thomas schlägt fünf wichtige Kriterien vor:
1) Eine Theorie sollte sich auf Beobachtungen beschränken, und da Tatsachen in den Sozialwissenschaften nicht immer statisch sind, trifft dies besonders für psychologische Theorien zu.
2) Eine gute Theorie sollte übersichtlich und leicht verständlich sein.
3) Sie sollte, wie schon gesagt, brauchbare Erklärungen und Vorhersagen liefern.
4) Eine Theorie muß auch in sich konsistent (also widerspruchsfrei) sein.
5) Und sie sollte nicht auf einer Unmenge von Postulaten basieren (Annahmen, die als Fakten dargestellt werden, die aber nicht verifizierbar sind – siehe Tabelle 1.1).

Psychologische Theorien und Wissenschaft

Die Wissenschaft umfaßt nicht nur das Sammeln von Information, sondern auch die Art und Weise, wie wir zu dieser Information kommen und sie interpretieren. Der Laie beurteilt im allgemeinen die Wissenschaft nach der Gültigkeit ihrer Daten und nach der Strenge der Kriterien bei der Datenerfassung. Eine oft zitierte Anekdote soll die Präzision aufzeigen,

Tabelle 1.1. Kriterien für eine gute Theorie, mit einem kurzen Blick auf Großmutters Düngertheorie. Diese Theorie behauptet u.a., daß Pferdemist das Wachstum von Karotten und Kartoffeln fördert, während Hühnermist für das Wachstum von Kohl und getrockneter Kuhmist für Blumen am besten geeignet sind.

Kriterien	Großmutters Theorie
Stimmt sie mit den Fakten überein?	Ja, wenn Karotten, Kartoffeln und andere Pflanzen unter den genannten Bedingungen wie erwartet reagieren.
Ist sie übersichtlich und leicht verständlich?	Ja, außer für sehr dumme Leute, die selten nach der Beurteilung einer Theorie gefragt werden.
Liefert sie Erklärungen und Vorhersagen?	Ja, aber sicher. Sie kann im Frühling vorhersagen, was im Herbst passieren wird. Ob das dann auch stimmt? Nur wenn das erste Kriterium erfüllt ist.
Ist sie in sich konsistent?	Leider nicht. Die alte Dame behauptet auch manchmal, daß Hühnermist für Kartoffeln besser ist als Pferdemist.
Basiert sie auf nicht verizierbaren Annahmen?	Nein.

mit der Psychologen sich an ihr Fach heranmachen. Sie erzählt von einem kreativen jungen Wissenschaftler, der einen Floh auf das Wort „Spring" konditioniert hatte und dann verschiedene andere Variablen in das Experiment einführte. Genauer gesagt wollte der junge Wissenschaftler wissen, welche Zusammenhänge zwischen der Entfernung der Gliedmaßen des Flohs und dessen Reaktion auf das Wort „Spring" bestünde. Jede Phase des Experiments wurde genau protokolliert:

Zeit: 1 Uhr 30,7 min
Versuchsverlauf: Die beiden hinteren Gliedmaßen des Flohs wurden fest zwischen Daumen und Zeigefinger gefaßt. Der Floh wurde in der linken Hand gehalten, wobei der Daumen dieser Hand auf dem Abdomen des Flohs ruhte. Beide Gliedmaßen wurden gleichzeitig durch schnelles Ziehen entfernt. Genau um 1 Uhr 32,8 min wurde der Floh auf den Konditionierungstisch in Position 3-Y, plaziert. Der Versuchsleiter sprach dann in normalem Tonfall das Wort „Spring".

Beobachtung: Der Floh sprang.

Während drei weiterer Versuchsphasen entfernte der Versuchsleiter die übrigen Gliedmaßen. Nachdem die ersten vier Beine entfernt waren, sprang der Floh noch immer sehr munter. Nach Entfernung der letzten zwei Gliedmaßen jedoch verharrte der Floh bewegungslos auf dem Versuchstisch, obgleich das Kommando „Spring" mehrmals wiederholt wurde. Daraufhin schrieb der Versuchsleiter folgende Notiz in sein Laborbuch:

Beobachtung: Entfernt man bei einem Floh alle Gliedmaßen, so wird er taub.

Diese Darstellung soll zeigen, daß ein sorgfältiger Versuchsverlauf nicht immer eine gültige Schlußfolgerung garantiert. Trotzdem trifft natürlich zu, daß große Sorgfalt beim Versuchsverlauf die Wahrscheinlichkeit gültiger Schlußfolgerungen erhöht.

Unter dem Begriff „Wissenschaft" sollte man nicht eine Ansammlung einzelner Forschungsgebiete oder eine Reihe von Methoden zum Erwerb und zur Systematisierung von Wissen verstehen, sondern eine ganz bestimmte Einstellung. Wissenschaft verlangt Objektivität, Präzision und Wiederholbarkeit. Beobachtungen haben nur Gültigkeit, wenn sie in anderen Untersuchungen und unter ähnlichen Bedingungen wiederholt werden können.

Die wissenschaftliche Methode

Wenn wir Wissenschaft als eine Einstellung betrachten, führt dies konsequenterweise zu vorgeschriebenen Methoden der Datenerhebung, insgesamt als wissenschaftliche Methode zusammengefaßt.

Die wissenschaftliche Methode in der Psychologie gleicht der in den Naturwissenschaften. Der Wissenschaftler formuliert zunächst ein Problem, zumeist als Hypothese (Vorhersage), und sammelt dann Daten (Beobachtungen), die die Hypothesen entweder bestätigen oder verwerfen sollen. Es geht meist um zwei Arten von Variablen: abhängige und unabhängige Variablen. Unabhängige Variablen werden vom Versuchsleiter kontrolliert; von den abhängigen Variablen nimmt man an, daß sie von den unabhängigen Variablen beeinflußt werden. Versucht z. B. ein Psychologe die Einflüsse des Sexus (kategorisch und nicht als Aktivität gemeint) auf das Erlernen von sprachlichen Fähigkeiten zu untersuchen, so variiert er das Geschlecht der in diesen Studien benutzten Gruppen. In diesen Studien besteht also die eine Gruppe aus Männern und die andere aus Frauen. Somit ist das Geschlecht der Gruppe die unabhängige Variable. Die Hypothese besagt, daß das Erlernen von sprachlichen Fähigkeiten geschlechtsabhängig ist. Die Prüfung der Hypothese besteht in einem Vergleich der Leistungen beider Gruppen.

Dieser *Versuchsentwurf* (experimentelles Design) bei dem sich zwei Gruppen bezüglich einer relevanten unabhängigen Variablen voneinander unterscheiden und im Hinblick auf eine abhängige Variable verglichen werden, ist einer der einfachsten und häufigsten Entwürfe im psychologischen Experiment. Daneben gibt es natürlich eine Reihe anderer Versuchsentwürfe. So könnte man z. B. eine Gruppe mit sich selbst vergleichen, in einem sog. Vorher-nachher-Entwurf. Man verabreicht also einer Gruppe von fettleibigen Versuchspersonen Elektroschocks, um ihr Gewicht zu reduzieren und vergleicht dieses vor und nach der Behandlung. Ein anderer Versuchsentwurf sieht den Vergleich zwischen einer *Kontrollgruppe* und einer *Experimentalgruppe* vor. Der Experimentalgruppe widerfährt irgendeine Behandlung; die Kontrollgruppe gleicht in allem der Experimentalgruppe, außer in einem Punkt: sie erhält die Behandlung nicht. Unterschiede zwischen den beiden Gruppen könnten dann auf die Behandlung zurückgeführt werden. Daneben gibt es natürlich noch zahlreiche andere kompliziertere Versuchsentwürfe (Cook & Campbell, 1979).

Die Grenzen des psychologischen Experiments

Eine der wesentlichen Grenzen des psychologischen Experiments besteht darin, daß die Beobachtungen, mit denen sich dieses Fach befaßt, keine unumstößlichen Tatsachen darstellen. Wenn ein Apfel sich von seinem Zweig löst, dann fällt er auf die Erde. Dies ist eine Tatsache. Wenn dazu noch ein müder Newton unter dem Baum schläft und sich genau unter dem Apfel befindet, dann *wird* dieser Apfel ihm auf seine Birne fallen. Können wir hingegen die Feststellung, daß 6-jährige nordamerikanische Kinder einen Wortschatz von 3000 Wörtern haben, auch als Tatsache bezeichnen? Ist es eine Tatsache, daß 3-jährige Jungen ihre Mütter lieben und 4-jährige ihre Väter? Wir müssen also feststellen, daß der Gegenstand der Psychologie auf höchstmöglich logischen Aussagen beruht, die aufgrund der vorhandenen Daten gemacht werden können. Und manchmal sind selbst diese Aussagen alles andere als logisch.*

Eine weitere Einschränkung, die psychologische Untersuchungen als nicht ganz wissenschaftlich erscheinen läßt, ist die Tatsache, daß der Gegenstand der Untersuchung vom Untersuchenden beeinflußt wird. Beim Versuchsleiter besteht z. B. immer die Schwierigkeit, sich dem Gegenstand seiner Untersuchung gegenüber objektiv zu verhalten. Die Psychologen des 19. Jahrhunderts - wie z. B. James, (1890) und Titchener, (1898) - die sich weniger um die Trennung zwischen Objekt und Subjekt kümmerten, benutzten zwar eine verhältnismäßig unwissenschaftliche, jedoch intuitiv befriedigende Methode, nämlich die der Introspektion. Die Technik dieser Analyse sieht eine subjektive Erfassung der eigenen Denkvorgänge, der Gefühle und der Empfindungen vor und schließt von diesen auf das Verhalten anderer Menschen. Die moderne Psychologie betrachtet diese Methode mit Mißtrauen und ist daher gezwungen, Versuchsanordnungen zu benutzen, die manchmal ziemlich unzutreffend und verschwenderisch, jedoch sehr objektiv sind. Als Beispiel sei der von Lefrancois (1972) beschriebene Gans-Schnüffeltest angeführt:

Konorski (1968) argumentiert, daß die Ergebnisse einer subjektiven Erfahrung bei der wissenschaftlichen Untersuchung des menschlichen Verhaltens ebenso Gültigkeit haben sollten wie die objektiven Daten, die gewöhnlich die Grundlage jeder Wissenschaft darstellen. Sein Einwand geht dahin, daß es z. B. nicht notwendig ist, eine Gruppe von hungrigen Probanden zu untersuchen um festzustellen, daß eine Verbindung zwischen dem Geruch einer gebratenen Gans und dem Vorstellungsbild dieses Tieres besteht. Häufiger jedoch besteht eine lineare Funktion zwischen dem Umfang gedruckter Forschungsergebnisse, die sich mit objektiven statt mit subjektiven Daten befassen. Stellen Sie sich nur vor, wie schön so ein Bericht aussieht, der die Speichelabsonderung von 20 hungrigen Probanden beschreibt, denen gerade der Geruch einer gebratenen Gans aus der Laborküche zugefächelt wird. Hinzu kommt eine detaillierte Untersuchung der Veränderung der Pupillengröße bei diesen Probanden und eine Korrelation dieser Veränderungen mit den Augenbewegungen. Die Schlußfolgerung - 20 Seiten stark, DM 10000,- teuer und 5 Monate später - könnte wie folgt lauten: „Die Daten weisen darauf hin, daß in einigen Fällen vielleicht eine gewisse Veränderung der Pupillengröße durch den Geruch einer gebratenen Gans ausgelöst werden kann. Diese Veränderungen korrelieren weder mit der Speichelabsonderung noch mit den Augenbewegungen. Es gibt ferner vorläufige Hinweise darauf, daß sich die Speichelabsonderung eines Probanden während der Geruchsprüfung erhöht". Wenn Sie sich erinnern können, lautete die ursprüngliche Frage, ob der Geruch einer gebratenen Gans ein Vorstellungsbild des Tieres hervorrufen könne. Subjektive Erfahrungen lehren uns, daß eine Person, die oft genug eine Gans gesehen hat, sich beim Geruch einer gebratenen Gans diese auch wirklich vorstellen kann.

Psychologische Untersuchungen unterliegen einer weiteren Einschränkung. Diese besteht im Ausmaß der Kontrolle, die über relevante Variablen ausgeübt werden kann. Zwei Ratten, die in identischen Käfigen aufwachsen und von Geburt an der selben täglichen Routine unterliegen, haben höchstwahrscheinlich die gleiche Umwelterfahrung. Dieselbe Annahme kann man für zwei Kinder, die in Familien mit mittlerem Einkommen aufwachsen, wahrscheinlich nicht machen. Ihre Eltern, Freunde und Altersgenossen sind alle voneinander verschieden. Das Konzept der *Kontrolle* im psychologischen Experiment sollte die relevanten Unterschiede zwischen den Versuchspersonen in Rechnung stellen. Hierzu sei folgendes Beispiel gegeben:

Problem. Der Einfluß des Alters auf das Problemlösungsverhalten.

Versuchspersonen. Zwei Gruppen, ausgewählt in einer Privatschule, werden als Versuchspersonen für diese Studie dienen. Eine Gruppe besteht aus älteren, die andere aus jüngeren Kindern.

Hypothese. Die älteren Versuchspersonen werden ein signifikant besseres Problemlösungsverhalten zeigen.

Methode. Mit den Probanden wird ein Test durchgeführt, danach werden beide Gruppen miteinander verglichen.

Ergebnisse. Die ältere Gruppe zeigt ein signifikant besseres Problemlösungsverhalten als die jüngere.

---

* Diese Feststellung sollte nicht dazu verführen zu glauben, daß physikalische Tatsachen „echter" oder „richtiger" seien als psychologische. In unserer relativistischen und ungenauen Welt ist eine „Tatsache" - sei sie jetzt physikalisch oder psychologisch - ein statistisches Konzept von unterschiedlicher Wahrscheinlichkeit. In der Physik wie in der Psychologie muß man sich erst darüber einigen, was als Tatsache zu gelten hat. Außerdem ist es leicht, einen fallenden Apfel zu beobachten, aber weniger leicht, das Vokabular eines Kindes oder seine Abhängigkeit gegenüber seiner Mutter zu messen.

Ist die Schlußfolgerung, daß Alter einen Einfluß auf das Problemlösungsverhalten hat, gerechtfertigt? Die Antwort ist: „ja", *vorausgesetzt, eine Anzahl relevanter Variablen wurde ebenfalls kontrolliert.* Es können z. B. folgende andere Variablen für die unterschiedliche Leistung beim Problemlösen verantwortlich sein: die ältere Gruppe ist intelligenter, die ältere Gruppe besteht nur aus männlichen oder nur aus weiblichen Versuchspersonen, oder die ältere Gruppe hatte mehr Erfahrung beim Problemlösen. Trifft nur eine dieser Variablen zu, dann wäre es unlogisch zu folgern, Alter sei ein wichtiger Einfluß. Die Gleichschaltung der beiden Gruppen wäre z. B. eine Methode, um die relevanten Variablen zu kontrollieren. Die obige Schlußfolgerung ist dann eher gerechtfertigt, wenn alle Versuchsprobanden gleich intelligent sind, in jeder Gruppe gleichviel Mädchen und Jungen sind und keine der Versuchspersonen vorher geübt hat. Gewöhnlich ist es jedoch nahezu unmöglich, alle relevanten Variablen im psychologischen Experiment zu kontrollieren; es besteht also fast immer die Möglichkeit, daß die Ergebnisse durch unkontrollierte Faktoren beeinflußt worden sind.

Die Verwendung von Versuchstieren. Aufgrund ethischer und praktischer Überlegungen ist es häufig bei psychologischen Untersuchungen notwendig, Tiere zu benutzen. Dies geschieht gewöhnlich, um zu Modellvorstellungen über das menschliche Verhalten zu gelangen. Es ist nicht leicht festzustellen, inwieweit die Ergebnisse von Tierversuchen auf die menschliche Situation übertragen werden können, da das menschliche Verhalten gewöhnlich unendlich komplizierter ist als das der anderen Tiere. Obgleich dieser Ausdruck in der modernen Psychologie zumeist vermieden wird, soll hier doch festgestellt werden, daß der Mensch eine Art von *Bewußtsein* besitzt, das wir bei der Ratte z. B. mit Sicherheit nicht vorfinden. Man kann jedoch auch sehr gut argumentieren, daß viele der Schlußfolgerungen aus dem Tierexperiment auch auf den Menschen angewandt werden können, wenn dies umgekehrt auch nicht zutrifft (Bandura, 1967).

Trotz der Nachteile, die bei der Verwendung von Tieren entstehen, ist dieses Vorgehen oft unvermeidbar. Die menschliche Umwelt kann nicht wie die der Ratte im Käfig kontrolliert werden. Menschen pflanzen sich nicht so schnell fort wie die meisten anderen Tiere, und bestimmte wichtige Forschungsunternehmen benötigen Methoden, die für menschliche Versuchspersonen ethisch unvertretbar wären (z. B. in der medizinischen Forschung).

So wird der Versuch der Psychologie, eine Wissenschaft zu sein, häufig durch den Gegenstand ihrer Untersuchungen beeinträchtigt. Trotzdem machen Psychologen auch weiterhin interessante und nützliche Beobachtungen und sind in zunehmendem Maße darin erfolgreich, diese Beobachtungen in systematische Interpretationen des menschlichen Verhaltens einzugliedern.

Die Psychologie des Lernens

Da das Lernen definiert wird als Verhaltensveränderungen, die aufgrund von Erfahrungen zustandekommen, befaßt sich die Psychologie des Lernens mit Verhaltensbeobachtungen und Verhaltensänderungen. In diesem Zusammenhang ist es interessant festzustellen, daß die Ausdrücke *Lerntheorie* und *Verhaltenstheorie* in der psychologischen Literatur gewöhnlich als Synonyme gebraucht werden. Lerntheorien (oder Verhaltenstheorien) sind Versuche, die Kenntnisse über das Lernen zu systematisieren und zusammenzufassen. Somit beschreiben Lerntheorien die Bedingungen, unter welchen sich Lernprozesse vollziehen können; sie sind damit Voraussagen, die in den meisten Fällen überprüfbar sind.

Anfänglich waren die lerntheoretischen Erklärungen nicht umfassend genug, um alle Fakten zu berücksichtigen, was dazu führte, daß im Laufe der Zeit die Lerntheorien immer komplexer wurden. Es wäre jedoch falsch anzunehmen, daß die ursprünglichen lerntheoretischen Erklärungen ganz und gar verworfen wurden. Häufig wurden sie sogar nicht einmal wesentlich geändert, sondern einfach in größere theoretische Strukturen eingebaut. Näheres darüber werden wir später berichten.

Die frühesten Lerntheorien, denen wir auch heute noch mehr als ein rein historisches Interesse entgegenbringen, waren die Stimulus-Reaktions (S-R)-Theorien. Diese Theorien stellen eine Pioniertat der Psychologen des frühen 20. Jahrhunderts dar, die Untersuchungen am Menschen zu objektivieren. Für sie waren Reize (Umstände, die Verhalten auslösen) und Reaktionen (tatsächliches Verhalten) die *beobachtbaren* Aspekte des Verhaltens und somit objektive Variablen, die zur Entwicklung einer

Wissenschaft vom Verhalten am besten verwendet werden konnten. Diese Voreingenommenheit für das Beobachtbare führte zur Entstehung des *Behaviorismus*. Der Behaviorismus befaßte sich fast ausschließlich mit den Beziehungen zwischen Reizen (Stimuli) und Reaktionen.

Zu den Vertretern des Behaviorismus gehören Pawlow, Watson, Guthrie und Thorndike (Kapitel 2), Skinner (Kapitel 3), Hull (Kapitel 4), und Hebb (Kapitel 6).

Neben diesen S-R-Theorien gibt es eine zweite Richtung in der Lernpsychologie, den Kognitivismus. Vertreter dieser Richtung beschäftigen sich hauptsächlich mit Wahrnehmung, Entscheidungs- und Informationsprozessen und dem Verstehen. Zu ihnen zählen Tolman und die Gestaltpsychologen (Kapitel 7); Bruner (Kapitel 8) und Piaget (Kapitel 9). Kognitive Ansätze spielen auch eine wichtige Rolle in der zeitgenössischen Forschung auf den Gebieten von künstlicher Intelligenz (Kapitel 10), Gedächtnis und Aufmerksamkeit (Kapitel 11) und Motivation (Kapitel 12).

Vorschau

Der Rest dieses Kapitels soll dem Leser für jedes der folgenden 13 Kapitel eine kurze Vorschau liefern. Jede davon wird Ihnen gewissermaßen als Hors d'œuvre angeboten. Und wie bei Hors d'œuvres können Sie sich davon Appetit machen lassen oder – wenn Sie einen außerordentlich kleinen Appetit haben – sich ganz daran sattessen. Es kann Ihnen davon auch schlecht werden. Sie können natürlich auch gleich zur Vorspeise übergehen (es gibt kein Dessert).

Kapitel 2.

Der frühe Behaviorismus: Pawlow, Watson, Guthrie und Thorndike

Thorndike hatte einmal das sehr menschliche Bedürfnis, einen seiner Freunde mit der Intelligenz seines Hundes zu verblüffen. Als der Hund abends sein Futter bekam, kniete sich Thorndike vor ihm hin und bellte wie verrückt, so wie er meinte, daß man es von einem intelligenten Hund erwarten würde. Der Hund hörte sehr zurückhaltend zu und verschlang dann sein Futter. Am folgenden Abend tat Thorndike das gleiche: Er kniete nieder und bellte und kläffte, heulte, winselte und fießte in wilder Verzweiflung. Der Hund horchte sehr aufmerksam zu und machte dann seinem Futter den Garaus. Thorndike versuchte offensichtlich seinem Hund das Bellen beizubringen; dies tat er nicht auf gewöhnliche, sondern auf *intelligente* Art und Weise; der Hund sollte für sein Futter bellen. Diese Technik bezeichnete man als Konditionierung. In diesem Falle funktionierte sie jedoch nicht so ganz. Nach zwei Wochen bellte der Hund immer noch nicht, aber er verweigerte sein Fressen immer so lange, bis Thorndike sich hinkniete und bellte. Warum?

Kapitel 3.

Skinner und das operante Konditionieren

Es war einmal ein sehr gescheiter Psychologe, der sich entschloß, einer Ratte das Essen beizubringen. „Du spinnst", krächzte seine wohlsituierte Großmutter, „Ratten wissen doch, wie man frißt". Anscheinend war sie nicht au courant (was immer das auch heißen mag). Ihr Enkel erklärte ihr, er habe vor, der Ratte beizubringen, wie man anständig ißt, indem man nämlich Gabel und Messer benutzt, wie man seine Serviette anlegt, wie man am Tisch sitzt, und wie man mit geschlossenem Mund kaut. Ferner erwartete er, daß die Ratte sich nach einem besonders köstlichen Happen gar zierlich mit der Serviette über die Schnauze wischen würde.

Der Psychologe versuchte es und hätte beinahe damit Erfolg gehabt. Unglücklicherweise starben sowohl die Ratten als auch die Großmutter infolge hohen Alters, bevor das Lernprogramm abgeschlossen war.

Wie wurden die Ratten trainiert?

Kapitel 4.

Hull und Spence: Intervenierende Prozesse

Meine Kollegen beschweren sich häufig, daß in ihren brillanten Vorlesungen über Hull und Spence ihre Hörer in Tiefschlaf fallen. Sie behaupten, ihre Hörer langweilten sich, aber ich glaube, sie erliegen nur einem Symbolschock.

Was bedeutet das: $_sE_R = {_sH_R} \times D \times V \times K$?

Kapitel 5.

Der Traditionelle Behaviorismus: Ein Résumé

Als Kind hatte ich oft großen Hunger, aber Supermärkte waren ein kaum vorstellbarer Luxus in fernen Städten. Ich mußte töten, um etwas zu essen zu haben. Wir aßen sehr gut: Fisch und alle möglichen Wildvögel, Wildbret und Bären; auch Wurzeln und Beeren, denn auch die töteten wir. Aber am liebsten aßen wir Hasen, Dutzende, nein Hunderte jeden Winter, bis uns eines Abends nach dem Essen, schrecklich übel wurde, vielleicht weil der Eintopf zu alt oder die Milch ranzig oder der Hase krank war. Seitdem springen alle Hasen unbedroht durch unsere Büsche. Und noch heute fällt es mir schwer, von Haseneintopf zu schreiben, geschweige denn davon zu essen. Warum?

Kapitel 6.

Hebb: Eine Übergangsphase

Eines Sommers suchte ein sehr armer Doktorand im Fach Psychologie einen Job. Er war ganz aufgeregt, als er erfuhr, daß er z. Zt. in der Forstabteilung arbeiten könne. Seine Aufgabe bestand ganz einfach darin, von einem Aussichtsturm aus zwei Monate lang etwaige Waldbrände zu beobachten und zu melden. Man brachte ihn per Hubschrauber dorthin und ließ ihn in dieser herrlich einsamen, von Menschen völlig unberührten Welt zurück. Soweit er vom oberen Teil des Turmes aus sehen konnte, gab es um ihn herum nichts als herrliche Wälder.

> Da war er - alleine,
> es war ruhig und friedlich,
> unbeschreiblich ruhig.
>
> Ein Mann, der Wald und seine Seele
> Eine Seele kann nicht reden - der Wald auch nicht,
> am nächsten Morgen gab das Radio seinen Geist auf.
>
> Da war er, alleine.
> *Es war sehr ruhig.*

Vier Tage später kam der Hubschrauber mit einem Radiofachmann angeflogen - aber der Student war ausgeflogen. Ringsum 300 Meilen undurchdringlichen Waldes. Man sah ihn nie wieder.

Warum? Nicht warum man ihn nie wieder sah, sondern warum er wegging. Er war schließlich nicht dumm.

Kapitel 7.

Tolman und die Gestaltpsychologie

Bei Ausbruch des ersten Weltkrieges fand sich ein junger Deutscher auf einer der afrikanischen Küste vorgelagerten Insel interniert und wegen des Krieges nicht in der Lage, in seine Heimat zurückzukehren. Sein Name war Wolfgang Köhler; er war Psychologe. Der Name der Insel war Teneriffa; sie wurde von zahlreichen Affen bewohnt. Während der 4 Jahre, die Köhler auf Teneriffa verbrachte, studierte er die Affen und die Affen studierten ihn. Köhler berichtete seine Beobachtungen in einem Buch mit dem Titel: „Intelligenzprüfungen an Menschenaffen". Es ist ungewiß, was die Affen mit ihren Beobachtungen machten.
Welche Entdeckung machte Köhler damals?

Kapitel 8.

Bruner und Kategorien

Wenn eine Frau einen Kopf mit lockigen, schwarzen Haaren und einem netten Gesicht sieht, das sie über ein Meer von Schaum hinweg aus einer blauen Badewanne anlächelt, sieht sie dann lediglich einen Kopf mit lockigen, schwarzen Haaren und ein lächelndes Gesicht über einem Meer von Schaum in einer blauen Badewanne? (Diese Frage ist sicherlich von mehr als nur vorübergehendem akademischem Interesse.)

Kapitel 9.

Piaget und die kognitive Entwicklung

Die Psychologen spielen mit ihren weisen alten Großmüttern oft ein interessantes Spiel; die Großmutter soll die Frage beantworten, ob ein Kind das folgende Problem lösen kann: Man zeigt einem 5-jährigen Kind zwei gleichgroße Bälle aus Plastilin; einer von beiden wird nun plattgedrückt wie Nudelteig; dann fragt man das Kind, ob die beiden Bälle immer noch aus gleichviel Plastilin bestehen. Zur großen Freude der Psychologen sagt die Großmutter oft das falsche Ergebnis voraus, da die meisten Fünfjährigen die Frage nicht richtig beantworten. Als eine Art Coup de grace bekommt die Großmutter dann den Auftrag, dem Kind beizubringen, solche Probleme richtig zu lösen. Wahrscheinlich wird ihr das nicht gelingen. Warum?

Kapitel 10.

Künstliche Intelligenz

Können Maschinen denken?

Kapitel 11.

Gedächtnis und Aufmerksamkeit

In einem sorgfältig bewachten psychologischen Labor einer großen amerikanischen Universität sitzt eine Studentin - klein, Brillenträgerin, ziemlich nachlässig angezogen - auf einem einfachen Küchenstuhl. Vor ihr auf dem Tisch steht eine Schüssel mit grauen Bröseln eines Nahrungsmittels. Die Studentin weiß nicht, um was es sich dabei handelt; mit Salz und Pfeffer versehen ist es jedoch einigermaßen genießbar. 24 h lang hat sie nichts zu essen bekommen und schlingt deshalb jetzt das Essen schnell herunter.
Unmittelbar vor der Mahlzeit war sie aufgefordert worden, eine einfache Differentialgleichung zu lösen. Zu ihrer großen Verwirrung brachte sie dies nicht zustande. Es wird erwartet, daß sie nach dem Verzehr von 4 Schüsseln dieses unbekannten Nahrungsmittels imstande sein wird, das Problem zu lösen. Warum?

Kapitel 12.

Motivation

Mit List und Tücke ist es gelungen, 3 radikale Studentenführer zu nötigen, als Freiwillige an einem psychologischen Experiment teilzunehmen. Später entdecken sie, daß sie einen Aufsatz schreiben müssen, der die bestehende politische und wirtschaftliche Ordnung als Idealzustand hinstellen soll. Keiner von den Dreien weigerte sich, aus Angst, bei ihrem Psychologie-Professor in Ungnade zu fallen. Der erste Student erhält für seinen Aufsatz 100,- DM, der zweite 25,- DM und der Dritte 2,- DM. Jedem der Studenten wird gesagt, sein Aufsatz sei ausgezeichnet und die Universität würde ihn gerne veröffentlichen, wobei das Geld lediglich als Lizenzgebühr für den Erwerb der Publikationsrechte anzusehen sei. Alle 3 Studenten geben ihr Einverständnis. Einen Tag später gibt ein geschickt durchgeführtes Interview darüber Aufschluß, wie die Studenten tatsächlich über die bestehende Ordnung denken. Eine menschliche Großmutter (Großmütter scheinen auf der Erde den größten Schatz an psychologischem Wissen zu besitzen) würde höchstwahrscheinlich voraussagen, daß derjenige Student, der 100,- DM erhält, wahrscheinlich am besten über die bestehende Ordnung denkt. Aber die Großmutter hat sich geirrt. Warum? Sie ist schließlich nicht dumm.

Kapitel 13.

Soziale Einflüsse

Kapitel 14.

Eine Integration und Auswertung

Die Integration und Auswertung sollte der Leser eigentlich selbst durchführen.

Zusammenfassung: Kapitel 1

Dieses Kapitel brachte einen Prolog, ebenso Definitionen von Lernen, Theorie und Lerntheorie. Ferner wurden die Rolle der Wissenschaft bei der Entwicklung von Lerntheorien und die Benutzung von Tieren im psychologischen Labor diskutiert. Der Inhalt der übrigen 13 Kapitel wurde in einer Vorschau kurz skizziert.
1. Man kann das Lernen als eine Verhaltensveränderung definieren, die aufgrund von Erfahrungen zustande kommt.
2. Theorien sind systematische Deutungen von Phänomenen; sie sollten sich zusammensetzen aus einer Beschreibung des jeweiligen theoretischen Ansatzes, einer Zusammenfassung des Wissens über den Gegenstand und einer Erklärung der mit dem Gegenstand zusammenhängenden Beobachtungen.
3. Lerntheorien sind Versuche, die Kenntnisse über menschliches Lernen zu systematisieren und zusammenzufassen.

4. Die traditionellen Unterschiede zwischen den verschiedenen Lerntheorien beruhen auf den verschiedenen Interessen der verschiedenen Theoretiker. Der *Behaviorismus* sieht als Methode eine Technik vor, die sich vorrangig mit den beobachtbaren Aspekten des menschlichen Verhaltens befaßt; Der *Neobehaviorismus* befaßt sich ebenfalls mit Beobachtbarem, untersucht zusätzlich aber auch Prozesse, die sich innerhalb der „black box" (im Geiste) abspielen; die *kognitive Psychologie* beschäftigt sich hauptsächlich mit Wahrnehmung, Informationsverarbeitung, Konzeptlernen, Bewußtsein und Verstehen.

5. Zum Sammeln, Interpretieren und Darstellen von Daten benutzen die Psychologen zumeist wissenschaftliche Methoden, jedoch schränkt die Art des Gegenstandes der Psychologie die Wissenschaftlichkeit dieses Faches ein. Beobachtungen liefern nicht immer unwidersprüchliche Fakten, noch kann der Untersucher immer vom untersuchten Gegenstand klar getrennt werden.

Lernen:
Reiz-Reaktions-Erklärungen

Kapitel 2

Der frühe Behaviourismus:
Pawlow, Watson, Guthrie und Thorndike

Theorien des Lernens

Kapitel 1 beschrieb die Gegensätze zwischen Behaviorismus und der kognitiven Psychologie. Die echte Bedeutung einer solchen Unterscheidung beruht wahrscheinlich darauf, daß sie eine einfache Klassifikation der Erklärungen für das menschliche Lernen ermöglicht und es uns dadurch leichter gemacht wird, Lerntheorien zu verstehen, zu behalten und anzuwenden. Wie früher schon erwähnt, entwickelte sich die Lerntheorie aus zunächst einfachen und ziemlich mechanistischen Ansätzen, um dann in komplexere Richtungen überzugehen. Diese Sequenz ist jedoch nicht unbedingt chronologisch, denn die neueren Positionen sind oft ebenso behavioristisch wie kognitiv. Darüber hinaus haben die kognitiven Ansätze noch nicht klar gezeigt, daß sie die Vorhersage, Erklärung und Kontrolle des menschlichen Verhaltens verbessern.

Der *Behaviorismus* befaßt sich mit den objektiven und beobachtbaren Komponenten des menschlichen Verhaltens – d.h. mit den Reiz-

und Reaktionsvorgängen, die Pawlow, Watson, Guthrie, Thorndike und Skinner bedeutsam erschienen. Einige Behavioristen interessieren sich zwar auch für Reize und Reaktionen, darüberhinaus aber auch dafür, was zwischen diesen Reizen und Reaktionen passiert. In einigen Fällen ist die Diskussion über die mitwirkenden neurologischen Einheiten und ihren Einfluß auf das Verhalten ein wesentlicher Bestandteil des Systems (z. B. Hebb).

Der wesentliche Unterschied zwischen dem kognitiven und dem behavioristischen Ansatz besteht darin, daß die kognitiven Psychologen den Reizen und Reaktionen keinerlei Bedeutung beimessen, sondern sich vielmehr mit Organisationsprozessen, Informationsverarbeitung und Entscheidungsvorgängen befassen. Diese Unterschiede sind in Tabelle 2.1 dargestellt. Der Leser sollte jedoch beachten, daß Behaviorismus und Kognitivismus nicht nur als bequeme Bezeichnungen für äußerst komplexe Theorien dienen. Man kann von keiner Theorie sagen, sie sei das Beispiel für den Behaviorismus oder die kognitive Psychologie; jede theoretische Position hat Charakteristika, die mit denen genau entgegengesetzter Theorien übereinstimmen.

Ursprünge der Lerntheorie

Die Lerntheorie befaßt sich hauptsächlich mit Verhaltensänderungen und versucht diese Änderungen im Verhalten zu erklären und vorherzusagen.

Wenn man die Beobachtungen der Hypothesen, Ideen, Gegensätze, Prinzipien und Vermutungen, die über das menschliche Verhalten gemacht worden sind, zusammenfaßt, so entstehen daraus Theorien des Verhaltens (und wenn man sie nicht zusammenfaßt, dann ergeben sich gewöhnlich nicht mehr als Altweibergeschichten im einen oder common sense im anderen Extrem). Unter den Ursprüngen der modernen psychologischen Theorie befinden sich Versuche, das Verhalten auf der Basis von Instinkten und Emotionen zu erklären. Die nach gegenwärtigen wissenschaftlichen Anschauungen etwas unsystematische Methode der Introspektion diente der Untersuchung psychologischer Phänomene. Die frühen Psychologen (wie z. B. James und Titchener), benutzten fast ausschließlich die Introspektion (die Untersuchung eigener Gefühle und Motive mit anschließender Generalisierung der „Ergebnisse"

auf Andere) als eine Methode, um ihre Anschauungen darzulegen. Die tiefgreifendste und am längsten andauernde Wirkung dieser frühen Arbeiten zeigte sich ironischerweise zu Beginn dieses Jahrhunderts in einer Gegenreaktion, vor allen Dingen in den Vereinigten Staaten.

> Wilhelm Wundt (1832–1920)
> Wundt, Sohn eines evangelischen Geistlichen und allgemein bekannt als Begründer der modernen Psychologie, machte im Alter von 24 Jahren sein Staatsexamen in Medizin und wurde gleich darauf Dozent für Physiologie. Er hatte eine lange, berufliche Karriere: 17 Jahre an der medizinischen Fakultät der Universität Heidelberg, ein Jahr in Zürich als Professor für Philosophie und 42 Jahre in Leipzig. Er wird als ruhiger, bescheidener Mann beschrieben, der sein Labor und seine Wohnung nur selten verließ. Boring (1950) schätzte, daß Wundt 68 Jahre lang Tag und Nacht, im Durchschnitt alle zwei Minuten ein Wort schrieb, das veröffentlicht wurde. Die erste Ausgabe seines Hauptwerkes in Psychologie erschien in 3 Bänden: 553, 680 und 796 Seiten in höchst kompliziertem Deutsch (im Gegensatz zum vorliegenden Werk!).

Tabelle 2.1. Unterteilungen der Lerntheorien

	Symbolische Darstellung	Bedeutsame Variablen	Vertreter
S–R-Theorien, Behaviorismus	S–R	Reize (Stimuli) Reaktionen Verstärkung	Pawlow Watson Thorndike Guthrie Skinner Hull Spence
Übergang	O / \ S R	Reize Reaktionen Verstärkung Vermittelnde Prozesse	Hebb
Kognitive Theorien	O	Wahrnehmung Organisation Informationsverarbeitung Entscheidungsprozesse Problemlösen Aufmerksamkeit Gedächtnis	Gestaltpsychologen Tolman Bruner Piaget

Die Errichtung eines psychologischen Labors in Leipzig durch Wilhelm Wundt im Jahre 1879 wird von vielen als der Beginn der wissenschaftlichen Psychologie betrachtet. Wundt und seine Anhänger – sowohl in Europa als auch in Amerika – fuhren fort, sich mit geistigen Prozessen auseinanderzusetzen: mit dem Bewußtsein, der Empfindung, dem Gefühl, der Vorstellungskraft und der Wahrnehmung. Die amerikanische Psychologie hingegen zeigte zu Beginn des 20. Jahrhunderts eine mehr auf das Verhalten und weniger auf geistige Prozesse ausgerichtete Orientierung. Diese später als *Behaviorismus* bekannt gewordene Bewegung wurde von John B. Watson (1878–1958) angeführt. Der Behaviorismus hat auf die zeitgenössische Psychologie der ganzen Welt einen bedeutenden Einfluß ausgeübt.

Ivan P. Pawlow (1849–1936)

John B. Watson (1878–1958)

Der Ausdruck *Behaviorismus* wurde von Watson (1913) geprägt und bedeutet die Beschäftigung mit den beobachtbaren Aspekten des Verhaltens (Behavior). Etwas genauer gesagt, nimmt der Behaviorismus an, daß das Verhalten sich aus Reaktionen zusammensetzt, die beobachtet werden können und mit anderen beobachtbaren Vorgängen zusammenhängen, wie etwa den Bedingungen, die dem Verhalten vorausgehen oder auf das Verhalten folgen. Das Endziel einer behavioristischen Psychologie ist es, Gesetze abzuleiten, die die Beziehungen zwischen den verschiedenen dem Verhalten vorausgehenden Bedingungen (Reizen), dem Verhalten (Reaktionen) und den Konsequenzen (Belohnung, Bestrafung oder neutralen Effekten) erklären.

Klassisches Konditionieren

Watsons (1930) Lernmodell befaßte sich vor allen Dingen mit den vorhergehenden (antezedenten) Bedingungen des Verhaltens und weniger mit seinen Konsequenzen. Ein Großteil seiner Theorie basierte auf früheren Arbeiten des russischen Physiologen Pawlow. Im Verlaufe seiner Untersuchungen an Tieren beob-

achtete Pawlow, daß einige seiner Hunde im Labor eine Speichelabsonderung zeigten, bevor ihnen Fleischpulver ins Maul gegeben wurde. Dieses Verhalten zeigten aber nur Hunde, die schon einige Zeit im Labor waren. Um für dieses Verhalten eine wissenschaftliche Erklärung zu finden, entwickelte Pawlow das Modell der klassischen *Konditionierung* – ein Modell, das vielen frühen theoretischen Formulierungen als Grundlage diente und auch heute noch als ein wesentlicher Bestandteil des psychologischen Wissens angesehen wird.

In seinen Experimenten zeigte Pawlow, daß nicht nur die visuelle Wahrnehmung des Futters zur Speichelabsonderung bei seinen Hunden führte, sondern daß auch bestimmte andere Reize dieselbe Wirkung hatten, wenn sie oft genug mit der Einnahme des Futters zeitlich zusammenfielen. Das Futter wird als unkonditionierter Reiz (UCS = unconditioned stimu-

```
Futter (UCS) (a) ──→ Speichelabsonderung (UCR)
Ton (CS) (b) ─────→ Orientierungsreaktion
                    (Ohrenaufstellen, etc.)
Futter (UCS) (c) ─→ Speichelabsonderung
(Ton (CS) ─────┄┄╲
Ton (CS) (d) ────→ Speichelabsonderung (CR)
```

Abb. 2.1. Klassische Konditionierung. (a) Futter führt zur Speichelabsonderung beim Hund; (b) der Ton führt nicht zur Speichelabsonderung; (c) nach öfter zeitlicher Paarung von Futter (UCS) und Ton (CS); (d) löst der Ton eine Speichelabsonderung aus

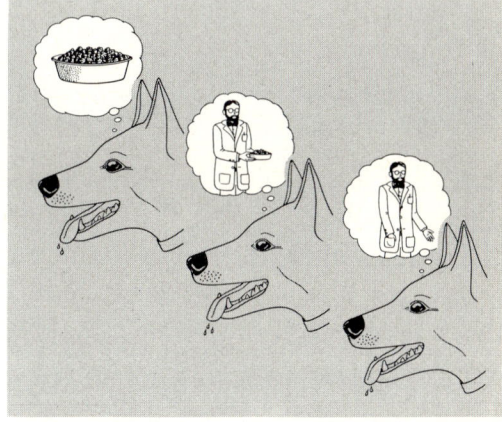

Abb. 2.2. Pawlow fiel als erstes auf, daß bei vielen seiner Versuchshunde schon der Anblick des Tierpflegers die Speichelproduktion erhöhte. Durch weitere Versuche rekonstruierte er den Vorgang, der zu diesem Ergebnis geführt haben muß

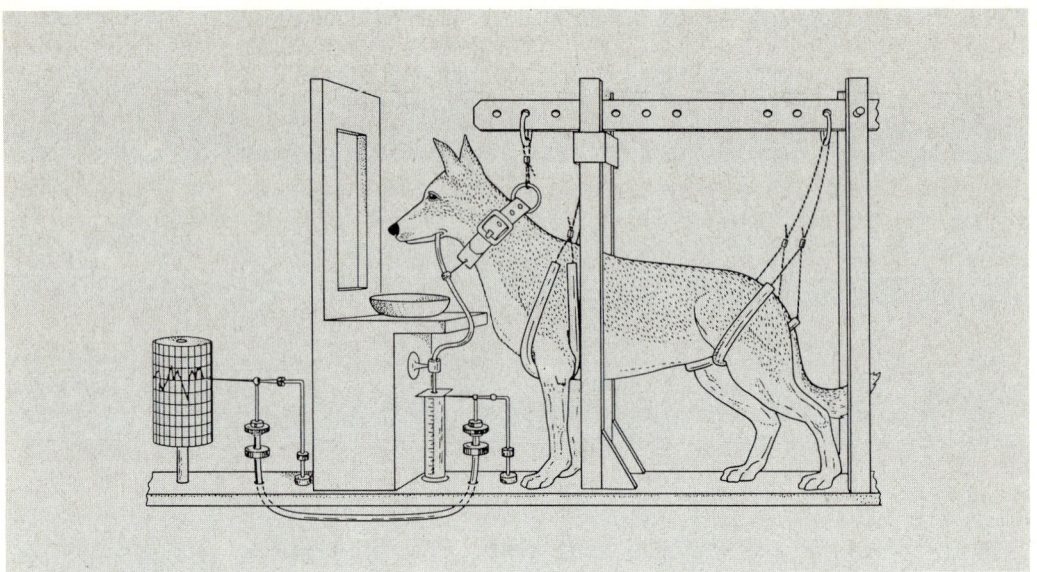

Abb. 2.3. Pawlows Hunde standen bei dem Versuch in einer Apparatur wie dieser. Das Futterpulver kann dem Hund direkt zugeführt werden oder über den vor ihm stehenden Napf. Über einem Schlauch in seinem Maul wird die Speichelabsonderung gemessen. Die sich daraus ergebende Bewegung eines Balancemechanismus in der Meßröhre wird auf einen Schreiber übertragen, der die Bewegung auf einer sich drehenden Trommel abträgt. In den hier gezeigten Experimenten wird der UCS Futter mit dem CS Licht, das durch das Fenster fällt, gepaart

lus), die ursprünglichen Speichelabsonderungen bei der Einnahme des Futters als unkonditionierte Reaktion (UCR = unconditioned reaction) bezeichnet. Der unkonditionierte Reiz (UCS) und die unkonditionierte Reaktion (UCR) bilden zusammen eine ungelernte (reflexive) Reiz-Reaktions-Einheit. Erscheint ein Ton immer dann, wenn Futter in das Maul des Hundes eingeführt wird, so ruft dieser Ton (jetzt ein konditionierter Stimulus-CS) nach einer gewissen Zeit die Reaktion der Speichelabsonderung (jetzt eine konditionierte Reaktion = CR) hervor. Eine Veranschaulichung dieser Prozedur zeigen die Abb. 2.1., 2.2. und 2.3.

Diese Art des Lernens wird auch als Lernen durch Reizsubstitution bezeichnet, da der konditionierte Reiz, nachdem er oft genug mit dem unkonditionierten Reiz gepaart wird, dann für diesen eingesetzt werden kann. Er ruft jetzt eine ähnliche, jedoch etwas schwächere Reaktion hervor. Dies wird auch als Signallernen bezeichnet, da der CS als Signal für das Erscheinen des UCS dient.

Vor einigen Jahren kam mir die Idee, daß, wenn Pawlow einem Hund die Speichelabsonderung als Reaktion auf einen Ton beibringen könnte, auch ein anderer, vielleicht etwas komplizierterer Reiz die gleiche Wirkung zeigen könnte. Der Reiz, den ich wählte, war der etwas merkwürdig klingende Imperativ „Speichle". Ich nahm ein schönes Stück Elchfleisch (für meinen Hund kein Fleischpulver, bitteschön) und rief bei meinem deutschen Schäferhund damit reichlichen Speichelfluß hervor, während ich die ganze Zeit über klar, laut und autoritär ausrief: „Speichle". Das Training nahm ich in meiner Garage vor. Einige Tage später, nachdem ich häufig das Elchfleisch mit dem Wort „Speichle" gepaart hatte, brachte ich den Hund in das Haus. Und dort, vor meiner Großmutter, die die erste und letzte Person war, die je dieser Demonstration beiwohnen durfte, sabberte und triefte der Köter auf dem neuen Teppich herum, während sein in Ekstase geratener Lehrmeister dauernd brüllte: „Speichle, Speichle, juchhu! Speichle, Yipee yeh!" Nur wenige wissen wissenschaftliche Demonstrationen wirklich zu schätzen.

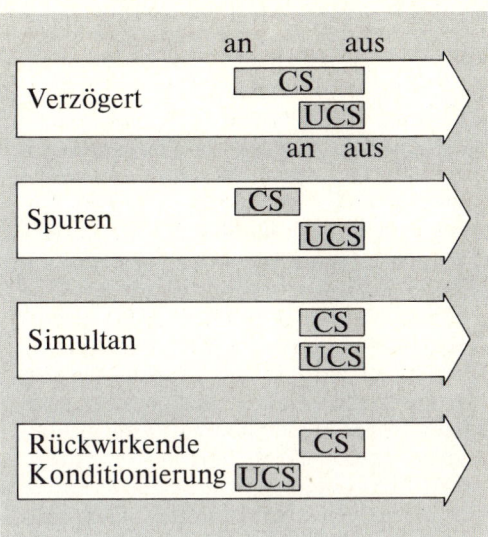

Abb. 2.4. Die Paarungen von CS und UCS sind hier nach ihrer Effektivität geordnet. Der Erwerb einer Konditionierung erfolgt am schnellsten, bei der „verzögerten" Folge, wenn der CS (ein Summton, z. B.) kurz vor dem UCS (Futterpulver) beginnt und während diesem andauert

Erwerb

Die Leichtigkeit, mit der klassisch konditionierte Reaktionen erworben werden können, hängt von verschiedenen Faktoren ab, nicht zuletzt davon, wie klar erkennbar der konditionierte Reiz (CS) ist. Töne und Gongschläge haben sich hier als besonders gut erwiesen, da sie sich klar und deutlich von anderen Geräuschen abheben. Eine andere entscheidende Variable ist die zeitliche Frage von CS und UCS. (siehe Abb. 2.4.)
Eine Reaktion wird am schnellsten konditioniert, wenn der CS unmittelbar vor dem UCS auftritt und während diesem andauert. (Verzögerte Konditionierung.)
Sehr effektiv ist auch das sog. „Spurenkonditionieren", bei dem der konditionierte Reiz dem unkonditionierten unmittelbar vorausgeht.
Rückwirkende Konditionierung, bei dem der unkonditionierte Reiz vor dem konditionierten präsentiert und *entzogen* wird, wurde lange Zeit als sehr uneffektiv betrachtet, und meistens ist es das auch. Klassische Konditionierung tritt meist nicht auf, wenn der bedingte (konditionierte) Reiz dem unbedingten folgt. In sehr wenigen Experimenten ist es dennoch geglückt. Keith-Lucas und Guttman (1975) gelangen es z. B., bei Ratten eine Vermeidungsreaktion auf Elektroschocks (UCS) klassisch zu konditionieren. Unmittelbar auf den Schock gaben die Wissenschaftler Plastikigel in die Rattenkäfige. Eine signifikante Anzahl von Ratten reagierte deutlich mit Angst, als sie das Spielzeug am nächsten Tag zu sehen bekam, vorausgesetzt, der Igel war innerhalb von 10 Sekunden nach dem Elektroschock in den Käfig gesetzt worden. Andere Ratten, denen der CS erst 40 Sekunden nach dem Schock gezeigt worden war, zeigten weniger Angst.
Die Bedeutung dieser und ähnlicher Studien liegt nicht darin, daß sie die prinzipielle Möglichkeit der verzögerten Konditionierung beweisen könnten, sondern vielmehr darin, daß einmal mehr bewiesen wurde, daß einige Arten von Lernen bestimmten Lebewesen leichter fallen als andere. Wir scheinen so veranlagt zu sein, daß wir bestimmte Dinge lernen (z. B. Sprache) und andere nicht (s. Kap. 5). Die Erforschung dieser *biologischen Beschränkungen* bezüglich des Lernens stellt ein wichtiges und stetig anwachsendes Gebiet psychologischer Forschung und Theorienbildung dar.

John Broadus Watson (1878–1958)

J. B. Watson, der Begründer des amerikanischen Behaviorismus, wurde 1878 in Greenville, South Carolina, geboren. Wie er selbst zugab, war er kein besonders guter Schüler (Murchison, 1936), obwohl er als einziger das Abschlußexamen in Griechisch bestand, was er darauf zurückführte, daß er den Nachmittag vor dem Examen damit verbrachte, zu pauken und mehr als einen Liter Coca-Cola-Sirup zu trinken. Später studierte er an der Universität von Chicago, wo er nebenbei als Rattenpfleger arbeitete. Nach seinem Examen wurde er dort Dozent. Einige Jahre später bekam er einen Ruf als Professor an der Johns-Hopkins-Universität, wo er auch blieb, bis seine Frau zufällig von seinem Verhältnis mit seiner Assistentin Rosalie Rayner erfuhr und die Scheidung einreichte. Durch den in der Presse entstandenen Skandal verlor er seine Stellung. Daraufhin ging er nach New York, heiratete Miss Rayner und hatte mit ihr zwei Kinder (zwei hatte er schon aus erster Ehe.) Hier arbeitete er für die J.-Walter-Thompson-Company. Seine erste Aufgabe war es, am Mississippi entlang zu gehen und die Vorbeikommenden nach der Marke ihrer Gummistiefel zu befragen. Von dieser Startposition aus durchlief er buchstäblich sämtliche Abteilungen der Firma, bis er deren Vizepräsident wurde. Während dieser Zeit schrieb er populärwissenschaftliche psychologische Artikel für Zeitschriften wie Harper's, Mc Call's, Liberty, Collier's und Cosmopolitan. Diese gut bezahlte Tätigkeit machte ihn bei seinen Kollegen nicht gerade beliebter. Sie nahmen sich sehr viel Zeit, um seine Artikel zu kritisieren. Er selbst kehrte niemals in eine akademische Position zurück.

Der kleine Albert

Watsons streng behavioristische Anschauungen, gekoppelt mit seiner Abneigung gegen alles, was mit Bewußtsein zu tun hatte, brachten ihn dazu, alle nicht-objektiven Erklärungen des menschlichen und tierischen Verhaltens zu verwerfen. So betrachtete er z. B. emotionales Verhalten ganz einfach als eine Subkategorie der klassischen Konditionierung. Er nahm an, daß es praktisch keine individuellen Unterschiede

gebe und daß alle Leute mit einer beschränkten Anzahl von Reflexen auf die Welt kämen. Zu diesen Reflexen gehören ungelernte Verhaltensweisen wie z. B. der Patellarsehnenreflex und emotionelle Reaktionen wie z. B. Furcht, Liebe und Wut. Diese reflexiven Verhaltensweisen sind Reaktionen auf bestimmte Reize. So führen nach Watson Lärm und plötzlicher Verlust des Körpergleichgewichtes zu Furchtreaktionen, Streicheln und Liebkosen lösen Liebe aus und das Anlegen zu enger Kleidungsstücke mündet in Wutausbrüche. Nach Watsons Theorie kommen alle späteren emotionellen Reaktionen aufgrund klassischer Konditionierungsvorgänge, die diese reflexiven emotionalen Reaktionen beinhalten, zustande.

Im Zusammenhang mit seinen Ansichten über emotionale Entwicklung führte Watson eines seiner berühmtesten, wenn auch etwas grausamen Experimente durch. (Watson & Rayner, 1920). Der Proband bei diesem Experiment war Little Albert, ein 11 Monate alter Junge, der sich gerade mit einer weißen Ratte angefreundet hatte, wie das manche Jungen eben so tun. Watson führte nun eine Furchtkonditionierung durch, indem er jedesmal, wenn dem kleinen Albert die weiße Ratte gezeigt wurde, ein unangenehmes, lärmendes Geräusch machte. Nach einer gewissen Zeit reichte für Albert schon der Anblick der weißen Ratte: er zuckte zusammen und versuchte weinend wegzukrabbeln.

Daraus wird deutlich, daß es möglich ist, auch eine negative, emotionale Reaktion zu konditionieren, indem ein Stimulus, der normalerweise negative Gefühle hervorruft, mit einem anderen, unverwechselbaren Reiz zusammen präsentiert wird. Ebenso ist es natürlich möglich, auf diese Art eine positive Gefühlsreaktion auf einen neutralen Reiz zu konditionieren. So ist es z. B. sehr wahrscheinlich, daß der kleine Albert weiße Ratten bald sehr gemocht hätte, wären sie ihm zusammen mit Eiskrem oder einem dicken Kuß präsentiert worden. Selbst nachdem Albert so konditioniert worden war, daß er auf weiße Ratten mit Furcht reagierte, wäre es noch möglich gewesen, bei ihm eine positive Reaktion auf die Ratte zu erreichen. Dies wird als *Gegenkonditionierung* bezeichnet (s. den nächsten Abschnitt über Edwin Guthrie). Aus dem Originalartikel geht eindeutig hervor, daß Watson genau das tun wollte (s. Harris, 1979; Prytula, Oster und Davis, 1977). Aber Albert war nur deshalb Watsons Versuchsperson, weil er zur Zeit im Krankenhaus war. Unglücklicherweise wurde Albert entlassen, bevor Watson mit der Gegenkonditionierung beginnen konnte.

Vier Jahre später wurde von Mary Cover Jones bewiesen, daß Watsons Versuch aller Wahrscheinlichkeit nach geglückt wäre. Sie stieß auf einen kleinen Jungen namens Peter, der sich sehr vor Hasen fürchtete. Es gelang ihr durch klassische Konditionierung, ihn von seiner Furcht zu heilen (Jones, 1974).

Klassisches Konditionieren und Humanverhalten

Watsons frühe Theorien über die emotionale Entwicklung konnten der objektiven Prüfung nicht standhalten. Trotz seiner Annahme, daß er sich hier nur um objektive Variablen bemühe, bleibt jedoch die Tatsache bestehen, daß Furcht, Wut und Liebe emotionale Reaktionen sind, die sich beim Kleinkind nicht sehr leicht identifizieren lassen. So haben z.B. eine Reihe von Kontrollstudien gezeigt, daß Kleinkinder, die völlig nackt in einer temperaturregulierten Umwelt leben, ebenso viele Wutausbrüche zeigen wie Kleinkinder, die durch zu enge Kleidungsstücke in ihrer Bewegung behindert waren (Irvin und Weiss, 1934; Taylor, 1934).

Trotzdem sind natürlich viele menschliche Verhaltensweisen das Ergebnis einer klassischen Konditionierung. Der Mensch reagiert mit Furcht auf das Geräusch der Bohrmaschine beim Zahnarzt, obwohl ihm das *Geräusch* des Bohrers noch nie wehgetan hat; er drückt auf das Gaspedal, wenn die Ampel grün wird; er produziert Speichel, wenn er sich zum Mittagessen hinsetzt (gewöhnlich mit etwas mehr Zurückhaltung als der deutsche Schäferhund); und er zeigt zahllose andere automatische Reaktionen, die wahrscheinlich aufgrund vorhergegangener zeitlicher Paarung mit anderen Reizen zustandekamen.

Nachfolgend zwei experimentelle Verfahren, die man zur Demonstration einer klassischen Konditionierung benutzen kann.

I. Keller (1969) beschreibt ein Verfahren, bei dem die Versuchspersonen aufgefordert werden, ihre rechte Hand in einen Kübel Eiswasser zu stecken. Dieser Vorgang verursacht einen unmittelbaren Rückgang der Temperatur in dieser Hand und interessanterweise auch in der linken Hand. Wird die Hand regelmäßig (alle drei bis vier Minuten) in das Eiswasser gesteckt und ertönt dabei jeweils ein Ton, so ver-

ursacht nach etwa zwanzig gleichzeitigen Darbietungen der Ton allein einen meßbaren Rückgang der Handtemperatur.

II. Pawlows Arbeit beeinflußte viele russische und amerikanische Psychologen, die Experimente durchführten, bei denen Reaktionen konditioniert wurden, die normalerweise nicht durch den Organismus kontrolliert werden. So kann z.B. die durch heiße oder kalte Umschläge verursachte Erweiterung oder Verengung der Blutgefäße auch auf einen Ton hin konditioniert werden. Auch das Wasserlassen kann klassisch konditioniert werden. Führt man in die Blase einer Person Luft ein, um damit den Druck innerhalb der Blase zu erhöhen, tritt Harndrang auf. Wird die Einführung der Luft nun mit einem Ton gepaart, so kann dieser Ton innerhalb weniger Versuche ein Urinieren auslösen. Diese Prozedur scheint vor allen Dingen für die Anwendung bei Kleinkindern interessant zu sein.

Der Einfluß Watsons auf das Verständnis des menschlichen Verhaltens ist schwer zu erfassen, da der Behaviorismus, dessen Begründer er war, auch heute noch einen tiefgreifenden Einfluß auf das psychologische Denken unserer Zeit ausübt. Innerhalb der ziemlich engen Perspektive der mit der Lerntheorie zusammenhängenden psychologischen Fragestellung führte der Beitrag Watsons vor allem dazu, daß die Methoden der Psychologie etwas rigoroser und objektiver wurden und daß die Einflüsse der Umwelt als wichtig für die Entwicklung des menschlichen Verhaltens angesehen werden. Wir verdanken ihm ferner die Ausarbeitung eines Lernmodells (der klassischen Konditionierung), welches adäquat erscheint, zumindest einige einfache tierische und menschliche Verhaltensweisen zu erklären.

Watson und die Anlage/Umweltkontroverse

Ein immer wiederkehrendes Thema in der psychologischen Literatur ist der Streit über die Frage der relativen Bedeutung von Genetik und Umwelt: Sind Menschen im wesentlichen ein Produkt ihrer genetischen Ausstattung (Anlage) oder werden sie hauptsächlich durch ihre Umwelt geformt? Zugunsten der Genetik sprach um die Jahrhundertwende vor allem Francis Galton (1870), ein Cousin von Charles Darwin; Watson (1930) entschied sich für die Umwelt. Dabei ging er so weit, zu behaupten, daß, wenn man ihm ein Dutzend gesunder Ba-

21

bies egal welcher Herkunft gebe und ihm frei-
stelle, sie in einer von ihm gewählten Umgebung aufzuziehen, er aus jedem genau das
machen könne, was er wolle. Mit anderen Worten nahm er an, daß alle Unterschiede zwischen Menschen durch unterschiedliche Erfahrungen (Lernen) zustande kämen.

Obgleich die Kontroverse anhält, stimmen jedoch die meisten Psychologen darin überein,
daß sowohl die genetische Ausstattung als
auch die Umwelt für die Entwicklung der meisten menschlichen Verhaltensweisen und der
Persönlichkeit bestimmend sind. Mit Anastasi
(1958) heißt die wichtigste Frage hier nicht, wie
groß der Anteil von Genetik und Umwelt ist,
sondern vielmehr, auf welche Art und Weise
beide ihren Einfluß ausüben.

<hr>

Edwin R. Guthrie (1886–1959)
Guthrie wurde am 9. Januar, 1886, in Lincoln Nebraska geboren. Er begann seine
akademische Laufbahn an der Universität
von Nebraska. Sein Interesse für Mathematik und Philosophie war damas größer
als für Psychologie. Er belegte als Haupt-
fach Philosophie, als Nebenfach Mathematik – und ein zusätzliches Nebengebiet,
fast wie ein Anhängsel das neue, kaum
den Kinderschuhen entwachsene Gebiet
der Psychologie. Nach Nebraska ging er
an die Universität von Pennsylvania, wo
er 1912 den Doktor der Philosophie erhielt. Die restlichen 42 Jahre seiner akademischen Laufbahn verbrachte er an der
Universität von Washington. Seinen Um-
stieg zur Psychologie im Jahre 1919 ver-
dankte er hauptsächlich dem Philosophen
Singer, der die Meinung vertrat, viele phi-
losophische Probleme könnten auf Ver-
haltensprobleme reduziert werden. Als
Zeitgenosse Watsons (er war nur acht Jahre jünger), war Guthrie stark von Watsons
klassischer Konditionierung beeinflußt,
wie sein erstes, 1921 veröffentlichtes Werk
zeigt.
Guthries wichtigstes Werk ist „Psychology
of Learning“, das 1935 veröffentlicht und
1952 überarbeitet wurde. Während seiner
akademischen Laufbahn war er sehr anerkannt. Er wurde zum Dekan der Universität von Washington ernannt und wurde
von der „American Psychological Association“ geehrt, deren Präsident er einige
Zeit lang war.

<hr>

Edwin Guthrie (1886–1959)

Guthries Ansatz zur Erklärung menschlichen
Verhaltens stimmt in vielem mit dem Watsons
überein. Beide Theoretiker waren sehr auf Objektivität bedacht und beide befaßten sich nur
mit den beobachtbaren Aspekten des Verhaltens. So ist es nicht verwunderlich, daß auch ihre Ansichten über das Lernen in vielen Fällen
übereinstimmen.

Der wahrscheinlich wichtigste Unterschied
zwischen den beiden theoretischen Positionen
ergibt sich durch Guthries Ablehnung der Watson'schen Ansicht, Übung fördere das Lernen.
Diese Ansicht Guthries stand weniger im Widerspruch zur Position Watsons, sondern war
eher Ausdruck einer unterschiedlichen Inter-
pretationsweise des Lernens.

Ein Lerngesetz

Guthries (1952) Lernmodell besteht aus einem
einzigen Gesetz, welches schlicht besagt, daß
der Reiz oder die Kombination von Reizen, die
zu einer Reaktion führen, diese wieder auslösen werden, wenn sie wiederholt werden. Er
geht noch einen Schritt weiter und stellt fest,
daß die volle Stärke der „Verbindung“ zwischen einem Reiz und einer Reaktion sich bei
der ersten Paarung manifestiert und durch
Übung weder geschwächt noch gestärkt werden kann. Dies bedeutet, daß ein Organismus,
der bei einem Anlaß etwas tut, genau dasselbe
wieder tun wird, wenn sich dieser Anlaß wiederholt. Behavioristisch ausgedrückt: führt ein
Reiz jetzt zu einer bestimmten Reaktion, so
führt er auch in Zukunft zu derselben Reaktion. Die Auslegung dieses Gesetzes mit der zugehörigen Erklärung führte dahin, daß man
Guthries Theorie als eine „Ein-Schuß-Theorie“
bezeichnete, eine Bezeichnung, die oft mit vol-
lem Ernst angewandt wird. Dies würde bedeuten, daß der ganze Lernprozeß nach einem einzigen Durchgang abgeschlossen ist.

Für Guthrie war Lernen ein Prozeß der Aneignung von S-R (Reiz-Reaktions)-Verbindungen
– (er bezeichnet diese als Gewohnheiten, habits) – durch die Paarung des Verhaltens mit
Reizen. Seine Position erlaubt keine klare Aussage darüber, warum bestimmte Verhaltensweisen erstmalig auftreten. Häufig wird argumentiert, sein Lerngesetz sei falsch, da wir uns in
gleichen Situationen oft unterschiedlich verhal-

ten. Seine Erwiderung darauf ist jedoch so einfach wie plausibel: wenn die Reaktionen auf zwei Reize unterschiedlich sind, dann nur deswegen, weil die Reize nicht genau identisch sind oder weil eine alte Gewohnheit durch eine neue ersetzt worden ist. Die alte Gewohnheit wird dabei lediglich ersetzt und nicht vergessen.

Das Aufgeben von Gewohnheiten

Für die Pädagogen sind die Ansichten Guthries darüber, wie man eine Gewohnheit durch eine andere ersetzen kann, von besonderer Bedeutung. Er führt drei Methoden an, um unerwünschte Reaktionen durch erwünschte zu ersetzen. Um jedoch seiner Theorie treu zu bleiben, behauptet er nach wie vor, daß keine der alten Reaktionen je vergessen wird. Diese werden einfach durch neue, wünschenswertere Reaktionen, die mit den alten Gewohnheiten inkompatibel (d.h. unvereinbar) sind, ersetzt. Daher treten in Zukunft auch nur die neueren Reaktionen auf. Die drei Methoden, auf die wir im folgenden eingehen, sind die „Ermüdungsmethode", die „Schwellenmethode" und die „Methode der inkompatiblen Reize".

Die Ermüdungsmethode
Diese Methode besteht darin, einen Reiz, der eine unerwünschte Reaktion auslöst, wiederholt darzubieten. Nach längerer Zeit wird der Organismus so müde, daß er nicht mehr imstande ist, diese Reaktion auszuführen. Zu diesem Zeitpunkt wird entweder eine andere Reaktion gezeigt oder der Organismus tut überhaupt nichts. Letzteres kann man jedoch ebenfalls als eine Art von Reaktion bezeichnen – nämlich eine, die wahrscheinlich mit dem unerwünschten Verhalten inkompatibel ist. Aus der Guthrieschen Theorie folgt, daß der Organismus, sobald er eine Reaktion zeigt, diese auch zusammen mit den Reizen oder Reizkomplexen, die sie hervorgerufen haben, lernt. Diese Reaktion wird sich, da sie die neueste Reaktion auf den Reiz darstellt, erneut auftreten, wenn der Reiz sich wiederholt. Auf diese Weise werden die ursprünglichen unerwünschten Gewohnheiten abgelegt.

Die Schwellenmethode
Bei der Schwellenmethode erfolgt die Darbietung des Reizes, der ein Teil der unerwünschten S-R-Einheit (Reiz-Reaktionseinheit) ist, unterschwellig, so daß die unerwünschte Reaktion nicht hervorgerufen wird. Löst der Reiz diese unerwünschte Reaktion nicht aus, so erfolgt wahrscheinlich eine andere Reaktion. Auch hier kann die Reaktion aus einem Nichtreagieren bestehen, was aber ebenfalls zum Abbau der unerwünschten Reaktion führt. Der Reiz wird dann wiederholt über eine Reihe von Verhaltensabschnitten dargeboten, wobei die Reizintensität stufenweise erhöht wird. Die Größe dieser Schritte wird sorgfältig kontrolliert, damit die unerwünschte Reaktion nicht ausgelöst wird. Zu dem Zeitpunkt, an dem die Reizintensität die Größe erreicht hat, bei der früher das unerwünschte Verhalten ausgelöst wurde, hat sich bereits eine andere Gewohnheit geformt.

Die Methode der inkompatiblen Reize
Bei dieser Methode wird der Reiz dann dargeboten, wenn die Reaktion nicht stattfinden kann. Kann die unerwünschte Reaktion nicht stattfinden, bildet sich auch hier wieder eine andere Reaktion und ersetzt schließlich die alte Gewohnheit.

Alle drei Methoden können am Beispiel des Zureitens von Pferden veranschaulicht werden. (s. Abb. 2.5). Ein widerspenstiges Pferd, so werden die meisten Leute zugeben, besitzt eine schlechte Gewohnheit. Strenge Behavioristen werden sogar soweit gehen zu sagen, dieses Pferd habe eine S-R-Einheit (Reiz-Reaktions-Einheit), die wahrscheinlich modifiziert werden soll. Der Reiz-Anteil dieser Einheit wird repräsentiert durch die verschiedenen Gegenstände, die man auf den Rücken eines Pferdes legen kann und die dann bei diesem ein a- wenn nicht gar anti-soziales Verhalten auslösen. Der Reaktionsteil dieser Einheit besteht im asozialen Verhalten: der Gaul bockt. Nach Guthrie muß jedweder Versuch der Abänderung des Pferdeverhaltens die Form einer oder mehrerer der beschriebenen Techniken annehmen.

Die bekannte „Rodeo"-Technik besteht darin, dem Pferd einen Sattel aufzuwerfen und ihm dann den lebendigen Teufel aus dem Leib zu reiten. Wenn dies oft genug wiederholt wird, so wird das Pferd müde, hört auf den Reiter abzuwerfen (so dieser überhaupt noch auf dem Pferd sitzt) und reagiert vielleicht mit Stehen, Gehen oder Laufen. Diese Veränderung seiner Verhaltensweisen ist eindeutig ein Erfolg der Guthrie'schen Ermüdungstechnik.

Auch die Schwellenmethode wird häufig dazu benutzt, Pferde zuzureiten. Sie „bricht" ebenso-

Abb. 2.5. a–c. Guthries drei Möglichkeiten zum Aufgeben von Gewohnheiten. **a** Dem Pferd wird erlaubt zu bocken, bis es müde ist, **b** das Pferd wird gezähmt, indem ihm stufenweise immer mehr Gewicht auf den Rücken geladen wird, anfangs nur eine Decke, zum Schluß ein Sattel und ein Reiter, **c** das Pferd wird angebunden, so daß es nicht bocken kann, während es bestiegen wird

viel Pferden „das Rückgrat" wie die Rodeo-Technik, aber wesentlich weniger Reitern. Man beginnt mit einem leichten Streicheln des Pferdes, legt eine sehr leichte Decke über seinen Rücken und steigert deren Gewicht allmählich (steigert die Intensität des Reizes). Mit genügend Zeit und Geduld kann das Pferd auf diese Art und Weise zugeritten werden.

Die Technik der inkompatiblen Reize wird weit weniger benutzt, kann aber auch sehr wirkungsvoll sein. Sie besteht darin, daß der Reiz präsentiert wird (Sattel und Reiter auf dem Rücken des Pferdes), wenn keine Reaktion auftreten kann. Das Pferd wird gewöhnlich an einem Pfahl so fest gebunden, daß es nicht bocken kann.

Der Abbau menschlicher Gewohnheiten

Die beschriebenen drei Techniken können auch auf den Menschen angewendet werden. Natürlich ist es unakzeptabel, ein Kind wie ein Pferd zu behandeln. Aber selbst mit Rücksicht auf die „*Menschlichkeit*" des Kindes, ist es doch oft notwendig, bestimmte schlechte Gewohnheiten, die sich das Kind angeeignet hat (sogar in den besten Familien) abzubauen. Stellen Sie sich z. B. einen kleinen Jungen vor, der auf das Erscheinen seines Großvaters immer mit sehr intensiver Furcht reagiert, die er sich angeeignet hat, weil sein Großvater das erste Individuum war, das ihn mit einer kurzen Peitsche verhauen hat (dieses Beispiel ist natürlich aus der Luft gegriffen). Im Stil von Jones und ihrer Versuchsperson Peter, könnte man nun die Furcht des kleinen Jungen abbauen, indem man ihm etwas äußerst Gutes zu essen gibt, während sein Großvater in einiger Entfernung von ihm still in seinem Lehnstuhl sitzt. Über verschiedene Versuchsdurchgänge hinweg könnte man den Großvater immer etwas näher rücken lassen, aber natürlich nie so nahe, daß der kleine Junge die alte Furchtreaktion wieder zeigt (Schwellenmethode). Dadurch würde schließlich die Furchtreaktion durch eine etwas angenehmere Verhaltensweise ersetzt.

Guthries Schwellentechnik ist dem durch Wolpe (1958) bekannten Ansatz sehr ähnlich, der manchmal als *Gegenkonditionierung* oder auch als systematische *Densensibilisierung* bezeichnet wird. Diese Methode wurde oft bei Patienten mit großen Ängsten (Phobien) erfolgreich angewandt. In ihrer einfachsten Form erfordert die Technik, daß die Patienten und Patientinnen alle Situationen auflisten, die mit ihrer Phobie in Zusammenhang stehen. Diese werden dann hierarchisch geordnet, beginnend mit der Situation, in der am wenigsten Angst verspürt wird. Danach übt der Therapeut mit der entsprechenden Person eine oder mehrere Entspannungstechniken ein. In der Therapie, die sich im allgemeinen über mehrere Sitzungen erstreckt, sollen die Patienten eine Situation beschreiben oder sich vorstellen, die mit einem geringen Angstwert verbunden ist. Gleichzeitig enthalten sie die Anweisung, sich zu entspannen. Das Ziel besteht darin, daß sich der Patient einen Angst erregenden Reiz vorstellt, ohne jedoch Angst zu verspüren. Es ist darauf zu achten, daß der imaginäre Reiz *unterhalb der Angstschwelle* bleibt, also nicht zu der phobi-

schen Reaktion führt. Hierin besteht die Ähnlichkeit mit Guthries Schwellenmethode. Am Ende der Therapie wird, sofern diese erfolgreich war, die unerwünschte Angstreaktion durch eine andere Verhaltensweise ersetzt sein, die mit Angst unvereinbar ist – durch Entspannung.

Die Ermüdungsmethode oder die Methode der inkompatiblen Reize kann auch benutzt werden, um eine Reihe von Verhaltensweisen und emotionalen Problemen zu korrigieren – eine Tatsache, der sich mein Onkel Renault schmerzlich bewußt ist.

Seine Vorliebe für Süßigkeiten hätte ihn – ohne die List und Findigkeit meiner Großmutter – unweigerlich in die Jugendkriminalität geführt. Mein Onkel, unredlich wie jeder angehende Kriminelle, klaute so erfolgreich Kuchen und Gebäck aus der Küche meiner Großmutter, daß die arme Frau wirklich nicht mehr ein noch aus wußte. Sie hatte schon gemerkt, daß es wenig Sinn hatte, Klein-Renault mit ihrer Pappelrute zu verprügeln. Das einzige, was er dabei lernte, war Pappeln zu hassen und die alte Frau zu fürchten. Auch geschickt im Kuchen versteckte Essiggurken, Senfkörner und andere Überraschungen halfen nichts, sie führten nur dazu, daß er beim Essen vorsichtiger wurde. Wie ein Hund schnüffelte er an allem, bevor er es aß. Aber er aß es, und zwar fast alles, was die alte Dame buk. Und wieder einmal weigerte sich Renault, sein Abendessen zu essen, es sei denn, er bekam nachher etwas Gebäck oder Kuchen. Was, es war keiner da? Na gut, etwas Sirup oder brauner Zucker würden es auch tun. Damals dachte die alte Dame daran, die Methode der inkompatiblen Reize anzuwenden. „Mach ihm einen Maulkorb", bat sie meinen Großvater Frank, „dann kann er das Gebäck nicht mehr essen". Renault bekam nie einen Maulkorb, weil beide erkannten, daß Renault dadurch nur lernen würde, daß man mit einem Maulkorb nicht essen kann.

Die letzte Möglichkeit war die Ermüdungstechnik. An einem heißen, sonnigen Junitag begann meine Großmutter zu backen: Kuchen, Cremetorten, Mandelgebäck, Schokoladenwaffeln, Zuckerkrapfen, Zitronenmeringe und Kirschkuchen. Und Onkel Renault aß. Er saß in einem Holzstuhl mit gerader Lehne und aß. Mein Großvater ermunterte ihn. Und er aß. Anfangs mit Begeisterung, nachher mit etwas weniger, bis er schließlich sicher war, daß er nicht mehr könnte. Aber selbst dann aß er noch eine Weile weiter. Er hatte keine Wahl. „Iß! Du hast doch niemals genug! Du bleibst sitzen und ißt alles auf!"

Angeblich hat Onkel Renault nicht alles gegessen. Aber noch heute wird er bei dem Gedanken an eine Süßspeise leicht grün im Gesicht.

Kontiguität und Verstärkung

Bei Lerntheorien, die sich im wesentlichen mit der Konditionierung befassen, wird gewöhnlich eine von zwei Erklärungsmöglichkeiten benutzt. Erst neuerdings werden beide Erklärungsmöglichkeiten kombiniert. Warum vollzog sich ein Lernprozeß, als mein Hund lernte, als Reaktion auf den Befehl „Speichle" eine Speichelabsonderung zu zeigen? Die beiden möglichen Antworten sind Kontiguität oder Verstärkung. Die erste Erklärung besagt, daß eine Assoziation zwischen den Reizen gebildet wurden (zwischen dem UCS Futter und dem CS „Speichle"), weil sie das Prinzip der Kontiguität erfüllten (d. h. zusammen, simultan, zeitlich überlappend oder zumindest in sehr enger zeitlicher Reihenfolge dargeboten wurden). Für diese Art des Lernens ist diese Erklärung wahrscheinlich die einleuchtendste. Die zweite Alternative, die Verstärkung, stellt keine gute Erklärung für das Verhalten des Hundes dar. Sie besagt, daß das Lernen deswegen stattfindet, weil es von den Konsequenzen des Verhaltens kontrolliert wird - oder etwas genauer, weil das Verhalten zu angenehmen Konsequenzen oder zur Eliminierung unangenehmer Konsequenzen oder zu beiden führt. Die Darbietung eines angenehmen Reizes oder die Entfernung eines aversiven (unangenehmen) Reizes ist eine klare und genaue Definition dessen, was mit Verstärkung gemeint ist.

Sowohl Watson als auch Guthrie benutzten das Prinzip der Kontiguität zur Erklärung des Lernens. Watson glaubte, daß die simultane Darbietung zweier Reize zur Entwicklung einer Art Gleichwertigkeit zwischen diesen Reizen führen würde. So wird z. B. der Ton zumindest teilweise dem Futter gleichwertig, wenn er eine Reaktion auslöst, die der durch Futter ausgelösten Reaktion sehr ähnlich ist. Guthrie glaubte, zwischen dem Reiz und der Reaktion würde eine Verbindung hergestellt, weil sie zeitlich zusammenfallen (Kontiguität). Um seine Position auch angesichts der Tatsache aufrecht erhalten zu können, daß zwischen der Darbietung der meisten Reize und Reaktionen eine Zeitverzögerung stattfindet, postulierte er das Vorhandensein winziger Reaktionen, die zwischen einem externalen Reiz und einer Reaktion ablaufen. Demnach führen Reize zu einer Serie von Reaktionen, die wiederum den Reizen etwas ähnlich sind. Aus diesem Grund werden die Reaktionen auch noch als *durch Bewegung produzierte Reize* bezeichnet. Jede Reaktion in dieser Kette überlappt die ihr folgende; die Zwischenprozesse dieser durch Bewegung produzierten Reize sorgen dafür, daß Reize und Reaktionen zeitlich gesehen verbunden bleiben.

Das größte Manko dieser beiden theoretischen Positionen besteht wahrscheinlich darin, daß weder Guthrie noch Watson sich um die möglichen Auswirkungen der Verhaltenskonsequenzen auf den Lernprozeß kümmerten. Sie waren Kontiguitätstheoretiker und nicht Verstärkungstheoretiker. So blieb es Edward L. Thorndike vorbehalten, die Idee der Verstärkung in die psychologische Theorie einzuführen.

Edward L. Thorndike (1874-1949)

Thorndikes Beitrag zur Psychologie wird oft nur sehr kurz behandelt, weil bestimmte Aspekte seiner Theorie erst durch B. F. Skinner populär geworden sind. Während Thorndike die Relevanz der Arbeiten Watsons und Guthries nicht abstritt, beruht sein System letztlich doch sehr auf dem Prinzip der Verstärkung, das von diesen jedoch strikt abgelehnt wurde. Die Einflüsse von zeitlichen Parametern, Frequenz und Kontiguität wurden von ihm in Form seines Gesetzes der Übung (Law of Exercise, Thorndike, 1913) zusammengefaßt, welches besagt, daß Verbindungen zwischen Reizen und Reaktionen dann gestärkt werden, wenn sie häufig, in kurzen Abständen und mit Elan geübt werden. Dieses Gesetz spielt jedoch nur eine untergeordnete Rolle in Thorndikes System, beeinflußte jedoch die pädagogische Theorie und Praxis zu Beginn dieses Jahrhunderts enorm. Kurz gesagt, der Glaube an die Effektivität vom Einüben von S-R Bindungen rechtfertigte und verstärkte die „Drill-"Ansätze des Lernens, die in den 30er und 40er Jahren eine wahre Blütezeit erreichten.

Edward L. Thorndike (1874–1949)
Wie Pawlow war auch Thorndike der Sohn eines Pfarrers. Vermutlich besteht für Pfarrerskinder eine etwas höhere Wahrscheinlichkeit dafür, daß sie eine höhere Bildung bekommen. Als zweiter Sohn der Familie war er später einer der drei Thorndike-Brüder, die an der Universität von Columbia unterrichteten. Thorndike studierte an den Universitäten Wesleyan, Harvard und Columbia. Hier promovierte er 1898 in Psychologie. Seine im gleichen Jahr veröffentlichte Doktorarbeit (Thorndike war damals 24 Jahre alt) beschäftigte sich mit der Intelligenz von Tieren. Er versuchte, durch Experimente zu beweisen, daß Tiere (besonders Katzen) allmählich durch einen Versuch-Irrtum-Prozeß lernen, der möglicherweise zum „Einstanzen" der korrekten Reaktion führt. Ein Großteil seiner späteren Karriere in der Psychologie bestand in der Generalisierung dieser Beobachtung auf menschliches Lernen und der Entdeckung, daß auch Menschen nicht durch Einsicht lernen, sondern durch Versuch und Irrtum als Funktion von Belohnung oder Strafe.
Thorndike schrieb sehr viel, meist in Form von Artikeln, die sich mit einer breiten Spanne von Themen beschäftigten und mit Erziehung oder Psychologie zusammenhingen. Er war nicht nur in Nordamerika, sondern auch in Europa hoch geachtet.

Grundlegende Gedanken über das Lernen

Für Thorndike besteht das Lernen aus der Bildung von Verbindungen zwischen Reizen und Reaktionen – Verbindungen, die die Form neuraler Bahnen annehmen. Daher wird seine Theorie auch *Verbindungslehre* (connectionism) genannt. Lernen besteht im „Einstanzen" von Stimulus-Reaktions-Verbindungen – das Vergessen bezeichnete Thorndike als „Ausstanzen" solcher Verbindungen. Beide Prozesse sind einer Reihe von Gesetzen unterworfen, die das Lernen und Vergessen erklären und von denen das wichtigste das Gesetz der Auswirkung (Law of Effect) ist (Thorndike, 1913). Einfach ausgedrückt besagt das Gesetz der Auswirkung, daß *Reaktionen, die kurz vor einem*

befriedigenden Zustand gezeigt werden, mit höherer Wahrscheinlichkeit wiederholt werden. Das Entgegengesetzte trifft auch zu, obgleich es für die Erklärung des Lernens weniger wichtig ist: *Reaktionen, die kurz vor einem unbefriedigenden Zustand auftreten, werden mit großer Wahrscheinlichkeit nicht wiederholt.* Ob eine Reaktion also eingestanzt oder ausgestanzt wird, hängt im wesentlichen von den Konsequenzen dieser Reaktion ab.
Um die Interpretation seines Gesetzes der Auswirkung zu objektivieren, fand es Thorndike notwendig, *befriedigende* und *unbefriedigende* Zustände zu definieren. Ein befriedigender Zustand ist ein solcher, bei dem das Tier oder die Person nichts tut um ihn zu vermeiden oder versucht ihn aktiv beizubehalten. Ein unbefriedigender Zustand ist ein solcher, den das Tier oder der Mensch nicht versucht beizubehalten oder versucht ihn zu beenden.
Die Bedeutung des Gesetzes der Auswirkung bei der Entwicklung der Lerntheorien kann man kaum hoch genug einschätzen. Bittermann (1969) beschreibt es als einen der zwei großen Beiträge Thorndikes zur Psychologie. Der andere ist eine Ansicht über die Intelligenz beim Menschen und beim Tier, die schlicht und einfach den Gedanken verwarf, daß der Mensch ein mit Vernunft ausgestattetes Tier sei. Stattdessen behauptet er, Intelligenz könnte nur im Hinblick auf die Fähigkeit Verbindungen zu bilden, definiert werden. Bitterman (1960) stellt fest, daß diese Ansicht bis vor kurzem von vielen Psychologen kritiklos akzeptiert wurde.
Das Gesetz der Auswirkung ist im wesentlichen ein Modell des *instrumentellen Lernens*. Ein Organismus zeigt irgendeine Reaktion und schafft dadurch eine Verbindung zwischen ihr und dem Reiz, der ihr voranging, vorausgesetzt, diese Reaktion führte zu angenehmen Folgen. Theoretisch gesehen ist es ein wichtiger Aspekt des Modells, daß die Verbindung zwischen einem Reiz und einer Reaktion und nicht zwischen einer Reaktion und einer Belohnung hergestellt wird. Wie wir in Kapitel 6 sehen werden, übernahm Hull diese Ansicht Thorndikes und baute sie als einen der zentralen Sätze in sein System ein. Skinner dagegen ist der Ansicht, daß die Verstärkung und die Reaktion assoziiert werden. In einer Unzahl von Tierstudien wurde versucht, den einen oder den anderen Punkt zu beweisen (s. z.B. Crespi, 1942; Bitterman, 1967; Hulse, 1968, Postman, 1962). Einige dieser Studien wurden von Bitterman

rezensiert (1969), der zu dem Schluß kam, das Gesetz der Auswirkung stelle ein „vollkommenes, allgemeines Gesetz des Lernens" dar und die menschliche Psychologie stehe vielleicht eher am Anfang als am Ende der Throndikeschen Ära.

Gesetze zweiter Ordnung

Zum Thorndikeschen Lernmodell gehören noch 5 weitere Gesetze:

1. Multiple Reaktion

Dieses Gesetz besagt, daß der Organismus in einer gegebenen Situation mit einer Vielzahl unterschiedlicher Reaktionen reagieren wird, wenn die erste Reaktion nicht unverzüglich zu einem befriedigenden Zustand führt. Mit anderen Worten führt dies zu einem *Versuch- und Irrtumverhalten* beim Problemlösen.

Die berühmtesten Versuche Thorndikes sind die, die als Beispiel für dieses Prinzip aufgeführt wurden. Eine hungrige Katze befindet sich in einem Versuchskäfig, vor dem eine Schale mit Fisch steht. Die Katze kann die Tür des Käfigs öffnen und damit auch an den Fisch herankommen, wenn sie an einer im Käfig hängenden Schlaufe zieht. Die typische Reaktion der Katze in dieser Situation besteht darin, daß sie im Käfig hin und herläuft, miaut und an den Wänden kratzt. Möglicherweise erwischt sie dabei zufällig die Schlaufe, die sie in die Freiheit und zum Fisch läßt. Über die verschiedenen Versuchsdurchgänge hinweg verringert sich die Zeit, die die Katze braucht, um aus dem Käfig zu entkommen und am Ende des Trainings öffnet die Katze sofort, wenn sie in den Käfig gebracht worden ist, die Tür. Thorndike deutet dieses Verhalten als Beweis, daß das Lernen ein langsamer Prozeß des Einstanzen einer korrekten Reaktion ist, die anfänglich durch Versuch und Irrtum erworben wurde.

2. Set oder Einstellung

Das zweite Gesetz stellt fest, daß Lernen z. T. eine Funktion der Einstellung oder des Sets ist, wobei Set definiert wird als eine Disposition, auf eine bestimmte Art und Weise zu reagieren. Dieses Gesetz bezieht sich nicht nur auf die angenehmen und unangenehmen Konsequenzen, sondern auch auf die Art der von einer Person gezeigten Reaktion. Es gibt kulturell determinierte Reaktionsweisen auf eine große Anzahl von Problemstellungen. Viele Kulturen akzep-

tieren es allgemein, auf Aggression mit Aggression zu antworten; diese Kulturen haben auch festgelegt, daß das Ergebnis dieser Aggression ein angenehmer Zustand für den Sieger und ein unangenehmer Zustand für den Besiegten ist.

3. Die Vorherrschaft von wichtigen Elementen

Thorndike schlägt vor, daß es für einen Lernenden möglich ist, nur auf die wichtigen Elemente einer Problemsituation einzugehen und sich nicht von den irrelevanten Aspekten dieser Situation ablenken zu lassen. Um zum Beispiel zu erkennen, daß eine Figur nicht nur ein Rechteck, sondern ein Quadrat ist, ist es nötig, die Relation der Seiten der Figur zu betrachten, nicht jedoch ihre Farbe und Position. In diesem Fall sind Reize, die mit der Form zusammenhängen *relevant*, andere dagegen irrelevant.

4. Analoge Reaktionen

Dieses vierte Prinzip besagt, daß eine Person, die sich in einer neuen Situation befindet, Reaktionen zeigt, die sie in anderen Situationen mit einigen identischen Elementen zeigen würde. Mit anderen Worten, die *Übertragung* (Transfer) von Reaktionen von einer Situation auf eine andere hängt von der Ähnlichkeit beider Situationen ab. Dieses Prinzip, die Thorndikesche Transfertheorie, wird manchmal auch als *Theorie der identischen Elemente* bezeichnet. Analoge Reaktionen werden häufig am Beispiel des unglücklichen Kindes illustriert, das hinter dem Stinktier herläuft und schreit: „Komm, Kätzchen, Kätzchen, komm her!"

5. Assoziatives Wechseln

Das letzte der 5 zusätzlichen Prinzipien hängt eng mit der *Reizsubstitution* zusammen. Es besagt, daß eine Reaktion ihre assoziativen Bindungen von einem Reiz zu einem anderen Reiz verlagern kann. Thorndike veranschaulicht diesen Prozeß, indem er einer Katze beibringt zu stehen. Zuerst tut die Katze dies, weil der Versuchsleiter ein Stück Fisch in seiner Hand hält. Allmählich jedoch wird das Stückchen Fisch immer kleiner, bis die Katze letztlich die gewünschte Körperhaltung einnimmt, obwohl kein Fisch vorhanden ist.

Zusammenfassung der Lerntheorie Thorndikes

Diese 5 zusätzlichen Gesetze ergeben zusammen mit den beiden hier beschriebenen Hauptgesetzen (es gibt noch ein 3. Hauptgesetz, das Gesetz der Bereitschaft – Law of Readiness – das für das System aber nicht von übermäßig großer Bedeutung ist – ein verhältnismäßig klares, wenn auch simplifiziertes Bild der Thorndikeschen Lerntheorie. Für ihn besteht Lernen in einer Vermehrung von physiologischen Verbindungen zwischen Reizen und Reaktionen. Diese Verbindungen werden durch Übung und wegen der angenehmen Konsequenzen eingestanzt – oder umgekehrt, durch Nichtgebrauch und wegen der unangenehmen Konsequenzen geschwächt oder ausgestanzt. Menschen erlernen situationsgerechte Reaktionen im wesentlichen durch Versuch und Irrtum. Diese Reaktionen können auch einer bestehenden Einstellung oder einem Set, möglicherweise von der Kultur oder anderen Situationen beeinflußt werden – so reagiert z. B. eine hungrige Person auf Nahrung anders als eine nicht-hungrige. Solche Reaktionen beruhen zumeist auf Verhalten, das in ähnlichen Situationen gelernt wurde (analoge Reaktionen), während andere aus einem Konditionierungsprozeß resultieren (assoziatives Wechseln). In vielen Fällen zeigt sich das Verhalten einfach als eine Reaktion auf die wichtigsten Aspekte der Situation (Vorherrschaft der wichtigen Elemente).

Thorndikes wichtigster Beitrag zur Entwicklung der Lerntheorie ist wahrscheinlich, daß er den Konsequenzen des Verhaltens entscheidende Bedeutung beimaß; diese bestimmen, was gelernt und was nicht gelernt wird. Ferner führte er als einer der ersten den Tierversuch als Mittel zur Verifikation theoretisch abgeleiteter Vorhersagen ein. Ein dritter wichtiger Beitrag Thorndikes zur Psychologie besteht in der Anwendung psychologischer Prinzipien, besonders in der Pädagogik. Ein Großteil seiner Veröffentlichungen beziehen sich speziell auf pädagogische Probleme, manchmal sogar auf besondere Problemstellungen wie z. B. die Arithmetik (Thorndike, 1922), das Latein (Thorndike, 1923) und die Psychologie des Interesses (Thorndike, 1935).

Eine kurze Bewertung

Pawlow, Watson, Guthrie und Thorndike waren alle S-R Theoretiker, weil sie sich primär mit der Suche nach und der Erklärung von Regelmäßigkeiten beschäftigten, die der Beziehung zwischen Reiz und Reaktion unterliegen. Eine der wichtigsten Regelmäßigkeiten, die diese Theoretiker entdeckten, war das, was wir heute als klassische Konditionierung bezeichnen, sowie bestimmte, wichtige Bemerkungen über die Rolle von Wiederholung, Strafe und Belohnung beim menschlichen und tierischen Lernen.

Aber kann man diese Theorien im Sinne der in Kap. 1 diskutierten Kriterien als gut bezeichnen? Ja und nein! Zuerst die Frage: Wie gut erklären sie die Fakten? Speziell im Hinblick auf dieses Kriterium können diese Theorien sehr leicht kritisiert werden: Obwohl sie mit den *damals bekannten Fakten* relativ gut harmonierten, mußten viele Beobachtungen erst noch gemacht werden, viele Experimente waren noch nicht durchgeführt. Außerdem wurden in diesen Theorien genau die Fakten erklärt, die die entsprechenden Theoretiker als am dringlichsten einer Erklärung bedürftig hielten, eine Tatsache, die auf fast alle psychologischen Theorien zutrifft. Daher beschäftigten sich die frühen Behavioristen sehr wenig mit der Erklärung von „höheren" geistigen Prozessen wie Sprache, Denken, Problemlösung, Wahrnehmung, usw. Bezüglich der restlichen Kriterien schneiden die Theorien wesentlich besser ab. Die meisten sind klar und verständlich, nur wenige in sich inkonsistent. Das Beharren der Behavioristen auf Objektivität bedeutete, daß die Theorien nicht auf vielen nicht verifizierbaren Annahmen basierten. Obwohl das Ausmaß, in dem sie Erklärungen liefern konnten (und daher das Ausmaß, Verhalten vorhersagen zu können), durch die Tatsache sehr begrenzt war, daß sie meist auf unvollständigen Daten beruhten, können doch ihre Beiträge zu der noch bevorstehenden Entwicklung von Lerntheorien kaum überschätzt werden.

Obgleich diese frühen, behavioristischen Positionen ihr Ziel – die Erklärung des menschlichen Lernens – keineswegs erreichen, so geben sie uns doch wertvolle Hinweise darauf. Man sollte sie dabei nicht so sehr daran messen, daß sie nicht imstande sind, symbolische Funktionen oder sogenannte „höhere" geistige Prozesse zu erklären, sondern sollte ihren Beitrag im

Lichte der Entwicklung einer Wissenschaft sehen, die noch nie imstande war, adäquat alle oder zumindest die meisten menschlichen Verhaltensweisen zu erklären, die aber mit Hilfe jeder neuen Theorie mehr Verhalten und dieses auch klarer analysieren kann. Die geringfügig erscheinenden Beiträge von Leuten wie Watson und Guthrie erscheinen bedeutsamer, wenn man in ihnen den Beginn der Entwicklung dieser Wissenschaft sieht.

Zusammenfassung: Kapitel 2

In diesem Kapitel wurde eine Einführung zu den Lerntheorien gegeben. Diese Theorien wurden als systematische Versuche, Veränderungen im menschlichen Verhalten zu erklären und vorherzusagen, dargestellt, wobei drei miteinander verwandte theoretische Positionen beschrieben wurden: Pawlows und Watsons Theorie der klassischen Konditionierung, Guthries „Ein-Schuß-Lerntheorie" und Thorndikes Versuch-und-Irrtum-Position. Alle drei sind Beispiele für die behavioristische Voreingenommenheit für die Objektivierung der Psychologie als Wissenschaft und jede leistete ihren Beitrag zur Entwicklung neuerer Konzepte. (Wie die folgenden Kapitel zeigen werden.)

1. Das Lernen wird definiert als eine Verhaltensänderung, die auf Erfahrung beruht. Dies ist eine „behavioristische" Definition des Lernens. Sie schließt Einstellungsänderungen mit ein, da das Verhalten ja nicht nur aus äußeren, sondern auch aus inneren Aktivitäten besteht. Diese Definition des Lernens umfaßt nicht die Wirkungen der Reifung oder neurologische Veränderungen des Verhaltens, ebensowenig wie die Wirkung von Drogen oder Ermüdung.

2. Die Behavioristen befaßten sich im wesentlichen mehr mit dem Verhalten als mit „Denken" und „Fühlen" oder „Wissen". Lerntheoretiker, die sich mehr mit Wissen oder „Kognition" und weniger mit beobachtbarem Verhalten befassen, werden häufig auch als kognitive Psychologen oder Kognitivisten bezeichnet.

3. Der Gründer der behavioristischen Bewegung der Psychologie in Nordamerika war Watson. Seine theoretische Position war eine vorsichtig-objektive Reaktion auf eine frühere, mehr geistig-psychologische Orientierung. Ein Großteil seiner Theorie basiert auf den Arbeiten des russischen Physiologen Pawlow.

4. Die klassische Konditionierung ist ein Vorgang, bei dem durch wiederholte Paarung von Reizen neues Verhalten entsteht. Das berühmteste Beispiel dafür ist Pawlows Hund, der lernt auf einen Ton hin Speichel abzusondern, nachdem ihm Ton und Futter über mehrere Versuchsdurchgänge hinweg gleichzeitig dargeboten wurden.

5. Die Leichtigkeit, mit der eine klassisch konditionierte Reaktion erworben werden kann, hängt einerseits von der Klarheit des bedingten Reizes ab, andererseits von der zeitlichen Folge von bedingtem und unabhängigem Reiz. Die beste Kombination ist die, wo der UCS dem CS unmittelbar folgt (Verzögerte Konditionierung); in der „backward" genannten Sequenz (wo der UCS dem CS vorausgeht) ist Konditionierung unmöglich, außer bei sehr speziellen Verhaltensformen, die zu lernen der Organismus prädestiniert zu sein scheint.

6. Das Modell der klassischen Konditionierung ist besonders für die Erklärung des Lernens von emotionalen menschlichen Reaktionen nützlich. Reaktionen wie Furcht, Affekt, Haß usw. können besonders bei kleinen Kindern oft auf Erfahrungen zurückgeführt werden, bei denen ursprünglich neutrale Reize mit emotionsgeladenen Reizen assoziiert wurden. Wahrscheinlich ist ein solcher Prozeß dafür verantwortlich, daß die meisten Menschen das Geräusch eines Zahnarzt-Bohrers nicht ausstehen können.

7. Watson glaubt fest an den Einfluß der Umwelt auf menschliches Verhalten. Sein wahrscheinlich meist zitierter Ausspruch ist seine Behauptung, er sei imstande, aus 12 gesunden Säuglingen das zu machen, was immer er wolle, wenn man ihm freie Hand bei der Gestaltung ihrer Umwelt ließe.

8. Guthries auf Kontiguität beruhende Lerntheorie wird manchmal auch als „Ein-Schuß-Lerntheorie" bezeichnet. Er vertrat die Ansicht, daß jede auf einen Reiz folgende Reaktion diesem Reiz wieder folgt, wenn er wiederholt wird. Ferner betrachtet er die Verbindung zwischen einem Reiz und einer Reaktion nach der ersten Kopplung als unabänderlich fixiert.

9. Die Idee, daß Reize und Reaktionen in zeitlicher Reihenfolge (Kontiguität) ablaufen, wurde von Guthrie damit begründet, daß externale Reize zu Bewegungs-produzierten Reizen führen würden. Solche Reize sind echte Reaktionen, die als Reize für andere Reaktionen in der

Verhaltenskette dienen. Sie treten zwischen der Darbietung eines Reizes und dem Eintreten einer Reaktion auf.

10. Für Guthrie gab es drei Methoden, bestimmte Gewohnheiten abzustellen. Diese Methoden basieren auf der Annahme, daß Gewohnheiten zwar nie vergessen werden, aber trotzdem ersetzt werden können. Die drei Methoden bestehen aus der wiederholten Darbietung eines Reizes (Ermüdungsmethode), aus der unterschwelligen Darbietung des Reizes, bei der eine Reaktion nicht ausgelöst wird (Schwellenmethode), und aus der Darbietung des Reizes, wenn die Reaktion nicht ablaufen kann (Methode der inkompatiblen Reize).

11. Die beiden anderen Erklärungsmöglichkeiten für die Ausbildung von Beziehungen zwischen Reizen (S-S), zwischen Reaktionen (R-R) oder zwischen Reizen und Reaktionen (S-R) sind Kontiguität und Verstärkung. Die Kontiguität-Erklärung besagt, daß das einfache zeitliche und örtliche Zusammentreffen der infragekommenden Ereignisse genügt; die Verstärkungsposition vertritt außerdem die Meinung, daß angenehme Verhaltenskonsequenzen das Lernen fördern während unangenehme Konsequenzen es behindern. Watson und Guthrie sind Kontiguitäts-Theoretiker, Thorndike dagegen nicht.

12. Thorndike beschrieb das Lernen als Zustandekommen von Verbindungen zwischen neuralen Vorgängen, die zu Reizen und Reaktionen in Beziehung stehen. Beim Lernen werden Verbindungen „eingestanzt", beim Vergessen werden sie „ausgestanzt".

13. Thorndikes wichtigster Beitrag ist sein Gesetz der Auswirkung (Law of Effect), welches feststellt, daß die Konsequenzen einer Reaktion bestimmen, ob diese Reaktion eingestanzt wird oder nicht. Thorndike glaubt, daß Lust beim Einstanzen von Reaktionen wirksamer sei als beim Ausstanzen.

14. Das System Thorndikes umfaßt außerdem noch 5 zusätzliche Gesetze. Das wichtigste ist das Gesetz der multiplen Reaktion, welches besagt, daß der Lernprozeß im wesentlichen auf Versuch und Irrtum beruht. Ferner stellt Thorndike fest, daß Verhalten generalisierbar ist (Analoge Reaktionen), daß Kultur und Einstellung das Verhalten beeinflussen, daß der Mensch sich bei der Auswahl seiner Reaktionen selektiv verhält (Vorherrschaft der wichtigen Elemente) und daß Reize substituiert werden können (klassisches Konditionieren).

15. Einer der bedeutsamsten Beiträge Thorndikes ist, daß er die Wichtigkeit von Verhaltenskonsequenzen sehr stark betonte (Belohnung und Bestrafung), daß er die Bedeutung von Versuchstieren für die psychologische Forschung aufzeigte und schließlich, daß er versuchte, psychologische Prinzipien auf lebensnahe Probleme anzuwenden, insbesondere in der Pädagogik.

16. Obwohl es zutrifft, daß die frühen Behavioristen eine etwas mechanistische Vorstellung von menschlichem Verhalten hatten und „höhere" geistige Probleme kaum zu erklären vermochten, trugen sie viel zur weiteren Entwicklung psychologischer Theorien bei, besonders zur Erklärung von menschlichem Lernen.

Kapitel 3

Skinner und das operante Konditionieren

Burrhus Frederic Skinner (1904–)
Wie viele Pioniere der Psychologie begann B. F. Skinner sein Studium nicht in der Absicht, Psychologe zu werden. Er studierte Biologie. Im Laufe seines Studiums kam er dann mit den Arbeiten Watsons und Pawlows in Berührung, was seine Karriere sehr stark beeinflußte. 1931 promovierte er in Psychologie an der Harvard Universität und verbrachte die folgenden 5 Jahre in der Forschung, bevor er seine Karriere als Dozent, Forscher und Autor begann. Sein Hauptwerk war das Buch „The Behavior of Organisms" (1938), das den Grundstein für die Prinzipien des operanten Konditionierens legte. Der Roman „Walden Two" („Futurum zwei") popularisierte seine Konzeption einer idealen Gesellschaft, die auf wissenschaftlichen Prinzipien menschlichen Verhaltens basierte und so gestaltet war, daß positive

anstelle negativer Kontrolltechniken überwiegen sollten. Bald war Skinner als führender Vertreter der behavioristischen Position anerkannt – eine Position, die nicht allgemein akzeptiert wird und die er immer wieder verteidigen muß. Das kürzlich erschienene Buch „Beyond Freedom and Dignity" (1971; dt. 1973) stellt eine sehr lesenswerte Darlegung und Verteidigung Skinnerscher Anschauungen dar.

Skinners theoretische Orientierung

Es mag vielleicht wie ein Widerspruch erscheinen, zu Beginn festzustellen, daß Skinners theoretische Orientierung antitheoretisch ist; diese Feststellung ist jedoch nur oberflächlich widersprüchlich. Skinners Ansichten über Theorien sind in seiner Feststellung zusammengefaßt, daß Theorien zwar für denjenigen, der sie aufstellt, amüsant sein können, aber wenig praktischen Wert besitzen (Skinner, 1961). Sein System sieht keine Systematisierung von Prinzipien und Gesetzen vor, sondern befaßt sich einfach mit der Beschreibung der von ihm gemachten Beobachtungen. Interessanterweise sind ausgerechnet seine Arbeiten unempfindlich gegen Kritik, weil sie in klarer, objektiver und deskriptiver Form und ohne spekulative Schlußfolgerungen seine Beobachtungen wiedergeben. Die Hauptkritiker des Skinnerschen Systems sehen im operanten Konditionieren eine Methode, die möglicherweise benutzt werden könnte, um das *gesamte* menschliche Verhalten zu erklären und zu kontrollieren. Jedoch ist ihre Kritik mehr gegen die Anwendung des Systems als auf das System selbst gerichtet.

Der Einfachheit halber können wir Skinners Beobachtungen in zwei Teile aufteilen, in diejenigen Beobachtungen, die sich mit den unabhängigen Variablen befassen (Faktoren, die man direkt experimentell manipulieren kann) und solche, die sich mit den abhängigen Variablen befassen (Variablen, die nicht vom Versuchsleiter manipuliert werden, sondern von den unabhängigen Variablen beeinflußt sind). Darüberhinaus beschäftigt sich Skinner mit den spezifischen Beziehungen zwischen den abhängigen und unabhängigen Variablen, mit der Absicht, die Kontrolle über die abhängigen Variablen zu steigern und zu verfeinern. Die wichtigsten Elemente dieses Systems, aufgeteilt nach abhängigen und unabhängigen Variablen sind in der nächsten Tabelle zusammengefaßt.

Die zentrale Frage, die das Skinnersche System beantworten will, ist, wie die unabhängigen Variablen – Verstärkungspläne und Verstärkungsarten – das Lernen beeinflussen.

feinerten Erklärungen zurückgehen. Es schien ihm jedoch, als könne die klassische Konditionierungsmethode nur einen sehr beschränkten Teil des menschlichen und tierischen Verhaltens abdecken. Ganz besonders wies er darauf hin, daß diese frühen theoretischen Formulierungen die Akquisition (Aneignung) eines Verhaltens nur dann erklären konnten, wenn die ursprüngliche Reaktion von einem bestimmten Reiz ausgelöst werden konnte. Wie schon beschrieben, resultiert das Lernen in dieser Situation aus der Paarung von Reizen über eine Reihe von Versuchsdurchgängen hinweg.

Skinner betrachtete dieses Modell als eine genaue Erklärung für einige Verhaltensweisen, fügte jedoch hinzu, daß die Großzahl der von Menschen gezeigten Reaktionen nicht auf solche klar definierbaren Reize hin erfolgen. Ferner behauptete er, daß die Reize, ob man sie nun beobachten könne oder nicht, wirklich nicht das Kernstück einer genauen und brauchbaren Erklärung des Lernens darstellen.

Durch einen Reiz ausgelöste Reaktionen, bezeichnet Skinner als *Respondenten* (respondents), Reaktionen, die der Organismus einfach zeigt, *Operanten* (operants). Beim respondenten Verhalten reagiert der Organismus auf seine Umwelt, während er beim operanten Verhalten auf die Umwelt einwirkt. Die klassische Konditionierung kann zur Erklärung von Lernen, das auf dem respondenten Verhalten basiert, benutzt werden. Skinner nannte diese Art des Lernens „*Typ-S-Konditionierung*". Er entwickelte ein anderes Modell, um auf operantem Verhalten basierendes Lernen zu erklären: das Modell des Operanten oder Instrumentellen Konditionierens, auch kurz „Typ-R-Konditionierung" genannt. Die Unterschiede zwischen diesen beiden Lernarten sind in der nächsten Tabelle dargestellt.

Tabelle 3.1. Skinners System

Unabhängige Variablen	Abhängige Variablen
Verstärkungsart Verstärkungspläne	Akquisitionsrate Reaktionsrate Extinktionsrate

Zwei Arten des Lernens

Bei seinen Versuchen, Lernen zu erklären, konnte Skinner auf die von Pawlow bereits gelieferten und u. a. von Watson und Guthrie ver-

Tabelle 3.2. Klassisches und Operantes Konditionieren

Klassisches Konditionieren	*Operantes Konditionieren*
betrifft *respondentes* Verhalten, das als Reaktion auf *Reize ausgelöst* wird	betrifft *operantes* Verhalten, das als *instrumentelle* Aktivität auftritt (*emittiert* wird)
Typ S (stimulus = Reiz)	Typ R (Verstärkung)
Pawlow	Skinner

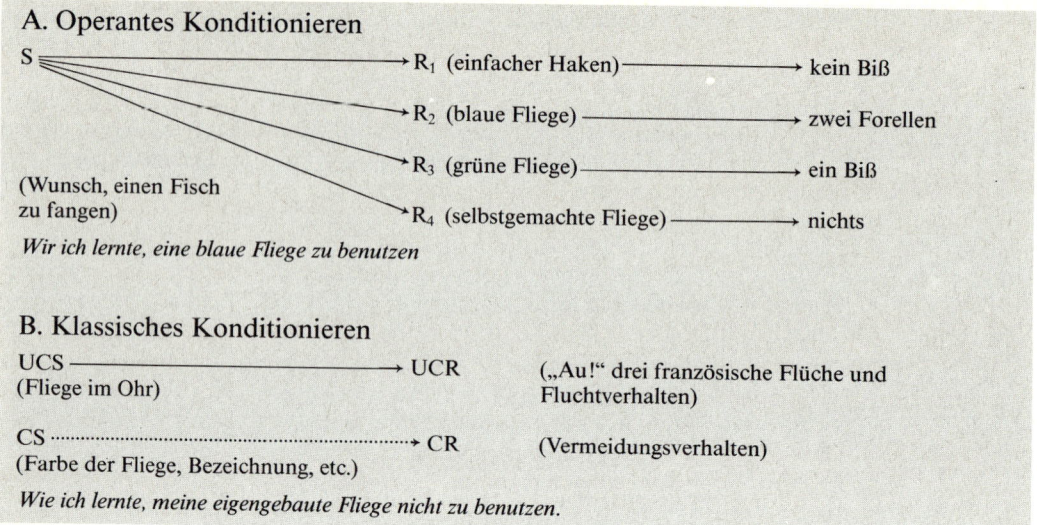

A. Operantes Konditionieren

S $\longrightarrow$ R$_1$ (einfacher Haken) $\longrightarrow$ kein Biß

$\longrightarrow$ R$_2$ (blaue Fliege) $\longrightarrow$ zwei Forellen

$\longrightarrow$ R$_3$ (grüne Fliege) $\longrightarrow$ ein Biß

(Wunsch, einen Fisch
zu fangen) $\longrightarrow$ R$_4$ (selbstgemachte Fliege) $\longrightarrow$ nichts

Wir ich lernte, eine blaue Fliege zu benutzen

B. Klassisches Konditionieren

UCS $\longrightarrow$ UCR   („Au!" drei französische Flüche und
(Fliege im Ohr)   Fluchtverhalten)

CS $\cdots\cdots\longrightarrow$ CR   (Vermeidungsverhalten)
(Farbe der Fliege, Bezeichnung, etc.)

Wie ich lernte, meine eigengebaute Fliege nicht zu benutzen.

Abb. 3.1. Operantes und Klassisches Konditionieren

1938 stellte Skinner die Behauptung auf, die wichtigsten Verhaltensweisen des Menschen seien operant.

Beispiele für operantes Verhalten sind: In die Schule gehen, Briefe schreiben, Bücher schreiben, Fragen beantworten, einen Fremden anlächeln, mit einer Ratte spielen, Fischen, Schnee schaufeln, Skilaufen, Lesen.

Während man argumentieren könnte, daß es eine Reihe von bekannten und beobachtbaren Reizen gibt, die immer wieder zu einigen der hier aufgeführten Verhaltensweisen führen, ist jedoch der springende Punkt, daß die Reize, die zu diesem Verhalten führen können, für das stattfindende Lernen keine zentrale Bedeutung haben.

Vereinfacht könnte man das operante Verhaltensmodell wie folgt darstellen: Wenn eine Reaktion – wie immer auch die Bedingungen ausgehen mögen, die zu ihr geführt haben – von einer Verstärkung gefolgt wird, so resultiert daraus eine Erhöhung der Wahrscheinlichkeit, daß diese Reaktion später unter ähnlichen Umständen wieder auftritt. Weiter behauptet das Modell, daß der Verstärker zusammen mit den bei seiner Darbietung gegebenen Umständen ein Reiz ist, der nach mehrmaliger Darbietung die Kontrolle über die Reaktion erlangen kann. Eine vereinfachte Darstellung des operanten Verhaltens und des klassischen Konditionierens finden Sie in Abb. 3.1.

Im Grunde genommen kann jedes aufgrund von Verstärkung zustande gekommene Verhalten als ein Beispiel für operantes Konditionieren angesehen werden.

Abbildung 3.1 zeigt ein Beispiel – wie ein Angler darauf konditioniert wird, eine bestimmte Fliege zu benutzen, für deren Gebrauch er in der Vergangenheit verstärkt wurde.

Das Ausmaß der Anwendungsfähigkeit dieses Modells auf menschliches Verhalten wird klarer, wenn wir die einzelnen beteiligten Variablen weiter diskutieren.

Verstärkung

Skinners Modell des operanten Konditionierens beruht auf der etwas hedonistischen Annahme, daß unser Verhalten auf Steigerung der Lust und Verminderung von Schmerz ausgerichtet ist. Subjektive Bezeichnungen wie Schmerz und Lust spielen jedoch in einer so klaren und entschieden objektiven Position wie der von Skinner keine wichtige Rolle. Daraus folgt, daß die Verstärkung operational, wenn auch etwas zirkulär (im Kreise herum) definiert wird. Mit Verstärkung sind *alle Reize* gemeint, *die die Wahrscheinlichkeit des Auftretens einer Reaktion erhöhen;* der Reiz muß deshalb nicht unbedingt ein angenehmer Reiz sein. Auch kann ein Reiz, der in einer Situation als Verstärkung dient, für die gleiche Person in einer anderen Situation nicht verstärkend wirken, und

Tabelle 3.3. Verstärkung und Bestrafung

	Reiz	
	angenehm	unangenehm
Einer Situation nach einer Reaktion hinzugefügt	Positive Verstärkung (1)	Bestrafung (2)
Aus einer Situation nach der Reaktion entfernt	Bestrafung (3)	Negative Verstärkung (4)

schließlich kann ein Reiz für den einen verstärkend wirken, für jemand anders aber nicht.

Um das eben Gesagte zu verdeutlichen, halten wir uns doch einmal den Fall von Hans, einem liebenswerten, raffzahnigen, sommersprossigen 10-jährigen Schuljungen vor Augen: Hans hat sehr sorgfältig seine Aufgabe gemacht, um eine gute Note zu bekommen. Er benutzte bei einer Buchstabieraufgabe auch eine Reihe von Eselsbrücken, so weiß er u. a., wie man das Wort „separat" buchstabiert, weil er sich gemerkt hat, daß darin das Wort „Rat" enthalten ist. Er wird abgefragt und wird gelobt, weil er 95% aller Fragen richtig beantwortet hat. Diese Information über seine Leistung dient als Verstärker; sie erhöht die Wahrscheinlichkeit dafür, daß Hans auch in Zukunft mit großem Eifer lernen und Eselsbrücken benutzen wird.

Betrachten wir auf der anderen Seite den Fall von Liese. Liese ist ein intelligentes kleines Mädchen. Beim Abfragen hat sie es bisher immer auf 100% richtige Antworten gebracht. Dieses Mal hat sie sich aber etwas anders auf die Schulaufgabe vorbereitet – sie benutzte die ihr von Hans empfohlenen Eselsbrücken. Während des Abfragens ist sie verwirrt und kann sich nicht mehr an den mittleren Teil des Wortes „separat" erinnern. Sie erfährt, daß sie 95% aller Fragen richtig beantwortet hat. Dieser gleiche Reiz ist jedoch für Liese keine Verstärkung und hat wahrscheinlich den entgegengesetzten Effekt wie bei Hans.

Verstärkungsarten

Skinner unterscheidet zwischen positiver und negativer Verstärkung. Eine *positive Verstärkung* ist ein Reiz, der, wenn er zu einer Situation hinzukommt, die Wahrscheinlichkeit des Auftretens dieser Reaktion unter ähnlichen Umständen erhöht. Eine *negative Verstärkung* ist ein Reiz, der, wenn er aus einer Situation

entfernt wird, die Wahrscheinlichkeit des Wiederauftretens dieser Reaktion erhöht. Es ist wichtig festzustellen, daß die Wirkung der positiven wie auch der negativen Verstärkung in der Erhöhung der Auftretenswahrscheinlichkeit einer Reaktion liegt. Ebenso wichtig zu wissen ist, daß die Wirkung des Reizes auf die Reaktion und nicht die Art des Reizes selbst bestimmt, ob der Reiz ein Verstärker ist oder nicht.

Bestrafung

Die Bestrafung wird ebenso wie die Verstärkung im Hinblick auf ihre Wirkungen definiert. In diesem Falle jedoch besteht die Wirkung nicht in einer Stärkung, sondern in einer Unterdrückung des Verhaltens. Für die Bestrafung gelten dieselben Überlegungen wie für die Verstärkung. Das bedeutet, daß einige Reize unter bestimmten Umständen bestrafend wirken können, was aber unter andern Umständen nicht zutreffen muß. Ebenso werden einige Reize von manchen Leuten als Bestrafung empfunden, von anderen jedoch nicht.

Bestrafung und negative Verstärkung

In Psychologie-Lehrbüchern finden wir häufig einen Fehler: Bestrafung und negative Verstärkung werden miteinander verwechselt. Oft kann man dann lesen, daß „Bestrafung ein negativer Verstärker ist". Dem folgt gewöhnlich die Aussage, daß die Verstärkung, egal, ob sie positiv oder negativ ist, die Wahrscheinlichkeit des Auftretens einer Reaktion erhöht, während die Bestrafung dies nicht tut.

Wie kann dann die Bestrafung überhaupt eine negative Verstärkung sein? Wir versuchen, diese Verwirrung in Tabelle 3.3 zu klären, in der 4 Möglichkeiten dargestellt sind, bei denen angenehme und unangenehme Reize zu einer Situation entweder hinzugefügt oder aus dieser Situation entfernt werden. Die Wirkungen jeder einzelnen dieser 4 Aktivitäten definieren positive (1) und negative (4) Verstärkung auf der einen Seite und die zwei Arten von Bestrafung (2 und 3) auf der anderen. Jede Möglichkeit wird in den folgenden Abschnitten, zunächst am Beispiel einer Ratte, dann am Beispiel eines Menschen durchgespielt.

Das Ratten-Beispiel

Bei seinen Untersuchungen über die Wirkung von Verstärkungsarten und Verstärkungsplänen auf das Verhalten benutzte Skinner hauptsächlich Ratten als Versuchstiere. Die Versuchsapparatur, die später auch als *Skinnerbox* bekannt wurde, besteht aus einem Käfig, der mit einem Druckhebel, einem Licht, einem Futtermagazin, einem Futterauslieferungsmechanismus und möglicherweise auch mit einem elektrifizierbaren Rost ausgerüstet ist (s. Abb. 3.2). Das Ziel eines typischen Experiments besteht darin, eine sich im Versuchskäfig befindende Ratte darauf zu konditionieren, den Hebel zu drücken. Wir beschreiben nun eine Reihe experimenteller Varianten, um Bestrafung und Verstärkung zu veranschaulichen.

(a) Licht   (c) Hebel
(b) Futtermagazin   (d) elektr. Rost

Abb. 3.2. Eine Skinnerbox

Positive Verstärkung (1)*

Wenn die Ratte den Hebel drückt und der Futterauslieferungsmechanismus daraufhin eine Futterpille in das Futtermagazin wirft, so kann die Wirkung darin bestehen, daß sich die Wahrscheinlichkeit der Frequenz des Hebeldrückens erhöht. In diesem Falle dient das Futter als positive Verstärkung.

Bestrafung (2)

Wenn die Ratte, die auf dem elektrifizierbaren Rost steht, den Hebel drückt und dabei jedes Mal einen leichten elektrischen Schock bekommt, so wird sie zukünftig wahrscheinlich den Hebel vermeiden. Der Schock ist in diesem Fall eine Art der Bestrafung und dürfte zu Vermeidungs- oder Fluchtlernen führen.

Bestrafung (3)

Wenn die Ratte, die gerade ihre Futterpille frißt, eine kleine Pause einlegt, um sich zu putzen, und ein sadistischer Versuchsleiter ihr die Futterpille wegnimmt, so wird dadurch die Wahrscheinlichkeit des Putzens vermindert. Entfernt nun der Versuchsleiter die Futterpille jedesmal, wenn die Ratte sich putzt, so hört die Ratte letztlich auf, sich überhaupt zu putzen. Eine Ratte mit unanständigen Tischmanieren ist eine Rarität, die eine psychologische Untersuchung ohne weiteres wert wäre. Dies also ist ein weiteres Beispiel für Bestrafung.

Negative Verstärkung (4)

Wenn der Rost dauernd unter Strom steht, ein Hebeldruck aber diesen Strom abstellt, so lernt die Ratte wahrscheinlich sehr schnell, den Hebel unmittelbar, nachdem sie in den Käfig gebracht wird, zu drücken. Die elektrische Spannung ist in diesem Falle eine negative Verstärkung.

Das Menschen-Beispiel

Die folgenden Beispiele für Bestrafung und Verstärkung entstammen dem reichen Fundus meiner Beobachtungen des menschlichen Verhaltens. Die Versuchsperson war mein 3 Jahre alter Sohn. Im Verlaufe eines Tages ereignete sich folgendes:

Positive Verstärkung (1)

Früh am Morgen ging der Junge zu seinem Vater und umarmte ihn; beide Eltern lobten den

---

* Die Zahlenangaben beziehen sich auf Tabelle 3.3.

Jungen ausgiebigst für sein liebes Verhalten. Dieses Lob ist, vorausgesetzt, daß es die Wahrscheinlichkeit dieses Verhaltens erhöht, ein Beispiel für positive Verstärkung.

Bestrafung (2)

Einige Zeit später trat unser junger Freund seine ältere Schwester in ihr Hinterteil. Die schallende Ohrfeige, die diese ihm verabreichte, veranschaulicht wahrscheinlich die erste Art der Bestrafung.

Vermutlich, wenn auch nicht ganz sicher, wird er seine Schwester demnächst in ähnlichen Situationen nicht so unüberlegt treten.

Bestrafung (3)

Nach dem Mittagessen erhielt der Junge einige Bonbons. Er aß eines davon sofort, an dem zweiten leckte er herum, um damit anschließend eine Wand zu beschriften, das dritte warf er nach seiner Schwester. Die restlichen Bonbons nahm ihm seine Mutter weg. Dies ist ein weiteres Beispiel für Bestrafung, daß die Wahrscheinlichkeit, daß er seine Bonbons demnächst wieder durch die Gegend wirft oder anderweitig mißbraucht, senken könnte.

Negative Verstärkung (4)

Für ein etwas schwerwiegenderes Fehlverhalten wurde der Junge auf sein Zimmer geschickt und mußte solange dort bleiben, bis er aufhörte zu weinen. Die Erlaubnis, sein Zimmer zu verlassen, nachdem das Weinen aufgehört hatte, ist ein Beispiel für negative Verstärkung.

Theoretisch könnte dies dazu führen, daß er das nächste Mal früher aufhört zu schreien. Es könnte auch die Wahrscheinlichkeit reduzieren, mit der das gleiche Vergehen wieder auftritt, da die Situation Bestrafung wie auch negative Verstärkung beinhaltet. Das Einsperren des Kindes in seinem Zimmer beinhaltet sowohl den Entzug eines angenehmen Reizes (er wird davon abgehalten, das zu tun, was er möchte), wie auch die Präsentation eines unangenehmen Reizes (sofern Isolation unangenehm ist). Dadurch werden hier zwei Arten von Bestrafung und negativer Verstärkung aufgezeigt.

Weitere Aspekte der Verstärkung

Skinner unterscheidet nicht nur zwischen zwei Verstärkungsarten, sondern beschreibt auch drei weitere Aspekte der positiven und negati-

ven Verstärkung – primäre und generalisierte Verstärkung –, die man hinsichtlich ihrer Wirkungsweise und der beteiligten Lernvorgänge definieren kann.

Primäre Verstärkung umfaßt die Reize, die für den Organismus per se verstärkend sind. Mit anderen Worten wirkt eine primäre Verstärkung als Verstärker, ohne daß je ein Lernprozeß stattgefunden hat. Beispiele für primäre Verstärker sind Reize wie Nahrung, Wasser, geschlechtliche Betätigung, also Reize, die grundlegende, ungelernte (primäre) Bedürfnisse befriedigen.

Generalisierte oder sekundäre Verstärkung ist die Bezeichnung für einen Reiz, der ursprünglich nicht verstärkend wirkte, aber durch wiederholte Paarung mit primärer Verstärkung selbst zum Verstärker wurde. Das Licht in der Skinnerbox wird manchmal als sekundäre Verstärkung benutzt. Über viele Versuchsdurchgänge hinweg wird das Licht immer dann eingeschaltet, wenn Futter ausgeliefert wird, also wenn eine primäre Verstärkung gegeben wird. Schließlich drückt die Ratte den Hebel, damit das Licht angeht. Zu diesem Zeitpunkt hat das Licht sekundär verstärkende Eigenschaften erworben.

Beim Menschen umfaßt die *generalisierte Verstärkung* die große Anzahl von Reizen, die auf ein großes Feld von Verhaltensweisen allgemein verstärkend wirken. Ein Großteil dieser generalisierten Verstärker ist kulturabhängig. So schätzt unsere Kultur z. B. die folgenden Attribute besonders hoch: Prestige, sozialer Status, Macht, Reichtum, Berühmtheit, Stärke und Intelligenz. Die äußeren Symbole dieser Attribute bilden die generalisierten Verstärker, die auf das menschliche Verhalten einen so großen Einfluß ausüben.

Löschung und Vergessen

Für Lehrende ist Vergessen ein besonders interessantes Thema, da es die von Lernenden an Schulen und Universitäten am häufigsten gezeigte Aktivität ist. Tatsächlich könnte man den Lehrprozeß als einen Versuch beschreiben, die Lernrate etwas über der Vergessensrate zu halten. Auf diese Weise könnte man dann auch einen „Dozentenwirksamkeitsindex" errechnen, indem man die Differenz zwischen beiden Raten bildet.

Im Skinnerschen System bedeuten die beiden Ausdrücke Löschung (extinction) und *Vergessen* nicht dasselbe. Löschung ist häufig, wenn auch nicht immer, das Ergebnis eines experimentellen oder geplanten Prozesses, während das Vergessen durch einen natürlichen Vorgang zustandekommt. Löschung tritt ein, wenn ein für eine bestimmte Verhaltensweise verstärktes Tier oder eine Person auf einmal nicht mehr verstärkt werden; das Resultat ist ein ziemlich schnelles Abfallen dieses Verhaltens. Vergessen dagegen ist ein viel langsamerer Vorgang, der sich ebenfalls im Abfall einer Reaktion zeigt, aber nicht durch den Wegfall der Verstärkung zustandekommt. Nach Skinner beobachten wir Vergessen nach einer bestimmten Zeitperiode, innerhalb derer die in Frage kommende Verhaltensweise nicht wiederholt wurde. Natürlich gibt es auch andere Erklärungen für Vergessen. Genaueres in Kap. 11.

Es ist ziemlich einfach, eine Taube darauf zu konditionieren, auf eine farbige Plastikscheibe zu picken. Wird diese Reaktion mit Futter verstärkt und entzieht man nun plötzlich diese Verstärkung, so setzt die Taube das Picken auf die Plastikscheibe noch eine Zeit lang sporadisch fort. Nach relativ kurzer Zeit jedoch hört das Picken auf, der Zeitpunkt der Löschung ist erreicht.

Häufig jedoch zeigen sich Verhaltensweisen, die durch die Entfernung der Verstärkung abgeschwächt wurden, wieder, ohne daß eine weitere Konditionierung stattgefunden hat. Dieses Phänomen bezeichnet man als Spontanerholung (spontaneous recovery). Erfolgt nun wieder eine Löschung, so vollzieht sich diese wesentlich schneller als die erste.

Nehmen wir an, daß eine Taube darauf konditioniert wurde, auf eine Plastikscheibe zu pikken; wir nehmen sie aus dem Versuchskäfig und lassen sie eine lange Zeit in ihrem Schlag. Bringen wir sie in den Versuchskäfig zurück und sie pickt nicht auf die Scheibe, so können wir annehmen, daß das Verhalten vergessen wurde. Skinner berichtete über eine Taube, die 6 Jahre lang nicht im Versuchskäfig war. Sie hatte überhaupt nichts vergessen: sie pickte innerhalb weniger Sekunden lustig darauf los. Skinner berichtete auch einmal von einer Taube, die im Rahmen eines Löschungsversuchs über 10 000mal pickte, bevor die Löschung abgeschlossen war.

Verstärkungspläne im Experiment

Wie bereits berichtet, befassen sich Skinners Beobachtungen und Experimente hauptsächlich mit der Ausarbeitung und Klärung der Wirkungen solcher Variablen, wie z. B. Verstärkungsarten und Verstärkungsplänen auf Lernmaße – wie z. B. Löschungsrate (syn. Extinktionsrate), Aneignungsrate (syn. Akquisitionsrate) und Reaktionsrate. Beim operanten Konditionieren ist wahrscheinlich die am leichtesten zu manipulierende und wirksamste Variable die Art und Weise, in der Verstärkungen verabreicht werden. In einer sorgfältig kontrollierten Versuchssituation kann der Versuchsleiter oder die Versuchsleiterin genau vorgeben, welche Verstärkungen er benutzen wird und wie und wann diese Verstärkungen angewandt werden. Mit anderen Worten: sie haben eine genaue Kontrolle über die Verstärkungspläne. Dabei gibt es zwei Möglichkeiten: das Versuchstier kann jedes Mal verstärkt werden, wenn es die gewünschte Verhaltensweise zeigt, d. h., es wird *kontinuierlich* verstärkt; oder das Tier wird nur ab und zu verstärkt, dies wird *intermittierende* Verstärkung genannt. Wird das Tier kontinuierlich verstärkt, so braucht der Versuchsleiter keine weiteren Entscheidungen zu treffen. Jede einzelne Reaktion wird auf dieselbe Art verstärkt. (Anm.: Es ist möglich, eine Kombination von kontinuierlicher und intermittierender Verstärkung anzuwenden, die dann als kombinierter Verstärkungsplan bezeichnet wird.)

Bei der Anwendung intermittierender Verstärkungspläne (manchmal auch „partielle Verstärkung" genannt) können sich die den Versuch Leitenden für zwei weitere Alternativen entscheiden. Das intermittierende Programm kann entweder ein *Quotenplan* oder ein *Zeitintervallplan* sein; d. h., daß der Versuchsleiter sich entscheiden kann, die Verstärkung intermittierend darzubieten, dies jedoch nach einem festgelegten Muster, das die Zeitabschnitte oder die Anzahl der Versuchsdurchgänge berücksichtigt, z. B. entscheiden, daß die Verstärkungsquote von nicht verstärkten zu verstärkten Reaktionen 5:1 sein soll; in diesem Falle wird nur jede 5. Reaktion verstärkt. Dieser Verstärkungsplan wird als intermittierender Quotenplan bezeichnet. Auf der anderen Seite können die den Versuch Leitenden sich entscheiden, das Versuchstier nur einmal alle 5 Minuten zu verstärken, vorausgesetzt, daß dieses zumindest eine Reaktion vor Verabreichung

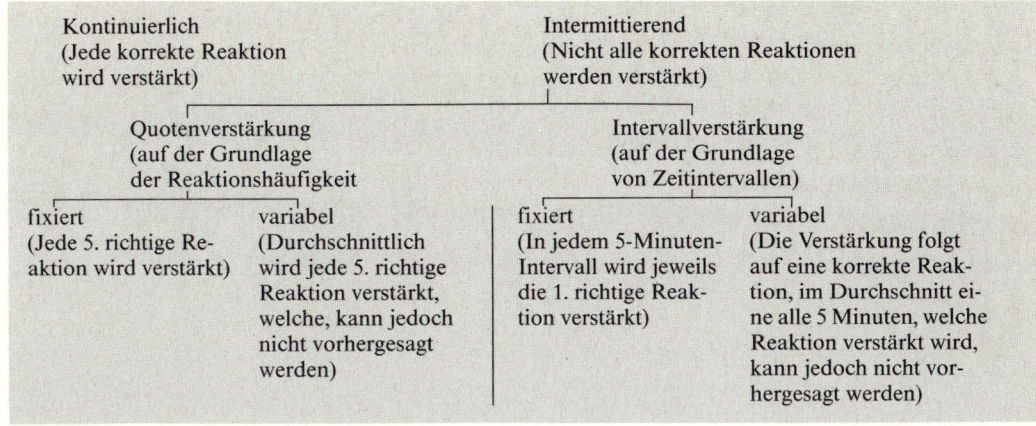

Kontinuierlich (Jede korrekte Reaktion wird verstärkt)		Intermittierend (Nicht alle korrekten Reaktionen werden verstärkt)	
Quotenverstärkung (auf der Grundlage der Reaktionshäufigkeit		Intervallverstärkung (auf der Grundlage von Zeitintervallen)	
fixiert (Jede 5. richtige Reaktion wird verstärkt)	variabel (Durchschnittlich wird jede 5. richtige Reaktion verstärkt, welche, kann jedoch nicht vorhergesagt werden)	fixiert (In jedem 5-Minuten-Intervall wird jeweils die 1. richtige Reaktion verstärkt)	variabel (Die Verstärkung folgt auf eine korrekte Reaktion, im Durchschnitt eine alle 5 Minuten, welche Reaktion verstärkt wird, kann jedoch nicht vorhergesagt werden)

Abb. 3.3. Verstärkungspläne (schematisch)

der Verstärkung zeigt. Diese Alternative ist ein intermittierender Intervallplan.

Nun können sie weiter entscheiden, ob die Verstärkung regelmäßig (fixierte) oder unregelmäßig (variabel) verabreicht werden soll. Bei einem regelmäßigen oder fixierten Plan bestimmt der Versuchsleiter oder die Versuchsleiterin die Zeit oder den Versuchsdurchgang, nach dem die Verstärkung gegeben wird. So entscheiden sie z. B. bei einem *fixierten Quotenplan,* daß die Verstärkung jeder 5. Reaktion folgen soll, bei einem *fixierten Intervallplan* können sie z. B. entscheiden, daß die Verstärkung z. B. für die erste Reaktion nach einem 5-Minuten-Intervall gegeben wird.

Die zweite Alternative wäre, die Verstärkung unregelmäßig (variabel) zu programmieren. Man könnte hierbei dasselbe Quoten- oder Intervallprogramm benutzen, nur daß hier die Verstärkung nicht immer für genau die 5. Reaktion (beim Quotenplan) oder für die erste Reaktion nach 5 Minuten (Intervallplan) verabreicht wird. So könnte man beim Quotenplan z. B. einmal die 4. und einmal die 6., ein andermal die 3. und die 7. Reaktion verstärken. Das Endergebnis wäre dann ein *variabler Quotenplan* von 5:1. Dasselbe trifft für den Intervallplan zu. Man könnte hier einmal die erste Reaktion nach 3 Minuten und dann die erste Reaktion nach 7 Minuten verstärken. Im Endergebnis hätte man dann einen *variablen Intervallplan,* bei dem das Versuchstier im Durchschnitt alle 5 Minuten eine Verstärkung erhalten würde. Kurz gesagt umfassen die wichtigsten von Skinner und seinen Anhängern untersuchten Verstärkungspläne die kontinuierliche Verstärkung, die fixierte Quotenverstärkung,

die variable Quotenverstärkung, die fixierte Intervallverstärkung und die variable Intervallverstärkung. Auch eine Kombination dieser Verstärkungspläne ist möglich; die wichtigsten Programme sind in der nächsten Abbildung dargestellt. (s. Abb. 3.3)

Die Wirkungen der verschiedenen Verstärkungspläne

Die Bedeutung dieser Verstärkungspläne beschränkt sich nicht auf die möglichen Kombinationen und Abfolgen von Plänen oder die Anzahl möglicher oder tatsächlicher experimenteller Entwürfe. Für den Unterricht ist die Wirkung dieser Programme auf das Lernen von noch größerer Bedeutung.

Einflüsse auf die Akquisition

Es ist allgemein bekannt, daß der erstmalige Lernprozeß schneller abgeschlossen wird, wenn jede korrekte Reaktion verstärkt wird und daß bei einem intermittierenden Verstärkungsplan zu diesem frühen Zeitpunkt der Lernprozeß nur schleppend und mühsam vorankommt. Bevor Skinner das Training mit seinen Versuchstieren beginnt, erhalten diese gewöhnlich 24 oder mehr Stunden Futterentzug (manchmal wird ihr Körpergewicht auf 80% des normalen Gewichtes reduziert), um eine entsprechende „Motivation" zu erreichen. Dann beginnt das „Magazin-Training", wobei das Tier lernt, aus dem Futtermagazin zu fressen und das Geräusch des Futterauslieferungsmechanismus zu erkennen, welches das Auswerfen der Futterpille signalisiert. Nach diesem Magazin-Training werden alle korrekten Reaktionen und manchmal auch Reaktionen, die eine Annäherung an die gewünschte Reaktion darstellen, verstärkt.

Die Wirkung auf die Löschung

Ein Lernmaß ist die Verhaltensfrequenz einer neu erlernten Reaktion, die infolge eines bestimmten Verstärkungsplans gezeigt wird. Ein anderes Lernmaß ist die Verhaltensfrequenz während der Löschung, also während der Zeit, in der die Verstärkung nicht mehr gegeben wird. Interessanterweise führt ein kontinuierlicher Verstärkungsplan zu einer schnelleren Akquisition der gewünschten Reaktionen als ein intermittierender Plan; hingegen vollzieht sich jedoch auch die Löschung nach einem kontinuierlichen Verstärkungsplan schneller. Das gleiche gilt übrigens auch für den Vergleich zwischen fixierten und variablen Verstärkungsplänen. Bei letzteren dauert die Löschung wesentlich länger als bei den ersteren. Damit wäre die wahrscheinlich beste Trainingskombination für ein Tier ein anfänglich kontinuierlicher Verstärkungsplan, dem ein variabler Quotenplan folgt. Natürlich können auch Quoten über die verschiedenen Versuchsdurchgänge hinweg variiert werden, wobei eine verminderte Verstärkungsquote gewöhnlich zu noch längeren Löschungsperioden führt.

Die Wirkungen auf die Reaktionsrate (Frequenz)

Ein drittes Lernmaß ist die Reaktionsfrequenz oder -rate, eine abhängige Variable, die sehr stark von Verstärkungsplänen beeinflußt wird. Zwischen Verstärkungsplänen und Reaktionsrate besteht ein interessantes Verhältnis. Im allgemeinen verhält sich ein Tier so, wie man es vorhersagen könnte, wenn man diesem Tier Erwartungen und einen Zeitsinn zuschreiben könnte. Bei einem variablen Verstärkungsplan z. B., wenn es also weniger wahrscheinlich ist, daß das Tier zu einer bestimmten Zeit eine Erwartung auf die Verstärkung entwickelt, ist die Reaktionsrate einheitlich hoch und ziemlich invariant. Ist dieses variable Programm ein Quotenplan, so ist die Reaktionsrate höher als bei einem Intervallplan. Bei fixierter Intervallverstärkung fällt die Reaktionsrate unmittelbar nach der Verstärkung ab und es werden häufig keine weiteren Reaktionen gezeigt, bis kurz vor dem Zeitpunkt, an dem die nächste Verstärkung fällig wird. Dann zeigt das Versuchstier wieder eine hohe Reaktionsrate.

Verstärkungspläne im täglichen Leben

Um die Art der unser tägliches Leben beeinflussenden Verstärkungspläne zu untersuchen, ist es zunächst notwendig festzustellen, was eigentlich die Leute als Verstärkung empfinden. Hinter den Antworten könnten sich z. B. solch allgemein akzeptierte verstärkende Reize wie Geld, Lob, Befriedigung und Nahrung befinden. Zwei von diesen Reizen scheinen nach einem fixierten Intervallplan verabreicht zu werden: Geld und Nahrung. Viele Leute erhalten Geld regelmäßig (in fixierten Intervallen) in Form von Lohntüte oder Überweisung, und Nahrung wird regelmäßig in Form von Mahlzeiten eingenommen. Für diese beiden ziemlich wichtigen Verstärkungen gibt es jedoch gewöhnlich keine unmittelbaren einfachen operanten Verhaltensweisen, die vorhersagbar zu dieser Verstärkung führen. Die zu Geld führenden Verhaltensweisen sind so kompliziert geworden und der tatsächlichen Verstärkungssituation so weit entrückt, daß es schwierig geworden ist, das Verhältnis zwischen Verhalten und Verstärkung zu sehen. Die Verwirrung wird noch größer, wenn wir bedenken, daß die beiden Verstärkungen selbst miteinander aufs Engste verbunden sind; d.h., mit dem Geld können wir Nahrung und in einigen Fällen sogar Lob kaufen. Dazu kommt, daß die Aneignung des Geldes in sich selbst eine Befriedigungsquelle darstellen kann.

Wenn es auch wahr sein mag, daß das Verhältnis zwischen Verhalten und Verstärkung nicht immer einfach oder offensichtlich ist, so verliert dadurch die Vorstellung, daß ein Großteil des menschlichen Verhaltens von Verstärkungen und Verstärkungsplänen beeinflußt wird, nicht an Gültigkeit. In vielen Fällen sind sich Personen über das Verhältnis zwischen ihrem Verhalten und dessen Konsequenzen überhaupt nicht im klaren. Man kann leicht eine Vielzahl von Beispielen anführen, die zeigen, in welcher Weise das Verhalten von Verstärkungen kontrolliert und modifiziert wird.

Beispiel 1

Ein Angler geht 22 Jahre lang zum selben Fluß angeln. Jedesmal, wenn er hingeht, fängt er mindestens 4 Fische (kontinuierliche Verstärkung). Nun, zu Beginn dieses verschmutzungsbewußten Jahrzehnts fängt er plötzlich keinen Fisch mehr (Entfernung der Verstärkung). Nach vier erfolglosen Versuchen hängt er das

Angeln an den Nagel (schnelle Abschwächung nach kontinuierlicher Verstärkung).

Beispiel 2

Ein anderer Mann hat im selben Fluß auch 22 Jahre lang gefischt. Manchmal hat er dabei etwas gefangen, manchmal auch nicht. Es gab Jahre, da fing er in der ganzen Saison keinen einzigen Fisch. Aber es kam auch vor, daß er an einem einzigen Tag bis zu 18 Forellen fing (intermittierende Verstärkung). Zu Beginn unseres verschmutzungsbewußten Jahrzehnts nun fing auch er keine Fische mehr (Entfernung der Verstärkung). Am Ende dieses Jahrzehnts wird dieser Angler wahrscheinlich immer noch zum Fluß gehen (langsame Abschwächung nach intermittierender Verstärkung).

Beispiel 3

Ein kleines Kind bekommt sein erstes Spielzeug, eine Rassel. Ein grausamer, aber kluger Psychologe hat das Innenleben dieser Rassel entfernt. Das Kind nimmt sie, schaut sie an, schüttelt sie hin und her, beißt hinein, schlägt sie auf sein Knie, wirft sie weg und vergißt sie (die unverstärkte Reaktion des Schüttelns wird nicht gefestigt).

Beispiel 4

Dasselbe Kind erhält eine Rassel, an die kein Psychologe herangelassen wurde. Es schaut sie an, schüttelt sie, schaut sie wieder an und schüttelt sie immer heftiger (das Geräusch der Rassel dient als Verstärkung und verfestigt die operante Verhaltensweise des Schüttelns).

Stufenweise Annäherung (Shaping)

Die stufenweise Annäherung, eine der von Skinner entwickelten Techniken, die sehr viel Aufmerksamkeit erregte, ist eine Methode, um Tieren Verhaltensweisen beizubringen, die gewöhnlich nicht in ihrem Verhaltensrepertoire enthalten sind. (Bis jetzt haben wir nur solche Verhaltensbeispiele angeführt, bei denen die entsprechende operante Verhaltensweise im Verhaltensrepertoire des Tieres vorhanden war.) Wenn man lange genug wartet, kann es passieren, daß eine Ratte in einer Skinnerbox schließlich durch Zufall beim Explorieren ihrer Umgebung den Hebel drückt. Dieses operante Verhalten könnte man dann langsam durch die Anwendung von Verstärkung konditionieren.

Bei dem folgenden Programm jedoch würde die Ratte wahrscheinlich an Altersschwäche sterben, bevor sie die gewünschte operante Verhaltensweise zeigte: In Ecke A des Käfigs laufen, Aufheben einer Murmel in dieser Ecke, Murmel zur Ecke B tragen, fallen lassen, Rückkehr zur Mitte des Käfigs, hinlegen, um sich selbst drehen, stehenbleiben, zur Ecke B zurückkehren, Murmel aufheben und zur Ecke C tragen. Durch Anwendung der *Shaping-Technik* ist es aber durchaus möglich, der Ratte ein Verhalten beizubringen, das sehr eindrucksvoll, wenn auch nicht ganz so kompliziert ist wie das oben beschriebene. Bei der *stufenweisen Annäherung* handelt es sich um eine Methode, bei der *aufeinanderfolgende Annäherungen differentiell verstärkt* werden (Skinner, 1951). Der Versuchsleiter verstärkt hierbei jeden Schritt, der das Tier der endgültigen Reaktion näherbringt, anstatt zu warten, bis das Tier diese von selbst zeigt. Sogar ein Verhalten wie das Hebeldrücken oder das Picken auf eine Scheibe, das oberflächlich betrachtet sehr einfach erscheint, wird gewöhnlich durch Shaping ankonditioniert. Der Versuchsleiter verstärkt die Ratte zunächst jedesmal dann, wenn sie ihren Kopf in die Richtung des Hebels dreht. Dann werden Bewegungen, die die Ratte dem Hebel näher bringen, belohnt. Wenn die Ratte gelernt hat, sich dem Hebel zu nähern, wird sie nur bei Berührung desselben verstärkt. Schließlich wird das Versuchstier nur dann verstärkt, wenn es den Hebel wirklich drückt, ein Verhalten, welches es dann immer wieder zeigt, wenn es in den Versuchskäfig gebracht wird.

Die meisten Tiertrainer (manchmal auch Dompteure genannt) benutzen Methoden, die dieser Technik sehr ähnlich sind. Auf diese Weise wird Papageien beigebracht zu marschieren, um dann mit einem Fallschirm abzuspringen, kurze Lieder zu spielen und ein kleines Fahrrad zu fahren. Delphine lernen so, ungeheuerlich hohe Sprünge auszuüben, mit militärischer Präzision und in einer vorbestimmten Reihenfolge. Bären im Zoo von San Diego hat man beigebracht Gitarre zu spielen, zu tanzen, Purzelbäume zu schlagen und sich selbst Beifall zu klatschen. Hühnern kann man Ballspiele und Pferden das Zählen beibringen.

Ein kritischer Faktor bei der erfolgreichen Anwendung der Shaping-Methode ist die Kontrolle der Umwelt. So ist z. B. die Skinnerbox so konstruiert, daß die Ratte nicht viele andere Reaktionen ausführen kann, als eben diejenigen, die der Versuchsleiter zu verstärken wünscht. Ähnlich liegen die Dinge beim Tiertrainer: Auch er wird nicht versuchen, einen Hund zu konditionieren, wenn dieser gerade einem Hasen nachläuft, sondern er sperrt den Hund ein und versucht, dessen Aufmerksamkeit ausschließlich auf sich zu lenken. Mit anderen Worten muß die Umwelt so gestaltet sein, daß durch sie das Auftreten der erwünschten Reaktion gefördert wird.

Shaping und Menschen

Es gibt wahrscheinlich wesentlich mehr menschliche Verhaltensweisen, die durch shaping (Annäherung) zustandekommen, als die Leute sich vorstellen. Lernen wir z. B. eine Aufgabe, die eine Koordination der Muskeln erfordert, so müssen eine Anzahl unzutreffender und unwirksamer Reaktionen abgelegt werden, während sich die angemessenen, richtigen letztlich auch verstärkten Reaktionen festigen.

Auch das verbale Verhalten des Menschen spricht auf die Verstärkung an (Skinner, 1957), ein Phänomen, welches Greenspoon (1955) mit einer als *verbales Konditionieren* bezeichneten Technik experimentell veranschaulichen konnte. In diesen Untersuchungen interviewt der Versuchsleiter den Probanden und fordert ihn auf, Worte zu sprechen. Daraufhin beginnt der Proband, nicht wissend, welche Worte er sagen soll, zu sprechen. Jedesmal, wenn der Proband ein Wort im Plural sagt, verstärkt ihn der Versuchsleiter mit einem „hm, hm". Im Verlaufe dieses Trainings erhöht sich die Wahrscheinlichkeit für Plural-Bezeichnungen erheblich.

Während diese Art des experimentellen Vorgehens zunächst am alltäglichen Leben weit vorbeizugehen scheint, wird bei etwas genauerer Betrachtung jedoch deutlich, daß der Mensch viele Verhaltensweisen zeigt, die Beispiele für die Wirkungen des verbalen Konditionierens sind. Ein Handelsvertreter bringt z. B. oft einen Kunden dazu, sich für seine Ware zu entscheiden, indem er die verbale Konditionierungstechnik anwendet. Zunächst einmal gibt der Vertreter dem Kunden zu verstehen, daß er ihn für intelligent hält. Alle spontan auftretenden Erklärungen des Kunden, die sich auf Intelligenz beziehen, werden nun verstärkt. Schließlich ist der Kunde entweder davon überzeugt, daß er zu intelligent ist, um ein so gutes Angebot abzuschlagen, oder daß er, weil er so intelligent ist, es sich einfach nicht leisten kann, diese Enzyklopädie für seine Kinder nicht zu kaufen.

Auch der Sprachfluß (manchmal auch als Redeschwall empfunden) kann durch einen aufmerksamen Zuhörer gesteuert werden. Dieser verstärkt oder entzieht dem Sprechenden die Verstärkung durch subtile Gesichtsausdrücke und Gesten. Fast jeder kann für die Wirkung der Verstärkung in diesen Situationen ein Beispiel finden. So kann man sich z. B. dafür entscheiden, daß man die nächste Konversation mit jemandem durchführen will, der nur über sich selbst spricht. Es ist sehr leicht, den Inhalt der Konversation zu kontrollieren, indem man nur wenige Kommentare abgibt, gleichzeitig aber großes Interesse bekundet, wenn der Gesprächspartner über sich selbst spricht.

Häufig habe ich versucht, in einer Vorlesung den Einfluß der Verstärkung auf verbales Verhalten bei Anwendung der Shaping-Technik zu demonstrieren. Die Demonstrationen verliefen in keinem der Fälle wie geplant, aber in beiden Fällen war das Ergebnis sehr aufschlußreich und wies auf ebenso interessante Phänomene hin.

1. Demonstration

Die 1. Demonstration sollte eine einfache Wiederholung der Greenspoon-Untersuchungen mit einer Reihe wichtiger Abwandlungen sein. Der Proband wurde aufgefordert, sich vorne im Hörsaal vor das versammelte Auditorium zu setzen, welches aus Leuten seines Semesters bestand. Dem Auditorium waren die Ergebnisse der Greenspoon-Untersuchungen bereits erklärt worden und es wurde angewiesen, alle Plural-Wörter durch aufmerksames Zuhören und Zuschauen zu verstärken, ab und zu, jedoch nicht zu auffällig, mit dem Kopf zu nicken und den Probanden von Zeit zu Zeit anzulächeln. Ferner wurden die Studenten angewiesen, sich weniger interessiert zu zeigen, wenn der Proband andere, nicht gewünschte Wörter von sich gab. Ein Mitglied des Auditoriums registrierte die Anzahl der Plural-Wörter, die der Proband innerhalb jedes 2-minütigen Intervalls aussprach.

Es gab jedoch eine Anzahl von Faktoren, die von dem Versuch ablenkten und wahrscheinlich dafür verantwortlich waren, daß der Versuch nicht ganz so ablief wie geplant. Nicht alle Mitglieder des Auditoriums erkannten Plural-

Wörter als solche. Dazu kam, daß der Proband, ein Psychologie-Student, mißtrauisch und etwas angespannt war. Auf alle Fälle erhöhte sich die Anzahl der gesprochenen Plural-Wörter über eine 20-minütige Versuchsperiode hinweg nicht wesentlich. Was sich jedoch ereignete, war ein klares Beispiel für verbales Konditionieren.

Der Proband war, wie sich später herausstellte, am vorhergehenden Samstag auf einem dörflichen Tanzfest gewesen und hatte etwas zuviel getrunken. Dann hatte er die dort ansässigen Jungbürger zu einem „Kämpfchen" herausgefordert, was zur Folge hatte, daß er den besseren Teil der Nacht im örtlichen Gefängnis verbrachte.

Als dieser wackere Mensch nun am Montagmorgen vor dem Auditorium saß und ziemlich tiefäugig seine Kommilitonen und Kommilitoninnen ansah, war es natürlich unvermeidlich, daß er im Verlaufe der freien Assoziation Wortfolgen von sich gab, wie „Samstagabend, betrunken, Kampf, hurra, Polizei, Gefängnis...". Im Auditorium riefen solche Worte Gekicher und unterdrücktes Gelächter hervor. Der Proband war jedoch ein Erzviech und kannte sein Auditorium genau: er wiederholte einige von diesen Worten und fügte hier und da ein neues neutrales Wort hinzu. Am Ende lachte das Auditorium jedesmal, wenn er ein auf den vergangenen Samstag hinweisendes Wort brachte und die Anzahl dieser Wörter erhöhte sich im Verlaufe des Versuchs dramatisch. Das Verhalten des Probanden war also tatsächlich durch die Reaktion des Auditoriums konditioniert worden.

2. Demonstration

Eine 2. Demonstration im Auditorium wurde mit zwei aus Lehrern bestehenden Gruppen, die zu einem 6-wöchigen Sommerkurs an die Universität gekommen waren, durchgeführt. Ich steckte die Ziele für diese Untersuchungen sogar noch höher, indem ich versuchte, bei diesen Leuten durch Verstärkung eine Einstellungsänderung zu bewirken. Zwei Sitzungen wurden abgehalten: mit jeder Gruppe eine. Vier Lehrer nahmen an einer Podiumsdiskussion teil, bei der die Vorzüge der körperlichen Bestrafung in der Schule besprochen wurden. Dabei ging ich von der Annahme aus, daß zu diesem Thema genügend kontroverse Meinungen aufkommen würden. Die Diskussionsteilnehmer konnten 5 Minuten lang miteinander sprechen, um ihre Gedanken zu ordnen; dabei wurde niemand beeinflußt, für oder gegen die Bestrafung zu sein. Das Auditorium hingegen wurde gebeten, alle Äußerungen, die für den Einsatz von körperlicher Bestrafung in Schulen sprechen, zu verstärken. Das Auditorium konnte auch an der Diskussion teilnehmen, sollte aber nur Argumente für eine körperliche Bestrafung einwerfen. Die Absicht war, die Anzahl der Argumente zugunsten der Bestrafung zu erhöhen, was durch die Wirkung der Verstärkung und vielleicht auch durch die Wirkung des Gruppendrucks erreicht werden sollte. Beim 2. Versuch waren die Methoden die gleichen, nur daß hier die Aussagen *gegen* eine körperliche Bestrafung verstärkt wurden.

Die Resultate dieser beiden Versuche waren eindrucksvoll. Weder im einen noch im anderen Falle zeigte sich eine Zunahme der von den Diskussionsteilnehmern vorgebrachten und vom Publikum verstärkten Argumente. Im Gegenteil, die Diskussionsteilnehmer beharrten auf ihren Anschauungen, ob diese nun verstärkt wurden oder nicht. Eine mögliche Erklärung für dieses Verhalten liegt darin, daß die Diskussionsteilnehmer erwarteten, vom Professor für ein gutes Argument verstärkt zu werden. Es stellte sich ferner heraus, daß die Teilnehmer sich selbst in der Rolle der Diskutierenden sahen und als solche die Regeln der Diskussion verletzt hätten, wenn sie ihre Meinung geändert hätten. Was sich jedoch veränderte, war die Einstellung des gesamten Auditoriums. Nach jedem Versuch wurden die Mitglieder des Auditoriums gefragt, wie sie tatsächlich zur körperlichen Bestrafung stünden. Im ersten Versuch waren sie in überwältigender Mehrheit für die körperliche Bestrafung, im zweiten im ebenso überwältigenden Maße dagegen.

Während die stufenweise Annäherung (shaping) hier wahrscheinlich eine geringe Rolle spielt, war hingegen die Verstärkung von großer Bedeutung, da jedesmal, wenn ein *Mitglied des Auditoriums* ein gutes Argument brachte, es unmittelbar vom ganzen Auditorium heftig verstärkt wurde. Obgleich die Mitglieder des Auditoriums wußten, worum es hier ging, hatte das Lob ihrer Kommilitonen und Kommilitoninnen doch einen so großen Einfluß auf ihr Verhalten.

Fading, Generalisierung und Diskriminierung

Die Methode der stufenweisen Annäherung ist *eine* Technik, mit der Tieren komplexes Verhalten beigebracht wird. Eine andere Methode ist das *Fading*.

Reese (1966) beschreibt eine Methode, einer Taube das „Lesen" von zwei Wörtern beizubringen: PECK und TURN (Picken und Drehen). Dabei wurde angenommen, daß die Taube das Lesen gelernt hatte, wenn sie auf beide Wörter, die einzeln in einem Sichtgerät erschienen, richtig reagierte.

Diese Art des Training bringt besondere Probleme mit sich. Während es ziemlich einfach ist, einer Taube beizubringen, entweder zu picken oder sich umzudrehen, indem man die Shaping-Technik anwendet, so ergibt sich hier die Schwierigkeit, daß das Versuchstier unmittelbar auf das andere Wort generalisiert. Hat die Taube z. B. gelernt, auf das Wort PECK hin zu picken, so wird sie auch als Reaktion auf das Wort TURN picken. Werden jedoch die beiden Reize sehr unterschiedlich gestaltet, so daß die Taube leicht zwischen ihnen diskriminieren kann, so kann man ihr auch beibringen, auf jeden Reiz korrekt zu reagieren. Dies geschieht mit Hilfe des Shaping. Das Wort TURN wird z. B. in großen schwarzen Buchstaben, das Wort PECK in kleinen roten Buchstaben gedruckt. Tauben haben ein hervorragendes Farbsehvermögen. Nachdem die Taube gelernt hat zu picken und sich umzudrehen, werden dann über eine Reihe von Versuchsdurchgängen die Unterschiede zwischen diesen beiden Reizen vermindert (Fading): die großen schwarzen Buchstaben werden kleiner und die kleinen roten Buchstaben dunkler und größer gemacht, bis endlich beide Wörter aus gleich großen schwarzen Buchstaben bestehen. Die Taube hat nun gelernt, zwischen diesen beiden Reizen zu *diskriminieren*.

Generalisierung und Diskriminierung sind ebenfalls von erheblicher Bedeutung für das menschliche Lernen. Beim Generalisieren (Generalisation) handelt es sich um die Anwendung früher erlernten Verhaltens auf neue Situationen, die denen ähneln, in denen das Verhalten erstmalig erlernt wurde. Ein Beispiel haben wir bereits gesehen, nämlich das der Taube, die sich als Reaktion auf das Wort PECK auch umdreht, bevor sie gelernt hat, zwischen TURN und PECK zu diskriminieren.

Es gibt unzählige Beispiele für generalisiertes Verhalten bei Menschen. Jeder 5-minütige Abschnitt im Leben eines normalen Menschen erfordert wahrscheinlich die Anwendung alten Verhaltens auf neue Situationen. So wird z. B. das neue Auto auf ähnliche Art und Weise gefahren wie das alte; wenn jemand zufällig einen Fremden anrempelt, so entschuldigt er sich; wenn ein Farmer 27 Känguruhs und 28 Zebras zusammenzählen soll, so kann er dabei überlegen, daß 27 Känguruhs und 28 Zebras genau so viele Tiere sind, wie 27 Schweine und 28 Pferde; die Leute nehmen an, daß Gegenstände von Bergspitzen genauso herunterfallen wie von Baumkronen; Fremde schütteln sich die Hände, wenn sie einander vorgestellt werden; usw. Man kann alle diese Verhaltensweisen als Beispiel dafür ansehen, daß früher erlernte Reaktionen auf neue Situationen übertragen werden, alle sind sie Generalisierungen. Die Generalisierung ist von ungeheurer Bedeutung, wenn man bedenkt, daß nur wenige Situationen, auf die eine Person im Verlaufe ihres Lebens reagieren muß, in der Schule oder in anderen Situationen erlernt werden können. Damit wäre eigentlich das Lehren der Generalisierung (welches de facto ein Lehren der Lernübertragung, des Transfers, darstellt) eine der wichtigsten Funktionen unserer Schulen.

Die Diskriminierung ist ein der Generalisierung komplementärer Vorgang, wobei hier zwischen ähnlichen Situationen unterschieden werden muß, damit die Reaktion auf jede einzelne richtig ausfällt. Wenn eine Taube lernt, auf zwei sehr ähnliche Situationen (PECK und TURN) unterschiedlich zu reagieren, so ist dies ein Beispiel für Diskrimination.

Das Erlernen von Diskriminationen ist wahrscheinlich für das menschliche Verhalten genau so wichtig wie das der Generalisierung, besonders im Hinblick auf das Sozialverhalten. Kinder müssen schon in verhältnismäßig frühem Alter lernen, welche Reaktionen in welchen Situationen angemessen sind. So ist es z. B. erlaubt, die Eltern zu küssen, nicht aber Fremde; man soll sich nicht mit seiner Schwester streiten, kann dies aber mit den Nachbarkindern tun; es ist eine Sünde, in stillen Kirchen Lärm zu schlagen, man kann dies aber eventuell zu Hause tun usw. Entsprechend ist das Sozialverhalten des Erwachsenen eine Funktion des Diskriminationslernens: in ähnlichen Situationen müssen unterschiedliche Verhaltensweisen gezeigt werden.

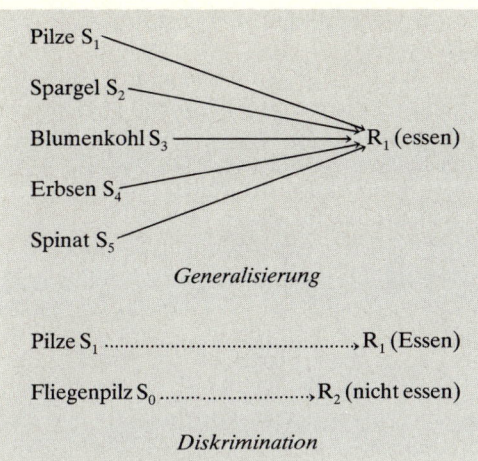

Pilze S_1

Spargel S_2

Blumenkohl S_3 $\longrightarrow$ R_1 (essen)

Erbsen S_4

Spinat S_5

Generalisierung

Pilze S_1 ....$\longrightarrow R_1$ (Essen)

Fliegenpilz S_0 ....$\longrightarrow R_2$ (nicht essen)

Diskrimination

Abb. 3.4. Diskrimination und Generalisation

Diskrimination und Generalisierung sind in Abb. 3.4 dargestellt.

Im ersten Fall ist die angemessene Reaktion eines von 5 Gemüsen zu verzehren – hier ist eine Generalisierung des Eßverhaltens angemessen. Im zweiten Fall jedoch muß der Mensch zwischen zwei Reizen diskriminieren. Generalisierung wäre hier unangemessen.

Abergläubisches Verhalten

In einem früheren Abschnitt dieses Kapitels haben wir eine fixierte Intervallverstärkung definiert als Abgabe von Belohnungen nach bestimmten Zeitintervallen, jedoch *nur unmittelbar nach einer korrekten Reaktion*. Ein „abergläubisches Verstärkungsprogramm" – so genannt, weil es abergläubisches Verhalten bei Menschen und Tieren erklären soll – ist eine Abwandlung dieser fixierten Intervallverstärkung.

Genauer definiert ist ein abergläubisches Verstärkungsprogramm ein fixierter Intervallplan, bei dem die Verstärkung nicht nur nach einer korrekten Reaktion gegeben wird. Dies bedeutet, daß die Verstärkung zu bestimmten Zeitpunkten verabreicht wird, gleich welches Verhalten zu diesem Zeitpunkt gezeigt wird. Aus dem Gesetz des operanten Konditionierens folgt, daß jede Verhaltensweise, die unmittelbar vor einer Verstärkung auftritt, verstärkt wird. Ob nun dieses Verhalten in irgendeiner Weise mit der Verstärkung in kausalem Zusammenhang steht, spielt keine Rolle. Sowohl für den Menschen als auch für das Tier genügt das zeitliche Zusammentreffen, um eine Verbindung zwischen Verstärkung und Verhalten herzustellen.

In der Literatur findet man zahlreiche Beispiele für abergläubisches Verhalten beim Tier. Es scheint so, als gäbe es bei den meisten Konditionierungen Verhaltensweisen, die zufällig der Verstärkung vorangehen und zumindest auf eine beschränkte Zeit hin ein Teil des tierischen Verhaltensrepertoires werden. So kann es vorkommen, daß eine Ratte, die soeben gelernt hat, einen Hebel zu drücken, dieses ab jetzt immer mit dem Kopf nach rechts oder mit angehobenem linken Bein macht. Beide Reaktionen sind *Beispiele für abergläubisches* Verhalten.

Skinner (1951) berichtet über einen Versuch, bei dem 6 von 8 Tauben nach einem abergläubischen Verstärkungsprogramm konditioniert wurden. Alle Reaktionen, die diese Tauben zum Zeitpunkt der Verstärkung zeigten, wurden gelernt. Ein Versuchstier z. B. drehte sich in Uhrzeigerrichtung, kurz bevor die Verstärkung verabreicht wurde. Ein anderer Vogel stieß seinen Kopf in die Ecke, und zwei andere entwickelten sehr unterschiedliche Pendelbewegungen mit Kopf und Körper.

Es gibt wahrscheinlich keine bessere Situation, um mit Denken zusammenhängendes abergläubisches Verhalten zu beobachten als in einem überfüllten Prüfungssaal gegen Ende des Semesters. Einige Leute kratzen auf ihrem Kopf herum, andere ziehen die Augenbrauen zusammen, einige bewegen ihre Lippen, ihre Hände, ihre Füße, ihre Beine, einige kauen an ihrem Haar herum und wieder andere zeigen eine Reihe von Verhaltensweisen, die mit klarem Denken nichts zu tun haben. In einem Jahrgang habe ich einmal eine Studentin beobachtet, die während eines schriftlichen Tests wiederholt versuchte, mit beiden Augen auf ihre Nasenspitze zu schauen. Sie bestand die Prüfung.

Wieviel unseres Verhaltens ist abergläubisch? D. h. wieviel steht in Beziehung zu Belohnungen oder Bestrafungen, die im Endeffekt nicht durch unser Verhalten kausal bedingt sind? Die Diskussion um dieses Thema dauert an.

Positive und aversive Kontrolle

Obwohl es über den Gebrauch positiver Methoden zur Verhaltenskontrolle viel zu sagen gibt, sind sie nicht immer durchführbar oder wirksam. Wie Skinner (1971) mehrfach bemerkt, machen wir leider ausgiebig von der *aversiven* Kontrolle Gebrauch, wenn eine positive humaner, und wahrscheinlich auch wirksamer wäre. Er schreibt z. B., daß unsere wichtigsten sozialen Institutionen in sehr großem Maß mit aversiver Kontrolle arbeiten.

Besonders unangebracht sind diese Methoden in der Schule: Verweise, Arreste, schlechte Noten und die Androhung von Strafen sind nur allzu oft herausragendere Ereignisse im täglichen Leben der Lernenden als Lob, das Gewähren einer Gunst, das Versprechen von guten Noten oder die Möglichkeit anderer wichtiger Verstärker.

Positive Kontrolle in der Schule

Es ist tatsächlich nicht unzutreffend, eine Analogie zwischen einem Klassenzimmer und einer Skinnerbox zu ziehen. In dieser Analogie ist der Lehrer der Versuchsleiter, d. h., er kontrolliert die Verabreichung von Verstärkung und Bestrafung. Auf der anderen Seite sind die Schüler die Ratten in der Skinnerbox. Als Versuchsleiter kann der Lehrer von dem Wissen profitieren, daß Verstärkungen Verhaltensänderungen herbeiführen können, daß Verstärkungspläne vorteilhaft angewendet werden können, daß Bestrafung keinen sehr wirksamen Einfluß auf den Lernprozeß hat und daß einige Verstärker besser sind als andere. Auch wäre es für den Lehrer vorteilhaft zu wissen, daß es verschiedene Kategorien von Verstärkern gibt. Bijou und Sturges (1959) z. B. teilen Verstärker in 5 Kategorien ein: Verstärker, die man verzehren kann (wie z. B. Bonbons); Verstärker, die man manipulieren kann (wie z. B. Spielsachen); visuelle und akustische Reize (z. B. eine Glocke, deren Ertönen „gute Arbeit" bedeutet); soziale Verstärker (wie z. B. ein Lob); und Münzen (wie z. B. Spielmünzen, die man für andere Verstärker einlösen kann).

Zu dieser Liste kann dann noch das sogenannte *Premack-Prinzip* (Premack, 1965) hinzugefügt werden, welches besagt, daß Verhaltensweisen, die sich häufig und von selbst zeigen (und deswegen angenehm sein müssen), dazu benutzt werden können, weniger häufige Verhaltensweisen zu verstärken. So kann z. B. ein Kind, das gerne liest, aber ungerne rechnet, die Erlaubnis erhalten zu lesen, wenn es seine Rechenaufgaben gelöst hat. Alle diese Verstärkungskategorien können von einem Lehrer sehr wirksam eingesetzt werden. In der psychologischen Literatur gibt es eine Reihe von Hinweisen auf ihre Anwendung, insbesondere in Bezug auf die Untersuchung sogenannter *Verhaltensmodifikationen*. Kurz gesagt, können wir unter diesem Begriff die systematische Anwendung von Lernprinzipien verstehen. Diese Prinzipien sind typisch behavioristischer Art, sie basieren auf dem Prinzip des operanten Konditionierens. Verhaltensmodifikation wird am häufigsten in Schulen, Krankenhäusern und anderen Institutionen angewandt. Eine genaue Beschreibung und Illustration dieser Modifikationen finden Sie in Kap. 14.

Aversive Kontrolle

Skinner beschreibt zwei Arten aversiver Kontrolle: Bestrafung und negative Verstärkung.

Ich habe mich bemüht, den grundlegenden Unterschied zwischen den beiden klarzustellen: Während negative Verstärkung die Wahrscheinlichkeit, daß eine bestimmte Reaktion wieder auftritt, erhöht, soll durch Bestrafung der gegenteilige Effekt erreicht werden. *Gegen Bestrafung* sprechen folgende vier Argumente:

In der Erziehung und dort insbesondere in der Kindeserziehung gibt es wenige Themen, die mehr Aufmerksamkeit auf sich gezogen haben, als die Bestrafung. Dabei ist es interessant festzustellen, daß es dabei nicht um die Wirksamkeit der Bestrafung, sondern vielmehr um die weitverbreitete Anwendung von Bestrafung geht. Seit den frühen Arbeiten Thorndikes (1932) weiß man, daß die Bestrafung bei der Eliminierung unerwünschten Verhaltens wesentlich weniger effektiv ist als Verstärkung für erwünschtes Verhalten.

Vom Standpunkt der Lerntheorie aus kann man eine Reihe von praktischen und theoretischen Einwänden gegen die Bestrafung vorbringen. Zunächst einmal ist die Wahrscheinlichkeit, daß die Bestrafung zu dem erwünschten Verhalten führt, sehr gering. Im wesentlichen dient die Bestrafung dazu, die Aufmerksamkeit auf das unerwünschte Verhalten zu lenken, statt darauf hinzuweisen, wie das erwünschte Verhalten aussehen soll. Zweitens beseitigt die Strafe nicht das Verhalten, sondern unterdrückt es bestenfalls ein wenig, womit lediglich die Verhaltensfrequenz beeinflußt wird. Der Vorteil einer Nichtverstärkung gegenüber der Bestrafung besteht theoretisch darin, daß das unverstärkte Verhalten völlig gelöscht wird.

Als drittes führt die Bestrafung zu emotionalen Zuständen, die gewöhnlich nichts mit Liebe, Glück oder angenehmen Gefühlen zu tun haben. Diese negativen emotionalen Zustände können durch Kontiguität (zeitliches Zusammentreffen) mit dem Bestrafenden anstatt mit dem unerwünschten Verhalten in Zusammenhang gebracht werden.

Ein vierter mehr allgemeiner Einwand gegen die Bestrafung ist der, daß sie oft nicht funktioniert. Sears, Maccoby und Lewin (1957) bringen Beweise dafür auf, daß Mütter, die ihre noch in die Hose machenden Kinder dafür bestrafen, mit höherer Wahrscheinlichkeit einen Bettnässer heranziehen und daß Eltern, die aggressives Verhalten bestrafen, häufig aggressive Kinder großziehen.

Für Bestrafung sprechen diese Überlegungen: Unser heftigster Widerspruch gegen den Gebrauch der Bestrafung richtet sich primär gegen körperliche Strafen. Die gleichen Einwände sind nicht ganz so angemessen bei anderen Formen von Strafen, die in Schulen und Elternhäusern häufig vertreten sind. Dazu gehören die sog. „time-out"-Prozeduren: Dabei werden Kinder aus einer Situation herausgenommen, in der sie Verstärkung erwarten können, und in eine andere Situation gebracht, in der die Wahrscheinlichkeit, daß das Kind eine Verstärkung bekommt, geringer ist. Werden Kinder wegen schlechten Benehmens aus dem Klassenzimmer geschickt, dann werden sie nicht durch die Verhängung eines unangenehmen Reizes bestraft (außer sie werden zum Direktor geschickt oder erhalten einen Arrest), sondern sie werden vielmehr aus einer Situation herausgenommen, von der man annimmt, daß sie eine verstärkende Umgebung bildet.

Andere übliche Bestrafungen beinhalten den Gebrauch von Verweisen, von denen die meisten verbaler Art sind, die aber auch nonverbal sein können (z. B. ein Kopfschütteln oder ein Stirnrunzeln). Eine Reihe von Studien über den Schulunterricht (O'Leary et al., 1974, O'Leary & Becker, 1968) zeigte, daß die effektivsten Rügen die sog. „sanften" sind. Darunter versteht man Verweise, die nur das beteiligte Kind hö-

ren kann. In Klassen, in denen die Lehrenden „laute" Verweise aussprachen, war eine signifikant höhere Anzahl von Unterbrechungen (disruptive behavior) zu finden. In diesem Zusammenhang ist es bemerkenswert, daß Lob – ein sehr effektiver Verstärker in Klassenzimmern – wesentlich wirksamer ist, wenn es laut ausgesprochen wird. Kurz: In den meisten Fällen sollten Rügen „sanft" und Lob offen verteilt werden.

Die Umstände, die für Bestrafung sprechen, basieren auf einer Anzahl von Beobachtungen: Obwohl Verstärkung, Imitation und Argumente erwünschtes Verhalten sehr effektiv fördern und stärken können, gibt es zahlreiche Beispiele, wo sie nicht genügen. Laut Ausubel (1957) ist es einem Kind nicht immer möglich, den Rückschluß von unerwünschtem auf erwünschtes Verhalten zu ziehen. Außerdem kann ein Kind natürlich nicht immer durch sanfte Überredung von der Unerwünschtheit eines bestimmten Verhaltens überzeugt werden. Wenn Karlchen darauf besteht, die Katze in die Badewanne zu werfen, obwohl er weiß, daß das arme Ding nicht schwimmen kann, mag Strafe angebracht sein. Obwohl Psychologen seit langem festgestellt haben, daß Strafe nur in den seltensten Fällen unerwünschtes Verhalten eliminieren kann, so gibt es doch genügend Beweise, daß Bestrafung diese Verhaltensweise zumindest unterdrückt (s. Parke, 1974).

Die Tatsache, daß Strafe nicht zum Löschen des fraglichen Verhaltens führt, ist an sich irrelevant. Wenn Karlchen jetzt aufhört, die unglückliche Katze in die Badewanne zu werfen, würden wir nie glauben, daß er vergessen hat, wie man so etwas tut, aber wir können hoffen, daß er es auch in Zukunft unterläßt. Ähnlich der Verstärkung scheint auch Bestrafung am wirksamsten, wenn sie von einem herzlichen, liebenden Elternteil (oder einem anderen Erwachsenen) erteilt wird. Es gibt keinen Beleg dafür, daß die zwischen Eltern und Kind bestehende Zuneigung durch die vernünftige Anwendung von Strafen reduziert oder gar zerstört wird. (Walters & Grusec, 1977)

Negative Verstärkung
Wir müssen hier noch eine letzte Unterscheidung einführen: Den Unterschied zwischen positiver und negativer Verstärkung. Beide führen zu einer erhöhten Wahrscheinlichkeit des Auftretens der Reaktion, dürften aber dennoch verschiedene Wirkungen haben. Wie ich schon

anderweitig ausführte (Lefrancois, 1982), kann einer Ratte beigebracht werden, auf einen Stuhl zu springen, indem sie jedes Mal Futter bekommt, wenn sie es tut (positive Verstärkung). Sie kann aber auch lernen, auf den gleichen Stuhl zu springen, indem sie jedes Mal einen Elektroschock bekommt, wenn sie es nicht tut. Ganz egal wie sie es gelernt hat, wird die Ratte am Schluß in ähnlich hastiger Weise auf den Stuhl springen, aber es gibt keinen Zweifel daran, daß die positiv verstärkte Ratte wesentlich mehr Enthusiasmus bei dieser Beschäftigung entwickeln wird wie ihre aversiv trainierte Kollegin. Es gibt dabei einen wesentlichen Unterschied zwischen dem Lernen einer *Annäherungsreaktion*, wie es bei einer positiven Verstärkung meistens der Fall ist, und dem *Flucht*- oder *Vermeidungslernen*, das häufig aus negativer Verstärkung resultiert. Ähnlich der Ratte, die gelernt hat, auf einen Stuhl zu springen, um einen Elektroschock zu vermeiden, kann man von Studenten, die aufgrund aversiver Kontrolle fleißig und aufmerksam sind (negative Verstärkung oder Bestrafung), nicht erwarten, daß sie die Schule so gerne mögen wie ihre Kollegen, die aufgrund von positiver Verstärkung aufmerksam und fleißig sind. Vielleicht trifft dasselbe auch für die Menschen zu, die in die Kirche gehen, um das Höllenfeuer zu vermeiden.

Es ist bemerkenswert, daß uns unsere Umgebung ständig mit einer Vielfalt von aversiven Reizen umgibt, die sehr wirksam bei der Formung unseres Verhaltens zu sein scheinen. Eine heiße Herdplatte, ein stechendes Insekt und giftige Pilze – all das führt sehr schnell zu wichtigen Lernerfolgen. Wäre das anders, hätte unsere Art wohl kaum so lange existiert. Obwohl wir erkennen sollten, wie wichtig es ist, mehr positive als negative Kontrolle einzusetzen, sollten wir letztere nicht zu leichtfertig von der Hand weisen.

Die Position Skinners in der Rückschau

Aus der Geschichte des psychologischen Denkens ragt Skinner als einer der großen Systemgestalter heraus. Obgleich der Behaviorismus von Watson gegründet und definiert wurde und viele andere Theoretiker wichtige Beiträge zu seiner Entwicklung lieferten, ist der Name

Skinner praktisch ein Synonym für behavioristische Psychologie geworden.

Wahrscheinlich besteht der größte Beitrag Skinners zum Verständnis des menschlichen Verhaltens in seiner Beschreibung der Einflüsse der Verstärkung auf das Verhalten. Darüber hinaus versuchte Skinner seine Ergebnisse nicht nur auf das Individuum, sondern auch auf soziale Gruppen anzuwenden (so z.B. in „Science and Human Behavior", 1953). Seit Skinner seine Arbeit begann, haben zahlreiche Theoretiker große Teile seines Systems in ihre eigenen Positionen übernommen.

Eine der konkreten Anwendungsmöglichkeiten des Skinnerschen Systems ist der programmierte Unterricht, eine Lernmethode, die ausschließlich aus den Prinzipien des operanten Konditionierens hervorging. Im wesentlichen besteht ein Lernprogramm aus einer Serie von zusammengehörigen Abschnitten, die dem Lernenden eine Antwort abfordern und ihn dann verstärken, indem sie zeigen, ob er richtig geantwortet hat. Ein Beispiel für ein Skinnersches Lernprogramm finden Sie am Schluß von Kapitel 6. Eine weitere Anwendung der Skinnerschen Prinzipien ist, wie schon angedeutet, die Verhaltensmodifikation.

Gemessen an den Kriterien, die eine gute Theorie erfüllen soll (s. Kap. 1), schneidet Skinners Theorie relativ gut ab. Skinner selbst war sehr zurückhaltend, wenn es darum ging, weit über seine Daten hinaus zu generalisieren. Er zog es vor, sein System auf die tatsächlich gemachten Beobachtungen zu beschränken. Daher reflektiert das System die Fakten sehr gut. Allerdings beachtet Skinner nicht sämtliche Fakten. Er befaßt sich z.B. nur wenig mit symbolischen Prozessen oder mit anderen Themen, die für die zeitgenössischen kognitiven Theoretiker von primärem Interesse sind (Entscheiden, Problemlösen, Wahrnehmen, usw.). Auch sein Versuch, Sprache in Begriffen der Verstärkungstheorie zu erklären, war nicht erfolgreich. Eine ganze Reihe von Befunden zu Verhaltensformen, die entweder sehr schwierig oder sehr einfach zu konditionieren sind, können mit dieser Theorie nicht so leicht erklärt werden. Diese Befunde werden in Kap. 5 diskutiert. Dennoch erklärt das System bestimmte Arten des Lernens erstaunlich gut. Die Theorie ist klar und verständlich und zeichnet sich durch ein hohes Maß an interner Konsistenz aus, da das System nur eine kleine Anzahl an Schlüsselkonzepten benutzt, die in operationalen Begriffen klar definiert sind. Und obwohl die Theorie nicht auf eine große Zahl nicht verifizierbarer *Annahmen* zurückgeht, stützt sie sich doch auf eine Hand voll grundlegenden Annahmen. Die wichtigsten davon – und vielleicht auch die umstrittensten – behandeln zentrale Fragen, wie z. B. die, ob Menschen freien Willen besitze. Skinner bestreitet dies.

Wie alle Annahmen, so ist auch diese nicht verifizierbar. Wenn wirklich die wichtigsten menschlichen Verhaltensweisen operant sind, so kann die Bedeutung der Skinnerschen Beobachtungen kaum überschätzt werden. Es gibt jedoch einige Diskussionen über das Ausmaß, in dem Verhalten durch Verstärkungen kontrolliert wird. Im wesentlichen bezieht sich diese Diskussion auf die Unfähigkeit des Menschen zu entscheiden, ob er einen freien Willen hat oder ob Freiheit eine Illusion darstellt, die das Verhalten begleitet, welches in Wirklichkeit von der nicht bewußten Erwartung irgendwelcher Verstärkungen bestimmt wird.

Hat Skinner recht, wenn er behauptet, daß der autonome Mensch eine Erfindung sei, die nur erklären soll, was wir uns anders nicht erklären können (1971, S. 200)? Oder sind wir Steuermänner auf unseren eigenen Schiffen und damit verantwortlich für unser momentanes Verhalten, wenn nicht sogar für unser Schicksal? Skinners Einschätzung der menschlichen Beschaffenheit ist von verschiedenen Seiten heftig ins Kreuzfeuer der Kritik geraten. Insbesondere humanistisch orientierte Psychologen waren oft entsetzt über Skinners offensichtlichen Angriff auf menschliche „Freiheit und Würde". Eine streng Skinnersche Position scheint oberflächlich gesehen mit der Wichtigkeit von Wert und Individualität der Menschen gänzlich unvereinbar zu sein. Dennoch bleiben wir, wie wir sind. Wie Skinner (1971) bemerkte, verändert eine Theorie nicht den Gegenstand, mit dem sie sich beschäftigt. „Man remains what he has always been" (S. 215). Sind wir immer frei gewesen? Oder waren wir es nie? Die Frage bleibt Ihnen überlassen.

Zusammenfassung: Kapitel 3

Dieses Kapitel brachte eine Übersicht über die Arbeiten von B. F. Skinner. Es wurden die Prinzipien der von Skinner entdeckten operanten Konditionierung und deren Anwendungsmöglichkeiten auf menschliches und tierisches Verhalten dargestellt.

1. Skinner beobachtete und beschrieb die Beziehungen zwischen *unabhängigen Variablen* (Verstärkungsarten und Verstärkungsplänen) und *abhängigen Variablen* (Akquisitionsrate, Reaktionsrate, Abschwächungsrate). Er befaßte sich weniger mit Theorien als mit der Ableitung von Gesetzen aus seinen Beobachtungen.

2. Für Skinner gibt es 2 Arten von Lernen: eine umfaßt durch Reize ausgelöste Reaktionen *(respondentes Verhalten);* die andere Art basiert auf emittierten (von selbst gezeigten) instrumentellen Reaktionen *(operantes Verhalten).* Ein klassisches Konditionierungsmodell (Typ S) erklärt das respondente Verhalten; ein operantes Konditionierungsmodell (Typ R) erklärt das operante Verhalten. Skinners System befaßt sich jedoch ausschließlich mit dem operanten Lernen.

3. Eine der wichtigsten Variablen im Skinnerschen System ist die *Verstärkung.* Ein Verstärker ist ein Reiz, der die Wahrscheinlichkeit des Auftretens einer Reaktion erhöht. Dieser Verstärker kann positiv sein (wirksam durch seine Darbietung) oder negativ (wirksam durch seine Entfernung). Ein negativer Verstärker ist nicht dasselbe wie Bestrafung; Bestrafung erhöht die Wahrscheinlichkeit des Auftretens einer Reaktion nicht.

4. Es gibt eine *primäre* und eine *generalisierte Verstärkung.* Das bedeutet, daß grundlegende (primäre) Bedürfnisse befriedigt werden können (wie z. B. durch Nahrung), oder daß ein Reiz durch die Assoziation mit einem primären Verstärker (Geld) diese Wirkung haben.

5. Verstärkung beinhaltet, daß auf das erwünschte Verhalten ein angenehmer Reiz folgt (positive Verstärkung) oder ein unangenehmer Reiz entfernt wird (negative Verstärkung). Bestrafung bedeutet, daß nach unerwünschtem Verhalten ein angenehmer Reiz entzogen oder ein unangenehmer Reiz präsentiert wird.

6. Löschung *(Extinktion)* ist die Eliminierung eines Verhaltens durch den Entzug der Verstärkung. Das *Vergessen* ist die Abnahme eines Verhaltens als Funktion der verstrichenen Zeit. Die Löschung vollzieht sich gewöhnlich sehr rasch, während das Vergessen etwas länger dauert.

7. Der Ausdruck *Verstärkungspläne* bezieht sich auf die Art und Weise, in der die Verstärkung verabreicht wird. Man unterscheidet zwei große Kategorien von Plänen: Kontinuierliche und intermittierende. Intermittierende Verstärkungspläne können auf der Verhaltensfrequenz

(Quotenpläne) oder auf Zeitintervallen (Intervallpläne) basieren. Beide Programme können entweder fixiert (regelmäßig) oder variabel (unregelmäßig) sein.

8. Kontinuierliche Verstärkungsprogramme führen gewöhnlich zu einer raschen Akquisition (Aneignung), aber auch zu einer raschen Löschung der Reaktion. Nach intermittierenden Programmen dauert die Löschung länger, aber diese Programme eignen sich nicht für das erstmalige Training. Es ist leicht einzusehen, daß die Reaktionsrate (Reaktionsfrequenz) auf einer Verstärkungserwartung beruht, die sich wahrscheinlich beim Tier oder beim Menschen während des Trainings entwickelt. Wird die Verstärkung von der Anzahl der gezeigten Reaktionen abhängig gemacht, so beobachten wir gewöhnlich eine hohe Reaktionsrate. Bei einer fixierten Intervallverstärkung sehen wir gewöhnlich eine hohe Reaktionsrate bis zur Verabreichung der Verstärkung und dann unmittelbar danach eine sehr geringe Reaktionsrate.

9. *Das Shaping oder die stufenweise Annäherung,* die durch differentielle Verstärkung zustandekommt, ist dazu bestimmt, einem Tier neue Verhaltensweisen beizubringen. Hierbei werden Reaktionen verstärkt, die das Tier in Richtung des endgültigen, erwünschten Verhaltens lenken.

10. *Verbales Konditionieren* dient dazu, Menschen darauf zu konditionieren, gewisse vorherbestimmte verbale Reaktionen zu zeigen. Diese Methode wird oft – bewußt oder unbewußt – bei der Kontrolle von Konversationen benutzt. Die Prozedur besteht im Verstärken bestimmter verbaler Verhaltensweisen einer anderen Person, wobei es sich bei der Verstärkung auch um nonverbale Zeichen der Übereinstimmung handeln kann.

11. *Fading* ist eine wichtige Technik beim Erlernen von Diskriminationen. Wird z.B. ein Tier darauf trainiert, unterschiedliche Reaktionen auf zwei sehr ähnliche Reize abzugeben, so können die Unterschiede zwischen den Reizen in den ersten Versuchsdurchgängen künstlich vergrößert werden. Ist der Lernprozeß dann

weiter fortgeschritten, werden die Unterschiede verringert, bis das Tier unterschiedlich auf die beiden ähnlichen Reize reagieren kann.

12. *Generalisierung* und *Diskriminierung* sind für das Lernen von ungeheurer Bedeutung. Bei der Generalisierung wird eine Reaktion auf andere Reize übertragen und gezeigt; bei der Diskrimination werden unterschiedliche Reaktionen auf sehr ähnliche Reize ausgeführt.

13. *Abergläubisches Verhalten* ist zufälliges Verhalten, welches mit der Verstärkung zeitlich zusammenfällt und deshalb gelernt wird. Bei diesem Verhalten besteht keine wirkliche Beziehung zur Verstärkung, das Verhalten wird aber gezeigt, als bestünde eine solche Verbindung.

14. Obwohl die Methode der *Bestrafung* ein allgegenwärtiges Phänomen ist, ist diese Methode doch oft nicht sehr wirksam. Es wird angenommen, daß Bestrafung dem Bestraften nicht sagt, was er tun soll, sondern ihm lediglich die Information übermittelt, was er nicht tun soll. Dazu kommt, daß die Bestrafung häufig zusätzliche unerwünschte emotionale Reaktionen auslöst. Oft führt die Bestrafung jedoch zu einer zeitlich begrenzten Unterdrückung eines Verhaltens und könnte eine Gelegenheit bieten, eine wünschenswerte Reaktion zu erlernen.

15. Die stärksten Einwände gegen Bestrafung richten sich primär gegen körperliche Strafen. Andere Formen (z.B. Verweise oder „timeout") sind oft notwendig und wirksam. Die Betonung sollte jedoch immer auf Methoden positiver statt aversiver Kontrolle liegen.

16. Zwei wichtige Anwendungsgebiete der Skinnerschen Prinzipien sind der programmierte Unterricht und die Verhaltensmodifikation.

17. In Bezug auf die Kriterien, die eine gute Theorie erfüllen muß, schneidet Skinners System recht gut ab. Es kann bestimmte Verhaltensweisen erstaunlich gut erklären und vorhersagen, ist in sich konsistent und klar und reflektiert einige Fakten gut. Jedoch erklärt das System nicht alle Fakten (Beobachtungen) gleich gut. Außerdem basiert es auf einer fundamentalen und kontroversen Annahme bezüglich der Freiheit der Menschen.

Kapitel 4

Hull und Spence: Intervenierende Prozesse

Clark L. Hull (1884–1952)

Unter den Verhaltenstheoretikern hatte Hull die größten Ambitionen. Das System, das er letztendlich entwickelte, war so kompliziert und umfassend, daß wir hier nur einen kurzen Abriß davon geben können. Das Gesamtsystem ist in Hulls eigenen Büchern (1943, 1951, 1952) dargestellt. Darüber hinaus gibt es Zusammenfassungen in einer Reihe von psychologischen Lehrbüchern.

Die Entwicklung des Systems bestand im wesentlichen aus der Erarbeitung von 17 Postulaten (Hull, 1943), die als deskriptive Feststellungen über das menschliche Verhalten gedacht waren. Aus diesen Postulaten leitete Hull 133 spezifische Theoreme und zahlreiche Subthesen ab (Hull, 1952). Ein 3. Buch, welches die Anwendung seines Systems auf das Verhalten in sozialen Situationen beschreiben sollte, war zwar geplant, aber unglücklicherweise starb Hull kurz nach der Vollendung eines zweiten Buches.

Clark L. Hull (1884–1952)
Hull wurde am 24. Mai 1884 in Akron im Bundesstaat New York geboren, verbrachte jedoch den größten Teil seiner Kindheit im ländlichen Michigan. In seiner Jugend soll er häufig gekränkelt haben und während seiner frühen Jahre am College mußte er wegen einer Kinderlähmung längere Zeit das Bett hüten. Dennoch unterrichtete er im zarten Alter von 17 Jahren ein ganzes Jahr lang in einer Ein-Zimmer-Schule in Michigan, ehe er seine Ausbildung an der Universität Michigan fortsetzte. Ursprünglich wollte er Bergbauingenieur werden, wechselte dann aber aus unerfindlichen Gründen zur Psychologie über und ging an die Universität von Wisconsin, wo er 1918 promovierte.

Hulls frühe Interessen waren sehr breit gefächert. Sie beinhalteten die systematische Erforschung der Wirkungen des Tabaks auf geistige Betätigung, der menschlichen und tierischen Begabungen, des Denkens von Maschinen (Robotern) und der Hypnose (mit der er sich 10 Jahre lang beschäftigte). 1929 ging er nach Yale, wo er eine Forschungsprofessur erhielt und mit einer Gruppe begeisterter Schüler das monumentale System schuf, das in sehr vereinfachter Form den Hauptteil dieses Kapitels ausmacht. Nach seiner ersten grossen Beschreibung dieses Systems in „Principles of Behavior", veröffentlicht 1943, wurde er bald der meistzitierte Psychologe in den Vereinigten Staaten. Eine letzte Überarbeitung dieses Buches wurde 1952 kurz nach seinem Tod veröffentlicht.

Das Wesen des Hullschen Systems

Hulls ausdrücklich behavioristisches System zeigt die typisch behavioristische Vorliebe für Objektivität, Präzision und experimentelle Strenge. Weil es versucht, aus den aufgestellten Postulaten Hypothesen in Form von Theoremen und Subthesen abzuleiten, wird das System als hypothetisch-deduktiv bezeichnet. Die Arbeiten Hulls gingen jedoch darüber weit hinaus, weil er sich nicht damit begnügte, nur Theoreme abzuleiten, sondern diese auch in experimentellen Untersuchungen zu bestätigen versuchte. Wie man bei näherer Betrachtung des Systems leicht sehen kann, war dies eine monumentale Aufgabe; es ist daher leicht zu verstehen, daß Hull nur teilweise erfolgreich war.

In Übereinstimmung mit der behavioristischen Richtung bestand für Hull das menschliche Verhalten aus Reizen und Reaktionen, die er jedoch weitaus detaillierter behandelte als die meisten seiner Zeitgenossen. Für Hull bestehen Reize aus einer großen Anzahl antezedenter, den Organismus beeinflussender Bedingungen, die zu bestimmten Verhaltensweisen führen können, aber nicht müssen. Diese antezedenten Bedingungen bezeichnete Hull als *Input-Variablen*. Dementsprechend werden Reaktionen als eine Reihe von Variablen betrachtet, die als *Output-Variablen* bezeichnet werden können. Eine Anzahl seiner Postulate beschäftigen sich mit der Erklärung der Natur dieser In- und Output-Variablen sowie mit den zwischen ihnen bestehenden Beziehungen. Eine 3. Art von Verhaltensvariablen, die im Hullschen System eine zentrale Stellung einnehmen, wird als intervenierende Variablen bezeichnet.

Hulls Interesse an intervenierenden Variablen zeigt eine starke Abkehr von den Vorurteilen jener S-R Theoretiker, die wir bereits betrachtet haben: Pawlow, Watson, Thorndike, Guthrie und Skinner. Deshalb wird Hull manchmal eher als Neobehaviorist bezeichnet statt einfach nur als Behaviorist.

Hull war von den Pawlowschen Arbeiten über reflexives Verhalten und klassisches Konditionieren sehr beeindruckt. Dieser Pawlowsche Einfluß spiegelt sich teilweise darin wider, daß die Meinung, alle Verhaltensweisen bestünden aus S-R(Reiz-Reaktions)-Verbindungen, der Grundstein des Hullschen Systems ist. In seiner Verhaltenspsychologie ist das zentrale Konzept das der *Gewohnheit* (habit), wobei eine Gewohnheit eine S-R-Verbindung oder eine Anzahl solcher Verbindungen ist, die Hull als *Gewohnheitshierarchie* bezeichnet. Auch das Thorndikesche Lernsystem übte einen großen Einfluß auf Hulls Arbeiten aus, hier besonders sein Gesetz der Auswirkung (law of effect). Der Einfluß der Verstärkung auf das Lernen wurde in Hulls System das Erklärungsprinzip schlechthin.

Zusammenfassung des Hullschen Systems

Es mag ein wenig vermessen erscheinen, eine Darstellung mit einer Zusammenfassung zu beginnen. In diesem Fall jedoch soll die Zusammenfassung eher ein Überblick über die folgenden Seiten und weniger eine Rekapitulation deren Inhalts sein.

Das System ist voll von Symbolen, mathematischen Ausdrücken und Wertgrößen. Während die mathematischen Ausdrücke für diese Diskussion nicht unbedingt notwendig sind, vereinfachen die Symbole jedoch die Darstellung der Theorie - obgleich sie das Gedächtnis ziemlich belasten. Bei verschiedenen Anlässen habe ich besondere Vorkehrungen getroffen, um einen „Symbolschock" zu vermeiden, der sich gewöhnlich bei den Erstsemestern zeigt, denen Hulls Theorie zum ersten Mal vorgestellt wird. Die Präventivmaßnahme besteht im wesentlichen im Erzählen unanständiger Geschichten (die natürlich so anständig erzählt werden, daß sie keine Gefühle verletzen), welche dann mit guter Hullscher Terminologie durchsetzt werden. Übrigens zeigen sich die Symptome des Symbolschocks in verminderter Atemfrequenz, verminderter Körpertemperatur, einer Veränderung der EEG-Muster von Beta- nach Alpha-Wellen und geschlossenen Augen. Manchmal geben die Leidtragenden auch noch merkwürdig schnorchelnde Laute von sich. Diese Studenten und Studentinnen befinden sich wahrscheinlich im kritischen Stadium des Schocks.

Abbildung 4.1 zeigt in schematischer Form eine Zusammenfassung der Hauptvariablen des Hullschen Systems.

Input-Variablen

Die Darstellung des Hullschen Systems in dieser hochsymbolischen Form läßt dieses viel schwieriger erscheinen, als es tatsächlich ist. Während es in Umfang und Detail extrem

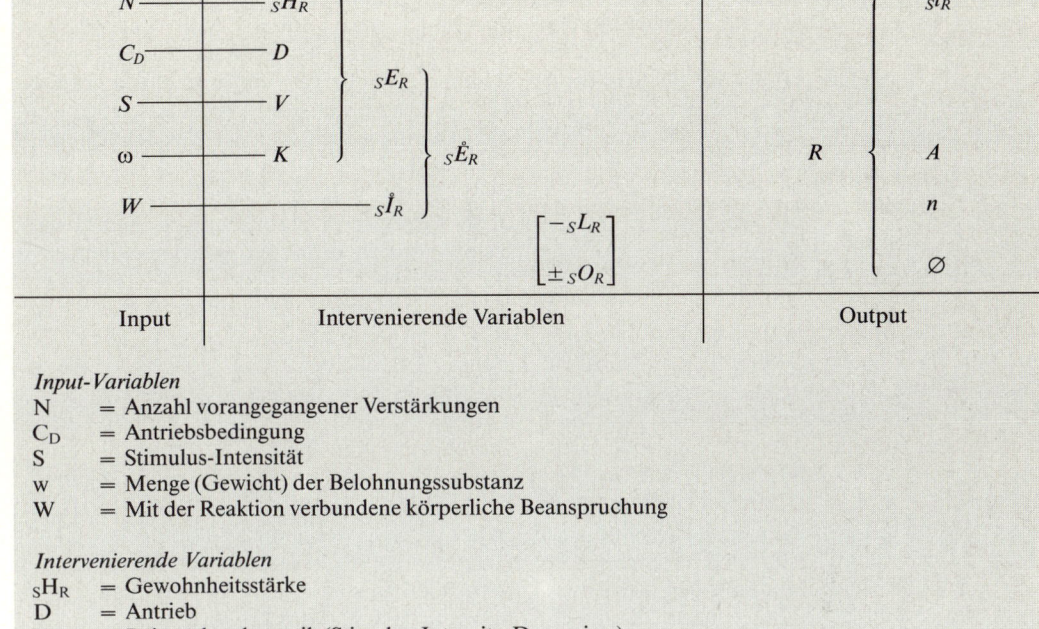

| | Input | Intervenierende Variablen | Output |

Abb. 4.1. Das Hullsche System (Nach Hilgard und Bower, 1966)

Input-Variablen

N	= Anzahl vorangegangener Verstärkungen
C_D	= Antriebsbedingung
S	= Stimulus-Intensität
w	= Menge (Gewicht) der Belohnungssubstanz
W	= Mit der Reaktion verbundene körperliche Beanspruchung

Intervenierende Variablen

$_sH_R$	= Gewohnheitsstärke
D	= Antrieb
V	= Reizstärkendynamik (Stimulus-Intensity-Dynamism)
K	= Anreizmotivation
$_sE_R$	= Reaktionspotential
$_sI_R$	= Konditionierte Hemmung
$_s\mathring{E}_R$	= Netto-Reaktionspotential
$_sL_R$	= Reaktionsschwelle
$_sO_R$	= Oszillation des Reaktionspotentials

Output-Variablen

R	= Das Auftreten einer Reaktion, gemessen in den Größen $_st_R$, A und n
$_st_R$	= Latenzzeit der Reaktion
A	= Reaktionsamplitude
n	= Anzahl der nicht verstärkten Versuchsdurchgänge bis zum Abschluß der Löschung
$\emptyset$	= Keine Reaktion (von Hull nicht als Symbol benutzt)

komplex ist, ist sein Schwierigkeitsgrad jedoch weit geringer.

Wenn wir das Modell in der Abbildung nicht als eine allgemeine Beschreibung des menschlichen Verhaltens betrachten, sondern als die Darstellung eines bestimmten Verhaltens einer bestimmten Person zu einem bestimmten Zeitpunkt, dann ist es wesentlich leichter verständlich. Wenn wir verstanden haben, wie dieses System unter bestimmten Umständen funktioniert, dann ist das System auch in größerem Rahmen besser zu interpretieren.

Wie bereits erwähnt, befaßte sich Hull mit der Entwicklung eines Systems, welches ermöglichen sollte, bei Kenntnis des Reizes das Verhal-ten einer Person vorhersagen zu können. Eine der wirklichen Schwierigkeiten bei der Anwendung dieses Systems auf das Verhalten ist, daß man sehr viel über die früheren Erfahrungen der Person wissen muß, da ein Reiz ein komplexes Produkt vorhergegangener Geschehnisse ist. Die Input- oder Reiz-Variablen sind sozusagen die Prädiktoren; die Output- oder Reaktionsvariablen werden vorhergesagt. Anders ausgedrückt, sind die Stimulusvariablen die *unabhängigen* und die Reaktionsvariablen die *abhängigen* Variablen. Bei Betrachtung von Abbildung 4.1 wird klar, daß eine Kenntnis des Inputs voraussetzt, daß man weiß, wie oft in der Vergangenheit die betreffende S-R-Verbindung verstärkt wurde (N). Diese Variable zusammen mit der Kenntnis der physikalischen Intensität des Reizes (S), der Motivationszustände des Organismus (C_D), der der Reaktion folgenden Verstärkung (w) und der Größe der Anstrengung, die die Reaktion erfordert (W), erlauben theoretisch die Vorhersage der Output-Variablen.

Intervenierende Variablen

Während die Input- und Output-Variablen die einzigen direkt beobachtbaren und meßbaren Vorgänge sind, die das System beschreibt, sind die intervenierenden Variablen für das Verständnis der Hullschen Theorie wahrscheinlich wichtiger. Diese Variablen haben direkte Verbindungen mit den externen Variablen, und zwar so, daß sie zwischen dem Reiz und der Reaktion stehen und bestimmen, ob eine Reaktion auf einen Reiz hin stattfinden wird oder nicht. Es ist jedoch wichtig, darauf hinzuweisen, daß die Fähigkeit der intervenierenden Variablen zur Determinierung einer Reaktion theoretisch ganz von den Input-Variablen bestimmt und kontrolliert wird. So gesehen sind die intervenierenden Variablen nicht mehr als eine Erklärung der beobachteten S-R-Beziehungen. Für jede Reizvariable gibt es eine ihr entsprechende spezifische intervenierende Variable, die man als den Einfluß der Input-Variable (ein Aspekt der Umwelt, z.B.) auf das Individuum interpretieren kann. Aus dieser Sicht sind intervenierende Variablen relativ leicht zu deuten. Es folgt nun eine Beschreibung dieser Variablen.

1. $_SH_R$. Die wichtigste intervenierende Variable, die Gewohnheitsstärke, ist ein behavioristisches Konzept, das in Hinsicht auf die Stärke der Verbindung zwischen einem spezifischen Reiz und einer Reaktion definiert wird. Für Hull bedeutete Gewohnheitsstärke im wesentlichen die Anzahl der vorangegangenen Paarungen des Reizes mit der Reaktion, vorausgesetzt, daß jede Paarung verstärkt wurde. Hier ist der Einfluß Thorndikes auf Hull am augenscheinlichsten. Im Gegensatz zu Kontiguitätstheoretikern behaupten Hull und Thorndike, daß die Stärke der Gewohnheit (einer S-R-Verbindung) eher eine Funktion der Verstärkung als nur mehr die einer Wiederholung ist. Er führte spezifische numerische Funktionen ein, um das präzise Verhältnis zwischen der Anzahl der Paarungen und der Gewohnheitsstärke zu

illustrieren (was mehr von akademischem als von praktischem Interesse ist). Während es auf den ersten Blick so aussieht, als sei die Gewohnheitsstärke die einflußreichste Variable bei der Bestimmung des Verhaltens, ist eine solche Annahme nicht korrekt. Tatsächlich ist die Gewohnheitsstärke nur eine von vielen Variablen, die das Verhalten beeinflussen.

2. *D*. Wegen ihrer Verbindung zur Verstärkung ist die Antriebsstärke ein zentrales Konzept in der Hullschen Lerntheorie. (D = Drive wird hier mit „Antrieb" übersetzt, weil dies sinngemäß richtiger ist als der Ausdruck „Trieb". Der Begriff „Bedürfnis" wird hier synonym gebraucht. Anm. d. Übers.) Hull betrachtete das Lernen als einen Prozeß, im Verlaufe dessen Reaktionen mit Reizen verbunden werden, wenn dadurch eine Reduktion des Antriebs bzw. eines Bedürfnisses stattfindet, oder, genauer gesagt, wenn durch diesen Prozeß die Anzahl oder die Intensität der Reize, die mit dem Bedürfnis bzw. dem Antrieb in enger Verbindung stehen, reduziert wird.

Antrieb kann primär oder sekundär sein, ebenso wie die Verstärkung, die D reduziert. Primäre Antriebe hängen eng mit den Bedürfnissen des Gewebes zusammen; sekundäre Antriebe (Bedürfnisse) werden durch zeitliches Zusammentreffen mit primären Bedürfnissen konditioniert. Als intervenierende Variable entspricht der Antrieb der Input-Variable Antriebsbedingung (oder Bedürfniszustand), die man z.B. als Anzahl von Stunden Deprivation definieren kann. Hull identifizierte zwei Komponenten des Antriebs: Den Antrieb selbst, der sich als direkte Funktion der Anzahl von Stunden Deprivation erhöht und eine asymptotische Komponente, die auf der Erkenntnis beruht, daß der Antrieb abnimmt, wenn die Anzahl der Stunden Deprivation zu groß ist. In der Hullschen Theorie hat der Antrieb drei zentrale Funktionen. (1) Er sorgt für Verstärkung, ohne die das Lernen nicht stattfinden würde; (2) er aktiviert die Gewohnheitsstärke, was bedeutet, daß ohne Antrieb Verhalten überhaupt nicht stattfindet, selbst wenn vorher eine sehr starke Gewohnheit $_SH_R$ vorhanden war und (3), Antriebsreize werden durch den Lernprozeß an spezifische Verhaltensweisen gebunden. Wäre diese besondere Differenzierung der Antriebsreize nicht gegeben, so könnte das gezeigte Verhalten gänzlich unangemessen sein; die Leute würden vielleicht trinken, wenn sie hungrig sind oder essen, wenn sie frieren oder sich wärmen, wenn sie durstig sind ... Die Differenziertheit der Antriebsreize bestimmt, ob eine Reaktion verstärkend wirkt oder nicht.

Wie wir später sehen werden, hat die neuere Forschung festgestellt, daß Lernen selbst bei Tieren auch dann auftreten kann, wenn der Antrieb fehlt (wenn Antrieb durch Deprivation definiert wird). Diese Beobachtung entkräftet Hulls System nicht unbedingt, wenn sie auch auf einige Mängel im System hinweist.

3. *V.* Reizstärkendynamik (Stimulus-Intensity-Dynamism) ist die Bezeichnung für eine intervenierende Variable, die der Input-Variable S (Stimulus-Intensität) entspricht. Hull nimmt an, daß eine Erhöhung der physikalischen Intensität eines Reizes auch eine Erhöhung der Auftretenswahrscheinlichkeit einer Reaktion bedeutet. Diese Wirkung zeigt sich in der Variable Reizstärkendynamik, die multiplikativ mit der Gewohnheitsstärke und dem Antrieb interagiert, um die Wahrscheinlichkeit einer Reaktion zu bestimmen.

4. *K.* Das Symbol K steht in Hulls System für zweierlei: für *Spence* und für *Anreizmotivation.* Hull entschied sich, seinen besten Schüler zu ehren, indem er den Anfangsbuchstaben von dessen Namen, Kenneth, als Symbol für Anreizmotivation wählte.

Die Anreizmotivation (Incentive Motivation), die durch die Größe der Verstärkung (ω als Input-Variable) festgelegt wird, wurde Hulls System als Folge einiger wichtiger Experimente (Crespi, 1942) hinzugefügt. Diese Experimente machten deutlich, daß Antrieb alleine nicht für das Maß der Motivation verantwortlich sein konnte. In Crespis Experiment bekamen drei Gruppen von Ratten unterschiedliche Mengen an Belohnung (Futterpillen), nachdem sie zu einer Zielkammer gerannt waren. Die Tatsache, daß die Ratten, die die größte Belohnung bekamen, am schnellsten liefen, ist mit Hulls ursprünglicher Behauptung, daß sich der Antrieb bei großer Belohnung *stärker* reduziert, gut vereinbar (weil die Belohnung zu einer stärkeren Gewohnheit führt). In einer diesbezüglichen Studie fand Crespi jedoch heraus, daß die Ratten am schnellsten rannten, die vorher die kleinste Belohnung erhalten hatten, und daß die Ratten ihre Geschwindigkeit am stärksten reduzierten, die vorher die größte Belohnung erhalten hatten, wenn alle drei Gruppen die gleiche Belohnung erhielten. Daraufhin mußte Hull sein System dahingehend ändern, daß er miteinbezog, daß frühere Verstärkung späteres Verhalten mitbeeinflußt. Die Wirkungen dieser früheren Verstärkungen, von Hull so beschrie-

ben, daß sie die Antriebsmotivation miteinschließen, interagieren mit anderen intervenierenden Variablen (einschließlich Antrieb) so, daß sie die Wahrscheinlichkeit bestimmen, mit der eine Reaktion auftritt.

Diese 4 intervenierenden Variablen ($_sH_R$, D, V, K) bilden den ersten und wichtigsten Ausdruck in der Gleichung, die Hull benutzte, um das von ihm so benannte *Reaktionspotential* ($_sE_R$) zu bestimmen: $_sE_R = {_sH_R} \times D \times V \times K$. Es ist interessant und aufschlußreich zu wissen, daß – da das Reaktionspotential ja eine multiplikative Funktion dieser Variablen ist –, wenn der Wert einer dieser Variablen Null ist, das Reaktionspotential ebenfalls Null ist. In der Abwesenheit des Antriebs z.B. spielt es keine Rolle, wie intensiv die Reizung, wie groß die Verstärkung, oder wie stark die Gewohnheit ist; die Reaktion findet nicht statt. Wenn die entsprechende Reizintensität nicht gegeben ist, findet R nicht statt. Bei Abwesenheit von Verstärkung gibt es keine Reaktion und falls keine vorher gelernte Gewohnheit vorhanden ist, gibt es ebenfalls keine Reaktion. Stellen Sie sich eine Person vor, die an einem Tisch voller köstlicher Speisen sitzt. Hat sie gerade gegessen, so ist es möglich, daß sie sich für keine der Speisen interessiert, trotz der Tatsache, daß der Reiz, die Gewohnheit und die Verstärkung sehr stark sind. In diesem Fall wäre der Antrieb zu niedrig. Zur weiteren Verdeutlichung können wir die anderen Möglichkeiten in Betracht ziehen: Kein Essen (K = 0); die Person ist blind und kann nichts riechen (V = 0); oder die Person hat das Essen nie gelernt ($_sH_R = 0$). Die Reaktion würde sich also in keinem der Fälle zeigen.

Bemerkenswert ist auch, daß die Wahrscheinlichkeit einer Reaktion ($_sE_R$) eine *multiplikative* Funktion von Antrieb, Gewohnheitsstärke usw. ist. Das bedeutet, daß gleiche Veränderungen in einer dieser Variablen verschiedene absolute Auswirkungen haben, die wiederum von den Werten der anderen Variablen abhängen. So wird z.B. das Verdoppeln des Antriebs einen größeren Unterschied erzeugen, wenn die Gewohnheitsstärke groß ist als wenn sie klein ist. Anders ausgedrückt sollte das Ansteigen der Motivation bei einem Berufsgolfspieler größere Wirkungen haben als bei einem Amateur.

5. $_sE_R$. Diese intervenierende Variable steht nicht in solch direkter Beziehung zu den Input-Variablen wie zu den anderen intervenierenden Variablen und den Output-Variablen. Das Reaktionspotential, manchmal auch als erregen-

des Potential bezeichnet, ist eine Meßgröße des Potentials, die ein Reiz besitzt, um eine bestimmte Reaktion auszulösen. Dieses Potential hängt davon ab, wie oft der Reiz mit der Reaktion und der Verstärkung gepaart wurde, wie intensiv er ist, wie groß die Verstärkung und wie stark die Motivation ist. Mit anderen Worten:

$$_sE_R = {_sH_R} \times D \times V \times K!$$

Die Bedeutung der Größe des Reaktionspotentials im Hullschen System liegt darin, daß mindestens ein minimales Potential vorhanden sein muß, wenn das Verhalten stattfinden soll. Eine Erhöhung des Reaktionspotentials zeigt sich in einer kürzeren Reaktionslatenz ($_{st_R}$), in einer größeren Reaktionsamplitude (A) und in einer längeren Löschungszeit (n).

BLÖDSINN!*

6. $_s\mathring{E}_R$. Der Gebrauch von zwei Symbolen zur Bezeichnung des Reaktionspotentials ist vielleicht etwas verwirrend. In Wirklichkeit benutzte Hull drei Symbole für das Reaktionspotential, wobei das 3. auf die Möglichkeit der Reaktion hinweist, generalisierte Verhaltensweisen von anderen ähnlichen Verhaltensweisen zu übernehmen. Dieses zweite Symbol bezieht sich auf das Netto-Reaktionspotential, so genannt, weil es das Reaktionspotential ist, welches aus der Summe des generalisierten Potentials und des gewöhnlichen Reaktionspotentials entsteht; letzteres wiederum resultiert aus Antrieb, Gewohnheitsstärke, Reizstärkendynamik und Anreizmotivation (wobei das Hemmungspotential abzuziehen ist, $_sI_R$).

7. $_s\mathring{I}_R$. Das akkumulierte Hemmungspotential (aggregate inhibitory potential), das auch als reaktive Hemmung bezeichnet wird, geht aus zwei Input-Variablen hervor: der mit der Reaktion verbundenen Anstrengung (W) und allen Gewohnheiten des Nicht-reagierens, die sich ein Organismus angeeignet hat. Die Annahme ist, daß diejenigen Reaktionen, die eine größere Menge physische Energie erfordern, weniger in Erscheinung treten. Mit der kontinuierlichen Wiederholung einer Reaktion summiert sich dieses inhibitorische Potential. Seine Wirkung besteht darin, das Netto-Reaktionspotential herabzusetzen, bis schließlich die Reaktion

---

* Dieser Ausdruck stellt keineswegs eine Zusammenfassung des bisher Gelesenen dar, sondern soll lediglich dem mittlerweile vielleicht beim emsigen Leser aufgetretenen Symbol-Schock entgegenwirken.

nicht mehr stattfindet. Das inhibitorische Potential verflüchtigt sich jedoch sehr schnell, so daß die Reaktion bald wieder auftreten kann.

8. $_sL_R$. Die Reaktionsschwelle ist die Größe, die das Netto-Reaktionspotential überschreiten muß, bevor eine Reaktion stattfinden kann (wenn $_s\mathring{E}_R > {_sL_R}$, dann findet R statt; wenn $_s\mathring{E}_R < {_sL_R}$ dann findet keine Reaktion $= \emptyset$ statt).

9. $_sO_R$. Verhaltensoszillation (genauer: Oszillation des Reaktionspotentials) ist die Variable, die für die Tatsache steht, daß selbst dann, wenn ausreichende Information über die Input-Variablen vorhanden ist, Vorhersagen nicht immer ganz genau sind. Guthrie würde hier ganz einfach sagen, die Stimulus-Situation habe sich verändert. Hull hingegen glaubt, daß das Reaktionspotential nicht genau fixiert ist, sondern daß es um einen mittleren Wert herum variiert. Diese Variation bezeichnet er als Verhaltensoszillation ($_sO_R$).

Output-Variablen

Zu den Reaktionsvariablen, für die sich Hull interessierte, gehören das Zeitintervall zwischen der Darbietung des Reizes und dem Erscheinen der Reaktion (Reaktionslatenz, $_{st_R}$), die Amplitude der Reaktion im physischen Sinne (A) und die Anzahl von nicht-verstärkten Reaktionen, die sich bis zum Ende der Löschung zeigen (n). Hull postulierte, daß sich die Reaktionslatenz mit zunehmendem Reaktionspotential verringere, während sich sowohl der Abschwächungswiderstand als auch die Amplitude der Reaktion erhöhten.

In Abb. 4.1 bezeichnen zwei zusätzliche Symbole das Erscheinen der Reaktion (R) oder das Ausbleiben der Reaktion ($\emptyset$). Eine Zusammenfassung der wesentlichen Inhalte dieser Abbildung kann folgendermaßen dargestellt werden:

wenn $[_s\mathring{E}_R = ({_sH_R} \times D \times V \times K) - {_s\mathring{I}_R} > {_sL_R}]$, dann R.

Diese Gleichung bedeutet folgendes: wenn das Netto-Reaktionspotential, welches ein Produkt aus Gewohnheitsstärke, Antrieb, Reizstärkendynamik und Anreizmotivation ist, abzüglich des akkumulierten Hemmungspotentials größer ist als die Reaktionsschwelle, dann wird eine Reaktion stattfinden.

Zwei weitere Konzepte, die von Hull im Verlauf der Prüfung von Theoremen und Subthe-

56

sen aufgestellt wurden, sind noch wichtig: die Gewohnheitshierarchien (habit family hierarchies) und die partiell antizipierenden Zielreaktionen (fractional antedating goal-response). Beide stellen wichtige Abweichungen von theoretischen Formulierungen dar, die vor der Zeit Hulls entstanden und beide sind für das Verständnis der Entwicklung neobehavioristischer und kognitiver Positionen relevant.

Partiell antizipierende Zielreaktionen

Sie werden sich daran erinnern, daß die wichtigste Erklärung des Lernvorgangs für Hull auf Verstärkung beruht. Genauer gesagt glaubte Hull, daß die Verstärkung den Antrieb reduziert. Diese Bedürfnisreduktion erfolgt gewöhnlich durch das Erreichen eines Zieles oder während einer *zielgerichteten Reaktion*. Zielgerichtete Reaktionen sind nach Hull oft konsumatorische Reaktionen, wie z. B. im Fall der Nahrungszufuhr. Eine partiell antizipierende Zielreaktion (r_G, sprich „klein r G") ist eine vom Organismus vor der eigentlichen Zielreaktion gezeigte Reaktion. Solche Reaktionen beinhalten eine Reihe von Reaktionen des Organismus auf die Umweltreize. Im Falle einer Ratte, die durch ein Labyrinth läuft und sich dem Futter nähert, bestehen antizipierende Zielreaktionen z. B. aus dem Putzen der Schnauze, Schnüffeln, um die letzte Abzweigung herumlaufen und aus visuellen und olfaktorischen Reaktionen im Labyrinth selbst. Diese antizipierenden Reaktionen sind wichtig, da sie als Reize dienen (s_G, sprich „Klein s G"), die das zielgerichtete Verhalten aufrecht erhalten. In diesem Sinne dienen sie demselben Zweck wie Guthries Bewegungsproduzierte Reize, sind aber im Gegensatz zu den Guthrieschen Bewegungsproduzierten Reizen mit der Verstärkung verbunden und wirken daher selbst verstärkend. Wie wir sehen werden, besteht auch eine Verbindung zwischen ihnen und den Gewohnheitshierarchien.

Die Gewohnheitshierarchien

Im Verlaufe der Aneignung einer Gewohnheit (S-R-Verbindungen) lernt ein Organismus eine Reihe von verschiedenen Reaktionen auf denselben Reiz; in vielen Fällen führt jede Reaktion zum selben Ziel. Diese alternativen Reaktionen bilden eine *Gewohnheitsklasse,* die in

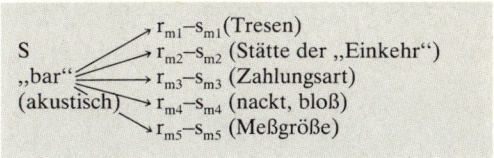

Abb. 4.2. Eine assoziative Hierarchie

sich hierarchisch geordnet ist. Als *Klasse* (family) werden diese Reaktionen deswegen bezeichnet, weil man annimmt, daß sie durch gemeinsame partiell antizipierende Zielreaktionen integriert werden, als *Hierarchie* deshalb, weil eine Rangordnung nach Präferenzen vorliegt, die im wesentlichen durch vorangegangene Verstärkung zustandekommt. Dies bedeutet, daß eine Alternative gewöhnlich einer anderen vorgezogen wird, weil sie in der Vorgeschichte des Organismus öfter verstärkt wurde. Durch diese Vorgänge wird das damit verbundene Reaktionspotential ($_sE_R$) stärker ausgeprägt.

Beide Konzepte, die antizipierenden Zielreaktionen und die Gewohnheitshierarchien, werden von Osgood in seiner Beschreibung von *Bedeutung* so gebraucht, daß sie „assoziative Hierarchien" indirekter r_M-s_M-Prozesse miteinschließen (Osgood, 1957). Wie r_G-s_G* sind auch r_M-s_M intervenierende Reaktionen, die in Zusammenhang mit der Häufigkeit früherer S-R-Paarungen stehen. Abb. 4.2 zeigt eine assoziative Hierarchie.

Die Einführung dieser Konzepte ist einer der größten Beiträge Hulls. Vom theoretischen Standpunkt aus gesehen ist ein anderer wichtiger Beitrag Hulls sein Einfluß auf den Entwurf (design) vieler psychologischer Experimente. Dieser Einfluß ist Hulls striktem Bestehen auf Präzision, experimentelle Sauberkeit, Quantifizierbarkeit und logischer Konsistenz zu verdanken. Letztere Eigenschaft seines Systems setzt Hull von den meisten anderen Lerntheoretikern ab. Trotzdem müssen wir feststellen, daß sein System die Erwartungen nicht erfüllte, von denen er sich am meisten erhoffte: Das Verhalten bleibt auch heute noch im wesentlichen unvorhersagbar. Dieser Fehlschlag hat viele andere entmutigt, die Entwicklung eines solch formalen und umfassenden Systems zu versuchen. Stattdessen wurden meist kleinere Systeme entwickelt, die sich nur mit einer begrenzten Anzahl von Aspekten des Lernens befassen.

Kenneth Spence (1907-1967)

Die Hullsche Tradition setzte sich in den Arbeiten von Kenneth Spence fort, der als der wichtigste Nachfolger Hulls bezeichnet wird. Man nimmt allgemein an, daß, wenn Hull am Leben geblieben wäre, die weitere Entwicklung seines Systems wahrscheinlich den Gedanken Spences gefolgt wäre, die dieser in zwei Büchern festgehalten hat (1956, 1960), in denen er die Entwicklung des Hullschen Behaviorismus fortsetzt und wichtige Abweichungen vom Hullschen System festlegt, die wir nun kurz diskutieren wollen.

Kenneth Wartinbee Spence (1907-1967) Von den vielen bekannten Psychologen, die Studenten und Bewunderer Hulls waren (einschließlich N. E. Miller, Dollard, Mowrer und Gibson) trat vermutlich keiner tiefer in die Fußstapfen seines Lehrers als Spence. Seine bemerkenswertesten Beiträge zur Psychologie bestehen wohl in der Expansion und Modifizierung von Hulls System, besonders nach dessen Tod 1952. Spence wurde am 6. Mai 1907 in Chicago geboren, doch seine Familie zog, noch ehe er in die Schule kam, nach Montreal. Dort wuchs Spence auf und begann sein Studium an der McGill Universität.

Wie so viele andere Psychologen seiner Zeit, dachte auch er zu Beginn seines Studiums überhaupt nicht daran, Psychologe zu werden. Er belegte das Fach Sport. Erst als er nach Yale kam, begann er bei Hull Psychologie zu studieren, erhielt 1930 sein Diplom und promovierte drei Jahre später in Psychologie. Obwohl er den Rest seiner akademischen Laufbahn an den Universitäten von Iowa (26 Jahre) und Texas (3 Jahre) verbrachte, blieb er dem Einfluß Hulls in all diesen Jahren treu.

Hull und Spence

Während sich die Systeme von Spence und Hull beide mit der Entwicklung ausgedehnter und formaler Theorien befassen, finden wir doch einen deutlichen Unterschied hinsichtlich der Zurückhaltung, die sich jeder der beiden Theoretiker bei der Entwicklung seiner Arbeiten auferlegte. Während Hull gewillt war, Theoreme, Postulate und Subthesen zu entwickeln, und einen Großteil der experimentellen Verifizierung des Lernmodells anderen überließ, war Spence mit einem solchen Ansatz nicht einverstanden; er war vorsichtiger, was man sofort erkennen kann, wenn man die Breite beider Positionen miteinander vergleicht. Hull wollte ein System, das ausreichte, um den Großteil des Verhaltens der höheren Tiere und des Menschen zu erklären. Interessanterweise bezog sich die experimentelle Arbeit im wesentlichen auf Studien des tierischen Verhaltens oder des konditionierten Lidschlags beim Menschen. Spence andererseits begrenzte die Anwendbarkeit seines Systems ausdrücklich auf solche Situationen, die dem Experiment, aus dem er seine Schlußfolgerungen gezogen hatte, glichen. Zu diesen allgemeinen Unterschieden kommt noch eine Reihe sehr spezifischer und grundlegender Veränderungen, die Spence einführte. Er war es selbst, der die Unterschiede zwischen dem Hullschen System und dem seinen herausstellte. Im folgenden werden die wichtigsten Abweichungen von dem Hullschen System kurz diskutiert.

Erstens konnte Spence das Hullsche Konzept der Antriebsreduktion (Bedürfnisreduktion) und deren Beziehung zur Verstärkung nicht akzeptieren. Hull hatte festgelegt, daß Antriebsreize (S_D) zu Antriebszuständen (C_D) im Organismus führten und daß die ursprünglichen Reize mit einem Bedürfnis assoziiert seien. Die Verstärkung des Verhaltens sollte nun die Befriedigung solcher Bedürfnisse umfassen und in der Folge die Antriebszustände eliminieren. Spences Interpretation ging dahin, daß er der Verstärkung keine Rolle bei der Entstehung von Gewohnheiten zuschrieb. Die Gewohnheitsstärke wurde nicht mehr im Hinblick auf die Anzahl der Paarungen zwischen einer Reaktion einerseits und einem Reiz und der Verstärkung andererseits definiert, sondern war jetzt lediglich eine Funktion der Häufigkeit der Paarungen. Ferner sah Spence in der Verstärkung eine Folge der partiell antizipierenden Zielreaktionen ($r_G - s_G$). Im Spenceschen System definieren die partiellen Reaktionen die Anreizmotivation (K). Anders gesagt beeinflußt also die Verstärkung die Anreizmotivation (K), verändert aber die Gewohnheitsstärke nicht ($_SH_R$ im Hullschen System; H im Spenceschen System).

Ein zweiter Unterschied zwischen den beiden

Systemen besteht darin, daß Spence die multiplikative Funktion in der Hauptgleichung durch eine additive Funktion ersetzte. Wie schon beschrieben, definierte Hull das Reaktions- oder Erregungspotential als eine multiplikative Funktion von Antrieb, Gewohnheitsstärke und Anreizmotivation (zusätzlich zu einer Reihe anderer Variablen, die geringere Bedeutung haben). Das bedeutet also, daß $sE_R = sH_R \times D \times K$ ... Spence hingegen definierte das Erregungspotential (E) als eine Funktion des Produkts aus Gewohnheitsstärke (H) mal Antrieb plus Anreizmotivation. Dies führt zu folgender Gleichung: $E = H \times (D + K)$. Der praktische Unterschied zwischen diesen beiden Formulierungen besteht darin, daß in der Hullschen Formel das Erregungspotential gleich Null ist, wenn irgendeiner der anderen Werte gleich Null ist, wie wir am Beispiel der am vollgedeckten Tisch sitzenden Person dargestellt haben. Es war so, daß, wenn $H = 0$ (das heißt, die Person weiß nicht, wie man ißt), ein entsprechendes Verhalten nicht stattfindet. Spences Umformulierung dieser Gleichung läßt zu, daß D oder K null sein können, ohne daß dadurch die Möglichkeit einer Reaktion völlig ausgeschlossen wird. Diese Neuformulierung läßt die Möglichkeit zu, daß bei einer sehr starken Gewohnheit das Verhalten auch in der Abwesenheit des Antriebs und unbeeinflußt von der Größe der Verstärkung stattfinden kann.

Trotz dieser Unterschiede zwischen Hull und Spence haben die übereinstimmenden Punkte die größere theoretische Bedeutung. Beide Systeme sind im wesentlichen hypothetisch-deduktiv und beide versuchen, ziemlich genaue Formeln für die Erklärung und Vorhersage des Verhaltens zu entwickeln, obgleich das Spencesche System weniger nach Präzision strebt als das von Hull. Ferner benutzt Spence dieselben Symbole wie Hull und beschäftigt sich auch mit den gleichen Problemen des menschlichen Verhaltens. Die Bedeutung seiner wie auch der Beiträge Hulls wird erst in späteren Jahren voll zur Geltung kommen. Schon jetzt wissen wir aber, daß das Hull-Spencesche System einen wesentlichen Einfluß auf die Richtung des empirischen Behaviorismus ausgeübt hat.

Na und?

Abstrakten und offensichtlich vagen theoretischen Systemen wie denen von Hull und Spence wird oft mit Gleichgültigkeit und Skepsis begegnet. Dennoch gibt es zumindest zwei wichtige Gründe für die Beschäftigung mit dieser Theorie: Erstens erleichtert ein Verständnis der Hullschen Theorie das Verständnis späterer theoretischer Entwicklungen. Zweitens ist das System ein so überwältigendes Beispiel für das Ausarbeiten von Theorien (oder den Versuch dazu), daß es schon aus diesem Grund Beachtung wert ist. In Bezug auf die Kriterien, die wir zur Bewertung psychologischer Theorien herangezogen haben, bereiten die Formulierungen von Hull und Spence einige Schwierigkeiten. Wir können nicht einmal behaupten, das System erkläre die Fakten, auch nicht, die, die zu der Zeit bekannt waren, da ein Großteil dieser Theorie spekulativ ist.

Hulls System besteht im wesentlichen aus dem, was man „logische Konstrukte" nennt. Dies sind Konsequenzen, die logisch aus Beobachtungen gezogen werden können, jedoch selbst nicht beobachtbar sind. So können Reaktionspotential, akkumuliertes Hemmungspotential, Verhaltensoszillation, Anreizmotivation und eine Menge dazugehöriger „intervenierender" Variablen nicht als „Fakten" betrachtet werden. Das bedeutet nicht, daß diese Variablen keine Gültigkeit oder daß logisch gefolgerte Dinge in der psychologischen Theorienbildung keinen Platz hätten. Im Gegenteil. Logische Konstrukte sollten, wie alle theoretischen „Wahrheiten", in Bezug auf ihre Nützlichkeit bewertet werden.

Sind also die intervenierenden Variablen von Hull und Spence nützlich? Natürlich sind sie innerhalb des Systems enorm nützlich, da sie es mit einer zwingenden Logik versehen. Daß sie zur Erklärung menschlichen Verhaltens beitragen, zu exakteren Vorhersagen führten als das anderweitig möglich wäre, daß sie klar und verständlich wären und nur auf wenigen nicht verifizierbaren Annahmen beruhten, ist nicht annähernd so einleuchtend. Damit schneidet die Theorie, trotz der eindrucksvollen Logik und Mathematik, die die Basis des Systems von Hull und Spence darstellen, bezüglich unserer Kriterien ironischerweise nicht besonders gut ab.

Zusammenfassung: Kapitel 4

Dieses Kapitel brachte eine Einführung in die formalen Theorien Hulls und seines Nachfolgers Spence.

1. Hulls Verhaltensanalyse ist ein hochformalisierter Versuch, das Verhalten auf der Basis präzise definierter Beziehungen darzustellen, die nach Hull zwischen den Input-, intervenierenden und Output-Variablen bestehen.

2. Die Gleichung $_sE_R = {_s}H_R \times D \times V \times K$ faßt die wichtigsten Variablen Hulls und die zwischen ihnen bestehenden Beziehungen zusammen. Sie bedeutet: Das Reaktionspotential ist ein Produkt aus Gewohnheitsstärke, Antrieb, Reizstärkendynamik und Anreizmotivation.

3. Die partiell antizipierende Zielreaktion $(r_G - s_G)$ und die Gewohnheitshierarchien sind zwei Konzepte Hulls, die innerhalb der Entwicklung der Lerntheorien von besonderer Bedeutung sind. Die partiell antizipierende Zielreaktion ist ein Verhalten, das vor Erreichen des Ziels stattfindet, aber mit dem Ziel durch Konditionierung assoziiert wird und dadurch verstärkend wirkt. Gewohnheitsklassen sind hierarchische Anordnungen von Gewohnheiten, die aufgrund gemeinsamer Ziele miteinander verwandt sind.

4. Kenneth Spence führte die Hullsche Tradition weiter, indem er versuchte, das Hullsche System zu modifizieren und zu ergänzen. Dies ist der Grund, warum oft vom Hull-Spence-System gesprochen wird.

5. Die wesentlichen Unterschiede zwischen den Theorien von Hull und Spence sind unter anderem die Spencesche Ablehnung der Antriebsreduktion als Definition der Verstärkung, seine Neudefinition von K durch $r_G - s_G$ und die Einführung der additiven Funktion in die Hauptgleichung des Systems.

6. Trotz der eindrucksvollen Mathematik und Logik im Hull-Spence-System schneidet es dennoch in Bezug auf einige Kriterien, die gute Theorien erfüllen sollten, schlecht ab. Die Theorie basiert nicht nur auf einer Anzahl nicht verifizierbarer Annahmen, ihre Erklärungen sind oft vage und führen nicht immer zu nützlichen Vorhersagen. Dennoch ist der Beitrag dieser Theorie zur weiteren Entwicklung von Lerntheorien unermeßlich groß.

Kapitel 5

Der traditionelle Behaviorismus: Ein Résumé

Der traditionelle Behaviorismus

Es gibt zwei allgemeine behavioristische Theorien, mit denen wir uns bis jetzt auseinandergesetzt haben: Solche, die sich mit Verhaltensweisen befassen, die direkt auf Grund von Reizung zustandekommen und andere, die Verhalten beschreiben, die der Organismus von sich aus zeigt. Skinner bezeichnet diese zwei Kategorien von Verhaltensweisen als respondent (wenn das Verhalten durch Reizung erzeugt wird) und als operant (wenn dem Verhalten keine beobachtbare Reizung zugrundeliegt).

Die traditionellen behavioristischen Lerntheorien bieten in diesem Zusammenhang zwei verschiedene Erklärungsmöglichkeiten an: Die klassische Konditionierung auf der einen Seite und das, was man als Gesetz der Auswirkung bezeichnet, auf der anderen (Herrnstein, 1977).

In ihrer einfachsten Form besagen die Gesetze des klassischen Konditionierens, daß, wenn ein neutraler Reiz einem effektiven Reiz oft genug vorangeht oder mit ihm zeitlich zusammenfällt, ersterer im Laufe der Zeit einige der Eigenschaften des effektiven Reizes übernimmt. So zeigt z.B. ein Hund nach einer gewissen Zeit eine Speichelreaktion auf einen Ton (vorher neutraler Reiz), nachdem der Ton etliche Male mit

Futter (effektiver Reiz) gepaart wurde. Die scheinbare Äquivalenz des neutralen (konditionierten) und des effektiven (unkonditionierten) Reizes nannte Pawlow *„Reiz-Substituierung"*.

Das Gesetz der Auswirkung, auch in seiner einfachsten Form, meint, daß ein Verhalten, auf das verstärkende Konsequenzen (Belohnungen, Bekräftigungen) folgen, die Tendenz zeigt, wiederholt zu werden; ein Verhalten, auf das dies allerdings nicht zutrifft, wird aus dem Verhaltensrepertoire eliminiert. So steigt also die Wahrscheinlichkeit für Verhaltensweisen, die belohnt werden, und sinkt für Verhalten, das nicht belohnt oder bestraft wird. Dazu kommt noch, daß bestimmte Unterscheidungsmerkmale in Lernsituationen, in denen Verhalten belohnt wurde (oder nicht), eine gewisse Kontrolle über dieses Verhalten erlangen. So kann, z.B., ein Hund, der stillsitzt, wenn sein Herrchen sagt: „Sitz still!" und ihn dafür belohnt nach einiger Zeit lernen, zwischen den Anweisungen „Sitz still!" und „Hole meine Pantoffeln!" unterscheiden. Zu diesem Zeitpunkt haben die verbalen Anweisungen Reizkontrolle über das betreffende Verhalten erlangt.

Daß mein eigener miserabler Hund solche einfachen, aber eindrucksvollen Verhaltensweisen nie in der Öffentlichkeit zeigt, obgleich ihm dies privat immer ganz gut gelingt, ist hier sehr relevant. Mein Hund hat nämlich nicht nur zwischen den beiden verbalen Anweisungen zu unterscheiden gelernt, sondern auch zwischen der Privatsphäre und der Öffentlichkeit. Daß er mich auch gerne in Verlegenheit bringt, ist hier nicht relevant.

Operantes Konditionieren und vegetative Reaktionen

Frühe Untersuchungen des klassischen und operanten Konditionierens haben schnell zu der Auffassung geführt, daß die Verhaltensweisen, die jede Theorie zu erklären versucht, grundlegend voneinander verschieden sind. Die meisten Theoretiker *nahmen an,* daß vegetative (eher reflexive) Verhaltensweisen, wie Speichelung oder Augenblinzeln, nicht unter operante Reizkontrolle zu bringen seien, obgleich dies mit dem klassischen Konditionieren gut gelang. Zugleich nahm man auch an, daß operantes Verhalten auf Grund von verstärkenden Konsequenzen zustande kam und nicht wegen des zeitlichen Zusammentreffens irgendwelcher Reize.

Diese Annahmen waren falsch. Speichelung kann tatsächlich mit Hilfe operanter Methoden konditioniert werden. Dasselbe gilt auch für Herzfrequenz, Blutdruck, Nierenfunktion und eine Reihe anderer vegetativer Funktionen, die wir normalerweise nicht bewußt beeinflussen können. Neal Miller (1969) war einer der ersten, die dies zeigen konnten, als er bei Ratten eine Zunahme und Abnahme der Herzfrequenz durch eine Kombination von Licht und Ton konditionierte. In diesem Experiment wurde Ratten Curare injiziert (eine chemische Substanz, welche die Skelettmuskulatur lahmlegt), um sicherzustellen, daß das, was gelernt wurde, nicht irgendeine Muskelbewegung ist, welche die Herzfrequenz beeinflußt, sondern tatsächlich eine Kontrolle der vegetativen Funktion. Und obgleich nachfolgende Untersuchungen dieses und ähnliche Ergebnisse nicht immer replizieren konnten (siehe dazu Miller und Dworkin, 1974), so zeigten kürzlich vorgenommene Verbesserungen der experimentellen Technik, daß eine ganze Reihe vegetativer Funktionen unter Reizkontrolle operanter Methoden - anstelle klassischer Konditionierung - gebracht werden können (s. z.B. Dworkin und Miller, 1977).

Biofeedback

Eines der wichtigsten Anwendungsgebiete dieser Forschung ist das sog. *Biofeedback.* Biofeedback bedeutet nichts anderes als die Information, die ein Organismus über seine eigenen körperlichen Funktionen erhält. Obgleich wir uns normalerweise nicht über die meisten physiologischen Funktionen bewußt sind (Herzfrequenz, Atemfrequenz, Blutdruck, elektrische Aktivität im Gehirn), gibt es eine große Anzahl elektronischer Geräte, die uns über diese Funktionen informieren können. Biofeedback, so wie wir es gegenwärtig kennen und in der Psychologie anwenden, ist der gezielte Einsatz solcher Geräte um zu versuchen, ein gewisses Maß an Kontrolle über vegetative Funktionen zu erlangen.

In einem typischen Biofeedback-Experiment werden z.B. Probanden an ein Gerät angeschlossen, das Hirnströme registriert (im Volksmund auch Alpha-Recorder genannt). Das Gerät ist so konstruiert, daß ein Ton oder irgendein anderer wahrnehmbarer Reiz erscheint, wenn der Proband die richtige Art oder Wellenfrequenz produziert (Knowlis und Kamiya, 1970). Die Probanden werden lediglich aufgefordert zu versuchen, den Ton so oft wie möglich zu produzieren. Die Ergebnisse dieser Forschung zeigen, wie leicht es eigentlich für die Probanden ist, beachtliche Kontrolle über ihre eigenen Hirnströme zu erlangen. Diese Ergebnisse werden üblicherweise mit Hilfe des operanten Lernparadigmas erklärt; der Ton (oder irgendein anderer Reiz) dient als Verstärkung (Belohnung) und die resultierende Verhaltenskontrolle ist damit operant. Zu den praktischen Anwendungen des Biofeedback gehören Versuche, Migräneanfälle zu kontrollieren, Blutdruck und Herzfrequenz zu senken und Streß zu reduzieren (s. dazu Stern und Ray, 1977; Stoyva, Kamiya, Barber, Miller und Shapiro, 1979).

In einer gründlichen Übersicht über die Biofeedback-Forschung zeigt Miller auf, daß die Ergebnisse früher Biofeedback-Experimente nicht immer repliziert werden konnten (Miller, 1978). Insbesondere haben neuere Untersuchungen die Behauptung in Frage gestellt, daß der Proband lernen würde, seine eigenen vegetativen Prozesse zu kontrollieren (Hardt und Kamiya, 1976). In einigen Fällen wurde gezeigt, daß es für einen Probanden möglich ist, eine motorische Reaktion zu lernen, welche die Funktion des Geräts genauso beeinflußt wie eine entsprechende Veränderung einer vegetativen Reaktion. Bestimmte Hirnstromgeräte z. B. reagieren auf Veränderungen der Augenbewegungen. In solchen Fällen ist es wahrscheinlicher, daß der Proband gelernt hat, seine Augenbewegungen zu kontrollieren (wenngleich auch unbewußt) als seine Hirnströme. Auf gleiche Art und Weise können Veränderungen in der Herzfrequenz durch Muskelkontraktionen im unteren Brustraum oder durch die Kontrolle des Drucks in Bauch verursacht werden (Anand und Chhina, 1961). Auch Veränderungen im Blutdruck können manchmal durch Kombinationen von Muskelbewegungen und Veränderungen in der Atmung erzeugt werden (Levenson, 1976).

Diese Beobachtungen sprechen nicht gegen die praktische Anwendung des Biofeedback, sollten jedoch die Forscher und Kliniker dazu anregen, die Ergebnisse etwas vorsichtiger zu interpretieren. Miller (1978) meint dazu, daß kontrollierte Forschung unbedingt nötig sei, ebenso wie ein Vergleich des Biofeedback mit anderen Formen der Therapie, wobei er Biofeedback als alleinige Therapie zum jetzigen Zeitpunkt als verfrüht ablehnt.

Operantes vs. klassisches Konditionieren

Die Biofeedback-Forschung und die experimentellen Untersuchungen über vegetative Reaktionen bei Ratten führten zu dem Schluß, daß klassische und operante Konditionierung auf Grund der Kategorien des Verhaltens, das sie beeinflussen, nicht unterschieden werden können. Man hat also in der Zwischenzeit zeigen können, daß vegetative Reaktionen, die vormals die alleinige Domäne des klassischen Konditionierens waren, auch unter die Reizkontrolle operanter Methoden gelangen können.

Auf welche Art und Weise unterscheiden sich dann klassische und operante Konditionierung? Staddon und Simmelhag (1971) meinen, daß der Unterschied gar nicht so groß sei, besonders wenn man die Verstärkung im operanten Modell als einen Reiz betrachte, dessen Aufgabe es sei, dafür zu sorgen, daß irgendein Verhalten stattfände. Die Futterpille in der Skinnerbox sorgt zusammen mit einem Licht-

reiz oder irgendeinem anderen Reiz dafür, daß Hebeldrücken erfolgt.

Man kann nun argumentieren, daß Lernen deswegen stattfindet, weil es ein zeitliches Zusammentreffen von Verstärkung, Licht und Hebeldrücken gibt (oder von Hebeldrücken und irgendwelchen anderen Reizen, die gerade in der Apparatur wirksam sind). Auf gleiche Art und Weise könnte der Lernprozeß in einer Biofeedback Situation damit erklärt werden, daß ein zeitliches Zusammentreffen zwischen einem Ton oder Licht und dem Verhalten stattfindet, welches diesen Ton oder das Licht produziert. Zu sagen, daß der Ton oder das Licht als Verstärker funktioniert, hilft uns keineswegs, menschliches oder tierisches Verhalten besser zu verstehen.

Es ist jedoch wichtig festzustellen, daß dies nicht bedeutet, Verstärkung (oder Bestrafung) würden keine Folgen nach sich ziehen. Wir wissen, daß dies nicht stimmt. In unseren Lernmodellen spielt Verstärkung eine wichtige Rolle; sie sorgt dafür, daß ein Verhalten stattfindet und schließlich mit einem Reiz oder einer Kombination von Reizen assoziiert wird.

Aus all dem ist zu schließen, daß klassische und operante Konditionierung nicht so verschieden sind, wie wir das einst dachten. Man kann mit beiden Modellen ähnliche Lernprozesse erklären; und die Erklärungen für das Funktionieren der Modelle selbst sind auch sehr ähnlich. Trotzdem werden beide in unterschiedlichen Umständen wirksam (Belohnung oder Verstärkung auf der einen Seite und zeitliches Zusammentreffen bestimmter Reize auf der anderen); jedes Modell hat seine charakteristischen Wurzeln in der Geschichte der Psychologie; und jedes Modell hat auf unterschiedliche Weise zu dem Versuch beigetragen, menschliches und tierisches Lernen zu erklären.

Allgemeingültigkeit von Konditionierungsmodellen

Wieviele dieser Probleme des menschlichen und tierischen Lernens haben nun diese Modelle eigentlich gelöst? Die frühen Lerntheoretiker waren in bezug auf die Allgemeingültigkeit ihrer Theorien sehr optimistisch. Sie ließen wenig Zweifel darüber aufkommen, daß, wenn man eine willkürlich gewählte Reaktion wie das Hebeldrücken einer Ratte unter die genaue Kontrolle von Umweltreizen bringen kann, es auch möglich sei, jede beliebige vom Organismus gezeigte operante Reaktion ebenso kontrollieren zu können. Ähnliches gilt auch für das klassische Konditionieren: Wenn es möglich ist, Speichelung beim Hund, Augenblinzeln bei Probanden und Säugen beim Kleinkind zu konditionieren, so müßte es doch eigentlich auch möglich sein, praktisch alle reflexiven Verhaltensweisen auf einen bestimmten Reiz zu konditionieren.

Dies trifft leider nicht zu. Aus welchem Grund auch immer - beim Menschen ist es nahezu unmöglich den Patellarsehnenreflex oder den Pupillenreflex zu konditionieren. Der Lerntheorie ist dies allerdings nicht abträglich.

Dies vielleicht nicht. Aber es gibt viele andere Umstände, die den traditionellen Lerntheorien Probleme bereiten und die viel mehr nach einer Erklärung verlangen als der widerspenstige Patellarsehnenreflex.

Instinktive Überlagerung (instinctive drift)

Um 1950 entschieden sich zwei von Skinners Studenten, angeregt durch die ungeheuren Erfolge bei der Modifikation tierischen Verhaltens, aus dem ganzen Vorgang ein Geschäft zu machen. Diese Studenten, ein Mann und eine Frau namens Breland, machten sich daran, einer Anzahl von Tieren Tricks beizubringen, die so gut waren, daß Leute dafür bezahlten. Mit Hilfe der Methode des Shaping brachten sie einen Waschbären dazu, eine Münze aufzuheben und sie in einer Spardose zu deponieren; ein Huhn lernte, an einem Gummiband zu zerren, welches seinerseits eine Kapsel durch eine Röhre in den Käfig beförderte, wo das Huhn dann daran herumpicken konnte; ein Schwein lernte, eine große Münze aus Holz aufzuheben und in eine Spardose zu stecken. Die operante Lernmethode funktionierte großartig; alle Tiere lernten die ihnen gestellten Aufgaben.

Das währte jedoch nicht lange. Die Brelands selber sagten, daß jedes Tier irgendwann einmal anfing „sich falsch zu verhalten" (Breland und Breland, 1951, 1961). Das Schwein brauchte länger und länger, bis es die Holzmünze deponierte, obgleich es anscheinend „wußte", daß das Verhalten belohnt würde. Statt dessen verbrachte es mehr und mehr Zeit damit, die Münze in die Luft zu werfen, sie mit seiner Nase herumzuschieben, im Boden damit herum-

zugraben, und sich ebenso zu verhalten wie jedes normale Schwein auf der Suche nach Trüffeln. Die Brelands berichteten, daß das Schwein schließlich so lange mit der Münze herumspielte, daß die Gefahr des Verhungerns bestand.

Dem Waschbär ging es nicht besser. Auch er brauchte länger und länger bei der Durchführung seiner Aufgabe und es schien, als würde er am liebsten die Münze für sich selbst behalten, um sie ja nicht in die Spardose stecken zu müssen. Häufig weigerte sich das Tier tatsächlich, dies zu tun, und steckte die Münze in die Dose, zog sie wieder heraus und rieb sie - anscheinend mit Wohlgefallen - zwischen seinen Pfoten.

Das Huhn schließlich pickte immer wütender auf der Kapsel herum, ohne sich darum zu kümmern, was es eigentlich sonst noch alles hätte machen müssen.

Seitdem haben eine Reihe von Forschern eine immer größer werdende Anzahl von Situationen beschrieben, in denen Tiere zunächst einmal ein Verhalten schnell erlernen, dann aber immer häufiger Verhaltensweisen zeigen, die hochinteressant sind. Es ist sicherlich kein Zufall, daß das Schwein im Boden herumgrub, der Waschbär die Münze wusch und das Huhn fleißig pickte. Das sind alles Verhaltensweisen, die beim Schwein, beim Waschbär und beim Huhn mit dem Fressen zusammenhängen. Was in diesen Situationen von den Brelands beobachtet und beschrieben wurde, ist anscheinend ein „Hang zum Instinktiven", zum angeborenen Verhalten, ein Phänomen, das wir heute als *instinktive Überlagerung* (instinctive drift) bezeichnen.

Ganz allgemein gesehen, stellt sich diese instinktive Überlagerung dann ein, wenn es einen Konflikt zwischen angeborenem und erlerntem Verhalten gibt. Außerdem scheinen Tiere in Situationen, in denen dieser Konflikt vorhanden ist, mehr und mehr auf ihr angeborenes Verhalten zurückzugreifen. Das Problem, das sich damit für die traditionellen Lerntheorien stellt, liegt in der Beobachtung, daß nicht alle Verhaltensweisen konditioniert und aufrechterhalten werden können, auch nicht durch ein sehr sorgfältiges System der Umweltmanipulation, eine Tatsache, die mir persönlich schon lange bekannt war.

War es denn nicht instinktive Überlagerung, die meinen Hund dazu veranlaßte, ein paar wunderschöne Wildenten zu zerbeißen, obgleich er normalerweise den Anblick rohen

Fleisches meidet? Tatsächlich knabbert er Fleischgerichte nur aus Höflichkeit an – es sei denn, es handelt sich bei der Soße um einen unbezahlbaren Burgunder oder einen sehr trockenen Chablis!

Autoshaping

Instinktive Überlagerung ist nur eines der vielen Probleme, das sich den traditionellen Lerntheorien des klassischen und operanten Lernens bei der Erklärung des Verhaltens stellt; ein anderes ist *Autoshaping*. Wenn man eine Taube in regelmäßigen Zeitabständen mit Futter belohnt, ohne darauf zu achten, was das Tier im Moment gerade tut, so ist das Ergebnis das, was Skinner als „abergläubisches Verhalten" bezeichnete. Wenn jedoch hinter der Pickscheibe ein paar Sekunden vor dem Auftauchen des Futters ein Licht angeht, so lernt die Taube ungewöhnlich schnell, auf die Scheibe zu picken. Daß dieses Verhalten überhaupt stattfindet und erlernt wird, trotz der Tatsache, daß das Pickverhalten der Taube in keinem kausalen Zusammenhang mit der Darbietung des Futters steht, führte zu der Bezeichnung „autoshaping" für das entsprechende Lernverhalten. Die Stärke einer solchen Reaktion wurde in einem Experiment von Williams und Williams (1969) dramatisch dargestellt. Tauben wurden zunächst darauf trainiert, mit Hilfe einer Autoshaping-Prozedur auf eine beleuchtete Pickscheibe zu picken; dann aber wurden die Konsequenzen abgeändert, so daß jetzt Picken zu keiner Belohnung führte. Trotzdem pickten die Tauben auch weiterhin auf die beleuchtete Scheibe.

Instinktive Überlagerung und Autoshaping bezeichnen beide Verhaltensweisen, die bei den betreffenden Tieren häufig zu beobachten sind. Genau so, wie Graben und Waschen beim Schwein und beim Waschbär zum angeborenen Repertoire des Freßverhaltens gehören, so auch das Picken bei der Taube. Und daß eine Taube auch dann auf eine beleuchtete Scheibe pickt, wenn dieses Verhalten nicht zu der gewohnten Belohnung führt, ist für die traditionellen Lerntheoretiker peinlich; peinlich deswegen, weil sie lieber glauben möchten, daß Verstärkung oder Belohnung eine vorhersagbare Wirkung auf alle Verhaltensweisen ausüben sollte.

Unpassendes Verhalten

Es gibt noch eine weitere Kategorie des Verhaltens, welches den Behavioristen bei der Erklärung von Lernvorgängen Kopfzerbrechen bereitet. Dazu gehören Verhaltensweisen, die in bestimmten Situationen *nach* der Verabreichung der Belohnung zu beobachten sind (Falk, 1967, 1969, 1970). Manchmal trinken Ratten, die freien Zugang zu Wasser haben, außergewöhnlich viel (man nennt dies *Polydipsie*). Andere Tiere, die z. B. Zugang zu nichteßbarem Material wie Holzspänen oder auch Papier haben, fressen dieses im Übermaß. Gelegentlich ist dieses Zwangsverhalten so groß, daß Ratten völlig unkontrolliert spezifische operante Verhaltensweisen benutzen, um dies tun zu können. Ratten, deren Bäuche von einer großen Wassermenge bereits angeschwollen sind, drücken ununterbrochen den Hebel in der Skinnerbox, nur um noch einmal trinken zu dürfen. Andere wieder, deren unpassendes Begleitverhalten im Laufen in einem Laufrad besteht, führen eine ganze Reihe operanter Verhaltensweisen aus, nur um noch einmal im Laufrad laufen zu können.

In diesem Zusammenhang sind zwei weitere Beobachtungen wichtig. Zunächst einmal kommen diese Verhaltensweisen nicht aufgrund von Belohnungen zustande, sondern sie zeigen sich normalerweise erst, nachdem die Belohnung bereits erfolgt ist.

Es gibt auch noch andere Reaktionen, die zwar vor der Belohnung stattfinden, aber mit der Belohnung selbst nichts zu tun haben. Diese Verhaltensweisen werden oft auf dieselbe Art und Weise gelernt wie die sog. unpassenden Verhaltensweisen. Staddon und Simmelhag (1971) waren unter den ersten, die auf dieses Verhalten aufmerksam machten und hielten es für identisch mit dem „abergläubischen" Verhalten, das Skinner beschrieben hatte.

Die zweite wichtige Beobachtung im Zusammenhang mit diesem unpassenden Verhalten bezieht sich darauf, daß es sich um Reaktionen handelt, die die Verstärkungstheorien nicht vorhersagen würden. Daß eine sattgetrunkene Ratte weiterhin übermäßig trinkt oder eine sattgefressene Ratte Aktivitäten zeigt, die ihr letztendlich erlauben, Papier und Holzspäne zu fressen, steht in krassem Widerspruch zur Verhaltenstheorie. Und im Gegensatz zur instinktiven Überlagerung und zum Autoshaping kann man solche Verhaltensweisen nicht durch genetische Mechanismen erklären.

Geschmacksaversion

Bei einer Reihe faszinierender Untersuchungen über die erlernte Geschmacksaversion bei Tieren hingegen spielt die genetische Komponente schon eher eine wichtige Rolle (Garcia, Ervin und Koelling, 1966; Rozin und Kalat, 1971). Es ist bemerkenswert und von großer biologischer Bedeutung, daß vergiftete Tiere, die am Leben bleiben, häufig - auch schon nach einem einmaligen solchen Vorgang - fortan die betreffende Nahrung meiden. So vermeiden z. B. Ratten, die *nach* der Nahrungsaufnahme geröntgt wurden - und dabei große Magenschmerzen entwickelten - die Nahrung, die sie vor dem Röntgen gefressen hatten. Und dies schon nach einem einzigen Versuchsdurchgang. Diese Wirkung konnte bis zu 32 Tage später beobachtet werden - nach einer einzigen Paarung von Nahrung und Bestrahlung (Garcia et al., 1966). Wie wir in Kap. 3 feststellten, ist beim klassischen Konditionieren eine „backward"-Konditionierung äußerst schwierig, wenn nicht unmöglich. Trotzdem wird die Geschmacksaversion in einem einzigen Durchgang erlernt und ist zudem noch sehr beständig, auch wenn die Verzögerung zwischen dem konditionierten Reiz (in diesem Fall Futter) und dem unkonditionierten Reiz (in diesem Fall Bestrahlung) sehr groß ist.
Untersuchungen über die Geschmacksaversion bereiten der klassischen Konditionierungstheorie auch noch weitere Probleme. Wenn man einer Ratte eine Lösung mit Lithiumchlorid verabreicht (die das Tier sehr krank macht), so vermeidet es fortan alle Nahrung, die wie Lithiumchlorid riecht. Und wenn man den Käfig, in dem der Ratte Lithiumchlorid verabreicht wurde, mit dem Duft von Parfüm versieht, so entwickelt die Ratte auch dagegen eine Aversion und frißt in einem Käfig mit dem Duft desselben Parfüms weniger (Garcia und Koelling, 1966). Diese Beobachtung stimmt mit den Prinzipien des zeitlichen Zusammentreffens im Rahmen der klassischen Konditionierungstheorie überein. Aber wenn man dasselbe Experiment mit einem Licht, einem Summton oder anderen visuellen und akustischen Reizen durchführt - anstelle des Parfüms - so zeigt die Ratte später keineswegs ein Vermeidungsverhalten - und dies widerspricht der Theorie des klassischen Konditionierens.
Dasselbe sehen wir noch viel dramatischer in vergleichenden Untersuchungen über die Geschmacksaversion. Wilcoxon, Dragoin und Kral (1971) verursachten in Ratten und Rebhühnern eine Geschmacksaversion, indem sie den Tieren blaugefärbtes Wasser zu trinken gaben und ihnen anschließend eine Lösung injizierten, die die Tiere krank machte. Sowohl die Ratten als auch die Rebhühner entwickelten eine ausgeprägte Aversion gegen den Geschmack des Wassers. Zusätzlich zeigten die Rebhühner auch eine Aversion gegen blaugefärbte Flüssigkeiten, die Ratten jedoch nicht.
Die einleuchtendste Erklärung dieser Ergebnisse liegt wahrscheinlich darin, daß Rebhühner ein hervorragendes visuelles System haben, auf das sie sich bei der Auswahl der richtigen Nahrung verlassen. Ratten hingegen verlassen sich - wie die meisten Säugetiere - eher auf den Geruchsinn. Biologisch gesehen erscheint es deshalb sinnvoll, daß beide Tiere sich auf den am besten ausgebildeten Sinn bei der Nahrungsaufnahme stützen.

Einschränkung durch biologische Faktoren

Viele der Situationen, die wir in diesem Kapitel beschrieben haben, sind erstklassige Beispiele von Einschränkungen der Allgemeingültigkeit der Lerntheorien, die durch biologische Faktoren zustandekommen (Hinde und Stevenson-Hinde, 1973; Seligman, 1975; Seligman und Hager, 1972). In ihrer einfachsten Form können wir solche Einschränkungen als genetische Prädispositionen definieren, die bestimmte Lernformen sehr wahrscheinlich und andere sehr unwahrscheinlich machen. Das auffälligste Prinzip solcher biologischer Einschränkung liegt darin, daß es Verhalten bevorzugt, welches einen großen Überlebenswert besitzt und solches ausschließt, das für den Organismus gefährlich werden könnte. Wie Seligman sagt, sind Organismen auf bestimmte Verhaltensweisen *„vorbereitet"* und auf andere *„nicht vorbereitet"*. Wenn eine Ratte bedroht wird, dann wird sie entweder weglaufen, erstarren, kämpfen oder wie wild herumrennen. Will man solche Verhaltensweisen ankonditionieren (z. B. mit Hilfe von Elektroschocks), so ist dies eine einfache Sache. Versucht man aber ein Verhalten zu konditionieren, welches sich mit den vorgenannten Verhaltensweisen in Konflikt befindet, so ist dies praktisch unmöglich. Einer Ratte beizubringen, einen Hebel loszulassen, um elektrischen Schock zu vermeiden, ist fast unmöglich (Bolles, 1970).

Durch biologische Faktoren bedingte Einschränkungen spielen sicherlich auch eine Rolle beim Graben der Schweine oder beim Picken von Hühnern und Tauben. Dasselbe gilt auch für das Autoshaping. Aber nirgends sind sie so deutlich wie beim Erlernen einer Geschmacksaversion nach nur einem einzigen Versuchsdurchgang.

Es ist vielleicht weniger offensichtlich, aber trotzdem von Bedeutung, daß auch viele menschliche Verhaltensweisen genetisch beeinflußt sind. So gibt es immer mehr Hinweise darauf, daß Menschen genetisch zum Spracherwerb disponiert sind (Chomsky, 1972). Vielleicht geschieht dies auf die gleiche Weise wie bei Nestflüchtern, die ein Folgeverhalten zu einer bestimmten Zeit ihrer frühkindlichen Entwicklung zeigen.

Soziobiologie

Die Annahme, wir seien genetisch oder biologisch auf bestimmte soziale Verhaltensweisen im Gegensatz zu anderen eingestellt, wird von einer neuen Disziplin, der Soziobiologie, gemacht. In einem umfangreichen Werk definiert Edward O. Wilson, der wichtigste Vertreter dieser Richtung, die Soziobiologie als „die systematische Untersuchung der biologischen Grundlagen aller sozialen Verhaltensweisen" (1975, S. 4).

Die Soziobiologie basiert direkt auf der Theorie der Evolution und findet ihre Beispiele überwiegend in der Ethologie, der Untersuchung des Verhaltens nichtmenschlicher Tiere. Zu ihren grundlegenden Prinzipien gehören die Wichtigkeit und Dauerhaftigkeit genetischer Tendenzen, die den evolutionären Prozeß überdauert haben. Diesen genetischen Tendenzen liegt das allerwichtigste Gesetz der Evolution zugrunde, nämlich die natürliche Selektion. Es ist hier jedoch wichtig, darauf hinzuweisen, daß Selektion nicht auf die Wahrscheinlichkeit des Überlebens des Individuums bezogen wird, sondern auf die Wahrscheinlichkeit des Überlebens des genetischen Materials selbst. Trivers (1971, 1974), Wilson (1976) und andere Soziobiologen haben große Anstrengungen unternommen, um uns klarzumachen, daß der Überlebensdrang auf der Ebene der

Gruppe wesentlich bedeutsamer ist als auf der Ebene des Einzelmenschen. Was am allerwichtigsten ist, sagt Wilson ist „das maximale durchschnittliche Überleben und die Fruchtbarkeit der Gruppe als Ganzes" (1975, S. 107). Das Leben des Einzelnen in einer Gruppe ist nur insofern von Bedeutung, als es die Wahrscheinlichkeit erhöht, daß sich das charakteristische genetische Material für diese Gruppe erhält und überlebt. Das ist wahrscheinlich auch der Grund dafür, daß Honigbienen auf einen Eindringling einstechen, obwohl es für sie den Tod bedeutet (Sakagami und Akahira, 1960). Auf ähnliche Art und Weise sprengen Mitglieder bestimmter Termitenarten sich selbst, wenn ihnen Gefahr droht, und diese Explosion dient den anderen Mitgliedern der Gruppe als Warnung, sich in Sicherheit zu bringen (Wilson, 1975). Diese Beispiele von Altruismus waren lange ein Rätsel für diejenigen, die glaubten, daß sich jedes einzelne Individuum zunächst einmal um das eigene Überleben kümmere, komme, was da wolle.

In Verallgemeinerung solcher Beobachtungen argumentieren die Soziobiologen, daß Altruismus beim Menschen eine genetische Grundlage besitzt, die durch Jahre erfolgreicher Evolution zustandekam (Hamilton, 1970, 1971, 1972). In ihrer reinsten Form bedeutet eine altruistische Handlung ein Opfer für den, der sie vollbringt, aber genetischen *Nettogewinn* für die Art. Eine Amsel, die beim Anblick eines Raubvogels anfängt zu schreien, kann wohl von diesem entdeckt und gefressen werden, aber dies könnte das Überleben anderer Amseln bedeuten.

Wenn man das Argument bis ins Extrem verfolgt, so sagen die Soziobiologen vorher, daß das Ausmaß des persönlichen Opfers nicht nur eine Funktion des Nettogewinns für die Art darstellt, sondern auch von dem Verwandtschaftsgrad des Opfernden mit denen, die direkt von diesem Opfer profitieren. So könnte man sich vorstellen, daß man nicht gerne sein Leben für einen Fremden opfern würde, hingegen solch ein Opfer für viele Fremde unter bestimmten Umständen in Kauf nehmen würde; der genetische Nettogewinn wäre dann hoch. Daraus folgt auch, daß ich bei der Rettung meines Sohnes ein größeres Risiko eingehen würde als bei der Rettung eines Fremden, da mein Sohn und ich genetisch sehr viel mehr gemeinsam haben.

In der gleichen Art und Weise versuchen die Soziobiologen, Erklärungen für eine Reihe anderer menschlicher sozialer Verhaltensweisen zu finden wie Aggression, Sexualmord, mütterliche Gefühle, usw. Es überrascht nicht, daß solche Erklärungen auf großen Widerstand gestoßen sind (siehe z. B. Eckland, 1977; Wade, 1976; „Why You Do," 1977). Besonders Soziologen haben sehr negativ auf den Vorschlag reagiert, ein Großteil des menschlichen Verhaltens sei genetisch vorbestimmt. Und eine große Zahl anderer Personen wehrt sich gegen die unberechtigten Verallgemeinerungen, die von wenigen Einzelfällen – und dies noch zumeist aus dem Tierbereich – auf den Menschen schließen lassen sollen.

Rückblick

Der Titel dieses Kapitels lautet „Der traditionelle Behaviorismus: Ein Résumé." Es begann mit einer Zusammenfassung des traditionellen Behaviorismus und endete mit einem Blick auf den Unterschied zwischen den beiden wichtigsten Lernmodellen, dem Modell des klassischen Konditionierens und dem des operanten Konditionierens. Dann wandten wir uns der Allgemeingültigkeit dieser Modelle bei der Erklärung tierischen und menschlichen Verhaltens zu. Auch besprachen wir eine Reihe von Beobachtungen und Experimenten, die für die Theorien problematisch sind. Vorrangig unter diesen sind die instinktive Überlagerung, das Autoshaping, unpassende Verhaltensweisen und eine Reihe anderer biologischer Einflüsse.

Die wichtigsten Erkenntnisse dieses Kapitels beziehen sich auf zwei Punkte: 1. Operantes und klassisches Konditionieren sind nicht eindeutig voneinander zu unterscheiden; dies trifft sowohl auf die Lernformen zu, die beide erklären sollen und auf die Erklärungen selbst. 2. Tendenzen, die genetisch angelegt zu sein scheinen, zwingen (oder „drängen" wenigstens) Lebewesen, bestimmte Dinge zu tun (und andere nicht). Unter bestimmten Umständen scheinen diese Einflüsse stärker zu sein als das operante und klassische Konditionieren.

Ein Résumé

Wieviel Schaden richten diese Erkenntnisse beim traditionellen Behaviorismus nun eigentlich an? Auf diese Frage gibt es keine einfache Antwort. Die mögliche Gemeinsamkeit zwischen operanter und klassischer Konditionierung könnte unter Umständen dazu beitragen, die beiden Theorien zu vereinfachen anstatt zu komplizieren. Wenn wir überflüssige Erklärungen loswerden können, dann sollten wir dies auch tun. Es ist aber auf der anderen Seite auch wahr, daß die Methoden des klassischen und operanten Konditionierens immer noch klar unterscheidbar sind, so daß man diese Unterscheidung zumindest in der Praxis beibehalten sollte (wenn auch nicht in der Theorie).

Die Entdeckung der Tatsache, daß die traditionellen behavioristischen Erklärungen nicht so allgemein anwendbar sind, wie man einst glaubte, sollte selbst bei den eingefleischten Behavioristen eher Optimismus als Pessimismus hervorrufen. Die wichtigste Entdeckung, die bis jetzt auf diesem Gebiet gemacht wurde, bezieht sich auf die Einschränkungen, die durch biologische Faktoren wirksam werden.

Die Bedeutung dieser Feststellung für den Behaviorismus liegt lediglich darin, daß wir in Zukunft biologische Faktoren stärker berücksichtigen müssen. Wenn wir dies akzeptieren, dann werden wahrscheinlich die Erkenntnisse aus der Ethologie, Soziobiologie, Anthropologie, Biologie und ihren Nachbardisziplinen viel mehr Einfluß auf die Untersuchungen des menschlichen Verhaltens ausüben als dies in der Vergangenheit der Fall war.

Die Erkenntnisse, die wir in diesem Kapitel beschrieben haben, rütteln nicht an den Grundfesten des Behaviorismus. Sie zeigen lediglich, daß biologische Faktoren unter bestimmten Umständen wichtiger sind als Lernen. Wir sollten uns jedoch bewußtmachen, daß es in den meisten Fällen keinen Konflikt zwischen biologischen Prädispositionen und Umwelteinflüssen gibt. Es ist sicher, daß auch das Lernen selbst genetisch verankert ist. Wir sind also nicht nur *„vorbereitet"* oder *„nicht vorbereitet"*, bestimmte Verhaltensweisen zu lernen; wir sind ganz einfach „vorbereitet" zu *lernen*. Und wie wir dies tun, ist das weitere Thema dieses Buches.

Zusammenfassung: Kapitel 5

Dieses Kapitel enthielt eine Definition und eine Analyse des traditionellen Behaviorismus. Es befaßte sich mit den Unterschieden zwischen der operanten und klassischen Konditionierung und stellte eine Reihe von Situationen vor, in denen die behavioristischen Erklärungsmodelle Schwierigkeiten haben. Viele dieser Verhaltensweisen sind leichter mit biologischen Prädispositionen zu erklären.

1. Die behavioristische Theorie beschreibt zwei Arten von Verhalten (respondent und operant) und zwei Arten von Theorien, um dieses Verhalten zu erklären (klassische und operante Konditionierung).

2. Der frühe Behaviorismus nahm an, daß die klassische Konditionierung im wesentlichen vegetative Reaktionen erklären solle (z. B. Reflexe) und daß die operante Konditionierung auf diese Verhaltensweisen nicht zutreffe. Neuere Untersuchungen haben diese Annahme als falsch erwiesen.

3. Biofeedback besteht aus Informationen, die der Organismus über seine biologischen Funktionen erhält. Die Biofeedback-Forschung versucht, die physiologischen Funktionen des Menschen zu verändern, indem sie ihm Informationen über diese Funktionen gibt.

4. Techniken des Biofeedback werden immer häufiger auch in der Krankenbehandlung verwendet, besonders bei Fällen von Streß, Kopfschmerz und einer Reihe anderer Beschwerden. Nach Miller steht dieses Gebiet noch am Anfang.

5. Die frühen Behavioristen meinten, man könne aufgrund der Erfolge beim Hebeldrücken von Ratten auch annehmen, daß fast alle beliebigen Reaktionen konditionierbar seien. Diese Annahme war nicht völlig richtig.

6. Wenn man Tieren komplexe Verhaltensweisen beibringt, die mit Nahrung verstärkt werden, so zeigen diese Tiere unter bestimmten Umständen instinkthaftes Verhalten, selbst wenn die Verstärkung dann entfällt. Dieses Phänomen wird als instinktive Überlagerung (instinctive drift) bezeichnet.

7. Viele Organismen scheinen disponiert zu sein, bestimmte Verhaltensweisen auch dann zu lernen, wenn das Verhalten mit dem Verstärkungsvorgang in Konflikt gerät. Dieses Phänomen, das Autoshaping, kann vor allem bei Tauben beobachtet werden, die auf eine beleuchtete Scheibe picken, bevor die Belohnung ausgeliefert wird, obgleich dieses Verhalten nichts mit Belohnung zu tun hat.

8. Als unpassendes Verhalten werden Reaktionen bezeichnet, die vom Tier erlernt und oft gezeigt werden, die aber entweder vor oder nach der Belohnung stattfinden. Diese Verhaltensweisen stehen in keinem kausalen Zusammenhang mit der Belohnung. Verhalten wie übermäßiges Trinken und das Fressen von nichteßbarem Material scheinen für das Tier belohnend zu wirken.

9. Geschmacksaversion kann in einem einzigen Versuchsdurchgang mit Hilfe eines verzögerten „backward"-Konditionierens gelernt werden. Es scheint ein Phänomen mit hohem biologischen Überlebenswert zu sein. Es ist beispielhaft für die eigene Beobachtung, daß man nach einer Nahrungsmittelvergiftung monatelang das entsprechende Gericht nicht essen kann.

10. Biologische Faktoren, die bei Verhaltenserklärungen einschränkend wirken, sind genetische Prädispositionen, die in manchen Situationen ein Lernen schwierig, wenn nicht unmöglich, machen (Seligman spricht in diesem Zusammenhang von *„Vorbereitetsein"* und *„Nichtvorbereitetsein"*). Solche Faktoren dienen als Erklärung für instinkthafte Überlagerung, Autoshaping und erlernte Geschmacksaversion.

11. Die Soziobiologie wird definiert als systematische Untersuchung der biologischen Grundlagen des Sozialverhaltens. Sie beruht auf der Annahme, daß ein Großteil des tierischen und menschlichen Verhaltens genetisch festgelegt ist. Damit stützt sich diese Richtung im wesentlichen auf die Evolutionstheorie.

12. Viele der in diesem Kapitel beschriebenen Ergebnisse wurden von Zeit zu Zeit als schwerwiegende Probleme des traditionellen Behaviorismus angesehen. Obgleich sie uns zeigten, daß diese Theorien nicht so allumfassend sind, wie früher angenommen wurde, stellen sie doch übergreifende Beziehungen zwischen der Biologie und den Sozialwissenschaften her. Es kann gut möglich sein, daß die Biologie, Ethologie, Anthropologie, Soziologie und andere verwandte Gebiete einen viel größeren Beitrag zur Psychologie leisten können, als dies - historisch gesehen - bisher der Fall war.

Hebb: Eine Übergangsphase

D. O. Hebb (1904–1985)

D. O. Hebb entwickelte ein System, das im wesentlichen auf physiologischen und neurologischen Tatsachen und Hypothesen beruht. Obgleich er manchmal als Behaviorist eingestuft wird (Chaplin und Krawiec, 1960), macht er häufig Gebrauch von vermittelnden Konzepten. Er selbst beschreibt sein System als pseudobehavioristisch (Hebb, 1960) und versucht vorrangig, Gedankenprozesse und Wahrnehmung zu erklären, also Themen, die man gewöhnlich nicht innerhalb einer strengen behavioristischen Position findet. Er selbst warnt davor, seine Arbeiten als Theorie zu bezeichnen; vielmehr, meint er, handele es sich hier um einen *Vorschlag* für eine Theorie. Sein Vorschlag bezieht sich auf *höhere geistige Prozesse,* ein Ausdruck, der in modernen psychologischen Theorien sehr geläufig ist, weniger jedoch bei strengen Behavioristen.

Donald Olding Hebb (1904–1985)
Hebb wurde am 22. Juli 1904 in der kleinen Stadt Chester in der Provinz Nova Scotia, Kanada geboren. Hier verbrachte er seine Kindheit und besuchte später in Nova Scotia die Dalhousie Universität. Er soll kein besonders guter Student gewesen sein und bekam nur mittelmäßige Noten. 1925 machte er sein erstes Examen, ging dann an die Universität von Chicago, wo er sein Diplom erwarb, und später nach Harvard, wo er im Alter von 32 Jahren promovierte.
Danach war er in einer Vielzahl akademischer und anderer beruflichen Positionen tätig, darunter Berufungen nach Harvard, an das Neurologische Institut Montreal und an die Queen's University in Kingston, Ontario; eine gewisse Zeit war er Herausgeber des „Bulletin of the Canadian Psychological Association", hatte eine Forschungsstelle im „Yerkes Primate Laboratory", war Präsident der „American" sowie der „Canadian Psychological Association" und Professor der Psychologie an der McGill-Universität in Montreal. Die vielen Ehrungen, die er bekam, beinhalte-

ten die Warren-Medaille von der „Society of Experimental Psychology", die auch Hull und Spence erhalten hatten, einen speziellen Preis für wissenschaftliche Beiträge, den auch Piaget erhalten hatte, und eine Vielzahl von Ehrentiteln. Unter seinen Veröffentlichungen finden wir viele einflußreiche Artikel und zwei Hauptwerke: „The Organization of Behavior" (1949) und „A Textbook of Psychology", das 1972 in dritter Auflage veröffentlicht wurde.

Höhere geistige Prozesse

Wenn ein Mensch zum ersten Mal Aug' in Aug' einem Säbelzahntiger gegenübersteht, so wie dies eben unausweichlich passieren muß, dreht er sich sofort um und ergreift die Flucht, als wäre der Teufel hinter ihm her. Wenn derselbe Mensch an einen Bach kommt, den er überqueren will und sieht, daß der Felsblock, den er sich zu diesem Zweck bereitgelegt hatte, verschwunden ist, bleibt er stehen; vielleicht setzt er sich auch ans Ufer und stützt sein Kinn in die Hand. Später entscheidet er sich möglicherweise, einen anderen Felsblock zu suchen und den ersten zu ersetzen.

Zwischen einer Person, die vor einem Säbelzahntiger wegläuft und einer, die am Ufer eines Baches sitzt, gibt es nur sehr wenig Ähnlichkeit. Es besteht ein grundlegender Unterschied zwischen den beiden Verhaltensweisen. Die erste Verhaltensweise können Sie mit Hilfe des nunmehr vertrauten S-R-Modells interpretieren: Der Tiger dient als Reiz, die Flucht ist die Reaktion. Die zweite Verhaltensweise können Sie möglicherweise auch innerhalb des S-R-Modells betrachten: Der fehlende Stein ist der Reiz und das Suchen nach einem Ersatz ist die Reaktion. Das Problematische an der letzten Interpretation ist jedoch, daß hier zwischen der Darbietung eines Reizes und der Reaktion eine Verzögerung von einigen Minuten oder sogar Stunden auftreten kann. Aus diesem Grunde ist das S-R-Modell in diesem Fall nicht angemessen.

Die zentrale Frage lautet also in diesem Falle: Was passiert in dem Zeitintervall zwischen einem Reiz und einer Reaktion? Wahrscheinlich muß sich irgendetwas ereignen, was mit dem Reiz und der Reaktion zusammenhängt, da das endgültige Verhalten eine Reaktion auf den Reiz darstellt, der viel früher auftrat. Ein gebräuchlicher Ausdruck, der beschreibt, was zwischen Reiz und Reaktion vorgeht, ist der Ausdruck *höhere geistige Prozesse* oder, wie der Laie es nennt, *Denken* oder Denkprozesse. Im Hebbschen Sinne bedeutet dies, daß „Prozesse ablaufen, die selbst unabhängig von unmittelbarem sensorischen Zufluß (Input) sind, aber mit diesem sensorischen Input zusammenarbeiten, um zu bestimmen, welche der vielen möglichen Reaktionen stattfindet und zu welcher Zeit" (Hebb, 1958). Dies bedeutet, daß höhere geistige Prozesse Aktivitäten sind, die Reaktionen vermitteln: im neobehavioristischen Sinne sind sie also vermittelnde Prozesse.

Da Hebbs Theorie (bzw. sein Vorschlag für eine Theorie) sich im wesentlichen auf die Neurologie stützt, sollen hier zunächst kurz die menschlichen neurologischen Funktionen abgehandelt werden. Diese Darstellung beruht hauptsächlich auf Hebbs Zusammenfassung dieser Prozesse (1966, 1972).

Das Nervensystem

Das menschliche Nervensystem besteht aus etwa 12,5 Milliarden von Zellen, die als *Neuronen* bezeichnet werden und sich an folgenden Stellen befinden: im Gehirn (ca. 10 Milliarden), im Rückenmark, im Hirnstamm, der Verbindung zwischen Rückenmark und Gehirn, und im ganzen Körper in Form komplexer neuraler Bahnen und Verzweigungen. Ein Neuron ist eine etwas längliche Zelle, deren Funktion es ist, Impulse in Form von elektrischen und chemischen Veränderungen zu übertragen. Neuronen sind das Bindeglied zwischen Rezeptoren (z. B. Sinnesorgane) und Effektoren (Muskelsystem) und sorgen dafür, daß die vom Organismus gezeigten Reaktionen zu dem Reiz, den er erhält, in Beziehung stehen. Ein Nerv ist ein Bündel von Neuronen, aus denen sich das Nervensystem zusammensetzt.

Die einfachste Einheit im Nervensystem ist also das Neuron. Obwohl es beträchtliche Unterschiede in Größe und Form gibt, ist das Neuron mikroskopisch klein. Neuronen bestehen aus einem *Zellkörper,* dem *Axon* (eine Verlängerung der Zelle, die manchmal viele Verästelungen hat), haarähnlichen Fortsätzen vom

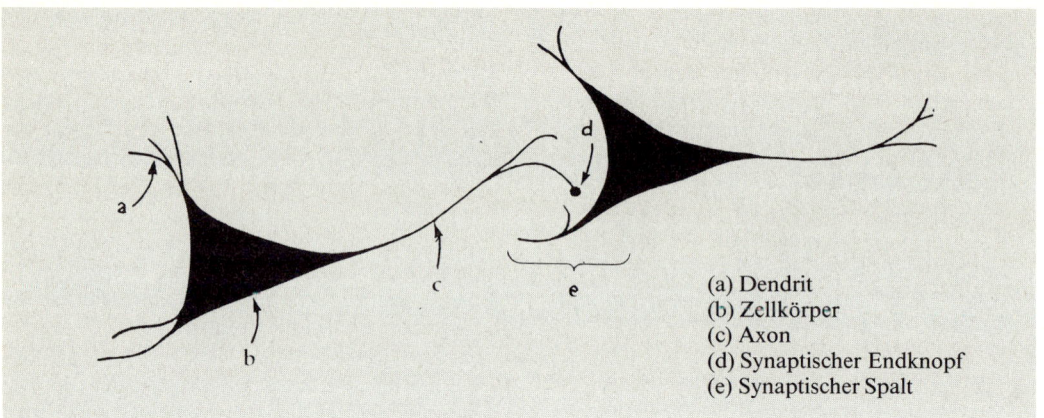

(a) Dendrit
(b) Zellkörper
(c) Axon
(d) Synaptischer Endknopf
(e) Synaptischer Spalt

Abb. 6.1. Ein Neuron

Zellkörper, die als *Dendriten* bezeichnet werden und *synaptischen Endknöpfen,* welche Verdickungen am Ende des Axons sind. Den Zwischenraum zwischen dem Ende eines Axons und den Dendriten eines anderen Neurons bezeichnet man als *Synapse* (s. Abb. 6.1.). Die Impulsübertragung (Erregungsleitung) im Neuron vollzieht sich vom Zellkörper aus dem Axon entlang und über den synaptischen Spalt zwischen dem Ende einer Zelle und den Dendriten einer anderen Zelle hinweg. Die Empfangsstrukturen des Neurons sind also die Dendriten, während die übertragenden Strukturen die Axone sind. Man glaubt, daß wiederholte Impulsübertragung zwischen zwei Zellen weitere solche Aktivität fördert (Bahnung). Diese bahnende Eigenschaft von Neuronen ist für das Hebbsche System von zentraler Bedeutung.

Die Übertragung eines neuralen Impulses erfordert wahrscheinlich sowohl elektrische als auch chemische Veränderungen in den Zellen. Die genaue Art dieser Veränderungen sowie deren Übertragung über die Synapsen hinweg ist komplex und hier nicht relevant. Man weiß jedoch, daß Zellen einander der Reihe nach (sequentiell) aktivieren können, daß sie durch Reizung aktiviert werden können, und daß sie Impulse übertragen, die Drüsen zur Ausscheidung oder Muskeln zur Kontraktion veranlassen. Man vermutet ferner, daß Zellen nicht nur „sequentiell" feuern, sondern daß häufig eine Zelle innerhalb einer Reihe eine andere Zelle, die vorher schon einmal gefeuert hat, reaktivieren kann.

Neuronen können nicht in unmittelbarer Folge feuern. Das heißt, wenn ein Neuron gerade ge-feuert hat, durchläuft es eine kurze Zeitspanne (ungefähr eine Millisekunde), während der es nicht reaktiviert werden kann. Dieser Zeit, die als *absolute Refraktärzeit* (absolute refraction period) bezeichnet wird, folgt ein längeres Intervall (etwa eine Zehntel Sekunde), genannt *relative Refraktärzeit,* während dessen ein starker Reiz für die Aktivierung nötig ist. Danach kehrt die Zelle in ihren normalen (Ruhe-) Zustand zurück. Wenn dies stattfindet, so kann das reaktivierte Neuron die Zelle, die es reaktiviert hat, wiederum zum Feuern bringen und in diesem Falle erneut aktiviert werden (s. Abb. 6.2.). Das daraus resultierende zirkuläre Entladungsmuster bezeichnet man als Erregungskreis. Es ist höchstwahrscheinlich, daß eine Reihe solcher geschlossener Kreise sich gegenseitig aktivieren und Gruppierungen bilden, die Tausende von Neuronen umfassen. Diese hypothetischen Gruppierungen bezeichnet man als *Zellgruppierungen* (cell assemblies).

Die Aktivierung einer Reihe miteinander in Verbindung stehender Zellgruppierungen führt zur Bildung einer dritten hypothetischen Struktur, der *Phasensequenz* (s. Abb. 6.3.). Diese Einheiten, der Erregungskreis, die Zellgruppierung und die Phasensequenz, spielen eine wichtige Rolle im Hebbschen Lernsystem.

Aus physiologischer Sicht entspricht jede Zellgruppierung dem, was Hebb als „relativ einfachen sensorischen Input" bezeichnet. Daher ist auch für die Wahrnehmung sehr einfacher Gegenstände die Aktivierung einer großen Anzahl solcher Zellgruppierungen oder Phasensequenzen notwendig. Die Rolle, die diese Einheiten bei der Hebbschen Erklärung höherer geistiger

Abb. 6.2. Ein Erregungskreis

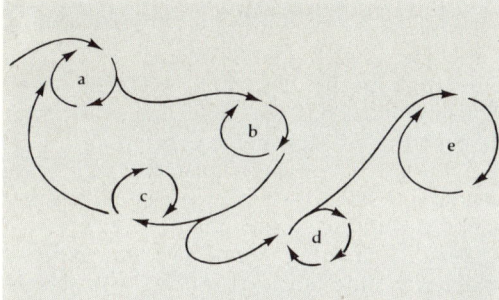

Abb. 6.3. Schematische Darstellung einer Phasensequenz: a, b, c und d können als Zellgruppierungen aufgefaßt werden, von denen jede wiederum aus mehreren Erregungskreisen besteht. Ein Phasensequenz entspricht einem Begriff oder einem wahrgenommenen Gegenstand und kann aus der Aktivität einer großen Zahl zusammenhängender Neuronen bestehen

Prozesse spielen, wird in den folgenden Abschnitten diskutiert.

Sie sollten jetzt den Anhang zu diesem Kapitel lesen, der ein lineares Lernprogramm enthält, welches von H.C. Fricker über die Hebbsche Theorie zusammengestellt wurde.

Das Lernen

Diese kurze Einführung in die Anatomie und Funktion des menschlichen Nervensystems ist für das Verständnis der Hebbschen Erklärung von Lernprozessen unbedingt notwendig. Es ist jedoch wichtig, sich daran zu erinnern, daß die neurologischen Einheiten, die in diesem und in dem vorangegangenen Abschnitt beschrieben wurden, im großen und ganzen hypothetische Einheiten sind.

Während Verhaltensuntersuchungen und anatomische Studien darauf hinweisen, daß möglicherweise so etwas wie Zellgruppierungen oder Phasensequenzen existiert, kann es natürlich auch möglich sein, daß diese Interpretation nicht richtig ist*. Trotzdem ist sie verhältnismäßig kompakt und für das Verständnis des menschlichen Verhaltens nützlich.

In der Hebbschen Theorie spielen wie in den meisten anderen Lernmodellen zwei Eigenschaften des menschlichen Organismus eine wichtige Rolle: Die *Reaktivität* und die *Plastizität*. *Reaktivität* bezieht sich auf die Fähigkeit des Organismus, auf externe Reize zu reagieren. Die Plastizität ist eine Eigenschaft des Organismus, die es ihm erlaubt, sich aufgrund wiederholter Reizung zu verändern. Ein einfaches Beispiel soll diese beiden Eigenschaften illustrieren: Eine Versuchsperson (vorzugsweise männlichen Geschlechts) steht etwa 1 Meter vor dem Versuchsleiter und wendet diesem ihren Rücken zu. Der Versuchsleiter tritt dann den Probanden ohne Warnung kräftig dorthin, wo dessen Hosen sitzen. Das unmittelbar folgende Verhalten des Probanden ist ein Beispiel für *Reaktivität*; die Tatsache, daß der Proband sich später weigert, das Experiment zu wiederholen, ist ein Beispiel für *Plastizität*.

Innerhalb der behavioristischen Richtung bezieht sich die Reaktivität auf das Zustandekommen von Reaktionen, während die Plastizität dann in Erscheinung tritt, wenn Verhalten verändert wird. Die Hebbsche Theorie versucht, diese Vorgänge aufgrund von neurologischen Vorgängen zu erklären. Für Hebb sind Plastizität und Reaktivität Eigenschaften des Nervensystems, die für das Verhalten verantwortlich sind, und nicht Eigenschaften des Verhaltens.

---

* Jerzy Konorski (1967) hat eine alternative Hypothese vorgeschlagen: Die Repräsentation von Wahrnehmungen nimmt nicht die Form von Zellgruppierungen, sondern von einzelnen Einheiten an, die er als *gnostische Einheiten* bezeichnet. Die Assoziationsareale des Kortex hat er dementsprechend als *gnostische Areale* bezeichnet. Obwohl viele seiner Ansichten denen von Hebb gleichen, ist sein System hinsichtlich der Anwendungsmöglichkeiten auf die verschiedenen Arten des Lernens wesentlich detaillierter (K).

Vermittelnde Prozesse
(mediating processes)

Hebb betrachtete es als wesentliche Aufgabe, „höhere geistige Prozesse" oder Denken zu erklären. Bei seinem Versuch, zu einem Verständnis dieser Prozesse zu gelangen, stellte er eine grundlegende Hypothese auf und machte dazu eine Reihe von Annahmen. Die vorangegangenen Abschnitte bilden den Grundstein für eine Interpretation dieser Annahmen, da sie sich mit der Physiologie des Nervensystems befassen.

Wie wir bereits gesehen haben, besagt die erste und wichtigste Hypothese, daß vermittelnde Prozesse (mediating processes) aus „Aktivitäten in einer Gruppe von Neuronen bestehen, die in geschlossenen Bahnen angeordnet sind und als *Zellgruppierung* bezeichnet werden, oder aus einer Reihe solcher Aktivitäten, die ‚Phasensequenz' genannt werden" (Hebb, 1958, S. 103). Hinzu kommt eine Reihe von Annahmen (Hebb, 1966) über die Bildung von Zellgruppierungen.

Annahme 1

Eine Zellgruppierung (oder vermittelnder Prozeß) ist das Resultat wiederholter Zellentladungen, die aufgrund von Wiederholungen bestimmter sensorischer Vorgänge zustandekommen. Mit anderen Worten führt die wiederholte Darbietung eines bestimmten Reizes zu einer Reaktivierung der gleichen Zellgruppierungen zur selben Zeit, wodurch wiederum die Übertragung von Impulsen über den zwischen den Neuronen liegenden synaptischen Spalt gefördert (gebahnt) wird. Wiederholung hat also einen bahnenden Einfluß auf weitere neurale Aktivitäten. Für diesen Einfluß gibt es Beweise aus der Verhaltensbeobachtung, die z. B. zeigen, daß es viel leichter ist, zwei Zahlen zu multiplizieren, wenn man sie schon öfter miteinander multipliziert hat. Noch einfacher dargestellt könnte man sagen, daß es leichter ist, einen einfachen Gegenstand zu erkennen, wenn man ihn vorher schon öfter gesehen hat, als wenn man ihn erst zum zweiten Mal sieht. Diese Eigenschaft der neuralen Übertragung ist eine Teildefinition dessen, was wir als die Plastizität des Nervensystems bezeichnen.

Annahme 2

Werden zwei Zellgruppierungen zur selben Zeit wiederholt aktiv, so besteht die Tendenz, daß sich zwischen diesen beiden eine Assozia-

tion bildet. Dies bedeutet, daß wenn Zellgruppierung A oft oder immer zur gleichen Zeit aktiv ist wie Zellgruppierung B, sich die Wahrscheinlichkeit erhöht, daß beide neurologisch assoziiert werden. Dies wiederum führt dazu, daß die Entladung von Zellgruppierung A die Entladung von Zellgruppierung B auslösen kann und umgekehrt. Das Ergebnis ist die Bildung von *Phasensequenzen*.

Eine nähere Betrachtung der Implikationen einer solchen Annahme zeigt, daß sie als eine Erklärung für den Konditionierungsprozeß durch Kontinguität dienen kann. Wenn z. B. Zellgruppierung A einem spezifischen sensorischen Vorgang entspricht und dies für B auch zutrifft, und wenn weiterhin A und B die Teilelemente eines Denkprozesses darstellen (vermittelnder Prozeß), dann bedeutet die Bildung einer funktionellen Beziehung zwischen A und B ganz einfach, daß die Darbietung eines mit A assoziierten Vorganges eine Erinnerung des mit B assoziierten Vorganges auslöst. Es gibt eine Reihe von Hinweisen, daß dieser Prozeß tatsächlich stattfindet. Sieht man z. B. eine gewisse Person immer mit einer Zigarre (wie weiland W. Churchill), dann ist es höchst wahrscheinlich, daß alles, was uns an die Person erinnert, uns auch die Zigarre ins Gedächtnis ruft. Der Geruch von Rauch erinnert uns an Feuer, der Flieder kommt mit dem Frühling, Fischgeruch bedeutet Wasser oder Restaurant, auf den Buchstaben q folgt immer ein u, und Mutterschaft ist eine prima Sache.

Damit ist der erste Zweck dieser Annahme eine Erklärung von Lernvorgängen durch Kontiguität. Ein zweites Ziel besteht darin, die Wahrnehmung von Gegenständen zu erklären, wenn nur unvollständige sensorische Daten vorhanden sind. Die Linien in Abb. 6.4. werden fast immer als ein Dreieck wahrgenommen, obwohl sie in Wirklichkeit kein Dreieck darstellen. Der Einfachheit halber könnte man sagen, daß die Zellgruppierungen, die mit Dreieckigkeit assoziiert werden, Einheiten darstellen, die die drei Ecken ABC des Dreiecks und die dazugehörenden Seiten des Dreiecks repräsentieren. Die Assoziationen zwischen diesen Eigenschaften entsprechender Zellgruppierungen bestehen deshalb, weil diese Eigenschaften des Dreiecks viele Male in Kontiguität (das bedeutet zeitlich und räumlich zusammengehörend) dargeboten wurden. Deshalb genügt jetzt ein begrenzter sensorischer Input (nur die drei Seiten des Dreiecks, aber nicht die Ecken), um eine Aktivität in allen Sequenzen der Zellgrup-

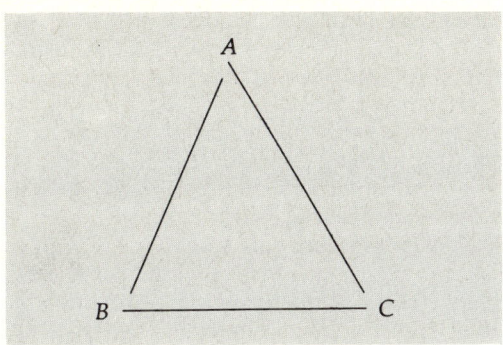

Abb. 6.4. Wahrnehmung bei unvollständiger Information

pierungen, die dem „Dreieck" entsprechen, hervorzurufen.

Annahme 3
Eine Gruppierung, die zur selben Zeit aktiv ist wie eine efferente Bahn (eine neurale Bahn, die vom Zentralnervensystem zur Peripherie führt) zeigt die Tendenz, sich mit dieser Bahn zu assoziieren. Aufgrund dieser wie auch der Annahme 2 ist Hebb imstande, die Bildung von Assoziationen zwischen zeitlich zusammenfallenden Vorgängen zu erklären. Die Aktivität in einer efferenten Bahn kann zu irgendeiner Art von motorischer Tätigkeit führen. So umfassen also die durch diese Annahme 3 erklärten Assoziationen sowohl Verhaltensvorgänge wie auch vermittelnde Prozesse, mit anderen Worten Denken und Verhalten. Auch hier gibt es wieder Hinweise darauf, daß solche Assoziationen Teil des menschlichen Lernens sind. So werden z. B. bestimmte visuelle, akustische oder olfaktorische Eindrücke mit bestimmten motorischen Aktivitäten assoziiert, so daß man bei der Durchführung der Aktivität an die sensorischen Eindrücke erinnert wird. Das Umgekehrte trifft ebenfalls zu. Aktivitäten in den Gruppierungen, die oft während einer motorischen Reaktion aktiv gewesen sind, zeigen die Tendenz, dieselbe Reaktion hervorzurufen. Diese Interpretation ist offensichtlich eine einfache neurologische Erklärung für das Pawlowsche Modell der klassischen Konditionierung. Die Gruppierungen, die zum Ertönen eines Tones gehören, sind zur Zeit der Speichelabsonderung immer präsent und sind letztendlich imstande, die Speichelabsonderung auszulösen.

Annahme 4
Jede Zellgruppierung entspricht einem relativ einfachen sensorischen Input. Diese Eigenschaft der Zellgruppierung macht es notwendig, daß eine große Menge solcher Gruppierungen (Phasensequenzen) für die Erklärung der Wahrnehmung sogar verhältnismäßig einfacher physikalischer Gegenstände herangezogen werden.

Zusammenfassung der Annahmen

Die obigen vier Annahmen können wir zusammenfassen, indem wir Hebbs Auffassung über den *Lern- und Denkprozeß* beschreiben, da Hebb diese Annahmen zu dem Zweck machte, solche Beschreibungen durchzuführen. Grundsätzlich ist der Ausdruck *Denken* dem Ausdruck *vermittelnde Prozesse* gleichzusetzen. Vermittelnde Prozesse bestehen aus Aktivitäten in Neuronengruppierungen, wobei die Art dieser vermittelnden Prozesse (oder des Gedankens) durch die hier beteiligten Gruppierungen bestimmt wird. Hebb behauptet, das subjektive Erlebnis eines Organismus hänge davon ab, welches Hirnareal aktiviert werde und nicht von der Art der neuralen Aktivität selbst. So kann z. B. der Sehnerv sowohl elektrisch als auch mittels Druck stimuliert werden. In beiden Fällen ist das Ergebnis das gleiche: Die Person hat eine Lichtempfindung (Hebb, 1966, S. 267). Auf der anderen Seite beeinflußt die Reizung bestimmter Receptoren immer dasselbe Hirnareal (und nach Hebb auch dieselben Zellgruppierungen). Dies erklärt, warum wir bei derselben Reizung dieselbe Reaktion „empfinden" können. Würde dies nicht zutreffen, so könnten wir natürlich nicht vom menschlichen Bewußtsein, so wie wir es jetzt kennen, sprechen.
Die Aneignung gelernter vermittelnder Prozesse ergibt sich aus der Wiederholung derselben sensorischen Vorgänge, die dann zur Bildung von assoziierten Gruppierungen führen. So betrachtet besteht das Lernen aus einer „permanenten Bahnung" der Leitung zwischen neuralen Einheiten. Eine Phasensequenz ist somit eine neurologische Einheit, bei der die Übertragung von Impulsen so leicht geworden ist, daß die Aktivierung eines Teils der Sequenz genügt, um den ganzen Komplex zu aktivieren. In seinen früheren Arbeiten behauptete Hebb (1949), daß diese Aktivität, wenn sie einmal stattgefunden habe, fast autonom ablaufe, d. h.

sich selbst aufrechterhalte; im Hinblick auf neuere physiologische Entdeckungen hat er diese Ansicht jedoch geändert (Hebb 1958, 1966). Er betrachtet nunmehr das System als semiautonom und berücksichtigt dabei, daß ein gewisses Maß externaler Reizung notwendig ist, um fortwährende kortikale Funktionen aufrecht zu erhalten. Hebbs neurologisch begründete Erklärung des Lernens sieht die Bildung von Reiz- und Reaktionsassoziationen im Hinblick auf die Verbindungen, die sich zwischen den entsprechenden neurologischen Substraten bilden (aktive Zellgruppierungen oder Phasensequenzen). Annahme 2 und 3 behandeln diese Art des Lernens. Die beim Lernen vorkommenden höheren Prozesse (wie z. B. einsichtsvolles Problemlösen) bedürfen der Kombination von Phasensequenzen (manchmal durch Zufall) in höher geordneten Organisationseinheiten, sogenannten übergeordneten Phasensequenzen. Auch diese Sequenzen sind wiederum hypothetische Konstrukte und nicht „wirkliche" Gegebenheiten. Hebb spricht noch über zwei weitere Konzepte: *Set* (Einstellung) und *Aufmerksamkeit*. Beide sind für ihn ein Beweis für vermittelnde Prozesse und dienen zur Darstellung wichtiger Phänomene des menschlichen Verhaltens.

Set und Aufmerksamkeit

Wenn ein Starter bei einem 100 m-Lauf den Teilnehmern sagt, daß er seine Pistole einige Sekunden nach dem Kommando „auf die Plätze" abfeuern wird und daß sie dann damit beginnen können, wie aufgescheuchte Karnickel über die schmutzige Aschenbahn zu rennen, versucht er, bei den Beteiligten eine bestimmte Einstellung (set) hervorzurufen. Wenn ihm dies gelingt, werden die Beteiligten beim Startschuß aus ihren Löchern sprinten. (Es wäre interessant zu wissen, wie sich der Starter verhielte, wenn sich die Beteiligten vorher geeinigt hätten, beim Pistolenschuß ruhig in ihren Startlöchern sitzen zu bleiben). Eine oberflächliche und falsche behavioristische Interpretation dieser Situation könnte besagen, der Pistolenschuß sei der Reiz für die Reaktion des Laufens gewesen. Andererseits wäre es interessant, sich zu überlegen, was passieren würde, wenn der Starter sagte: „Ich werde jetzt diese Pistole abfeuern, um zu überprüfen, ob meine Platzpatronen auch tatsächlich funktionieren. Schön ruhig bleiben bitte". Wür-

de er jetzt seine Pistole feuern und niemand würde laufen, so wäre klar, daß die Pistole allein nicht der Reiz ist, der zur Laufreaktion führt, sondern daß die Instruktionen auch von Bedeutung sind. Dies bedeutet, daß der „set" (die Einstellung), der den Beteiligten *zusammen mit* dem Reiz übermittelt wird, für das Verhalten verantwortlich ist.
Bedenken Sie weiterhin, was passieren würde, wenn eine bekannte Persönlichkeit die Aschenbahn entlang spazieren würde. Würde sich die PGR (psychogalvanische Hautreaktion) erhöhen? Würden Blutdruck und Herzfrequenz ansteigen? Würde sich die Körpertemperatur verändern? Wahrscheinlich nicht. Wäre jedoch andererseits das Rennen bereits gelaufen und dieselben Beteiligten würden langsam auf dem Rasen hin und her gehen, um sich von der Anstrengung zu erholen und dabei diese Person sehen, so würden dadurch wahrscheinlich ganz andere Phasensequenzen aktiviert. Diese beiden Beispiele zeigen die Wirkung der *Aufmerksamkeit* auf das Verhalten. Set oder Einstellung bezieht sich auf die Selektivität bezüglich der Reaktionen; Aufmerksamkeit bezieht sich auf die Selektivität bezüglich des Reizinputs. Beide zusammen sind wahrscheinlich im wesentlichen eine Funktion der Präaktivierung bestimmter Zellgruppierungen. Wenn den am Lauf Teilnehmenden gesagt wird, sie sollen sich zum Lauf fertigmachen, dann sind sie bereit (set, Einstellung, Bereitschaft) zu laufen, sobald sie den Schuß hören. Konzentrieren sie sich auf den kommenden Schuß (sie sind aufmerksam), so werden sie wahrscheinlich andere ablenkende Reize nicht wahrnehmen.
Diese beiden Eigenschaften menschlichen Verhaltens sind besonders für den Lehrer von Bedeutung. Set ist wichtig für die Wahl passender Reaktionen, Aufmerksamkeit ist wichtig für das Lernen und beide beeinflussen sich gegenseitig. Dazu kommt, daß sowohl Aufmerksamkeit als auch set eng mit der Erregung zusammenhängen, einem Konzept, das im Mittelpunkt der Hebbschen Theorie der Motivation steht.

Motivation

Die Erregung ist nicht nur ein Schlüsselkonzept in der Hebbschen Theorie der Motivation, sondern ebenso in seiner Lerntheorie. Es gibt zwei Gründe, warum es irreführend ist, Lernen und Motivation als verschiedene Theorien zu betrachten: Zunächst einmal will Hebb weder eine Lerntheorie noch eine Motivationstheorie aufstellen, sondern lediglich einen Vorschlag für eine solche Theorie machen; zum zweiten besteht für Hebb zwischen Lernen und Motivation nur insofern ein Unterschied, als sich diese Konzepte auf unterschiedliche Fragen anwenden lassen, nicht aber deswegen, weil unterschiedliche Antworten erwartet werden. Tatsächlich treffen dieselben Erregungskonzepte sowohl auf das Lernen als auch auf die Motivation zu. Jedoch ist es einfacher und weniger verwirrend, wenn diese Themen in verschiedenen Abschnitten behandelt werden.

Hebb (1972) trifft eine wichtige Unterscheidung zwischen den beiden Funktionen eines Reizes, der Signalfunktion und der Erregungsfunktion. Kurz gesagt: Die *Signalfunktion* ist die Nachrichtenfunktion; sie sagt dem Organismus, wie er fühlen, denken oder reagieren soll. Die *Erregungsfunktion* andererseits bezieht sich auf die allgemein aktivierende oder erregende Wirkung eines Reizes. So gehört zu einer Nachricht, die von einem Reiz vermittelt wird, im Rahmen der Hebbschen Theorie die Aktivierung bestimmter, dieser Stimulierung entsprechender Zellgruppierungen. Für die Erregungsfunktion jedoch wird eine viel größere Anzahl von Zellgruppierungen nötig. Diese Präaktivierung wird durch die Formatio reticularis bewirkt und ist unbedingt notwendig, wenn die Nachrichtenfunktion des Reizes wirksam werden soll. In diesem Sinne ist also die Erregung eng mit dem Lernprozeß verbunden, da der Lernprozeß sich vorrangig mit dem Nachrichtenteil der Stimulierung befaßt.

Hebbs Motivationstheorie wird auch als Einzeltriebtheorie bezeichnet. Der Trieb (die Motivation, das Bedürfnisstreben) wird von Hebb als allgemeine Erregung definiert, wobei sich Erregung auf den Grad von Wachsamkeit oder Aufmerksamkeit des Organismus bezieht. Das Erregungsniveau ist eine Funktion der Natur des Reizes, auf den reagiert wird und es variiert zwischen sehr niedrigen Werten (im Schlaf oder bei Trägheit) und sehr hohen (bei Angst oder Panik). So nimmt Hebb z. B. auch ein optimales Erregungsniveau an, wobei alles, was über oder unter diesem Niveau liegt, nicht zu optimalem Verhalten führt. Er macht noch eine weitere, damit in Beziehung stehende Annahme, daß das menschliche Verhalten danach strebt, die Erregung möglichst in Nähe dieses

optimalen Niveaus zu halten. Dies bedeutet, daß bei den Menschen ein Bedürfnis danach besteht, ein mittleres Erregungsniveau aufrechtzuerhalten. Dieses Bedürfnis ist mit ein Grund dafür, warum Erregungstheorien auch als Bedürfnistheorien (Triebtheorien) bezeichnet werden. (Siehe Kap. 12). Die Frage, ob ein *Bedürfnis* für Erregung besteht oder nicht, wurde indirekt in einer Reihe von Untersuchungen über die Wirkungen langandauernder Reduktion von Erregung auf das menschliche Verhalten untersucht.

Das Bedürfnis nach Stimulierung

Die ersten Untersuchungen einer langen Reihe damit zusammenhängender Experimente auf diesem Gebiet wurden an der McGill Universität unter der Leitung von Hebb durchgeführt. Seine Mitarbeiter Bexton, Heron und Scott berichteten über die ersten Ergebnisse dieser Studien im Jahre 1954 und 1956. Seitdem haben zahlreiche Wissenschaftler diese Untersuchungen wiederholt und gleiche oder ähnliche Ergebnisse erzielt (siehe z. B. Schultz, 1965, oder Zubeck, 1969).

Das erste Experiment (Heron, 1957), das auch unter dem Namen „sensorische Deprivationsstudie" oder „perzeptive Isolationsstudie"* bekannt wurde, führte man an einer Gruppe männlicher Studenten durch, die sich freiwillig für ein Experiment zur Verfügung stellten, bei dem sie aufgefordert wurden, *nichts zu tun* und dafür pro Tag 20 Dollar bekamen, was zu der Zeit ein kleines Vermögen war. Die Studenten wurden nicht nur gebeten, nichts zu tun, sondern es wurde ihnen verboten, etwas zu tun. Die Probanden mußten den größten Teil des 24-Stunden-Tages ruhig auf Klappbetten liegen und durften nur zum Essen und zum Besuch der Toilette aufstehen. Die Mahlzeiten wurden den Studenten serviert, während sie auf der Bettkante saßen. Jedes Klappbett war isoliert in einem schalldichten Raum untergebracht und die Probanden trugen Brillen, die nur eine diffuse Helligkeit durchließen, aber das Erkennen von Formen verhinderten. Über den Ohren trugen sie U-förmige Schaumgummikissen, die

---

* Zubek (1969) unterscheidet zwischen sensorischer und perzeptiver Deprivation. Erstere umfaßt Bedingungen wie Dunkelheit und Stille, letztere ein konstantes (monotones) Reizumfeld, wie z. B. bei den Hebb-Studien.

etwaige akustische Einflüsse abschirmen sollten. Als zusätzliche Vorsorge gegen solche akustischen Reize summte die Klimaanlage ununterbrochen und eintönig. Außerdem trugen die Probanden Handschuhe aus Baumwolle und über die Fingerspitzen hinausgehende Papierstutzen, um taktile Empfindungen auszuschalten.

Das Experiment war also derart angelegt, daß die Probanden nur ein Minimum an sensorischer Reizung empfinden konnten. Sie konnten solange am Versuch teilnehmen, wie sie wollten; interessanterweise schaffte es jedoch keiner der Teilnehmer länger als 48 Stunden. In späteren Experimenten mit noch härteren Deprivationsbedingungen (z.B. völlige Dunkelheit, völlige akustische Isolierung, oder Körper im Wasser schwebend, um Schwerelosigkeit zu simulieren) brachen viele Probanden schon nach ein paar Stunden ab (s. z.B. Shurley, 1966; Lilly, 1972; Barnard, 1962).

Da die wichtigste Quelle der kortikalen Aktivierung (Erregung) die Empfindung ist, sollte perzeptive Deprivation zu einer Verminderung der Erregung führen. Diese Vermutung wurde durch EEG-Studien an Probanden vor, während und nach Isolierung bestätigt (Heron, 1957; Zubek und Wilgosh, 1963). Nach langandauernder Isolierung ist es nicht ungewöhnlich, daß die kortikale Aktivität wacher Versuchspersonen der schlafender Menschen gleicht.

Zu den wichtigsten Auswirkungen sensorischer Deprivation gehören Störungen perzeptiver und kognitiver Funktionen, wie sie bei Tests nach Isolierung bei einfachen numerischen oder visuellen Aufgaben auftreten (Heron, 1957).

Ferner sind die Versuchspersonen sehr oft leicht reizbar, leicht amüsiert oder aber verärgert und fast kindisch in ihrer Reaktion auf den eingeschränkten Kontakt mit dem Versuchsleiter. So versuchen sie z.B. oft verzweifelt, mit dem Versuchsleiter ein Gespräch zu beginnen, etwa so, wie ein Kind es tut, wenn es die Aufmerksamkeit anderwärtig beschäftigter Eltern auf sich lenken will.

Ein anderes auffallendes Ergebnis dieser sensorischen Deprivationsstudie ist, daß die Probanden häufig über Illusionen verschiedener Art, in einigen Fällen sogar über Halluzinationen nach langwährender Isolation berichten. Seitdem haben sich zahlreiche Studien mit den Bedingungen, unter denen Halluzinationen am ehesten auftreten, befaßt (s. z.B. Zuckerman in

Zubek, 1969). Eine allgemeine Schlußfolgerung, die man aus diesen Studien ziehen kann, ist, daß Halluzinationen tatsächlich aufgrund sensorischer Deprivation zustandekommen, daß sie zwar selten, aber auffallend von der Einstellung des Probanden vor der Isolierungsphase abhängen. Diese Studien über sensorische Deprivation liefern weitere Beweise für die Bedeutung der Erregung für das menschliche Verhalten. Es steht jetzt fast außer Frage, daß das Verhalten nur unter Bedingungen einer mäßigen Erregung nahezu optimal ist. Auch scheint es so, als ob der Mensch sich bemühe, dieses Erregungsniveau anzustreben und aufrechtzuerhalten. Während der Isolation sprechen die Versuchspersonen z.B. oft mit sich selbst, pfeifen, sagen Gedichte auf oder versuchen, den Versuchsleiter in ein Gespräch zu verwickeln. Dieses Verhalten führte Schultz (1965) zu der Hypothese, daß das Bedürfnis nach Erregung in der Tat nichts anderes sei als ein Bedürfnis nach Stimulierung oder Reizung. In diesem Zusammenhang schlug er ein *sensoristatisches* Modell des Verhaltens vor, eine Art homöostatisches Modell, bei dem die *Empfindung* eine abhängige Variable ist. Vereinfacht könnte man sagen, daß das sensoristatische Modell von Schultz auf der Annahme beruht, daß der Mensch sensorische Veränderungen sucht. So ist dieses Modell, wenn auch nicht in seiner Terminologie, doch identisch mit dem Erregungsmodell.

Die Hebbsche Erklärung der Motivation beruht im wesentlichen auf der Annahme, daß die Erregung eine zentrale Variable beim menschlichen Lernen und Verhalten darstellt und gleicht damit den Motivationsmodellen von Berlyne, Osgood, Bruner u.a.

Hebb in Beziehung zu anderen

Es dürfte klar sein, daß Hebbs Theorieansatz eine deutliche Abkehr von den traditionelleren S-R-Theorien darstellt, die wir bisher betrachtet haben. Hebb beschäftigte sich hauptsächlich mit internen, neurologischen Prozessen, von denen wenige auch nur annähernd so objektiv beobachtbar sind wie die Reize und Reaktionen, an denen Watson und Skinner interessiert waren. Außerdem war es weniger Hebbs Ziel, die Bildung von Beziehungen zwischen Reizen und Reaktionen zu erklären, er wollte vielmehr höhere geistige Prozesse untersuchen. Interessanterweise lassen sich mit seinen neurologischen Spekulationen erstaunlich gute Erklärungen für Lernen durch Kontiguität finden. So läßt sich klassische Konditionierung – in Hebbschen Begriffen ausgedrückt – sehr leicht als Zellgruppierung verstehen. Diese Zellgruppe ist so oft gleichzeitig aktiviert worden, daß die Aktivierung einer Zelle genügt, um auch die benachbarte zu aktivieren.

Die folgenden Kapitel, die sich stärker mit kognitiven Theorien befassen, werden zeigen, daß sich Hebbs Theorievorschlag manchmal auch gut zu Erklärungen von gedanklichen Prozessen heranziehen läßt. Dies zeigt sich besonders bei Bruners Theorien. Hier dienen Hebbs Ideen als Verbindung zwischen dem traditionellen Behaviorismus und den eher kognitiven Ansätzen.

Eine Bewertung

Wie wir zu Beginn gesehen haben, basiert Hebbs Ansatz in einem beachtlichen Ausmaß auf Spekulationen über neurologische Prozesse. Wie bereits gesagt, betrachtet Hebb selbst seine Arbeiten nicht als Theorie, sondern als Vorschlag für eine solche. Dennoch sind seine Ideen ein verständlicher und systematischer Versuch, wichtige Beobachtungen zu erklären, und können daher als Theorie betrachtet werden.

In Bezug auf die von uns angewandten Kriterien kann von Hebbs Theorie behauptet werden, daß sie einige Fakten ziemlich gut erklärt. Sie befindet sich im Einklang mit dem, was über neurologische Prozesse bekannt ist. Aber sie geht, wie wir gesehen haben, ein Stück über das Bekannte hinaus. Wir haben im Moment keine Möglichkeit festzustellen, ob diesbezüglich die Theorie den Tatsachen widerspricht. Zur Verteidigung des Systems kann nur wiederholt werden, daß die logischen Konstrukte, z. B. Zellgruppierungen, einen hohen erklärenden Wert haben. Und an diesem Punkt sollte eine Theorie nicht in Bezug auf ihren Gehalt an „Wahrheit" (truthfulness) bewertet werden, sondern danach, wie stark auf der Theorie basierende Vorhersagen mit den tatsächlichen Beobachtungen übereinstimmen und nach dem Ausmaß, in dem die Theorie eindeutige und nützliche Erklärungen für Beobachtungen lie-

fern kann. In der Tat, keine psychologische Theorie muß mit viel „Wahrheit" gesegnet sein. Die Wissenschaft würde das sowieso nicht anerkennen. Wissenschaft beharrt auf Objektivität, Wiederholbarkeit, Konsistenz und Nützlichkeit. Dieser letzte Punkt, die Nützlichkeit, wird häufig besser von der Geschichte als von der wissenschaftlichen Forschung beurteilt.

Zusammenfassung: Kapitel 6

In diesem Kapitel wurde das Hebbsche Verhaltensmodell beschrieben. Im Anhang bringen wir ein kurzes Lernprogramm, welches ein Verständnis der neurologischen Funktionen aus Hebbscher Sicht vermitteln soll. Ferner wurden sensorische Deprivationsuntersuchungen und ihre Beziehung zur Erregungstheorie diskutiert.

1. Hebb hat ein Verhaltensmodell konstruiert, welches im wesentlichen auf neurologischen und physiologischen Daten und Hypothesen aufgebaut ist. Er betrachtet seine Arbeiten nur als einen Vorschlag für eine Theorie und nicht als fertige Theorie.

2. Das menschliche Nervensystem besteht aus Zellen, die als Neuronen bezeichnet werden; diese wiederum haben einen *Zellkörper,* reizaufnehmende Verlängerungen, die *Dendriten* genannt werden, und einen länglichen Teil, das *Axon.* Die Übertragung zwischen Neuronen läuft vom Ende des Axons (das manchmal etwas größer erscheint und dann als synaptischer Endknopf bezeichnet wird) über den synaptischen Spalt, der eine Unterbrechung zwischen dem Ende eines Axons und den Dendriten einer angrenzenden Zelle darstellt.

3. Hebb versucht, *höhere geistige Prozesse* mit Hilfe von Aktivitäten in Neuronengruppen zu erklären. Diese Aktivität muß seiner Meinung nach die Form von Erregungskreisen annehmen, die durch Neuronen gebildet werden, welche sich gegenseitig reaktivieren können.

4. Die Anordnung von miteinander in Beziehung stehenden Zellgruppierungen wird als *Phasensequenz* bezeichnet. Sowohl Zellgruppierungen als auch Phasensequenzen sind hypothetische Konstrukte, die zur Erklärung von Lernvorgängen dienen. Vermittelnde Prozesse (Denken) werden durch die Aktivität dieser Zellgruppierungen oder Phasensequenzen erklärt.

5. Hebb macht eine Reihe wichtiger Annahmen. So glaubt er, daß Zellgruppierungen durch die wiederholte Darbietung ähnlicher Reizmuster und damit durch die wiederholte Aktivierung der gleichen Neuronen zustandekommen. Wenn zwei Gruppierungen öfter zur gleichen Zeit aktiv werden, bilden sie miteinander eine Assoziation. Letztere Annahme kann man zur Erklärung des Konditionierungsprozesses heranziehen.

6. Eine dritte Annahme ist, daß motorische Aktivität mit den während dieser Aktivität aktiven Gruppierungen assoziiert wird. Diese Annahme erklärt die Bildung von Bewegungsgewohnheiten. Eine vierte Annahme besagt, daß jede Zellgruppierung relativ einfachen sensorischen Daten entspricht.

7. *Einstellung* (set) und *Aufmerksamkeit* sind zentrale Vorgänge beim Lernen und bei der Wahrnehmung. Einstellung (set) bezieht sich auf die Selektivität bei motorischen Reaktionen, die Aufmerksamkeit dagegen auf die Selektivität beim Reizeingang.

8. Hebbs *Motivationstheorie* beruht auf dem Konzept der Erregung. Für Hebb gibt es ein optimales Erregungsniveau, das zu optimal wirksamem Verhalten führt. Menschen versuchen, sich so zu verhalten, daß dieses optimale Niveau aufrechterhalten wird.

9. Untersuchungen über *sensorische Deprivation* scheinen die Hypothese zu bestätigen, daß beim Menschen ein Bedürfnis nach einer Vielfalt sensorischer Stimulierung besteht.

Anhang zu Kapitel 6

Im folgenden handelt es sich um eine Revision eines unveröffentlichten Lernprogramms von H. C. Fricker.

D. O. Hebbs neurologische Theorie

Lernziele. Wenn Sie dieses Programm durchgearbeitet haben, dann sollten Sie zu folgendem in der Lage sein:

1. Definieren:
   a) Zentralnervensystem
   b) Neuron
   c) Dendrit
   d) Axon
   e) Synapse
   f) synaptischer Endkopf

2. Erklären:
   a) die Bildung einer Zellgruppierung
   b) die Bildung einer Phasensequenz
   c) vermittelnde Prozesse
   d) Erregungskreise

Anweisungen: Es folgt ein Lernprogramm, das aus 64 Abschnitten besteht, von denen die meisten eine Leerstelle aufweisen; Sie finden die richtigen Antworten für diese Leerstellen immer auf der rechten Seite. Decken Sie mit einem Stück Papier oder Karton diese Antworten ab. Ist dies geschehen, so beginnen Sie mit dem ersten Abschnitt. SCHREIBEN Sie Ihre Antworten entweder in das Buch oder auf ein separates Blatt Papier. Wenn Sie von einem Abschnitt zum nächsten übergehen, schieben Sie das Papier mit nach unten, damit Sie Ihre Antwort überprüfen können. Da das Programm nicht zu lang ist, können Sie es in einem Zug durcharbeiten. Wenn Sie Ihren Lernerfolg kontrollieren wollen, bedienen Sie sich bitte des kurzen Tests am Ende des Programms. Wenn Sie sehr viele Fehler machen, dann ist das Programm schlecht. Wenn Sie keine Fehler machen, dann sind Sie sehr intelligent. Viel Glück!

1. Gehirn und Rückenmark werden zusammen als „Zentralnervensystem" bezeichnet, weil ihre Funktion darin besteht, wie ein „Schaltbrett" oder eine „Telefonzentrale" zwischen den Rezeptoren und Effektoren des Körpers zu vermitteln. Das Grundelement des Zentralnervensystems ist das NEURON. Das ZNS enthält Milliarden solcher . . . . . .   *Neuronen*

2. Das Zentralnervensystem besteht aus einem Netzwerk von Neuronen in Gehirn und Rückenmark. Das Grundelement des ZNS ist das . . . . . .   *Neuron*

3. Das ZNS ist eine Abkürzung für . . . . . .   *Zentralnervensystem*

4. In diesem weitreichenden System werden Impulse in Form von chemischen Veränderungen oder sehr geringen elektrischen Entladungen übertragen, die von einem Neuron oder einer Gruppe von Neuronen zum nächsten Neuron oder zur

nächsten Gruppe von Neuronen geleitet werden. Auf diese Art und Weise gelangen die „Signale" von unseren Sinnesorganen ins Gehirn und „Anweisungen" vom Gehirn zu den Muskeln in unserem Körper. Dieses komplizierte System bezeichnen wir als das Z...... n......s......

Zentralnerven-system

5. Obgleich Neuronen sehr unterschiedlich in der Form sind, bestehen sie doch grundsätzlich aus einem Zellkörper mit mehreren haarähnlichen Fortsätzen, durch die die elektrisch-chemischen Impulse aufgenommen und an andere Neuronen weitergeleitet werden. Die nächste Abbildung zeigt ein......

Neuron

6. Die Impulse, die wir im ZNS finden, stellen winzige...... Veränderungen dar.

elektro-chemische (elektrische)

7. In jeder Stunde des Wachseins wirken auf unsere Sinne Millionen von Reizen ein (während des Schlafes sind es weniger). Die meisten dieser Reize sind nicht stark genug, um die Neuronen, auf die sie einwirken, zur Entladung zu bringen. Von den Impulsen, denen dieses gelingt, erreichen nur die stärksten das Gehirn und werden dort entsprechend verarbeitet. Dies ist eine Art, in der das ZNS „vermittelt" oder Stimulus-Reaktions-Prozesse verarbeitet. Welches Ausmaß an Impulsen, die auf die Sinnesorgane einwirken, gelangt zum Gehirn?...... (Alle, die meisten, wenige, keine)

wenige

8. Der Ausdruck „vermittelnder Prozeß" bezieht sich auf den Widerstand, die Unterbrechung oder die Veränderung, die einem Impuls auf seiner Bahn durch das ZNS widerfährt. Nehmen wir z. B. an, daß Sie gerade fluchen wollen, daß aber die Gegenwart bestimmter Leute und Ihre frühere Erfahrung Sie dazu bringen, kein Fluchwort zu gebrauchen. Dies ist ein Beispiel für einen v...... P......

vermittelnden Prozeß

9. Der Mensch kann unmöglich auf alles reagieren, was er sieht, hört, fühlt usw. Das ist der Grund, warum nur die stärksten Impulse im ZNS verarbeitet werden; die anderen kommen nicht an oder werden......

vermittelt (oder ähnlicher Ausdruck)

10. Wenn Sie das Bedürfnis haben, sich an Ihrer Nase zu kratzen (natürlich nicht jetzt!), dann können Sie annehmen, daß der Reiz ziemlich stark war, und zwar so stark, daß sein Impuls durch eine Neuronenbahn zum Gehirn gelangte, wo eine Reaktionsbahn aktiviert wurde, die in den Muskeln Ihres Armes und Ihrer Hand endete. Das ZNS enthält also eine Neuronenbahn, die vom Reiz des Juckens zur...... des Kratzens führt.

Reaktion

11. Die Fortsätze des Neurons, die den Reiz empfangen, werden als DENDRITEN bezeichnet. Sprechen Sie dieses Wort. Schreiben Sie das Wort:......

Dendriten

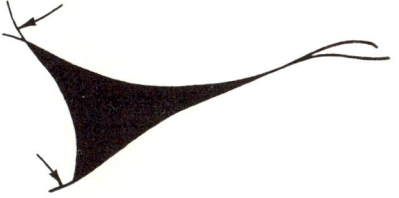

12. Dendriten erhalten Impulse von den Sinnesorganen

oder von anderen Neuronen
und leiten diese zum Zellkörper weiter. Zum Neuron gelangen Impulse durch
die ...... *Dendriten*

13. Dendriten sind Fortsätze,
durch die Neuronen Impul-
se ..... (empfangen, weiter-
leiten) *empfangen*

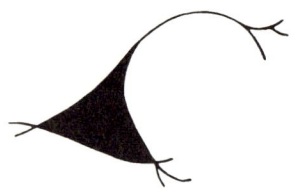

14. Das Neuron besitzt 1, 2
oder mehr Dendriten. Wenn
sich diese in der Nähe anderer Neuronen befinden und
diese anderen Neuronen eine
genügend starke elektrische
Entladung zeigen, so kann
dieser Impuls weitergeleitet
werden. Die reizempfangen-
den Fortsätze eines Neurons
bezeichnen wir als ...... *Dendriten*

15. Jedesmal, wenn ein Impuls vom Neuron A zum
Neuron B weitergeleitet
wird, wird dieser Vorgang in
Zukunft leichter. Dies ist ein
Lernprozeß, wie wir später
sehen werden. Deshalb wollen wir noch einmal wiederholen: Wenn Sie an die reiz-
empfangenden Fortsätze eines Neurons denken, denken
Sie an den Namen ...... *Dendriten*

16. Den Fortsatz des Neu-
rons, durch den Impulse weitergeleitet werden und dadurch zum nächsten Neuron
gelangen, bezeichnen wir als
AXON. Sagen und schreiben
Sie dieses Wort: ...... *Axon*

17. Die Dendriten eines Neurons erhalten ihre Impulse
von dem (den) ...... eines
anderen Neurons. *Axon(en)*

18. Ein Neuron besteht aus
einem Zellkörper und haarähnlichen Fortsätzen, die
als ...... und ...... bezeich- *Dendriten*
net werden. *Axone*

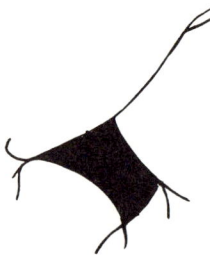

19. Das Ende eines Axons
kann den Dendriten eines
anderen Neurons berühren
oder auch knapp nicht. Diese
Stelle bezeichnen wir als
SYNAPSE. Der Impuls muß
die Synapse überqueren, um
das nächste Neuron zur Entladung zu bringen. Dendriten und Axone treffen an
der ...... aufeinander. *Synapse*

20. Einem schwachen Impuls
gelingt es wahrscheinlich
nicht, über die ...... zum
nächsten Neuron zu gelan-
gen. *Synapse*

21. Wenn die Synapse wie-
derholt von Impulsen über-

quert wird, tritt an ihr eine Veränderung ein. Die Übertragung wird leichter. Je häufiger diese Übertragung stattfindet, um so leichter kann der Impuls die Synapse überqueren. Auf diese Art und Weise vollzieht sich das Lernen. In einer gelernten S-R-Sequenz gelangen die Impulse leicht vom A...... über die S..... zu den D......

Axon
Synapse
Dendriten

22. Manchesmal bildet ein Axon auch eine Synapse mit dem Zellkörper eines benachbarten Neurons. Bei dieser Anordnung spielen die...... keine Rolle.

Dendriten

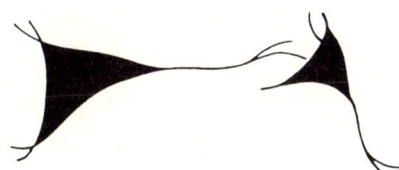

23. Wenn ein Reiz im ZNS die entsprechende Reaktion nicht hervorruft, so können wir annehmen, daß die S-R-Sequenz gestört worden ist. Diese Störung bezeichnen wir als v...... P......

vermittelnden
Prozeß

24. Manchesmal beruht der vermittelnde Prozeß auf anderen störenden Reizen. In diesem Fall bezeichnen wir diese störenden Reize als ......nde Reize.

vermittelnde

25. Tragen Sie die Benennungen in die Zeichnung ein.
a) ......
b) ......
c) ......

Dendrit
Axon
Synapse

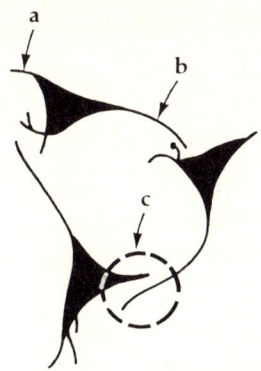

26. Wir werden nun über die „Zellgruppierung" sprechen. Wie der Ausdruck andeutet, ist die Zellgruppierung eine Anhäufung von Neuronen. Sie wissen jetzt, wie ein Neuron sich entlädt oder ein anderes Neuron zur Entladung bringt und wie ein Impuls sich entlang einer Kette von Neuronen fortpflanzt. Stellen Sie sich jetzt vor, was passiert, wenn eines der späteren Neurone nahe genug an dem früheren Neuron liegt. Voilà! Diese Gruppierung von neuralen Zellen bezeichnen wir als ......

Zellgruppierung

27. Das Gehirn enthält Millionen von Zellgruppierungen, von denen jede mit einem bestimmten Reiz assoziiert ist. Diese Zellgruppierungen bilden sich langsam während des Lernprozesses. So können wir also einfach das Lernen als Formierung von ...... betrachten.

Zellgruppierungen

28. Eine Zellgruppierung ist ein Kreis, der möglicherweise Tausende von Neuronen enthält. Der ganze Kreis wird aktiviert durch eine Reaktion auf einen bestimmten...... *Reiz*

29. Jeder unterscheidbare Sinnesreiz wird im Gehirn durch eine Zellgruppierung repräsentiert. Sie haben eine für jede der vielen unterschiedlichen Farben und möglicherweise Tausende für die Ihnen bekannten Laute. Je genauer Sie Farben unterscheiden können, um so größer ist die Anzahl der......, die mit diesen Farben assoziiert sind. *Zellgruppierungen*

30. Ein guter Musiker hat z.B. viele fein entwickelte....., die mit...... assoziiert sind. *Zellgruppierungen Schall (Musik)*

31. Die elektrischen Entladungen durchlaufen die Zellgruppierungen und bewegen sich vom Axon eines Neurons zu den Dendriten des folgenden Neurons fort. Der Spalt, der von der Entladung überquert werden muß, wird als...... bezeichnet. *Synapse*

32. Man kann sich die Zellgruppierungen nicht unabhängig voneinander vorstellen. Es gibt ein weites Netzwerk von Querverbindungen, und die Entladung einer Zellgruppierung überträgt sich wahrscheinlich auf viele andere. Auf diese Art und Weise kann der Geruch einer Speise visuelle und geschmackliche und sogar Empfindungen im Mund und im Magen hervorrufen. Eine Zellgruppierung wird durch eine sie durchlaufende...... Entladung aktiviert. *elektrische*

33. Wenn die unten stehende Zeichnung Ihnen „Dreieck" in Erinnerung ruft, dann nur deswegen, weil die Zellgruppierungen, die mit den separaten Linien assoziiert sind,

genügend andere Zellgruppierungen zur Entladung bringen, um das Dreieck in Ihrer Vorstellung zu vervollständigen. Alle diese Zellgruppierungen zusammen bezeichnen wir als eine Phasensequenz. Eine Phasensequenz ist also eine Gruppe von assoziierten...... *Zellgruppierungen*

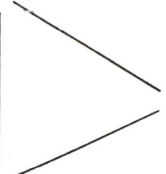

34. Eine Gruppe von assoziierten Zellgruppierungen bezeichnen wir als eine...... *Phasensequenz*

35. Für die Vorstellung einer einfachen Form brauchen wir wahrscheinlich Dutzende von assoziierten Zellgruppierungen. Solch eine Anhäufung von Zellgruppierungen bezeichnen wir als...... *Phasensequenz*

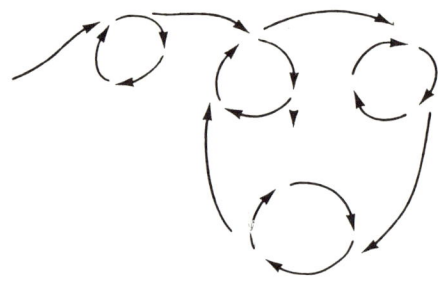

36. Eine Sammlung von assoziierten Neuronen bezeichnen wir als eine......; eine Sammlung von assoziierten Zellgruppierungen bezeichnen wir als eine...... *Zellgruppierung Phasensequenz*

37. Eine Phasensequenz ist eine Sammlung von assoziierten......; eine Zellgruppierung ist eine Sammlung von assoziierten...... *Zellgruppierungen Neuronen*

38. Jedesmal, wenn Sie ein vollständiges Rechteck sehen, entladen sich alle Zellgruppierungen, die mit

Rechteckigkeit assoziiert sind; auch bestehen Querverbindungen zwischen diesen Zellgruppierungen. Wenn dann einige von diesen Zellgruppierungen durch einen visuellen Reiz wie den unten dargebotenen assoziiert werden, entladen sich auch die anderen. Das abstrakte Konzept der Rechteckigkeit existiert also im Gehirn als eine ...... *Phasensequenz*

39. Können Sie sich an den Ausdruck erinnern, der die Stelle bezeichnet, an der zwei Neuronen aufeinandertreffen? ...... *Synapse*

40. Auch Phasensequenzen sind nicht voneinander unabhängig. Hier bestehen ebenfalls Querverbindungen, die für die Flexibilität des Denkprozesses verantwortlich sind. Problemlösen wäre z. B. undenkbar ohne die Übertragung von Impulsen zwischen ...... *Phasensequenzen*

41. Zellgruppierungen und Phasensequenzen sind Erregungskreise. Auch nach Entfernung des Reizes finden noch eine zeitlang Entladungen in diesen Kreisen statt. Solange dieser Kreis erregt ist, können andere ankommende Reize vermittelnd wirken. Vermittelnde Prozesse beziehen sich auf eine Unterbrechung oder eine Veränderung der Verbindung zwischen einem Reiz und einer ...... *Reaktion*

42. Einen Neuronenkreis, der auch nach dem Aussetzen des Reizes aktiv bleibt, bezeichnet man als Er......s. *Erregungskreis*

43. Solange der Kreis erregt ist, kann er einen ...... Einfluß auf ankommende Reize ausüben. *vermittelnden*

44. Ein Neuronenkreis, der auch nach dem Aussetzen des Reizes noch aktiv bleibt, wird als ...... bezeichnet. *Erregungskreis*

45. Sie erhalten die Anweisung: „Addieren Sie die folgenden Zahlen". Diese Anweisung aktiviert den ihr zugehörigen Erregungskreis, der dann bereit ist, die dann folgenden Reize zu vermitteln. Dann kommen die Reize:

„5"
„3"

Ihre Antwort ist richtig, weil ein vermittelnder Einfluß eines ......kreises stattgefunden hat. *Erregungs-*

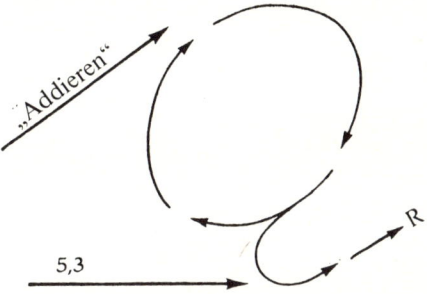

46. Stellen Sie sich z. B. (wenn Sie wollen) die Phasensequenzen vor, die in ihrem Gehirn aktiv werden, wenn Sie folgendes hören: „Buchstabieren Sie bitte das folgende Wort". „Ich möchte Sie nicht erschrecken, aber ......". „Haben Sie schon gehört, was dem Peter Müller passiert ist?" „Wir werden jetzt über Sex diskutieren". Solche Anweisungen und Bemerkungen aktivieren die entsprechenden ......kreise in Ihrem Gehirn. *Erregungs-*

47. Diese Erregungskreise können dann anderes einkommendes Material ...... *vermitteln*

48. Eine kurze Wiederholung, bevor es weitergeht: ZNS bedeutet ...... *Zentralnervensystem*

49. Das Grundelement des ZNS ist das Neuron. Es besteht aus einem Zellkörper mit Verästelungen, die man als ...... und ...... bezeichnet. *Dendriten* *Axone*

50. Dendriten und Axone treffen an der ...... aufeinander. *Synapse*

51. Ein geschlossener Kreis von Neuronen wird als ...... bezeichnet, die von einem bestimmten, ihr entsprechenden ...... aktiviert wird. *Zellgruppierung* *Reiz*

52. Eine Gruppe von Zellgruppierungen, die mit einem einfachen Vorstellungskonzept assoziiert ist, bezeichnen wir als ...... *Phasensequenz*

53. Wenn ein Neuronenkreis auch nach dem Aussetzen des Reizes aktiv bleibt, so bezeichnen wir ihn als ...... *Erregungskreis*

54. Solche Erregungskreise können einen ...... Einfluß auf ankommende Reize ausüben. *vermittelnden*

55. Wie stellt sich eigentlich Hebb den Lernprozeß vor? Mehrere Reize werden zusammen zum ersten Mal aufgenommen, während das ZNS in einem Zustand der Erregung (erregt, wach, bereit) ist. Dies bedeutet, daß sich im System bereits ein Hintergrund an Impulsen befindet. Daraus folgt, daß zufällige Entladungen zwischen Neuronen stattfinden und der Lernprozeß beginnt. Wenn das ZNS erregt oder bereit ist, so befindet es sich in einem Zustand von ...... *Erregung*

56. Durch häufige Wiederholung bilden sich Zellgruppierungen und Phasensequenzen; ferner werden Verbindungen zwischen diesen Gruppen von Reizen gelernt. Das Lernen ist dann nichts anderes als der Aufbau neuraler ...... *Verbindungen*

57. Wenn eine bestimmte Reaktion jedesmal dann auftritt, wenn diese Reize eintreffen, wird auch sie gelernt. So entstehen z. B. Verbindungen zwischen den Reizen „Addieren", „Zwei", „Fünf" und der Reaktion „Sieben". Zwei Voraussetzungen für das Lernen sind also ein Zustand der ...... und häufige ...... *Erregung* *Wiederholung*

58. Den Impulshintergrund, der sich im ZNS befindet und für die Bildung neuer Neuronenverbindungen grundlegend wichtig ist, bezeichnen wir als einen Zustand der ...... *Erregung*

59. Der Lernprozeß ist also im wesentlichen eine Bildung und Stärkung neuraler ...... *Verbindungen*

60. Wenn diese Verbindungen gebildet worden sind, dann dient Übung dazu, die synaptischen Endköpfe aufzubauen, die diese Verbindungen fördern. Die Übung wird damit zum Hilfsmittel des Lernprozesses. Dies gilt sowohl für physische wie auch für geistige Lernprozesse. „Übung macht den Meister", weil sie die neuralen ...... verbessert. *Verbindungen*

61. Die Hebbsche Theorie unterstützt natürlich auch logischerweise das Prinzip der verteilten Übung. Wissen Sie, warum? Was passiert innerhalb eines Neuronenkreises, wenn der externe Reiz entfernt wird? Richtig, der Kreis bleibt weiter ...... *erregt*

62. Wenn das Lernen also innerhalb eines Erregungskreises weitergeht, stoßen wir auf ein weiteres Prinzip, nämlich das der Einbettung beim kreativen Denken. Für den kreativen Denker ist es wichtig, alle bekannten Informationen bezüglich eines Problems durchzukämmen, alle möglichen Lösungswege zu

berücksichtigen und sich dann zu entspannen oder schlafen zu gehen. So wird also das Gehirn vom externalen Reiz abgeschirmt und es können gleichzeitig eine große Anzahl von Neuronenkreisen weiter erregt bleiben. Sehen Sie jetzt, wie eine Lösung oft unerwartet auf diese Art und Weise zustandekommt? Denken Sie angesichts dessen, was Sie bis jetzt gelernt haben, darüber noch einmal nach.

63. Zum guten Schluß müssen Sie immer bedenken, daß die Hebbsche Theorie eben nur eine Theorie ist. Sie ist logisch und vernünftig und bietet für viele Dinge, die bis jetzt noch nicht bewiesen sind, eine interessante Erklärung. Für die Lehrer bietet sie als Lerntheorie praktische und erfolgsversprechende Unterrichtsmethoden. Benutzen Sie diese Theorie selbst. Und nun entspannen Sie sich und lassen Sie *Ihre* Neuronenkreise weiterlaufen, um das zu verstärken, was Sie in diesem Programm gelernt haben.

Kurzer Test über das Hebb-Programm

Richtig – Falsch:
1. Das Gehirn und das Rückenmark werden zusammen als das Zentralnervensystem bezeichnet.

2. Das reizempfangende Ende eines Neurons bezeichnen wir als das Axon.
3. Haarähnliche Fortsätze, die vom Zellkörper eines Neurons ausgehen, bezeichnen wir als Synapsen.
4. Phasensequenzen bestehen aus einer Gruppe von Zellgruppierungen.
5. Für die Bildung von Verbindungen zwischen Zellgruppierungen ist Erregung notwendig.

Vervollständigen:

6. Zellgruppierungen bestehen aus vielen......
7. Wird eine Nervenzelle von einer anderen Zelle aktiviert, die sie ursprünglicherweise zur Entladung brachte, so sprechen wir von einem......
8. Die Übertragung von Impulsen im ZNS ist......r Art.
9. Die längliche Fortsetzung einer Nervenzelle bezeichnen wir als ein......
10. Die Bahnung neuraler Übertragung ist zurückzuführen auf......
(Die Antworten auf diesen Test finden Sie unten)

Antworten auf den Test über das Hebb-Programm

1. Richtig
2. Falsch
3. Falsch
4. Richtig
5. Richtig
6. Neuronen oder Nervenzellen
7. Erregungskreis
8. Elektro-chemischer
9. Axon
10. Wiederholte Übertragung oder Entladung

Lernen:
Kognitive Erklärungen

Kapitel 7

Tolman und die Gestaltpsychologie

Traditioneller Behaviorismus

Der traditionelle Behaviorismus, der in den ersten Kapiteln dieses Buches behandelt wurde, besitzt eine Reihe von Merkmalen, die den meisten seiner Theorien gemein sind. Der erste und vielleicht offensichtlichste Punkt ist, daß die frühen behavioristischen Positionen sich größtenteils als Reaktion auf die eher mentalistischen Ansätzen entwickelten, die Psychologie vor dem Behaviorismus kennzeichnete. Im Gegensatz zu diesen Ansätzen versuchte der Behaviorismus, möglichst objektiv zu sein. So konzentrierten sich seine eifrigsten Verfechter fast ausschließlich auf die Aspekte des Verhaltens, die ohne Schwierigkeiten beobachtet und gemessen werden können: auf Reize und Reaktionen. Die Erforschung des Verhaltens wurde immer mehr zu einer Frage der Entdeckung präziser Beziehungen zwischen Reizen und Reaktionen. Theoretiker wie Hebb und Hull, die sich genötigt sahen, von intervenierenden oder vermittelnden Variablen zu sprechen, bemühten sich, diese so stark wie möglich an Beobachtungen zu binden. Für sie waren intervenierende Variablen weit mehr als nur hilfreiche

Abstraktionen, sie waren tatsächliche neurologische Ereignisse oder Prozesse, die die Forschung irgendwann einmal entdecken würde. Ein zweites wichtiges Kennzeichen traditionell behavioristischer Theorien ist, daß sie Verhalten durch Analysen auf einem molekularen oder elementaren Niveau erklären wollten. Mit anderen Worten, die Theoretiker waren viel mehr an spezifischen Reaktionen und an Abfolgen individueller Reaktionen interessiert als an globalen Verhaltensweisen, die vielleicht auch schwerer zu erfassen gewesen wären. Dieser Reduktionismus ist am deutlichsten bei der klassischen Konditionierung, ist aber auch für die operanten Theorien charakteristisch.

Ein drittes fundamentales Merkmal des traditionellen Behaviorismus ist, daß er wenige Annahmen über Ziele von Verhalten macht, außer wenn diese direkt mit Bedürfnissen oder Antrieben in Verbindung gebracht werden können. Eine streng behavioristische Deutung von Verhalten stellt die Frage nach den *Intentionen* der Handelnden nicht; sie läßt auch *Willen* und *Wunsch* nicht zu. Sie sucht einfach nach Verbindungen zwischen Reaktionskonsequenzen und Verhalten oder will die Art und Weise verstehen, in der die zeitliche Kontiguität von Reizen, Reaktionen und Reaktionskonsequenzen wichtig ist für die Vorhersage von Verhalten.

Eine deutliche Absage an den traditionellen Behaviorismus erteilte der Kognitivismus, der seinen Ursprung in der deutschen Gestaltpsychologie hat. Diesen Ursprung werden wir in einem späteren Teil dieses Kapitels diskutieren.

Eine weniger entschiedene Ablehnung des traditionellen Behaviorismus formierte sich in den Vereinigten Staaten und findet sich besonders in den Werken Edward Tolmans.

Obwohl das System Tolmans erst nach der Gestaltpsychologie entwickelt wurde, betrachten wir es in diesem Kapitel zuerst, da es eine wichtige Verbindung zwischen Behaviorismus und Kognitivismus darstellt.

Edward Chace Tolman (1886–1959)

Tolman wurde am 14. April 1886 (auch Guthries Geburtsjahr) in Newton, Massachusetts in eine Quäkerfamilie geboren. Er besuchte die technische Hochschule in Massachusetts (MIT), wo er 1911 sein Examen in Elektrochemie ablegte. Von dort ging er nach Harvard, wo er 1912 sein Diplom erhielt und 1915 promovierte. Diese beiden Examina legte er in Psychologie ab. Danach unterrichtete er an der Northwestern University. Dort wurde er – angeblich wegen mangelnder pädagogischer Fähigkeiten, vermutlich aber wegen seiner auf dem Quäkertum basierenden pazifistischen Überzeugung – drei Jahre später, zur Zeit des Weltkrieges, entlassen. Von dort ging er nach Berkeley an die Universität von Kalifornien, wo er den größten Teil der verbleibenden Zeit seiner akademischen Karrierre verbrachte. Schließlich wurde ihm auch dort gekündigt – dieses Mal, weil er sich geweigert hatte, einen umstrittenen Loyalitätseid abzulegen, der von der McCarthy-Bewegung eingeführt worden war. Deshalb nahm er 1950 Anstellungen an der Universität von Chicago und in Harvard an. Als Mitglied der „American Civil Liberty's Union" trug er zur Sicherung bestimmter Teile akademischer Freiheit bei. Ein Ergebnis seiner Bemühungen war, daß er 1953 nach Berkeley zurückkehren konnte. Tolman, der wie Skinner, Hebb und Guthrie zeitweilig Präsident der „American Psychological

Association" war, wurde oft vorgeworfen, er sei nicht so ernsthaft und aufrichtig, wie er es im Hinblick auf die Entwicklung seiner Theorie hätte sein sollen. Sein Werk ist mit vielen Einfällen und Anekdoten geschmückt. Vielleicht meinte er es wirklich nicht so ernst, als er eines seiner wichtigsten Bücher Mus norvegicus albinus widmete (der weißen, norwegischen Maus, obwohl allgemein davon ausgegangen wird, daß er eine weiße, norwegische Ratte meinte). (Sahakian, 1981, Woodworth & Sheehan, 1964.)

Zielgerichteter Behaviorismus

Einer der grundlegenden Unterschiede zwischen der Position Tolmans und der anderer Behavioristen wird im Titel dieses Abschnitts – es ist ein Titel aus einem von Tolmans Büchern – angesprochen. Der von Tolman erfundene und beschriebene Behaviorismus ist *zielgerichtet*. Hier wird von den Handelnden, seien es Menschen oder Ratten, angenommen, daß sie ein Ziel haben. Trotz seiner eindeutig behavioristischen Orientierung beharrte Tolman darauf, daß *jegliches Verhalten zielgerichtet* sei. Damit wollte er ausdrücken, daß Verhalten durch *Kognitionen* auf ein Ziel gerichtet wird und nicht lediglich aus S-R-Verbindungen resultiert.

Belege aus der Forschung

Welche Hinweise gibt es dafür, daß z. B. eine Ratte ihr Verhalten so ausrichtet, als hätte sie ein Ziel? Und warum sollten wir glauben, daß diese Ausrichtung, wenn es sie gibt, nicht einfach eine Manifestation von gelernten S-R-Verbindungen ist, sondern vielmehr das Ergebnis von Erkenntnissen?

Es gibt eine Reihe interessanter Studien – die meisten davon wurden an Ratten durchgeführt – die sich mit diesen Fragen beschäftigen. Vielleicht die bekannteste davon ist die von Tolman und Honzik (1930) zum *Umweg-Lernen*:

Man setzt eine Ratte in ein Labyrinth, in welchem mehrere Wege zum Ziel führen, und läßt sie es solange durchlaufen, bis sie es erlernt hat. Als nächstes blockiert man einige Wege und

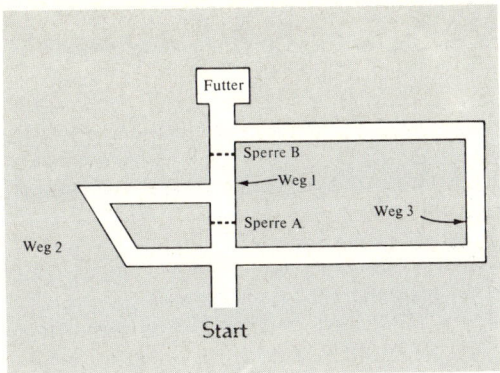

Abb. 7.1.

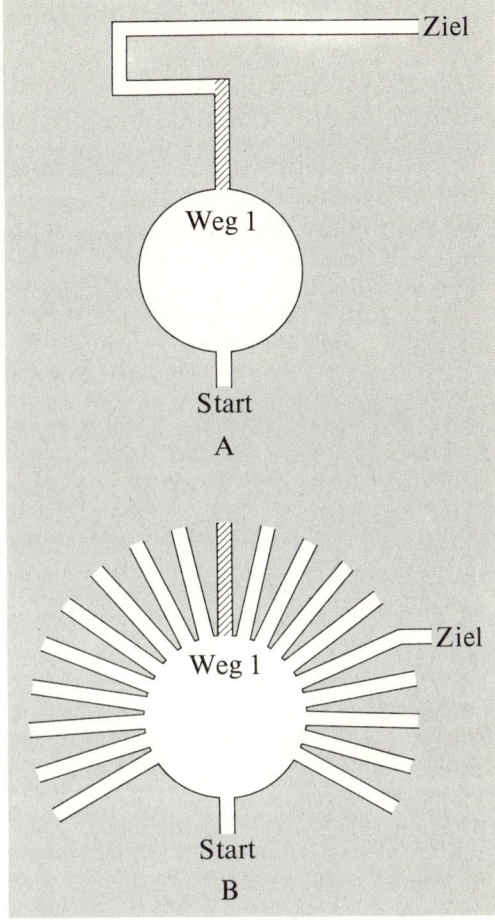

Abb. 7.2. „Ort"- oder „Richtungs"-Lernen bei Ratten. In der Studie von Tolman, Ritchie & Kalish (1946) lernten Ratten durch ein einfaches Labyrinth mit einem Umweg zum Ziel zu kommen. In der zweiten Hälfte des Experiments blieben Ziel und Startkammer gleich, aber der ursprüngliche Weg war blockiert, es standen jedoch 18 neue Wege zur Verfügung

beobachtet die Reaktionen der Ratte. (Eine annähernde Darstellung des Originalexperiments von Tolman und Honzik gibt Abb. 7.1). Die Wege sind so gewählt, daß sie in ihrer Länge vom kürzesten (1) bis zum längsten (3) variieren. Von einer Ratte, die mit dem Labyrinth vollkommen vertraut ist, kann man erwarten, daß sie Präferenzen für die Wege 1, 2, 3, (in dieser Reihenfolge) ausbildet. Diese Erwartung wird durch die Beobachtung bestätigt, daß hungrige Ratten unterschiedslos den Weg 1 wählen, was auf eine Bevorzugung dieses Weges hinweist. Wurde im Experiment der Weg 1 bei A jedoch blockiert, wählt die Ratte fast unterschiedslos den Weg 2 (annähernd 93% der Fälle). Diese Reaktion entsprach den S-R-Erklärungen des Verfahrens; die nächste Beobachtung tat dies jedoch schon nicht mehr. Wenn Weg 1 bei B blockiert ist, würden die S-R-Theoretiker möglicherweise immer noch vorhersagen, daß die Ratte Weg 2 wählt, da der Eingang zu Weg 2 nicht blockiert ist und er in der Bevorzugung an zweiter Stelle steht. Offensichtlich bedeutet die Blockade des Weges 1 bei B auch eine Barriere für Weg 2, womit als einzige zum Ziel führende Alternative Weg 3 übrigbleibt.

Die *kognitive* Schlußfolgerung lautet nun, daß die Ratte eher Weg 3 als Weg 2 wählt, sie sich so verhält, weil sie irgendeine Art von „*kognitiver Landkarte*" des Labyrinths entwickelt hat. Die Kenntnis der Labyrinthstruktur erlaubt ihr, zu einer einsichtsvollen Lösung des Problems zu kommen. Erstaunlicherweise wählten im dargestellten Experiment tatsächlich 14 von den 15 Ratten Weg 3.

Nach Tolmans auf derartigen Experimenten basierender Meinung beinhaltet Lernen die Entwicklung *kognitiver Landkarten,* die die interne Repräsentation der Beziehung zwischen Ziel und Verhalten wie auch das Wissen wo das Ziel zu finden ist, darstellt. Der Organismus entwickelt im Hinblick auf Verhalten eine Reihe von Erwartungen. Diese Erwartungen können mit Tolmans Unterscheidung von *Zeichen* und *Bezeichnetem* (sign-significate) erklärt werden, wobei ein Zeichen einfach ein Reiz ist und das Bezeichnete die Erwartung einer Belohnung, die gelernt worden ist.

Anscheinend verhalten sich auch Tiere so, als hätten sie Erwartungen. Tolman zitiert eine

Studie, in der einem Affen beigebracht wurde, eine von mehreren Tassen zu wählen und umzudrehen, um an eine Banane zu gelangen. Ersetzte man die Banane durch Salat, wurde der Affe aufgeregt und setzte seine Suche fort. Anders gesagt, der Affe benimmt sich so, als hätte er erwartet, unter der Tasse eine Banane zu finden. Seine Aufregung und die fortgesetzte Suche könnten im traditionellen Behaviorismus nur unzureichend erklärt werden.

Unter den vielen Studien, die Tolmans Theorie stützen, gibt es einige, die „Ortslernen" in Gegensatz zu „Reaktionslernen" stellen, und solche, die „latentes" Lernen erläutern. Diese Begriffe werden durch die folgenden Experimente veranschaulicht und erklärt. In einem klassischen Experiment trainierten Tolman, Ritchie und Kalish (1946) Ratten so, daß sie über einen offenen runden Platz und danach in ein Gäßchen rannten, das sie nach einigen rechtwinkligen Biegungen schließlich in die Zielkammer führte. Im nächsten Schritt des Experiments war der zu dem Ziel führende Weg blockiert, dafür hatte die Ratte 18 neue Wege zur Verfügung (s. Abb. 7.2). Welchen Weg wird die Ratte wählen? Behavioristische Theorien würden vorhersagen, daß die Ratten wahrscheinlich den Weg wählen würden, der dem ursprünglichen Weg am nächsten liegt und diesem damit am ähnlichsten ist (Generalisierung). Allerdings wählten wesentlich mehr Ratten den Weg, der in die ungefähre Richtung der Zielkammer führte. Scheinbar hatten diese Ratten nicht eine Reihe von verknüpften Reaktionen gelernt, die verstärkt und eingestanzt worden waren, sondern einen *Ort*. Mit anderen Worten: Sie hatten zusammen mit den Erwartungen, die mit dem Ort verbunden waren, eine „kognitive Landkarte" der Umgebung entwickelt. Diese Erwartungen gemeinsam mit der kognitiven Karte bestimmen das Verhalten der Ratten.

Macfarlane (1930) berichtet über ein zweites Experiment, das auf drastische Weise den gleichen Punkt herausstellt. Auch hier lernten Ratten, in einem Labyrinth eine Zielkammer zu finden, wobei sie jedoch durch das Labyrinth *schwimmen* mußten. Eine streng behavioristische Interpretation dieses Phänomens würde behaupten, daß die spezifischen (molekularen) Reaktionen, die Schwimmen beinhaltet, zusammengekettet, verstärkt und schließlich als komplette Sequenz gelernt wurden. Die gleiche Interpretation müßte auch vorhersagen, daß, wenn das Labyrinth trockengelegt würde, so

daß die Schwimmreaktion total unwirksam wäre, die Ratten das Labyrinth gänzlich neu lernen müßten. Nachdem das Labyrinth entwässert worden war, rannten die Ratten jedoch ohne zögern in die Zielkammer und machten dabei nicht mehr Fehler als in dem Versuch, in dem sie das Labyrinth durchschwimmen mußten. Auch hier zeigt sich also, daß das Lernen von Labyrinthen mehr beinhaltet als nur den einfachen Erwerb von Reiz-Reaktions- oder Reaktions-Belohnungs-Verbindungen. Dies soll anhand eines letzten Experiments nochmals verdeutlicht werden. In dieser Studie ließ Buxton (1940) Ratten einige Nächte in großen Labyrinthen verbringen, er fütterte sie jedoch nicht. Strenge Behavioristen würden natürlich voraussagen, daß diese Ratten als Resultat ihres Aufenthalts im Labyrinth sehr wenig gelernt haben würden. Diese Behavioristen dürften sehr erstaunt sein, zu hören, daß mindestens die Hälfte der Ratten den richtigen Weg vom Start zur Zielkammer gelernt hatten – ohne Verstärkung. Buxton vergewisserte sich dessen, indem er die Ratten in der Zielkammer kurz fütterte und sie daraufhin sofort in die Startkammer setzte. Das Ergebnis? Die Hälfte der Ratten rannte ohne einen einzigen Fehler zur Zielkammer. Scheinbar können Ratten auch ohne Futterbelohnung kognitive Karten entwickeln. Dieses Lernen wird, weil es verzögert ist, manchmal latent genannt.

Zusammenfassung der Position Tolmans

Einige wichtige Prinzipien sind für das Verständnis der Tolmanschen Theorie von grundlegender Bedeutung. Das erste und wichtigste davon ist, daß seiner Meinung nach jedes Verhalten zielgerichtet ist. Damit meinte Tolman, daß jegliches Verhalten von Kognitionen oder Erwartungen geleitet wird, die ihrerseits mit den Zielen verbunden sind. Im einfachsten Sinne ist eine Kognition das, was sich als Folge von Erfahrungen mit Reizen und Belohnungen entwickelt. Dabei ist zu betonen, daß es sich bei dem Begriff Kognition um eine Abstraktion handelt - eine theoretische Erfindung. Tolman glaubte im Gegensatz zu Hull und Hebb nicht, daß z. B. intervenierende Variablen „wirkliche" (obwohl zugestandenermaßen nicht entdeckte und etwas spekulative) neurologische Dinge oder Prozesse sind.

Ein zweites wichtiges Prinzip des Tolmanschen Systems ist seine Hervorhebung des *molaren* anstelle des *molekularen* Aspekts von Verhalten. Damit ist gemeint, daß Tolman Verhalten nicht auf seine kleinsten Einheiten reduzierte wie der Reduktionismus des strengen Behavioristen, sondern sich stattdessen mit großen Einheiten von Verhalten beschäftigte, die durch ein einziges Ziel bestimmt werden. Es ist dieser Zweck, diese Suche nach dem Ziel, die Verhalten bestimmt, nicht die Belohnung selbst. Anders gesagt sind die Verbindungen, die im Tolmanschen System Verhalten erklären, keine Bindeglieder zwischen Reizen und Reaktionen oder zwischen Verstärkungen und Reaktionen, sondern zwischen Reizen und Erwartungen. Diese Erwartungen bewirken, daß der Organismus bestimmten Situationen ausgesetzt wird, in denen Verstärkung möglich ist.

Ein drittes fundamentales Prinzip in diesem System bezieht sich auf die Rolle der Verstärkung beim Lernen. Wie gerade gesagt, sind die Verbindungen, die in Tolmans System Verhalten erklären, keine Bindeglieder zwischen Verstärkungen und Reaktionen oder zwischen Reizen und Reaktionen, sondern Bindeglieder zwischen Reizen und Erwartungen. Da sich Erwartungen in Situationen entwickeln, in denen Verstärkung möglich ist, ist die Rolle der Verstärkung primär die von bestätigenden Erwartungen. Je öfter eine Erwartung bestätigt wird, um so wahrscheinlicher werden die mit ihr assoziierten Reize (Zeichen) mit dem relevanten Bezeichnetem (Erwartung) verknüpft.

Ein letztes Prinzip in Tolmans System betrifft das, was gelernt wird, und ist deshalb in den drei vorangehenden Prinzipien implizit vorhanden. Was gelernt wird, ist in Wirklichkeit nicht ein spezifisches Verhalten als Reaktion auf einen Reiz oder eine Belohnung, sondern eine Kognition – eine Wissenseinheit bezüglich physikalischen Raums und die Möglichkeit einer Belohnung für dieses Wissen. Genauer gesagt, was gelernt wird, ist die Beziehung zwischen Zeichen und Bezeichnetem – das Wissen um eine Verbindung zwischen einem Reiz und den Erwartungen, die mit dem Erreichen des Zieles verknüpft sind.

Vom Behaviorismus zum Kognitivismus

Tolmans wesentlicher Beitrag zur Entwicklung psychologischer Theorien liegt weniger in dem Wissensfortschritt und den Vorhersagen, die durch seine Arbeit möglich sind, als in der Tatsache, daß seine Arbeit einen Übergang von streng behavioristischen Interpretationen zu einem mehr kognitiven Ansatz bildet. Es wäre jedoch falsch, zu behaupten, daß die Psychologie vom mentalistischen Konzept der frühen Introspektionisten über die starren Interpretationen der Behavioristen zum Gipfel des Kognitivismus aufgestiegen sei. In Wirklichkeit ist der Kognitivismus ungefähr genauso alt wie der Behaviorismus. Die Gestaltpsychologie, eine der frühesten Formen kognitiver Theorien, entwickelte sich etwa zur gleichen Zeit wie der frühe Behaviorismus. Dennoch stimmt es, daß die Psychologie in Nordamerika von einer Periode, in der der Watsonsche und Thorndikesche Behaviorismus in Theorie und Praxis dominierten, in eine andere Phase gelangte, in der kognitive Theorien von immer größerem Interesse waren, in der aber der Behaviorismus weiterhin in Blüte stand.

Kognitivismus

Die Gestaltpsychologie wird hauptsächlich wegen ihrer Beschäftigung mit Wahrnehmung, Bewußtsein und Einsicht als Vorläufer der heutigen kognitiven Psychologie betrachtet. Der Begriff „Kognitivismus" bezeichnet eine Richtung in der Psychologie, die dadurch charakterisiert ist, daß sie sich relativ wenig mit Reizen und Reaktionen beschäftigt. In der Tat besteht bei den Kognitivisten die Tendenz, vieles am Behaviorismus mit der Begründung abzulehnen, er sei zu mechanistisch, zu unvollständig und zur Erklärung höherer geistiger Prozesse nicht geeignet. An die Stelle dessen, was sie als „zu stark simplifizierende Betrachtung menschlichen Verhaltens" ansahen, setzten die Kognitivisten relativ komplexe - aber nicht notwendigerweise immer klare - Konzepte. Sie beschäftigen sich primär mit Themen wie Wahrnehmung, Problemlösen durch Einsicht, Entscheidungsprozessen, Informationsverarbeitung und Verständnis. Bei all diesen Prozessen spielt das *Bewußtsein* (oder die Kognition) eine zentrale Rolle. Trotz dieser zentralen Stellung des Bewußtseins jedoch ist es für kognitive Psychologen keineswegs ungewöhnlich, einen Teil ihrer Theorien auf Verhaltensbeobachtungen an niederen Tieren zu stützen. Diesbezüglich macht Bertrand Russel die interessante

Beobachtung, daß amerikanische und deutsche Ratten grundsätzlich voneinander verschieden sein müßten. Er sagt:

„... Tiere, die von Amerikanern studiert werden, rennen wie verrückt umher und erreichen schließlich unter einem unglaublichen Aufwand an Betriebsamkeit und Energie das gewünschte Resultat per Zufall. Von Deutschen beobachtete Tiere dagegen sitzen still, denken und entwickeln schließlich die Lösung aus ihrem inneren Bewußtsein heraus." (in: Commons und Fagin, 1954)

Er bezog sich damit offensichtlich auf die Tatsache, daß die amerikanische Psychologie damals zu einem großen Teil vom Versuch-und-Irrtum-Behaviorismus E. L. Thorndikes beherrscht wurde, während die deutsche Schule sich mehr am einsichtsvollen Problemlösen in der Tradition der Gestaltpsychologen orientierte. Daß Ratten sich tatsächlich manchmal in bestimmter Weise verhalten, nur weil ihre Untersucher es so von ihnen erwarten, wurde von Rosenthal und Fode (1963) demonstriert. Sechzig gewöhnliche Laborratten wurden in einem experimentellen Praktikum auf 12 Studentinnen und Studenten verteilt. Vorher hatten diese Studenten gelernt, daß einige Rattenarten bezüglich ihres genetischen Hintergrundes als „Labyrinth-klug", andere dagegen als „Labyrinth-dumm" bezeichnet werden können. Weiterhin wußten sie, daß die „Labyrinth-klugen" Ratten so benannt wurden, weil sie tatsächlich dazu neigten, Labyrinthstrukturen leichter zu erlernen als ihre dummen Verwandten. In dem zur Diskussion stehenden Experiment wurde einer Hälfte der Studenten und Studentinnen gesagt, ihre Ratten seien „klug", während die andere Hälfte erfuhr, daß ihre Ratten „dumm" seien. Nun wurden alle Praktikumsteilnehmer gebeten, ihre Ratten auf ein einfaches Labyrinth zu trainieren. Jede Ratte konnte fünf Tage lang jeden Tag 10 mal das Labyrinth durchlaufen. Die Resultate der Untersuchung zeigten, daß die Ratten, deren Trainer Klugheit von ihnen erwarteten, die „dumme" Gruppe in bezug auf ihre Leistung signifikant übertrafen. Zusätzlich wurden sie als „klüger, angenehmer und liebenswerter" wahrgenommen. Ein ähnliches Rattenexperiment (Rosenthal und Lawson, 1964), das über einen längeren Zeitraum durchgeführt wurde, und wesentlich komplexere Lernvorgänge umfaßte, brachte vergleichbare Ergebnisse. Dieser Befund sollte jedoch nicht zu der Meinung verführen, daß alle Rattenstudien unterschiedslos die gewünschten Resultate erbringen. Wahrscheinlich trifft dies mit genauso großer Häufigkeit zu wie bei Untersuchungen an Menschen.

In der vorangegangenen Diskussion sind zwei Punkte wichtig: Erstens, daß Erwartungen Versuchsergebnisse beeinflussen können. Zweitens, daß die Personen, die den Versuch durchführen, diesen oft so aufbauen, daß er kaum Ergebnisse liefern kann, die ihren ursprünglichen Meinungen widersprechen. Vielleicht mußten Thorndikes Katzen ihre Probleme durch die Versuch-Irrtum-Methode lösen, während derselbe Ansatz bei Köhlers Affen nicht gelingen konnte.

Der restliche Teil dieses Kapitels besteht aus einer allgemeinen Beschreibung der Gestaltpsychologie und einer Diskussion der Lewinschen Variante des gestaltpsychologischen Ansatzes. Seine Position kann dahingehend interpretiert werden, daß sie einen Übergang zwischen einem größtenteils wahrnehmungsorientierten Kognitivismus und den heutigen kognitiven Ansätzen, wie z. B. dem von Bruner darstellt.

Gestaltpsychologie

Zu der Zeit, als der 1. Weltkrieg ausbrach, fand sich ein junger Deutscher auf einer der afrikanischen Küste vorgelagerten Insel ausgesetzt und wegen des Krieges nicht in der Lage, in seine Heimat zurückzukehren. Sein Name war Wolfgang Köhler; er war Psychologe. Der Name der Insel war Teneriffa; sie wurde von zahlreichen Affen bewohnt. Während der 4 Jahre, die Köhler auf Teneriffa verbrachte, studierte er die Affen. Köhler berichtete seine Beobachtungen in einem Buch mit dem Titel „Intelligenzprüfungen an Menschenaffen" (1921). Zwei Untersuchungen Köhlers über das Problemlösungsverhalten bei Affen sind von besonderem Interesse. Der Unterschied zwischen diesen Untersuchungen lag in der Art des zu lösenden Problems, in einem Fall handelt es sich um „Stock-Aufgaben", im zweiten um „Kisten-Aufgaben". Diese Aufgaben erforderten, daß der Affe ein Bündel Bananen erreichen mußte, welches entweder außer Reichweite über seinem Kopf hing oder sich außerhalb des Käfigs ebenfalls außer Reichweite befand. In der ersten Situation mußte der Affe eine Kiste unter die Bananen stellen oder aber mehrere Kisten stapeln, um die Belohnung zu erreichen; in der zweiten war es notwendig, daß er mit einem langen Stock nach draußen langte oder, in einigen Fällen, zwei Stöcke ineinandersteckte, um weit genug reichen zu können. Nach Köhler ist das hervorstechendste Merkmal des Problemlösungsverhaltens bei Affen, daß sie eher *Einsicht* als Versuch-und-Irrtum einsetzen, um ein Problem zu lösen. Tatsächlich ist es so, daß selbst wenn sie verschiedene Ansätze ausprobieren, diese gewöhnlich nicht zur Lösung führen. Diese kommt oft – während der Affe sitzt oder liegt, vielleicht vertieft in das Problem, aber nicht aktiv damit beschäftigt, es zu lösen. Wenn das Verhalten Versuch-und-Irrtum einzuschließen scheint, und wenn aufeinanderfolgende Versuche zu einer korrekten Lösung zu führen scheinen, nimmt Köhler an, daß jeder Versuch eine kleine Einsicht enthält.

Köhlers Untersuchungen an Affen führten ihn zu der Schlußfolgerung, daß nicht nur Affen fähig seien, das Bananenproblem zu lösen, sondern daß ihr Lösungsansatz im wesentlichen dem des Menschen gleiche, weil sie Einsicht gebrauchten. Seitdem ist die Einsicht zum Fundament der Gestaltpsychologie geworden. Gewöhnlich wird sie definiert als die *plötzliche Wahrnehmung von Beziehungen zwischen den Elementen einer Problemsituation.* Drei Begriffe in dieser Definition sind besonders wesentlich, da sie die Schlüsselwörter der Gestaltpsychologie darstellen:
Einsicht, Wahrnehmung und Problemlösung. Die grundlegende Fragestellung der Gestaltpsychologen behandelt die Art und Weise, wie Menschen Probleme lösen; die vereinfachte Antwort lautet: sie lösen Probleme durch Einsicht, welche die Wahrnehmung von Beziehungen miteinbezieht. Es ist daher nicht überraschend, daß eine Möglichkeit, die Gestaltpsychologie zusammenzufassen, darin besteht, sie anhand von Gesetzen der Wahrnehmung zu beschreiben. Diese Gesetze wurden größtenteils von den drei Männern entwickelt, die als Begründer der Gestaltbewegung gelten: Wertheimer (1959), Koffka (1922, 1925, 1935) und Köhler (1927, 1959). Von diesen waren Koffka und Köhler durch ihre Schriften hauptverantwortlich für das Populärwerden der Bewegung; Wertheimer war der anerkannte Führer. Sein Buch erschien nach seinem Tode (1945) und befaßt sich weniger mit einer allgemeinen Diskussion der Gestaltpsychologie als mit der Anwendung der Theorie in der Erziehung. Es ist interessant, daß diese Bewegung bei Psychologen, die größtenteils in der behavioristischen Tradition unterrichtet waren, weniger Unterstützung fand als bei Erziehern, die behaupteten, sie hätten immer schon gewußt, daß der Mensch seine Probleme eher durch Einsicht als durch Versuch-und-Irrtum löse.

Wolfgang Köhler (1887–1967)
Kurt Koffka (1886–1941)
Max Wertheimer (1880–1943)
Die Ideen und Theorien Koffkas, Köhlers und Wertheimers sind – wie auch ihre Leben – fast untrennbar. Alle waren Studenten der Universität Berlin (sie wurden bekannt als die Berliner Gruppe), alle hatten sie eine Ausbildung in Philosophie und Psychologie, und alle wanderten sie schließlich in die Vereinigten Staaten von Amerika aus. Max Wertheimer, der etwa 6 Jahre älter als Köhler und Koffka war, wurde am 15. April 1880 in Prag geboren. Dort studierte er zunächst Jura. Später ging er nach Berlin, wo er Philosophie und Psychologie studierte und 1904 promovierte. Vielseitig interessiert, schrieb er auch Gedichte und komponierte Sinfonien.

Obwohl er als intellektueller Führer der Gestaltpsychologie anerkannt war, trug Wertheimer weit weniger zur Popularisierung der Bewegung bei als Köhler und Koffka. Er entwickelte jedoch den Aufbau für einige wichtige Experimente und legte die Prinzipien der Gestaltpsychologie in seinen Vorlesungen dar. Es wird behauptet, daß ihm die Idee für eines seiner wichtigsten Experimente zu Beginn seiner Karriere kam, während er im Zug saß und in die Ferien fuhr. Dort begann er darüber nachzudenken, daß schnell nacheinander aufflackernde Lichter beim Betrachter den Eindruck von Bewegung hinterlassen.

Die darauf folgende Erforschung dieses „Phi-Phänomens" beschäftigte auch Köhler und Koffka, seine Assistenten, und führte schließlich zur Ausarbeitung der Gestaltpsychologie.

1933 emigrierte Wertheimer in die Vereinigten Staaten, wo er bis zu seinem Tod 1943 blieb.

Wolfgang Köhler wurde am 21. Januar 1887 in Reval, Estland, geboren. 1909 promovierte er an der Universität Berlin und arbeitete danach, zusammen mit Koffka, mit Wertheimer in Frankfurt.

1913 lud ihn die Preußische Akademie der Wissenschaften zu einem Aufenthalt auf der Insel Teneriffa vor der Küste Afrikas ein. Hier sollte er Direktor der Anthropoidenstation werden. Sechs Monate nach seiner Ankunft auf Teneriffa brach der 1. Weltkrieg aus, und Köhler konnte nicht mehr zurück. Im ganzen verbrachte er 4 Jahre auf der Insel und untersuchte das Verhalten von Affen (und auch Hühnern). Die Ergebnisse dieser Forschungen wurden in dem wichtigen Werk „Intelligenzprüfungen an Menschenaffen" (1921) veröffentlicht. Das Buch wurde 1927 überarbeitet.

Von Teneriffa aus kehrte er nach Berlin zurück, wo er bis 1935 blieb. Köhler veröffentlichte in dieser Zeit sehr viel und wurde dadurch zum wichtigsten Sprecher der Gestaltpsychologie. Das Nazi-Regime zwang ihn 1935, Deutschland auf Dauer zu verlassen. Er ging in die Vereinigten Staaten, wo er vorher schon viele Vorlesungen gehalten hatte, und blieb dort bis zu seinem Tod im Jahr 1967.

In den Vereinigten Staaten schrieb er weitere wichtige Bücher. Die „American Psychological Association", deren Präsident er (wie auch Skinner, Guthrie, Tolman und Hebb) war, ehrte ihn mit dem „Distinguished Scientific Contribution Award".

Kurt Koffka wurde am 18. März 1886 in Berlin geboren, besuchte dort die Universität und promovierte 1909 in Psychologie. Zuvor hatte er in Edinburgh Philosophie und Naturwissenschaften studiert. Von Berlin ging er nach Frankfurt, wo er sich mit Wertheimer und Köhler zusammenschloß und sehr viele Schriften veröffentlichte, die später die Popularisierung der Gestaltpsychologie stark beeinflußten. Er war der produktivste Autor der Berliner Schule und veröffentlichte eine große Zahl wichtiger und teilweise schwieriger Bücher.

Wie auch Köhler und Wertheimer hatte er schon vor seiner Auswanderung in die Vereinigten Staaten 1927 dort unterrichtet. Nach seiner Emigration lehrte er am Smith College und schrieb bis zu seinem Tod 1941. (Boring, 1950; Sahakian, 1970; Schultz, 1969; Woodworth & Sheehan, 1964).

Gesetze der Wahrnehmung

Das erste und grundlegende Argument, das von Gestaltpsychologen gegen Vorgehensweisen, die den analytischen Aspekt des Verhaltens hervorheben, vorgebracht wird, ist, daß Verhalten nicht in Begriffen seiner Einzelteile verstanden werden kann. Das klassische Klischee, das zum Markenzeichen des gestaltpsychologischen Ansatzes geworden ist, lautet: „Das Ganze ist mehr als die Summe seiner Teile" – eine Aussage, die in ihrer Interpretation durch die Gestaltpsychologie nachweislich richtig ist. Die Gestaltpsychologie verneint weder, daß das Ganze sich aus Teilen zusammensetzt, noch verneint sie, daß die Teile durch Analyse entdeckt werden können, aber sie widerspricht der Meinung, daß das Ganze durch die Analyse verstanden werden kann. Ein Beispiel, das oftmals zur Unterstützung dieser Auffassung zitiert wird, ist das *Phi-Phänomen,* so benannt von Wertheimer; es bezeichnet einfach die Beobachtung, daß zwei oder mehr Lichter, die abwechselnd oder aufeinanderfolgend aufleuchten, nicht einfach als aufleuchtende, sondern vielmehr als sich bewegende Lichter wahrgenommen werden. Dieses Phänomen der scheinbaren Bewegung erklärt, auf welche Weise Menschen Lichtreklame oder Filme wahrnehmen.

Zusätzliche Beweise, daß die Wahrnehmung von Ganzheiten (Gestalten) sich von der Wahrnehmung der Teile unterscheidet, liefern zahlreiche alltägliche Ereignisse. Wenn jemand z. B. Musik hört, besteht die Gesamtwahrnehmung nicht aus isolierten Noten, sondern aus Takten oder Passagen. Geschähe dies nicht so, dann wären die Anordnung der Noten und die Intervalle, während derer sie anhalten, nicht so wichtig. Weiterhin ist es offensichtlich, daß ein physikalisches Objekt seine Identität nicht allein aus seinen Bestandteilen erhält, sondern mehr von der Art und Weise, in der diese Teile kombiniert sind. Ein so einfacher Gegenstand wie ein Apfel ist nicht mehr einfach ein Apfel, nachdem er durch den Mixer gegangen ist, noch ist ein Auto weiterhin ein Auto, nachdem seine Karosserie völlig entfernt wurde. Das Hauptinteresse der Gestaltpsychologen lag demnach bei der Abdeckung der Gesetze, die die Wahrnehmung von Gestalten bestimmen. Diese Gesetze wurden von Koffka (1935) beschrieben und sollen hier kurz zusammengefaßt werden. Wir weisen darauf hin, daß die Gesetze primär Wahrnehmungsgesetze sind und als solche diskutiert werden. Gleichzeitig soll im Auge behalten werden, daß die Gestaltpsychologen keinen Unterschied zwischen Wahrnehmung und Denken sehen, und daß sie deshalb die Gesetze als auf Beides anwendbar betrachten.

Es gibt ein Gesamtgesetz – (*Prägnanz* = Gesetz der guten Gestalt), das besagt, daß eine Tendenz besteht, daß alles was wahrgenommen wird, die bestmögliche Gestalt annimmt. Die genaue Natur dieser „guten" Gestalt wird für alle Wahrnehmungserfahrungen von vier zusätzlichen Prinzipien bestimmt, die im Folgenden diskutiert werden.

Prinzip der Geschlossenheit

Geschlossenheit bezieht sich auf den Akt der Vervollständigung eines Musters oder einer Gestalt. In der Sprache der visuellen Wahrnehmung bezieht sich Geschlossenheit gewöhnlich auf unvollständige Figuren verschiedener Art, die von Menschen meist als vollständig wahrgenommen werden. Das gleiche Phänomen tritt bei der Wahrnehmung einer Melodie mit fehlenden Tönen oder unvollständigen Worten wie P*ychol*gie auf. Obwohl der Begriff *Geschlossenheit* ursprünglich nur auf Wahrnehmungsaufgaben angewandt wurde, ist er auch bei Nicht-Gestaltpsychologen für eine Vielzahl von Situationen gebraucht worden, wobei er zwar viel von seiner ursprünglichen Bedeutung behalten, aber auch eine umfassendere Bedeutung erworben hat. Zum Beispiel ist es nicht ungewöhnlich, vom Erreichen einer Geschlossenheit in bezug auf Problemlösen, Konzeptverständnis oder einfach Vollendung einer Aufgabe zu sprechen (s. Abb. 7.3).

Prinzip der Kontinuität

Wahrnehmungsphänomene neigen dazu, als fortlaufend wahrgenommen zu werden. Zum Beispiel wird eine Linie, die als Kurvenlinie beginnt (s. Abb. 7.4), gewöhnlich als in Kurvenlinien fortlaufend wahrgenommen.

Prinzip der Ähnlichkeit

Dieses Prinzip besagt, daß Objekte meistens als aufeinander bezogen wahrgenommen werden. Zum Beispiel erkennt eine Person, die gleichzeitig zwei Melodien hört, jede als eine einzelne Melodie, anstatt beide zusammen als eine zu hören. In Abb. 7.5 scheint es sich eher um vier Reihen mit gleichen Buchstaben als um 10 Spalten mit verschiedenen Buchstaben zu handeln.

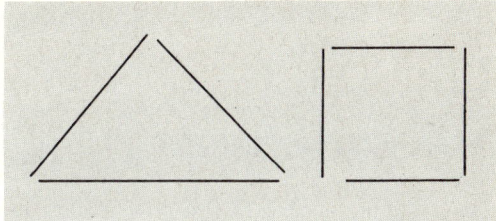

Abb. 7.3. Geschlossenheit

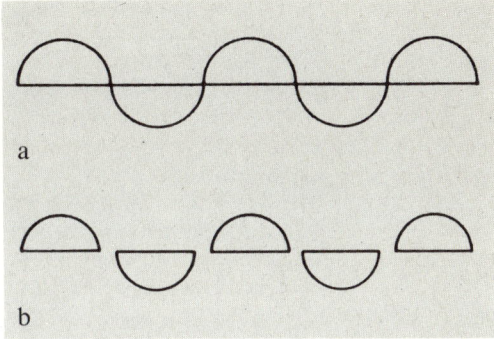

Abb. 7.4. Kontinuität. Die Linien in (a) werden gewöhnlich als eine gerade Linie wahrgenommen, die durch eine Kurvenlinie läuft und nicht als eine Gruppe von Halbkreisen wie in (b)

a	a	a	a	a	a	a	a	a	a
g	g	g	g	g	g	g	g	g	g
c	c	c	c	c	c	c	c	c	c
x	x	x	x	x	x	x	x	x	x

Abb. 7.5. Ähnlichkeit

Prinzip der Nähe

Objekte und Wahrnehmungselemente werden gewöhnlich aufgrund ihrer Nähe einander zugeordnet. Abb. 7.6a zeigt z. B. 4 × 2 Kurvenlinien, während in Abb. 7.6b 3 Gesichter wahrgenommen werden.

Diese vier Prinzipien (und noch andere) wurden von Wertheimer entwickelt und später von Koffka sowohl auf das Denken als auch auf die Wahrnehmung angewandt. Die Anwendung ist dabei allerdings nicht immer klar und manchmal wenig überzeugend. So wurde z. B. argumentiert, Köhlers Affe habe die Einsicht aufgrund der Nähe zwischen Stock und Bananen bzw. Kisten und Bananen erreicht. Hier kann der Einwand erhoben werden, daß offensicht-

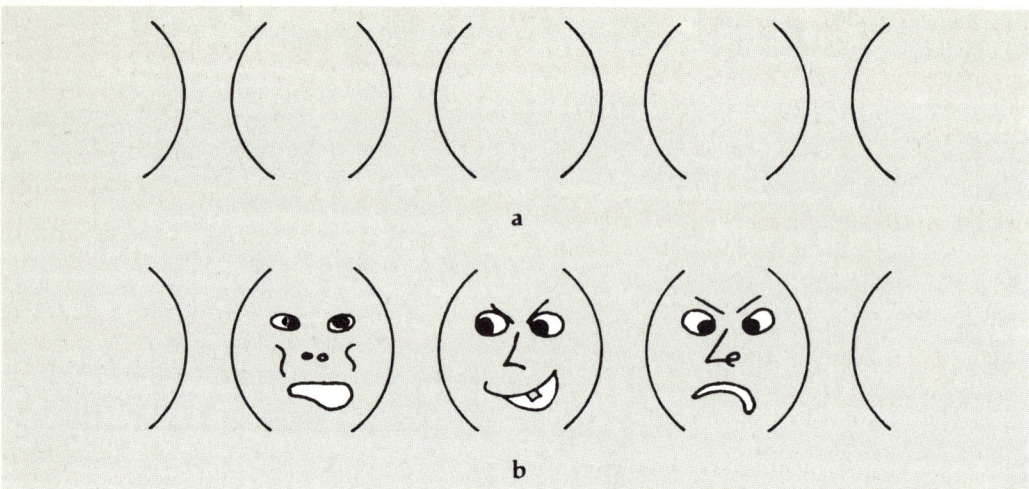

Abb. 7.6 a u. b. Nähe

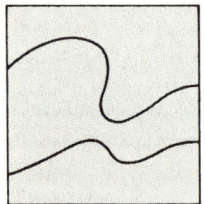 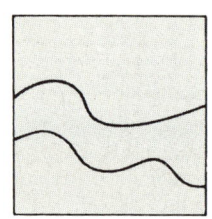 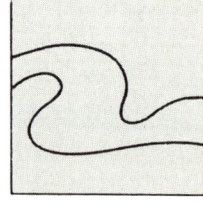

Reiz-Objekt   Aufeinanderfolgende Reproduktion
Abb. 7.7. Angleichung

Reiz-Objekt   Aufeinanderfolgende Reproduktionen
Abb. 7.8. Verschärfen

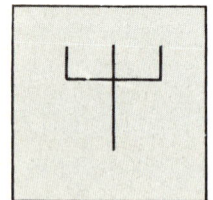  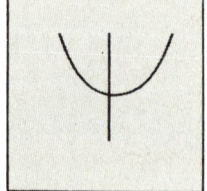 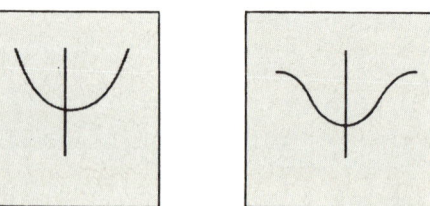

Reiz-Objekt   Aufeinanderfolgende Reproduktionen
Abb. 7.9. Normalisieren

100

lich zahlreiche andere Objekte (z. B. die Gitterstäbe) zum Zielobjekt näher waren als Stöcke oder Kisten. Diese hätten also eher eine Gestalt mit den Bananen bilden müssen als die Lösungsobjekte.

Lernen und Gedächtnis

Da die Gestaltpsychologen sich nicht für so molekulare Aspekte des Lernens und Verhaltens wie Reize und Reaktionen interessieren, sind ihre Erklärungen für Lernvorgänge und Gedächtnis beträchtlich globaler und unspezifischer als die der Behavioristen. Allgemein gesagt betrachten die Gestaltpsychologen Lernen als das Resultat der Entstehung von Gedächtnisspuren. Die genaue Natur dieser Spuren ist nicht spezifiziert worden, doch wurde eine Anzahl ihrer Merkmale im Detail erläutert. Wesentlichstes Merkmal ist, daß erlerntes Material, – wie jede beliebige Wahrnehmungsinformation – die Tendenz aufweist, die bestmögliche Gestalt zu erreichen (Prägnanz); hierbei kommen die oben diskutierten Gesetze der wahrnehmungsmäßigen Organisation zum Tragen. Daraus folgt, daß das Behaltene nicht mit dem Gelernten oder Wahrgenommenen identisch ist, sondern daß es oft eine bessere Gestalt hat als das Original. Wulf (1938) beschreibt drei Strukturierungstendenzen des Gedächtnisses, die er *Angleichung* (leveling), *Verschärfen* (sharpening) und *Normalisieren* (normalizing) nennt.

1. *Angleichen (leveling)* bezeichnet ein Streben nach Symmetrie oder eine Nivellierung der Eigentümlichkeiten des Wahrnehmungsmusters (Abb. 7.7 stellt eine hypothetische Illustration des Angleichens dar). Einige Gestaltpsychologen (z. B. Koffka) nehmen an, daß der *Angleichungsprozeß* sich auch auf weniger wahrnehmungsbezogene kognitive Inhalte anwenden läßt.

2. *Verschärfen* ist der Akt der Betonung der Kennzeichen eines Musters. Ein Charakteristikum des menschlichen Gedächtnisses scheint zu sein, daß die Eigenschaften, die einem Gegenstand am klarsten seine Identität verleihen, für gewöhnlich in der Reproduktion des Gegenstandes übertrieben werden. (Abb. 7.8 ist eine Illustration dieses Phänomens)

3. *Normalisierung* tritt auf, wenn der reproduzierte Gegenstand bezüglich vorher bestehender Gedächtnisspuren modifiziert wird. Diese Abänderung macht das erinnerte Objekt mei-

stens mehr zu dem was es zu sein scheint. Eine hypothetische Illustration der Normalisierung ist in Abb. 7.9 dargestellt.

Kurt Lewin (1890–1947)

Einer der Männer, die bei der Gründung der Gestaltbewegung mit Wertheimer zusammengearbeitet haben, war Kurt Lewin (1935, 1936, 1947); er vertritt eine bedeutsame Abweichung von der bei den Gestaltpsychologen traditionellen Betonung von Wahrnehmung, Lernen und Gedächtnis. Seine Hauptinteressengebiete waren Persönlichkeit, Motivation und Sozialpsychologie, wobei er jedoch noch viel von der Orientierung seiner Kollegen beibehielt.

Das Konzept des Feldes, das seinen Ursprung in der Gestaltbewegung hat, spielt in Lewins System eine zentrale Rolle. Ursprünglich verwendete man es zur Bezeichnung der Umgebung, wie sie von einem Organismus wahrgenommn wird. Das bedeutet, daß das Feld für die Gestaltpsychologen aus einem oder mehreren Objekten, welche wahrgenommen werden (Figur), und dem Hintergrund oder dem Umfeld, das sie umgibt (Grund), besteht. Normalerweise ist die Beziehung zwischen Figur und Grund unzweideutig – die Figur wird wahrgenommen und der Grund stellt einfach die Umgebung dar. Gelegentlich wechseln sich jedoch Figur und Grund ab, so daß die Wahrnehmung in einem Augenblick durch eine andere im nächsten ersetzt wird. Interessant ist hierbei, daß Menschen anscheinend nicht in der Lage sind, Figur und Grund zur gleichen Zeit wahrzunehmen. Die Zeichnung in Abb. 7.10 wird

Abb. 7.10. Figur-Grund Inversion

z. B. entweder als Vase oder als zwei einander gegenüberstehende Gesichter wahrgenommen, aber nicht als beides gleichzeitig.

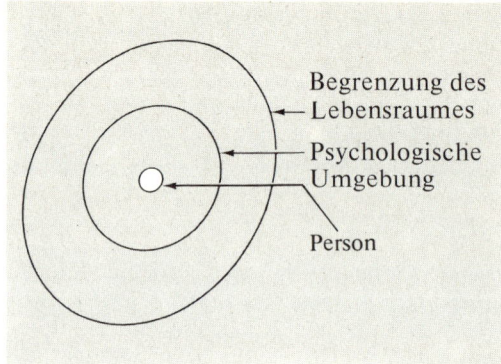

Abb. 7.11. Lebensraum

Kurt Lewin (1890–1947)
Lewin wurde am 9. September 1890 in Mogilno, Deutschland (heute Polen), geboren. Seine ersten Studien konzentrierten sich auf Mathematik und Physik, was seine spätere Theorienbildung in der Psychologie beeinflußte. Ganz in den Fußstapfen Koffkas und Köhlers promovierte er 1914 in Psychologie an der Universität von Berlin. Dort blieb er die folgenden Jahre, veröffentlichte sehr viel und führte einige Experimente über Motivation besonders bei Erwachsenen durch. Während dieser Zeit in Berlin begann er, seine „Feldtheorie" zu entwickeln. Wie auch Wertheimer, Koffka und Köhler verließ er schließlich Deutschland und emigrierte 1935 in die Vereinigten Staaten. Deutschland hatte er eigentlich schon drei Jahre vorher verlassen, wovon er eines in Stanford und zwei in Cornell unterrichtete. Die englischen Übersetzungen seiner frühen Werke waren bis dahin in Amerika weit verbreitet, so daß Lewin ein sehr bekannter Psychologe war.
Von 1935 bis 1944 unterrichtete Lewin an der Universität Iowa, wo er Professor für Entwicklungspsychologie war und ausgedehnte Untersuchungen über das Verhalten von Kindern in Gruppen in demokratischer und autoritärer Umgebung leitete. 1944 wurde ihm angeboten, das neue Forschungszentrum für Gruppendynamik am Massachusetts Institute of Technology (MIT) zu leiten. Lewins enge Verbindung mit zeitgenössischen „Wachstumsgruppen" können bis zu diesem Zentrum zurückverfolgt werden. Drei Jahre nach dem er diesen Posten angenommen hatte, starb Lewin im Alter von 57 Jahren. (Boring, 1950; Woodworth & Sheehan, 1964.)

Der Begriff *Feld* hat in Lewins System eine leicht abweichende Bedeutung. Anstatt lediglich die wahrnehmbare Umgebung zu bezeichnen, schließt er auch noch eine kognitive Bedeutung ein. Lewin definiert ein Feld nicht ausschließlich als Figur-Grund-Komponenten der physikalischen Umgebung, sondern auch

als die Glaubenshaltungen, Gefühle, Ziele und Alternativen eines Individuums. Mit anderen Worten, Lewin behandelt sowohl ein kognitives als auch ein wahrnehmungsmäßiges Feld – daher stammt auch die Bezeichnung „kognitive Feldtheorie", die oftmals auf sein System angewandt wird.

Lebensraum

Anstatt sich einfach auf das Feld eines Individuums zu beziehen, setzt Lewin den Begriff *Lebensraum* ein, um die Welt so, wie sie zu einem bestimmten Individuum in Beziehung steht, zu bezeichnen. Damit ist der Lebensraum eine Zusammenstellung all dessen, was für das Verhalten eines Individuums unmittelbar relevant ist. Er schließt nicht nur Motive, Ziele, Mittel zu Zielen und Hindernisse auf dem Weg zu den Mitteln, sondern auch das Individuum selbst ein. Die physikalische Umgebung ist ebenfalls in den Lebensraum eingeschlossen, auch wenn sie nicht von unmittelbarer Relevanz für das Verhalten sein muß.
Abbildung 7.11 zeigt die schematische Darstellung eines Lebensraumes. Im Zentrum des Raums befindet sich die Person; sie wird von ihrer psychologischen Umwelt umgeben, die alle Faktoren, die für das unmittelbare Verhalten von direkter Relevanz sind, mit einschließt. Weiterhin schließt sein Lebensraum die entferntere physikalische Umgebung ein, die Lewin als „Begrenzung des bekannten Lebensraumes" *(foreign hull)* bezeichnet. Lewins erstes Ziel war es, die Darstellung eines sich verhaltenden Individuums zu erreichen, welche Vorhersagen über das Verhalten dieses Individu-

Abb. 7.12. Der Lebensraum eines Studenten

ums erlauben würde. Diese Darstellung ist mit dem Konzept des Lebensraumes gegeben.

Charakteristische Merkmale des Lebensraumes
Der Lebensraum ist in Lewins System eine zentrale und relativ komplexe Variable. Sie kann durch eine Anzahl charakteristischer Merkmale beschrieben werden.
Der Lebensraum ist relativ zu sehen: Er ist definiert als die Umgebung, wie sie vom Individuum wahrgenommen wird und nicht notwendigerweise, wie sie tatsächlich existiert.
Eine Hausfrau, die glaubt, Staub wirke tödlich, wenn man ihm längere Zeit ausgesetzt ist, hat tödlichen Haushaltsstaub in ihrem Lebensraum. Wenn man das Verhalten dieser Frau in bestimmten Situationen verstehen möchte, muß man notwendigerweise wissen, daß im Lebensraum dieser Frau eine große Ecke für giftigen Staub freigehalten wird.
Ferner kann der Lebensraum mit Hilfe von Begriffen schematisch erfaßt werden, die sich auf Regionen beziehen, welche die Ziele oder Ansprüche eines Individuums zu einer gegebenen Zeit repräsentieren. Lewin bediente sich des Konzepts des *topologischen* im Gegensatz zum gewöhnlichen geometrischen Raum, um derartige Schemata sinnvoll zu machen. Das Hauptmerkmal topologischer Darstellungen besteht darin, daß die von ihnen zusammengefaßten Gebiete irrelevant sind, nur die relativen Positionen der Räume haben eine Bedeutung. Abb. 7.12 schildert z. B. den hypothetischen Le-

bensraum eines (fiktiven) Studenten. Der Raum enthält die Person, die gegenwärtig Student ist sowie die vier Alternativen, die sie als verfügbar betrachtet. Ihr höchstes Ziel ist es, an Geld zu kommen. In Lewins Terminologie besitzt das Ziel, nämlich Geld, eine hohe positive *Valenz* (die durch mehrere Pluszeichen angezeigt ist). Der Begriff *Valenz* weist auf die Attraktivität der verschiedenen Regionen des Lebensraums hin. Die vier Alternativen, die dem Studenten offenstehen, sind Diebstahl, Eintritt in das Hühnerzuchtgeschäft seines Vaters, sich die kalifornische Küste hinabtreiben lassen oder aber Lehrer werden. Die Darstellung seines Lebensraumes weist darauf hin, daß das der-pazifischen-Küste-Entlangtreiben die attraktivste dieser Alternativen ist (3 Pluszeichen). Jedoch ist die Wahrscheinlichkeit, an eine Menge Geld zu kommen, während man im Schoß idealistischer Armut an irgendeiner Küste lebt, irgendwie gering, was durch die Dicke der Linie angezeigt wird, welche die „Geld"- und „Sich-treiben-lassen"-Regionen voneinander trennt. In der Lewinschen Terminologie werden diese Linien als *Barrieren* bezeichnet. Der Lebensraum dieses Studenten zeigt weiterhin, daß Unterrichten attraktiver ist (eine höhere Valenz hat) als ins Geschäft einzusteigen, daß jedoch die Barriere zwischen einer Menge Geld und Unterrichten sogar noch größer ist als zwischen Sich-treiben-lassen und an Geld kommen. Der leichteste Weg an Geld zu kommen ist offensichtlich das Stehlen. Diese Handlung hat allerdings negative Valenz, worauf das Minuszeichen in dieser Region des Lebensraums hinweist.
Da Lewins System beabsichtigt, eine Grundlage für individuelle Verhaltensvoraussagen zu liefern, müßte das Konzept eines Lebensraums, der Ziele, Mittel zur Zielerreichung, Valenzen und Alternativen und die Zielerreichung behindernden Barrieren umfaßt, zumindest theoretisch wertvoll sein. Offensichtlich ist aber eine Menge an Informationen über ein Individuum und seinen Lebensraum erforderlich, ehe man sinnvolle Verhaltensvoraussagen treffen kann. Ein drittes charakteristisches Merkmal des Lebensraums besteht darin, daß er sich ständig verändert, je nachdem wie die Ziele der Person oder die von ihr wahrgenommenen Alternativen sich ändern. Die schematische Darstellung eines Lebensraums ist nur eine zweidimensionale Repräsentation. Es ist allerdings möglich, den Raum selbst als dreidimensional zu begreifen, was bedeutet, daß eine beliebige Anzahl

von Scheiben herausgeschnitten werden könnte. Während die einzelnen Scheiben insofern große Ähnlichkeit aufweisen werden, als die „Person" und ihre Hauptziele die gleichen sind, könnten doch große Unterschiede zwischen den zu diesen Zielen führenden Alternativen auftreten.

Vektoren und Konflikte

In dem Versuch, das motivierte Verhalten von Individuen schematisch darzustellen, benutzte Lewin nicht nur das Konzept der topologischen Repräsentation des Lebensraumes, sondern er borgte auch das Konzept der Vektoren bei der Physik aus. Ein Vektor ist ein Pfeil, den man benutzt, um Richtung und Stärke verschiedener Kräfte anzugeben. Entsprechend werden die Vektoren in Lewins System eingesetzt; sie zeigen sowohl die Richtung an, in die ein Verhalten geht, als auch die Kraft, die sich in dem Verhalten äußert. (Abb. 7.13 zeigt mehrere Vektoren, von denen einer die Neigung anzeigt, sich in der Nabelschau zu ergehen, während der andere eine stärkere Tendenz zur Arbeit repräsentiert. Die Pfeilspitze zeigt die Richtung der Kraft an, während die Länge des Vektors ihre Stärke repräsentiert). Die Betrachtung von Vektoren als Indikatoren motivationaler Kräfte führt einfacher- und passenderweise zur Schilderung der drei möglichen Verhaltenskonflikte, die den Menschen bedrängen können. Der erste, den man als *Annäherungs-Annäherungs-Konflikt* bezeichnet, tritt auf, wenn ein Individuum sich von zwei nicht miteinander vereinbaren Zielen zur gleichen Zeit gleichermaßen stark angezogen fühlt. Betrachten wir z. B. den Fall einer Frau, der eine Beförderung von der Hühnerzählerin

zur Hühnerzüchterin angeboten wird und am gleichen Tag von ihrem Bruder eingeladen wird, sich ihm als Assistenzmanagerin auf einer 14 Vögel starken Truthahnfarm anzuschließen; beide Stellungen sind sehr attraktiv; tatsächlich sind sie gleich attraktiv. Diese strebsame junge Frau hat einen Annäherungs-Annäherungs-Konflikt. Zahlreiche weniger lustige Beispiele dieser Konfliktart sind im täglichen Leben zu finden. Sie selbst sind aufgefordert, darüber nachzudenken.

Betrachten wir andererseits den Fall des übergewichtigen Mannes, der Schokoladeneis mit „nur einem Tupfen" Schlagsahne liebt. Sein Problem ist anderer Art. Er wird einmal von Eis (mit Sahne) angezogen; in die entgegengesetzte Richtung zieht der Wunsch, seine gute Figur wiederzugewinnen. Bei ihm handelt es sich um einen *Annäherungs-Vermeidungs-Konflikt*.

Die dritte Konfliktsituation, der Vermeidungs-Vermeidungs-Konflikt, wird deutlich durch die arme Frau, die Zahnschmerzen hat, aber Zahnärzte aus ganzem Herzen fürchtet, illustriert. Vermeidet sie den Zahnarzt, behält sie die Zahnschmerzen; will sie die Zahnschmerzen vermeiden, muß sie den Zahnarzt ertragen. Das ist die klassische „Verdammt-wenn-du-es-tust"-, „Verdammt-wenn-du-es-nicht-tust"-Situation, die auch als „double-bind"-Situation des Vermeidungs-Vermeidungs-Konflikts bezeichnet werden kann.

Zusammenfassung des Lewinschen Systems

Die gesamte Lewinsche Theorie ist in dem Buch „Principles of Topological Psychology" (1936) dargestellt. Ein großer Teil seiner Arbeit ist für die Persönlichkeitstheorie und Sozialpsychologie von größerer Bedeutung als für die Lerntheorie und wird hier deshalb nicht besprochen. Lewins Konzepte des Lebensraums und dessen Vektoren, Valenzen und Barrieren können eine brauchbare Art sein, Verhalten im Nachhinein (a posteriori) zu beschreiben. Sie sind jedoch von relativ begrenztem Wert für die Vorhersage von Verhalten. Es werden nur wenige Leitfäden und Anhaltspunkte gegeben, die eine genaue Beschreibung von Vektoren und Valenzen zulassen, bevor das Verhalten stattgefunden hat. Da der Lebensraum dahingehend definiert ist, wie der handelnde Organismus *seine* unmittelbare Umgebung sieht, und da er

Abb. 7.13. Vektoren

der Einzige ist, der sie in genau dieser Art und Weise sehen kann, ist er auch der Einzige, der sie einigermaßen genau beschreiben kann. Da der Lebensraum auch einige Faktoren mit einbezieht, die dem Individuum unbekannt sind, die aber nichtsdestoweniger einen mächtigen Einfluß auf sein Verhalten ausüben, sind auch dem Individuum selbst Grenzen in der Beschreibung seines eigenen Lebensraums gesteckt. Betrachten wir z. B. den Menschen, der ehrlich von sich glaubt, er spreche gerne zur Öffentlichkeit. Seine Beschreibung des eigenen Lebensraums würde wahrscheinlich eine hohe Valenz auf „vor einem Publikum reden" setzen. Es ist jedoch nicht ungewöhnlich, Leute dieser Art zu finden, die immer irgendeine Ausrede dafür haben, daß sie Einladungen, ihre rhetorischen Fähigkeiten zur Schau zu stellen, nicht annehmen. Da der Lebensraum dadurch determiniert wird, wie eine Person handelt und nicht dadurch, wie sie handeln will, ist die persönliche Beschreibung des eigenen Lebensraums nicht notwendigerweise gültig.

Lewins Einfluß auf die zeitgenössische Psychologie

Die am weitesten verbreitete Wirkung der Arbeit Lewins auf die heutige Psychologische Theorie und Praxis findet sich wahrscheinlich in den Phänomenen, die Bezeichnungen wie T-Gruppen, Selbsterfahrungs-Gruppen, sensitivity-Training oder „Labor für menschliche Beziehungen" tragen. Im wesentlichen handelt es sich hierbei um Trainings- und/oder Therapiesitzungen, in denen Gruppen von Menschen versuchen, durch verschiedene Kommunikationsübungen, Wahrnehmungsaktivitäten, Rollenspiele und andere interpersonelle Aktivitäten ein größeres Bewußtsein ihrer selbst und der Anderen zu erlangen. Obwohl Lewin für den Beginn der Trainingsbewegung (T-Gruppen) nicht direkt verantwortlich war, eignet sich eine große Anzahl seiner Ideen besonders gut für eine theoretische Fundierung dieser Bewegung. Zum Beispiel wird Lewins Ansicht, der Erziehungsprozeß bestehe aus einem „Aufheben, Umstrukturieren und wieder Sperren" des eigenen Feldes, in einer T-Gruppensitzung anschaulich demonstriert, bei der die Teilnehmer dazu ermutigt werden, interpersonelle Barrieren niederzureißen (aufzuheben) um neue

Selbstkonzepte zu entwickeln (Umstrukturierung). In ähnlicher Weise werden die Barrieren, deren Existenz zwischen Menschen angenommen werden, oft mit dem Begriff der „psychologischen Distanz" zwischen kognitiven Feldern beschrieben (Lewin, 1951).

Die grundlegende Ansicht, jedes Individuum reagiere auf seine eigene Welt in einzigartiger Weise und man müsse, um es zu verstehen, notwendigerweise von der Einzigartigkeit ausgehen, ist sogar noch fundamentaler für die Sensitivity-Bewegung. Diese - häufig als Phänomenologie bezeichnete - Ansicht, ist nicht nur das Kernstück der Lewinschen Theorie, sondern ist auch die Grundlage der gegenwärtigen Vorliebe für die klientenzentrierte Therapie (Rogers, 1951) und für die T-Gruppen und ähnliche Bewegungen. Eine zweite Manifestation des Einflusses von Lewins Theorie stellt die „humanistische Bewegung" in der Psychologie dar, die durch ihr Interesse an der Individualität der Menschen und an der Entwicklung ihrer Potentiale gekennzeichnet ist. Gewöhnlich wird der Ausdruck *„Selbstverwirklichung"* zur Beschreibung dieser Selbsterfüllung benutzt. Wie die Verfechter der T-Gruppen ist auch die humanistische Psychologie typischerweise phänomenologisch ausgerichtet. Beide sind aufgrund dieser phänomenologischen Orientierung den Theorien Kurt Lewins verpflichtet.

Überblick

Traditionell behavioristische Theorien sind sehr objektiv, beschäftigen sich mit den molekularen Aspekten von Verhalten, machen keine Annahmen über mentale Bedingungen, die z. B. die Frage nach der „Intention" mit sich bringen könnte, und versuchen präzise Beziehungen zwischen Reizen, Reaktionen und den Konsequenzen von Verhalten zu entdecken. Wie wir in früheren Kapiteln gesehen haben, erklären die meisten behavioristischen Theorien die bekannten Fakten recht gut, sie sind relativ klar und verständlich, tendieren dazu, in sich konsistent zu sein, und basieren gewöhnlich nur auf einer kleinen Anzahl nicht verifizierbarer Annahmen. Wir haben auch gesehen, daß diese Theorien im allgemeinen komplexere Aspekte des menschlichen Verhaltens, wie Sprache, Problemlösen und andere „Denkprozesse", nicht adäquat erklären können. Auch konnten sie eine Anzahl von einfacheren Verhaltensweisen nicht ausreichend erklären, bei denen genetische Tendenzen den Intentionen der Experimentierenden zuwiderlaufen.

Eine der wichtigsten Reaktionen auf diese Art behavioristischer Theorie ist das, was wir als *kognitive* Theorien bezeichnen. Diese Theorien weisen im allgemeinen eine Untersuchung von Reizen und Reaktionen zugunsten der Erforschung eher „mentalistischer" Prozesse zurück. Diese Anfänge finden sich in Tolmans zielgerichtetem Behaviorismus, der im wesentlichen eine Zwischenstufe zwischen reinem Behaviorismus und einer eher kognitiven Orientierung bildet, und in der Gestaltpsychologie. Die prinzipiellen, gemeinsamen Merkmale dieser Ansätze sind, daß sie sich mit den molaren Aspekten von Verhalten befassen und daß sie die Bedeutung von Zielen und Intentionen auf die Verhaltenssteuerung erkennen.

Bewertung

An traditionell behavioristischen Theorien wurde oft kritisiert, sie seien zu mechanistisch, zu oberflächlich und zu stark vereinfachend. Ihr Versäumnis, die Möglichkeit in Betracht zu ziehen, daß menschliches Verhalten stark von Intentionen und anderen symbolischen Prozessen beeinflußt ist, steht in starkem Widerspruch zu unseren intuitiven Ansichten über das, was menschlich ist. In dieser Beziehung stimmen kognitive Theorien viel stärker mit unseren privaten Meinungen überein. Vielleicht sind wir aus diesem Grund versucht zu sagen, kognitive Theorien würden die Fakten besser erklären als behavioristische Theorien. In Wirklichkeit basieren sie auf einer Zahl von Annahmen, die nicht so leicht zu bestätigen sind, wenn sie auch einige Fakten ganz gut berücksichtigen mögen. Was vielleicht noch gefährlicher ist: Sie lassen sich nur sehr schlecht zu Vorhersagen verwenden, größtenteils weil sie mit globalen und unpräzisen Konzepten arbeiten.

Wie schon angedeutet, besteht einer der Hauptbeiträge dieser frühen kognitiven Theorien in ihrer Anwendung im klinischen Bereich. Was vielleicht noch wichtiger ist, ist, daß Theorien wie diese zumindest zum Teil für die weiteren Entwicklungen kognitiver und behavioristi-

scher Theorien verantwortlich waren. In diesem Sinn diente die Gestaltpsychologie als Basis für die zeitgenössischen kognitiven Theorien, ebenso wie Tolman einen Übergang vom frühen Behaviorismus zum zeitgenössischen Kognitivismus schuf.

Zusammenfassung: Kapitel 7

Dieses Kapitel brachte eine Darstellung von Tolmans zielgerichtetem Behaviorismus, der Gestaltpsychologie und Lewins Feldtheorie. Tolmans System dient als wichtige Übergangsstufe vom strengen Behaviorismus zum Kognitivismus; die Gestaltpsychologie kann als Wurzel vieler zeitgenössischer kognitiver Theoriebildungen betrachtet werden.

1. Der traditionelle Behaviorismus scheint einwandfrei objektiv zu sein, analysiert Verhalten auf einem molekularen Niveau und macht keine Annahmen über mögliche Intentionen der Handelnden.

2. Der Kognitivismus bildet eine starke Reaktion auf den traditionellen Behaviorismus; Tolmans zielgerichteter Behaviorismus ist eine etwas mildere Reaktion.

3. Hier die wichtigsten Ansichten Tolmans: Alles Verhalten ist zielgerichtet; Verhalten sollte eher auf einem molaren als auf einem molekularen Niveau analysiert werden; Lernen beinhaltet das Entwickeln von Erwartungen als Funktion des Ausgesetztsein in Situationen, in denen Verstärkung möglich ist (Zeichen - Bezeichnetes); Erwartungen können als Kognitionen oder „kognitive Landkarte" beschrieben werden.

4. Die Gestaltpsychologie kann als Vorläufer des *Kognitivismus* angesehen werden. Kognitive Ansätze in Bezug auf Lernen sind durch die vorrangige Beschäftigung mit Themen wie Verstehen, Informationsverarbeitung, Entscheidungsprozessen und Problemlösen gekennzeichnet.

5. Die grundlegenden Gesetze der Gestaltpsychologen können in zwei Aussagen zusammengefaßt werden: „Das Ganze ist mehr als die Summe seiner Teile" und „Menschen lösen ihre Probleme durch Einsicht". Die erste Aussage formuliert die Annahme, daß die Zerlegung eines Subjekts (oder Objekts) in seine Teile (Analyse) wahrscheinlich nicht zu Wissen über

das Subjekt führt. Die zweite stellt eine Ablehnung der Bedeutung von Versuch-und-Irrtum beim Problemlösen dar.

6. Wertheimer, Köhler und Koffka waren die Begründer der Gestaltschule. Als ein System wurde sie größtenteils bezüglich ihrer Untersuchungen zur Wahrnehmung und ihrer Formulierung von Gesetzen zur wahrnehmungsmäßigen Organisation wie *Geschlossenheit, Ähnlichkeit, Kontinuität* und *Nähe* identifiziert. Die Anwendung dieser Gesetze auf das Lernen hat keine große Anerkennung gefunden.

7. Gestaltstudien über das Gedächtnis führten zu der Beobachtung, daß strukturelle Veränderungen von Informationen über die Zeit hinweg die Prozesse des *Angleichens* (leveling = symmetrisch machen), *Verschärfens* (sharpening = Herausstellen der Besonderheiten) und des *Normalisierens* (normalizing = mehr zu dem machen, wie das Objekt erscheint) einschließen.

8. Die *kognitive Feldtheorie* ist durch ihr Interesse am Individuum, wie dieses durch seine unmittelbare Umgebung (Feld) beeinflußt wird, gekennzeichnet. Kurt Lewins System ist ein gutes Beispiel für diesen Ansatz.

9. Lewin beschreibt das sich verhaltende Individuum mit dem Begriff des *Lebensraums (Feld)*, der die Person, ihre Ziele, die verfügbaren Wege zu den Zielen, die Attraktivität dieser Ziele sowie die Barrieren, die ihr Vordringen zu den Zielen behindern, umfaßt. Der Lebensraum ist definiert bezüglich der dem Individuum eigenen Wahrnehmung seiner Umwelt.

10. Die Ansicht, daß Konflikte miteinander unvereinbare Annäherungs- und Vermeidungstendenzen umfassen, wird bei Lewin in Form von Vektoren dargestellt, die gleichzeitig auf Richtung und Stärke einer Verhaltenstendenz hinweisen.

11. Der Wert von Lewins System wird durch die Tatsache begrenzt, daß es notwendig ist, eine Menge von Information über das Individuum zu erhalten, bevor bedeutsame Voraussagen über sein Verhalten gemacht werden können. Es ist nichtsdestoweniger von beträchtlichem Wert für das Verständnis und die Erklärung von Verhalten – insbesondere a posteriori – und besitzt eine besondere Relevanz für den Unterricht.

12. Der Einfluß der Arbeit Lewins auf die zeitgenössische psychologische Theorie und Praxis manifestiert sich sowohl in der T-Gruppen-Bewegung als auch in der „humanistischen Psychologie".

13. Während an behavioristischen Positionen oft kritisiert wird, sie seien zu mechanistisch und vereinfachend, um eine große Zahl menschlichen Verhaltens erklären zu können, sind kognitive Positionen oft zu global und unpräzise, um gut zur Vorhersage von Verhalten dienen zu können. Dennoch ist ihr Beitrag für die weitere Entwicklung psychologischer Theorien beachtlich.

Kapitel 8

Bruner und Kategorien

Wortgetreue Beschreibungen und Metaphern

Jahrelang waren Naturwissenschaften der Überzeugung, daß das endgültige Resultat ihrer zahlreichen Forschungen eine vollständige, exakte und absolut wortgetreue Beschreibung der physikalischen Welt und ihrer Funktionsweise sein würde. So gab es im Jahr 1910 wenig Grund anzunehmen, daß die Wissenschaft eines Tages Dinge in der Welt entdecken würde, die nur mit Begriffen wie „schwarzes Loch", „Quarks", „Antimaterie" und anderen Metaphern beschreibbar sein würden. Selbst in den 80er Jahren glauben viele Wissenschaftler nicht, es könne etwas nicht ganz wortgetreues in ihrem Wissen geben. So war es auch – und ist es teilweise noch immer – in der Psychologie. In der ersten Hälfte dieses Jahrhunderts – einer Zeit, die größtenteils von einem intoleranten Behaviorismus dominiert wurde – suchten mustergültige Psychologen nach *wortgetreuen* Beschreibungen psychologischer Abläufe. Wie wir gesehen haben, suchten sie nach Beschreibungen von beobachtbaren Aspekten des Verhaltens und dachten, sie hätten diese gefunden in den Reiz-Reaktions-Gesetzen, die sie entdeckten, und in den intervenierenden Varia-

blen, die sie erfanden. Es besteht kaum ein Zweifel daran, daß Hulls intervenierende Variablen einen tatsächlichen Zustand beschreiben sollten, selbst wenn dieser noch nicht vollständig entdeckt war. Bei Hebb war es ebenso.

Tolman jedoch begann ein etwas anderes Bild zu entwerfen – ein Bild, das er zuerst in der weißen norwegischen Ratte verkörpert sah, denn für Tolman schien selbst die Ratte mehr zu lernen als nur Reiz-Reaktions-Verbindungen. Sie entwickelt eine Vorstellung der Welt – eine kognitive Landkarte dessen, was „da draußen" existiert, und Vorstellungen, die irgendwie die Außenwelt mit alternativen Verhaltensweisen verknüpfen. Diese Vorstellungen nannte er „Erwartungen" („expectancies"). Tolmans „Erwartungen" sind auf sehr reale Art und Weise Darstellungen der Welt. Aber sie sind keine wortgetreuen Abbildungen, wie sie traditionelle Behavioristen suchen. Sie sind *Metaphern*.

Die kognitive Psychologie beschäftigt sich mit Metaphern. Sie versucht die wichtigsten Aspekte menschlicher Aktivität durch *kognitive Strukturen* zu erklären, die darstellend, aber nicht beschreibend sind, und durch *Funktionen* dieser Strukturen, die bei der Bildung und Benützung dieser Strukturen beteiligt sein müssen. Sie beschäftigt sich damit mit Gedächtnis im Sinne von Funktionen, die an Prozessen wie Lernen und Erinnern beteiligt sind, wie auch im Sinne von *hypothetischen* Strukturen, die dem was gelernt wird, entsprechen oder es repräsentieren. Lang- und Kurzzeitgedächtnis, von denen Forscher heute sprechen, sind in Wirklichkeit metaphorische Strukturen. Das bedeutet, daß sie nicht als identifizierbare, neurologische Strukturen existieren müssen, sondern einfach darstellen, was sein könnte (s. Kap. 11).

Der Gegenstand der zeitgenössischen kognitiven Psychologie

Die kognitive Psychologie zeichnet sich nicht nur durch die Tatsache aus, daß sie metaphorisch ist, sondern auch durch ihre Hauptinteressensgebiete. Diese schließen im allgemeinen alle sog. *höheren kognitiven Prozesse* mit ein. Die wichtigsten davon sind Wahrnehmung (wie physikalische Energie in bedeutungstragende Erfahrung übersetzt wird), Gedächtnis, Sprache, Denken, Problemlösen und Entscheidungsprozesse. Das wichtigste gemeinsame Merkmal dieser Themen ist, daß jedes davon (zumindest innerhalb eines kognitiven Rahmens) eine kognitive Repräsentation (representation; manchmal auch: imagery) voraussetzt. Dementsprechend nimmt der wichtigste Theorieansatz in der neueren Entwicklung der kognitiven Psychologie die Form von Metaphern an, die die Form der kognitiven Repräsentation mit den Prozessen in Verbindung bringt, die bei der Konstruktion und Benutzung dieser Repräsentation beteiligt sind. Leider gibt es nur wenige bemerkenswerte Versuche zur Bildung von systematischen und umfassenden kognitiven Theorien, wenn es auch eine Hand voll wichtiger und bekannter Ansätze gibt. Wie die nächsten Kapitel zeigen werden, lag das Schwergewicht in den letzten Jahrzehnten mehr auf intensiver Forschung in spezifischen Gebieten als auf der Konstruktion eines Systems, das so allgemeine Gültigkeit hätte, daß es eine Vielzahl von Beobachtungen umfaßte. Zu den wichtigsten Beiträgen zur Entwicklung der zeitgenössischen kognitiven Psychologie gehört der von Jerome Bruner, der in diesem Kapitel behandelt wird. Jean Piagets Entwicklungsspychologie ist ein anderer hervorragender Beitrag zur kognitiven Psychologie und soll

im nächsten Kapitel behandelt werden. Die restlichen Kapitel beschäftigen sich mit speziellen Gebieten, deren momentane Forschung primär von kognitiven Ansätzen ausgeht: mit künstlicher Intelligenz, Gedächtnis und Aufmerksamkeit und mit Motivation.

Bruners Theorie: Ein Überblick

In seinem klassischen Artikel vergleicht Bruner (1964) die Entwicklung eines Kindes mit der Evolution der menschlichen Rasse. Am Anfang (oder vielleicht beträchtliche Zeit später) waren die Menschen längst nicht die schnellsten, wildesten oder stärksten Raubtiere. Tatsächlich gibt es kaum Grund anzunehmen, daß der legendäre Säbelzahntiger oder irgendeine andere, fürchterliche Bestie nicht sehr erfolgreich die menschliche Bevölkerung hätte beherrschen können, wenn der Mensch nicht am Ende bewiesen hätte, daß er intelligenter ist als alle die, die ihn als Beute schätzten. Doch diese Kreatur war so intelligent, daß sie schließlich den Ablauf der Evolution in ihre eigenen Hände nahm. Dies geschah, laut Bruner, durch drei Perioden wichtiger Erfindungen. Diese Erfindungen dienten drei verschiedenen Funktionen. Erstens gelang es den Menschen, Methoden zu erfinden, die ihre Bewegungsmöglichkeiten erweiterten. Dies beinhaltet die Erfindung einfacher Maschinen (z. B. Hebel, Flaschenzüge, schiefe Ebenen, vielleicht sogar das legendäre Rad) und die Kombination von Maschinen zur Herstellung von Waffen (Messer, Pfeil und Bogen, Beile). Durch die Erweiterung dieser Bewegungsmöglichkeiten wurden die Menschen stärker und weniger verletzbar. Jahrhunderte später tauchte eine zweite Gruppe von Erfindungen auf und veränderte erneut auf drastische Weise den Weg der menschlichen Evolution. Diese Erfindungen erweiterten nicht die Bewegungsmöglichkeiten, sondern die sensorischen Fähigkeiten. Diese jüngsten Neuerungen in der menschlichen Geschichte beinhalten das Fernrohr, Radio, Fernsehen und alle anderen Instrumente, die uns erlauben, Dinge zu hören, sehen, fühlen und zu *spüren,* die wir sonst nicht wahrnehmen könnten.

Die letzte Gruppe von Erfindungen ist die, die erweitert, was Bruner unsere *„ratiocinativen"* (intellektuellen) Fähigkeiten nennt. Dies sind unsere Symbolsysteme und Theorien, sie schließen Computersprachen und Systeme mit ein. Noch stehen wir auf der Schwelle zu dieser letzten größeren Entwicklung und können den Einfluß dieser Erfindungen kaum abschätzen.

Wie läßt sich nun die Entwicklung eines Kindes mit diesem flüchtigen Eindruck der Evolution vergleichen? Bruner meint, daß die Repräsentationssysteme, die Kinder während ihrer Entwicklung anwenden, mit der Geschichte menschlicher Erfindungen parallel laufen. So stellen Kinder im frühsten Alter Objekte so dar, wie sie sie im Moment wahrnehmen. Mit Bruners Worten: „Dinge werden im Muskel verkörpert." Diese „enaktiv" genannte Darstellungsart entspricht der Periode der menschlichen Evolution, in der die Betonung auf der Erweiterung der Bewegungsmöglichkeiten lag.

In ihrer frühen Entwicklung schreiten Kinder von einer rein motorischen oder enaktiven Repräsentation fort zu dem, was Bruner „ikonische" Repräsentation nennt. Ein Ikon ist ein Bild. Dementsprechend beinhaltet ikonische Repräsentation den Gebrauch von „geistigen Bildern", die für bestimmte Dinge oder Geschehnisse stehen. Diese Art der Repräsentation entspricht der Periode, während der menschliche Erfindungen auf die Erweiterung der Wahrnehmungsmöglichkeiten gerichtet waren.

Die am weitesten fortgeschrittene Form der Repräsentation, über die ein Kind verfügt, ist die „symbolische", eine Repräsentationsart, die der Entwicklung von solchen Erfindungen entspricht, die intellektuelle Möglichkeiten erweitern. Der fundamentale Unterschied zwischen einem Symbol und einem Ikon ist, daß das Ikon, im Gegensatz zum Symbol, eine tatsächliche Ähnlichkeit zu dem von ihm bezeichneten Objekt besitzt. Ein Symbol ist dagegen völlig willkürlich: Eine 2 ähnelt einer Ansammlung von zwei Objekten nicht mehr als das Wort „Truthahn" dem Vogel „Truthahn". Dennoch haben wir keine Schwierigkeiten zu verstehen, was mit den beiden Begriffen oder den Tausenden anderer Symbole in diesem Text gemeint ist.

Obwohl enaktive, ikonische und symbolische Darstellung sich nacheinander entwickeln, ersetzen sie sich nicht. Auch als Erwachsene repräsentieren wir Dinge weiterhin auf enaktive, ikonische und symbolische Art. So „wissen" wir, wie ein Fahrrad gefahren, eine Billardku-

gel gestoßen oder ein Golfschlag ausgeführt wird, primär nicht über Symbole oder Bilder, sondern durch unseren Körper. Andererseits erkennen wir Gesichter nicht durch Aktivitäten oder Symbole, sondern durch Vorstellungsbilder.

Zusammengefaßt können wir sagen, daß wir als Erwachsene drei unterschiedliche Möglichkeiten haben, mit denen wir nicht nur die Wirkungen unserer Wahrnehmungen, sondern auch unsere Gedanken repräsentieren können. Darin, wie wir diese Repräsentationen aufbauen und anwenden, liegt das Hauptinteresse von Bruners Theorie, die als eine Theorie der *Kategorisierung* bezeichnet werden kann. Bruner beschreibt alle menschlichen kognitiven Aktivitäten in Form von Prozessen, welche Kategorien einbeziehen. Die zentrale Frage lautet offensichtlich: Was ist eine Kategorie? Welche Form hat sie? Welchen Wert besitzt sie? Die Antwort auf diese Frage kann zu einer Diskussion von Bruners gesamter Theorie des Lernens (und auch der Wahrnehmung und Motivation) führen.

Kategorien

Wenn ein Mann einen Kopf mit langen blonden Haaren und einem hübschen Gesicht sieht, das ihn über ein Meer von Schaum hinweg aus einer rosaroten Badewanne anlächelt, sieht er dann lediglich einen Kopf mit langen blonden Haaren und ein lächelndes Gesicht über einem Meer von Schaum in einer rosaroten Badewanne? (Die Frage ist sicherlich von mehr als nur vorübergehendem akademischem Interesse!) Wörtlich genommen – ja, das ist alles, was er *sieht,* aber er wird wahrscheinlich weit über die ihm durch seine Sinne vermittelte einfache Information hinausgehen. Er stellt sich vor, daß dies ein Mädchen sein muß; daß es wahrscheinlich zwei Arme, zwei Beine und zwei Ellenbogen hat; daß sie Zehennägel hat, usw. Doch kann er alle diese Eigenschaften nicht sofort wahrnehmen. Tatsächlich geht er über die gegebene Information hinaus; erstens trifft er die Entscheidung, daß dies ein *Mädchen* ist, zweitens zieht er Schlüsse bezüglich dieses Mädchens auf der Grundlage dessen, was über alle Mädchen bekannt ist. Gemäß Bruner zieht dieser Mann seine Schlüsse, indem er eine Kategorie - die Kategorie *Mädchen* - benutzt. Die

Kategorie *Mädchen* ist ein *Konzept* in dem Sinne, daß jede Repräsentation von verwandten, d.h. miteinander in Beziehung stehenden Dingen (related things) ein Konzept ist; sie ist auch eine Vorstellung in dem Sinne, daß ein über die Sinne erfaßbarer physikalischer Gegenstand eine Vorstellung ist.

Kategorien als Regeln

Eine andere Art, Kategorien zu betrachten, ist folgende: Man definiert sie, als seien sie Regeln für die Klassifizierung gleicher oder ähnlicher Dinge – eine sehr logische Definition, da Konzepte und Vorstellungen, die durch Kategorisierung erlangt werden, Ansammlungen von Dingen sind, die man als in irgendeiner Weise äquivalent bezeichnen kann. Einfacher: das Konzept Buch ist eine Kategorie; eine Kategorie ist eine Regel; die Kategorie Buch ist die Regel, die es einem Individuum möglich macht, ein Objekt als Buch zu erkennen. Tatsächlich ist die Kategorie eine Sammlung von Regeln, unter denen z.B. folgende sein könnten:
Um ein Buch zu sein, muß ein Ding:
1. Seiten haben
2. einen Umschlag haben
3. Geschriebenes beinhalten
4. einen Titel haben.
Kategorien, wie auch Regeln, sagen offensichtlich etwas über die Charakteristika aus, die ein Gegenstand besitzen muß, bevor er in einer gegebenen Weise klassifiziert werden kann. Bruner bezeichnet die Charakteristika von Objekten als *Attribute*, (Merkmale, Eigenschaften), die er definiert als „irgendein unterscheidbares Merkmal eines Objekts oder Ereignisses, das von Fall zu Fall einer unterscheidbaren Variation unterliegen kann" (Bruner, 1966, S. 26). Attribute sind somit Eigenschaften von Objekten, die nicht allen Objekten eigen sind. Weiterhin werden sie danach unterschieden, ob sie für den Akt der Kategorisierung eine Rolle spielen oder nicht. Die ein Objekt definierenden Attribute werden „*kritisch*" (criterial) genannt. Diejenigen, die das nicht tun, sind irrelevant. Weiblichkeit ist wahrscheinlich ein kritisches (kennzeichnendes) Attribut für die Kategorie Mädchen; die Haarfarbe ist irrelevant.
Die Kategorisierung wird von Bruner wie folgt definiert:

„Kategorisierung bedeutet, unterscheidbar verschiedenen Dingen Äquivalenz zu verleihen, die Objekte,

Ereignisse und Leute um uns herum in Klassen zu gruppieren und auf sie eher bezüglich ihrer Klassenzugehörigkeit als bezüglich ihrer Einzigartigkeit zu reagieren" (Bruner, Goodnow & Austin, 1956, S. 1)

Kategorien sind Regeln, die vier Dinge über die Objekte, auf die reagiert wird, spezifizieren; diese sind unten am Beispiel der Kategorie *Auto* beschrieben. 1. Erstens wird eine Kategorie in Bezug auf bestimmte, spezifische Charakteristika definiert, die als *kritische Attribute* bezeichnet werden. Für die Kategorie *Auto* würden solche Attribute das Vorhandensein von Motor, Getriebe und Kontrollvorrichtungen einbeziehen. 2. Eine Kategorie spezifiziert nicht nur die kritischen Attribute, sondern sie weist auch auf die *Art und Weise hin, in der diese kombiniert sein müssen*. Demontiert man z.B. alle Teile eines Autos und steckt sie in Plastikmülltüten, ist es unwahrscheinlich, daß irgendjemand das Resultat so behandelt, als wäre es einem Auto gleichwertig (äquivalent). Die Regel für Autos besagt, daß die Teile in einer vorgeschriebenen Weise montiert sein müssen. 3. Eine Kategorie *schreibt verschiedenen Eigenschaften Gewicht zu*. Ein Auto könnte weiterhin als Auto klassifiziert werden, wenn es keine Bremsen und keine Fenster hätte, und vielleicht sogar, wenn es keine Räder hätte. Hat es aber keinen Motor und keine Karosserie, wird es möglicherweise als etwas anderes kategorisiert, weil diese Eigenschaften mehr oder weniger notwendig für die Zugehörigkeit zu dieser Kategorie sind. 4. Eine Kategorie *setzt den Attributen Akzeptierungsgrenzen (acceptance limits)*. Attribute können sich von Fall zu Fall bzw. von einem Ereignis zum anderen verändern. Attribute wie Farbe können z.B. ungeheuerlich variieren. Eine Regel für eine Kategorie *Auto,* die spezifiziert, daß ein Auto vier Räder hat, könnte die Variationsgrenzen auf Null setzen. Dann würde alles mit drei oder weniger bzw. fünf oder mehr Rädern nicht als Auto gelten.
Zusammengefaßt können wir sagen:
Menschen interagieren mit ihrer Umgebung mithilfe von Kategorien und Klassifikationssystemen, die es ihnen erlauben, verschiedene Objekte oder Ereignisse so zu behandeln, als seien sie gleichwertig. Neue Information wird daher in bereits bestehende Kategorien eingeordnet, oder aber sie verursacht die Bildung von neuen. In beiden Fällen wird das Endprodukt von Verarbeitung sowohl aus einer Entscheidung über die Identität des Reizinputs als auch aus einer Anzahl von impliziten Schluß-

folgerungen über das mit dem Input assoziierte Objekt oder Ereignis, bestehen. Bruner vertritt die Ansicht, daß jegliche Interaktion des Menschen mit der Welt die Klassifizierung des Inputs bezüglich bereits bestehender Kategorien einbezieht – mit seinen Worten sind völlig neue Erfahrungen „... dazu verurteilt, ein Edelstein, ruhig verschlossen in der Stille privater Erfahrung, zu sein" (Bruner, 1957 b, S. 125). Kurz, der Mensch kann wahrscheinlich keine *gänzlich* neuen Reizinputs wahrnehmen, oder, falls er es kann, kann er sie nicht mitteilen.

Entscheidungsprozesse

Nicht nur alle Informationen werden über einen Akt der Kategorisierung verarbeitet; auch alle Entscheidungen schließen eine Klassifizierung mit ein. Erstens stellt die Identifizierung eines Objekts eine Entscheidung darüber dar, ob dieses in eine gegebene Kategorie hineinpaßt oder nicht. Ist zweitens ein Objekt erst einmal in eine Kategorie eingeordnet und damit identifiziert worden, so ist implizit mit dieser Kategorisierung eine Entscheidung darüber getroffen, wie auf dieses Objekt reagiert werden soll. Z.B. ist das fast unbewußte Erkennen einer auf Rot stehenden Ampel in Bruners Terminologie das Resultat davon, daß der in Frage stehende Input so interpretiert wird, als sei er ein Beispiel für die zur Kategorie „rotes Licht" gehörenden Ereignisse. Dieser Akt der Kategorisierung impliziert die Entscheidung, nicht über die Straße zu gehen. Es wird nicht ganz klar, wie Entscheidungsprozesse sich von einfacher Informationsverarbeitung unterscheiden und ob die Aufnahme des Input aus der Umgebung (Wahrnehmung) von der Organisation der Information im Gehirn (Konzeptbildung/Verständnis) verschieden ist. Bruner meint, er sehe keinen Grund zu glauben, daß die der Wahrnehmung zugrundeliegenden Prozesse in irgendeiner Weise von denen verschieden seien, die im Verstehen einbezogen sind. (Bruner, 1966, S. 9). Er behandelt Denken (Bruner, 1957 a) und Wahrnehmung (Bruner, 1957 b) jedoch in verschiedenen Schriften. An dieser Stelle sei darauf hingewiesen, daß die folgende Darstellung der Wahrnehmung auch auf „zentrale" Prozesse übertragen werden kann.

Wahrnehmung

Die der Wahrnehmung zugrundeliegenden Prozesse wurden schon bei der allgemeinen Diskussion des Kategorisierungsakts angesprochen. Wahrnehmung schließt tatsächlich nichts Komplizierteres als Identifikation ein. Der Wahrnehmungsprozeß selbst ist, allgemein gesprochen, der Akt des Übersetzens von sensorischen Daten in Bewußtsein, Wissen, Gefühl o. ä. Wann der Prozeß jedoch aufhört, wahrnehmungsbezogen zu sein und verständnisbezogen wird, ist eine umstrittene Frage.

Bruner beschreibt zwei Merkmale der Wahrnehmung: Sie ist „kategorisch" und sie ist „in variierender Weise wahr" (varyingly veridical). *Kategorisch* bedeutet, daß die Kategorisierung in die Wahrnehmung einbezogen ist, was aus der vorangegangenen Diskussion klar hervorging. *„Varyingly veridical"* bedeutet, daß das, was ein Individuum wahrzunehmen denkt, in irgendeiner Weise mit variierender Genauigkeit voraussagt, wie das tatsächliche Objekt wirklich ist. Wahrnehmen ist Kategorisieren; ein Objekt in eine Kategorie einordnen bedeutet, Vorhersagen über Eigenschaften zu machen, die dieses haben *muß,* die aber im Augenblick nicht wahrnehmbar sind. Nehmen wir ein sehr einfaches Beispiel: Ein weißer Gegenstand, 1 cm im Durchmesser und 10 cm lang, wird in der Vorlesung hochgehalten. Eine Studentin, die gerade wach ist, wird gefragt, was dieser weiße Gegenstand sei. „Kreide", sagt sie. Sie ist eine kluge Psychologiestudentin. In ihrer Wahrnehmung des Gegenstandes ist implizit die Kenntnis enthalten, daß dieser Gegenstand, wenn der Dozent ihn mit einem Ende leicht auf die Tafel pressen und ihn dann über die Tafel bewegen würde, Spuren von sich hinterlassen würde. Das ist eine Eigenschaft, die sie im Moment nicht wahrnehmen, aber die sie vorhersagen kann, weil ihre Kategorie für Kreide, in die sie den Gegenstand eingeordnet hat, das Attribut „Eigenschaft auf der Tafel Spuren zu hinterlassen, wenn es leicht darauf gepreßt und über sie hinweg bewegt wird" einschließt. Sie ist eine genaue, kluge Psychologiestudentin. Ihre Vorhersage ist wahrscheinlich, aber nicht notwendigerweise korrekt. Sie ist in „variierender Weise wahr" (varyingly veridical). Die Wahrheit einer Wahrnehmung hängt von einer Reihe von Faktoren ab, die Bruner wie folgt beschreibt:

Angemessene, wahrnehmungsmäßige Repräsentation schließt das Lernen von Hinweisreizen mit ein, die brauchbar sind, um Objekt angemessen in solche Kategoriensysteme einzuordnen, sowie das Lernen, welche Objekte wahrscheinlich in der Umgebung auftreten (Bruner, 1957b, S.229).

Bruner beschreibt bei der Kategorisierung vier aufeinanderfolgende Schritte, wovon der erste die *primitive Kategorisierung* ist. Hierbei ist das Reizereignis nicht mehr als ein „Objekt" oder ein Geräusch zu verstehen; in diesem Stadium wird das Objekt isoliert und mit Aufmerksamkeit belegt. Der zweite Schritt wird als *Suche nach Hinweisreizen (cue search)* bezeichnet und besteht aus der Suche nach An- oder Abwesenheit jener Attribute, die wahrscheinlich für die Identifikation brauchbar sind. Diese Suche führt zu einer Anfangskategorisierung (initial categorizing) für die anschließend zusätzliche *bestätigende* Hinweise gesucht werden. Dieses dritte Stadium wird als *Bestätigungsprüfung (confirmation check)* bezeichnet. Das vierte Stadium, die *Bestätigungserreichung (confirmation completion)* ist durch die Beendung der Suche nach Hinweisreizen gekennzeichnet. Auf zusätzliche Hinweisreize, insbesondere wenn sie mit der Anfangskategorisierung nicht übereinstimmen, wird wahrscheinlich nicht reagiert. Die hier beschriebene Abfolge ist durch anfängliche Offenheit, dann durch Selektivität und schließlich durch Geschlossenheit bezüglich sensorischer Inputs gekennzeichnet.

Wahrnehmungsbereitschaft

Die Genauigkeit, mit der ein Reizereignis kategorisiert wird, ist ebensosehr eine Funktion der Wahrnehmungsbereitschaft wie auch einfach eine Funktion des Vorhandenseins von angemessenen Kategorien. Wahrnehmungsbereitschaft hängt von der Zugänglichkeit einer Kategorie ab, wobei Zugänglichkeit in bezug auf den Reizinput definiert ist, der für das Auftreten der Identifikation erforderlich ist. Je zugänglicher eine Kategorie ist, desto weniger Input ist erforderlich, desto größer ist die akzeptierte Inputbreite, und umso wahrscheinlicher ist es, daß weniger zugängliche, aber besser passende Kategorien verdeckt bleiben.
Die Zugänglichkeit einer angemessenen Kategorie spielt demnach eine zentrale Rolle für die Genauigkeit (Wahrheit) der Wahrnehmung. Man nimmt an, daß zwei Faktoren die Zugänglichkeit von Kategorien determinieren: die Erwartungen des Individuums und dessen Bedürfnisse. Daher werden Sie, wenn Sie Hunger haben, ein Restaurant sehr leicht erkennen. Ebenso werden Sie eine Person, die Sie erwarten, sehr schnell identifizieren. In beiden Fällen ist nur ein sehr geringes Maß an Input zur Identifikation notwendig. Dadurch wird aber auch die Möglichkeit, einen Fehler zu machen, erhöht. Das bedeutet, daß, wenn die fragliche Kategorie sehr zugänglich ist (Sie haben die Erwartung, *diese* Person *dort* zu treffen), andere Kategorien verdeckt bleiben (Sie erkennen nicht so leicht, daß sich eine andere Person an dem Ort befindet).

Kodierungssysteme

Ein zentrales Konzept für Bruners Erklärung von Denkprozessen ist das Kodierungssystem. Es ist ziemlich selbstverständlich, daß die Vorstellung der Kategorie nicht ausreicht, um irgendetwas anderes als das einfache Wiedererkennen von sensorischen Inputs zu erklären. Geht man über die unmittelbaren Sinnesdaten hinaus, so bedeutet das mehr als das einfache Schlußfolgern auf der Grundlage der Kategorie, in die ein Input eingeordnet wurde, und was noch wichtiger ist, daß hierbei Schlußfolgerungen auf der Basis verwandter Kategorien gezogen werden.
Ein Beispiel: Zu dem Schluß, daß ein neuartiger, birnenähnlicher Gegenstand (Korug genannt) eßbar ist, kommt man nicht einfach deshalb, weil der Korug birnenförmig und Birnen eßbar sind, sondern auch, weil der Korug orangenartig und Orangen eßbar sind. (Zur Information: Ein Korug ist eine blaue Frucht, die aus der Kreuzung eines Birnbaums mit einem Orangenbaum resultiert, wobei der Pfropfen blau angemalt wurde). In der Tat wird der Korug identifiziert und es werden auf der Basis einer breiten Vielfalt verwandter Kategorien Voraussagen über ihn angestellt. Diese verwandten Kategorien werden als ein *Kodierungssystem* bezeichnet (Abb.8.1).

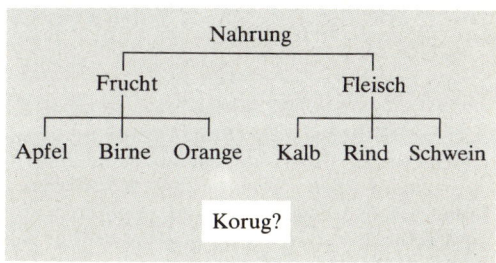

Abb.8.1. Ein Kodierungssystem

Eines der wesentlichsten Charakteristika von Kodierungssystemen ist die hierarchische Anordnung von verwandten Kategorien in der Art, daß die oberste Kategorie des Systems umfassender (z. B. in Art einer Spezies – oder Gattungsbezeichnung = generische Kodierung) ist als alle Kategorien unter ihr. Mit anderen Worten: Geht man von den spezifischen Beispielen, die verwandte Kategorien definieren, aufwärts, so ist jedes folgende Konzept (oder Kategorie) weniger spezifisch. Nach Bruner ist die Unspezifität von Kodierungssystemen zentral wichtig für die Festlegung ihrer Rolle beim Behalten und bei der Übertragung (Transfer). Im wesentlichen ist es Bruners Ansicht, daß es, wenn man etwas Spezifisches erinnern will, gewöhnlich ausreicht, das zugehörige Kodierungssystem abzurufen. Die Einzelheiten des spezifischen Beispiels können dann wieder rekonstruiert werden. Der Übergangswert (Transfer-Wert) von Kodierungssystemen ist implizit in der Vorstellung enthalten, daß eine generische Kodierung (s. o.) einen Weg darstellt, relativ unähnliche Objekte aufeinander zu beziehen und Schlußfolgerungen über sie aufzustellen. Damit ist offensichtlich in die Entscheidung, daß die angemessene Reaktion auf einen Korug das Essen des Korugs impliziert, eine bedeutsame Menge Transfer eingeschlossen. Bruner beschreibt vier Bedingungen, die seiner Meinung nach den Aufbau allgemeiner Codes (generische Kodierung) beeinflussen: Set*, Bedürfniszustand, Meisterung von Spezifika und Verschiedenartigkeit des Trainings.

Set. Set bezeichnet die Neigung des Individuums, in einer vorgegebenen Weise zu reagieren. Es wird allgemein angenommen, daß Prädispositionen die Wahrnehmung, die Reaktion und das Lernen direkt beeinflussen können. Im speziellen behauptet Bruner, daß Lernende über Instruktionen oder vorangegangenes Lernen dazu gebracht werden können, so vorzugehen, als stünden neue Sachverhalte zu anderem Lernen in Beziehung und als könnten sie in bezug auf zugrundeliegende Strukturen organisiert werden. Offensichtlich ist ein *Set* (Hal-

tung) dieser Art dem Aufbau allgemeiner Codes dienlicher, als man es von der Annahme ausgehend, neues Lernen sei unstrukturiert und beziehungslos, postuliert hatte.

Bedürfniszustand
Bruners Vorstellungen über Motivation sind mit denen Hebbs im Grunde genommen identisch. Was er als einen Bedürfniszustand bezeichnet, kann daher im Sinne eines Erregungsniveaus interpretiert werden, wobei Erregung als ein Trieb definiert ist, der sich auf das generalisierte Bedürfnis des Individuums, die Erregung auf einem mittleren Niveau zu halten, bezieht. Genauso wie man annimmt, daß Lernen oder Verhalten unter Bedingungen mittlerer Erregung maximal effektiv sind, so glaubt man auch, daß der Aufbau allgemeiner Codes durch eine weder zu schwache noch zu starke Erregung erleichtert wird.
Zur Stützung dieser Schlußfolgerung zitiert Bruner (1957a) ein Experiment zum „Labyrinthwechsel-Transfer" (maze-alternation transfer, s. u.), welches mit zwei Gruppen von Ratten durchgeführt wurde. Die erste Gruppe war 36 Stunden lang nicht gefüttert worden und stand deshalb vermutlich unter starken Triebbedingungen; die zweite Gruppe war gerade gefüttert worden; bei ihr konnte man ein niedriges Triebniveau annehmen. In beiden Fällen hatten die Ratten vorher gelernt, ein einfaches Wechsellabyrinth (alternation-maze = ein Labyrinth, in dem die zum Ziel führenden Wendungen rechts-links-rechts-links usw. abwechseln) zu durchlaufen. Ein Test zur Übertragungsfähigkeit des Lernens (Transfer) bestand darin, daß man die Ratten in ein genau umgekehrtes Labyrinth setzte (links-rechts statt rechts-links). In dieser Situation stachen die gerade vorher gefütterten Ratten ihre hungrigen Rivalen deutlich aus. Es ist jedoch nicht unmittelbar klar, ob dieses Experiment auf menschliches Verhalten generalisiert werden kann. Es scheint, daß zwischen einer hungrigen Ratte und einem stark erregten Menschen Unterschiede bestehen. Ferner scheint der Transfer beim Labyrinthlernen nicht direkt analog zum allgemeinen menschlichen Lernen zu sein. Nichtsdestoweniger stimmen Bruners Ansichten über die Wirkung des Erregungsniveaus auf das Lernen mit denen anderer Theoretiker überein.

Meisterung von Spezifika
Es darf als selbstverständlich angenommen werden, daß die Bildung allgemeiner Codes

---

* *Set* bezieht sich auf die Selektivität zwischen Reaktionen; es beinhaltet ein Richtunggeben und kann am besten als Bereitschaft, auf bestimmte Reize in bestimmter Weise zu reagieren, erklärt werden. Eine exakte Übersetzung (etwa „Haltung" oder „Einstellung") ist nicht möglich, weswegen im Folgenden die englische Bezeichnung beibehalten wird.

von dem Ausmaß abhängt, in dem der Lernende die für die zu kodierenden Beispiele spezifische Information gemeistert hat. Z.B. würde ein Korug nicht so leicht zusammen mit anderen Früchten in ein Kodierungssystem eingeordnet werden, wenn nicht zumindesten einige der für Früchte spezifischen Attribute (ihre Eßbarkeit, die Tatsache, daß sie wachsen etc.) gut bekannt wären. Daraus folgt, daß, wenn man mehr über die Spezifika eines Ereignisses oder Objekts weiß, sich dessen Kodierbarkeit vergrößert.

Verschiedenartigkeit des Trainings

Der vierte Faktor, von dem angenommen wird, daß er den Aufbau allgemeiner Codes beeinflußt, ist eng verbunden mit der Meisterung von Spezifika. Bruner behauptet: je vielfältiger und unterschiedlicher die Situationen sind, in denen etwas erfahren wird, desto leichter wird das Erfahrene zu anderen Ereignissen in Beziehung gesetzt. Diese Behauptung kann als Axiom akzeptiert werden, umsomehr, als Kategorien und Codes auf der Basis von Ähnlichkeiten und Unterschieden von Ereignissen gebildet werden. Offensichtlich dient die Verschiedenartigkeit des Trainings dazu, sowohl das Gemeinsame als auch das jeweils Einzigartige von Ereignissen hervorzuheben.

Erwerb von Konzepten

Bruners experimentelle Arbeiten zur Konzeptbildung lieferten einen bedeutenden Beitrag zu diesem wichtigen Gebiet der kognitiven Psychologie. Unter anderem untersuchte er als erster auf systematische Weise die Annahme, daß wir dadurch Konzepte bilden, daß wir bezüglich der Eigenschaften der fraglichen Konzepte Hypothesen aufstellen und testen. Bruner unterscheidet zwischen der *Bildung* von Konzepten und ihrem *Erwerb*. Ein Konzept zu *bilden* bedeutet, zu der Vorstellung zu gelangen, daß einige Gegenstände zusammengehören, während andere dies nicht tun. Ein Konzept zu *erwerben* heißt andererseits, die Attribute zu entdecken, die geeignet erscheinen zwischen Mitgliedern und Nichtmitgliedern einer gegebenen Klasse zu unterscheiden. Z.B. kann man von einer Person sagen, sie habe das Konzept von eßbaren versus nichteßbaren Pilzen gebildet, wenn sie gelernt hat, daß es eßbare und

nicht eßbare Pilze gibt. Diese Konzeptbildung bedeutet jedoch nicht, daß sie auf ein Feld hinausgeht und nur mit ganz eindeutig eßbaren Pilzen zurückkommt. Wenn wir genau gelernt haben, was der Unterschied zwischen eßbaren und nichteßbaren Pilzen ist, haben wir das Konzept erworben. Nach Bruners Auffassung bleibt der Prozeß der Konzeptbildung etwa bis zum fünfzehnten Lebensjahr aktiv; danach überwiegt der Konzepterwerb.

Konzeptarten

Es gibt drei Arten von Konzepten, die jeweils nach der Beziehung zwischen den sie definierenden kritischen Attributen unterschieden werden können. *Konjunktive Konzepte* sind durch das Vorhandensein einer Verbindung zwischen zwei oder mehr Attributwerten definiert. Z.B. ist ein Füller ein Gegenstand, der in der Hand gehalten *und* der zum Schreiben benutzt werden kann. *Beide* Bedingungen *müssen* erfüllt sein, wenn das Objekt ein Füller sein soll – deshalb ist das Konzept *Füller* konjunktiv.

Ein *disjunktives* Konzept ist *entweder* durch die Verbindung zweier oder mehrerer Attribute *oder* durch das Vorhandensein irgendeines dieser relevanten Attribute definiert. Z.B. können Psychotiker zugleich größenwahnsinnig sein, unter Verfolgungswahn leiden wie auch eine Kleptomanie haben oder aber sie haben nur die Wahnvorstellungen oder die Phobie oder die Manie. Dies ist ein disjunktives Konzept.

Die dritte Konzeptart wird als *relational* bezeichnet. Sie wird durch eine spezifizierte Beziehung zwischen Attributwerten definiert. Ein Rechteck zum Beispiel hat nicht nur vier Seiten, sondern es müssen zwei gegenüberliegende Seiten gleich lang, zugleich aber länger als die beiden anderen sein, die wiederum ihrerseits gleiche Länge haben müssen. *Rechteck* ist ein relationales Konzept.

Strategien des Konzepterwerbs

Bruners Arbeit zum Konzepterwerb basiert auf der Grundlage mehrerer Annahmen, von denen eine die ist, daß Menschen Konzepte bilden, um ihre Umgebung einfacher zu gestalten und zu wissen, wie sie auf sie reagieren sollen. Tatsächlich ist die Bildung von Konzepten gleichbedeutend mit dem Erstellen von Kategorien. Eine zweite Annahme ist, daß Menschen zur Verminderung kognitiver Belastung und um sicherzustellen, daß Konzepte schnell

Tabelle 8.1. Attribute

	Anzahl von Figuren	Anzahl von Linien	Form	Farbe
	1	1	□	Rot
Werte	2	2	△	Blau
	3	3	○	Gelb

und genau erworben werden, bestimmte Strategien ausbilden müssen. Diese Strategien stellen sich dar in Form von Regelmäßigkeiten oder Mustern in der Abfolge der Entscheidungen, die festlegen, ob bestimmte Objekte einer Klasse angehören oder nicht.

Um diese Strategien zu untersuchen, entwickelten Bruner et al. (1956) eine Serie von Karten, von denen jede entweder als Beispiel für ein konjunktives, disjunktives oder relationales Konzept gebraucht werden konnte. Die zu diesem Zweck entwickelten 81 Karten umfaßten alle möglichen Variationen von vier Attributen mit jeweils drei Werten (siehe Tabelle 8.1).

In den Experimenten wurde den Vpn der Begriff des Konzepts erklärt, und es wurden ihnen, je nach Art der Studie, Illustrationen von disjunktiven oder konjunktiven Konzepten gegeben. Eine Karte mit zwei Grenzlinien und drei roten Kreisen mag z. B. ein Beispiel für mehrere konjunktive Konzepte sein. Ein konjunktives Konzept sind *rote Kreise;* also sind alle anderen Karten mit roten Kreisen Beispiele desselben Konzepts. Wäre das Konzept *rote Kreise* disjunktiv, so würde jede Karte, auf der entweder rote Figuren oder Kreise irgendeiner Farbe wären, dasselbe Konzept veranschaulichen, da Disjunktion ein *entweder/oder* Element einschließt, wogegen Konjunktion als *und*-Ereignis definiert ist. Im Experiment mußte nun die Vp versuchen, das Konzept, das die VI sich ausgedacht hatte, herauszufinden (zu erwerben). Um das Problem überhaupt für Menschen lösbar zu machen, gab der VI an, wieviele Werte in das Konzept einbezogen seien (gewöhnlich zwei) und ob das Konzept konjunktiv oder disjunktiv sei.

Eine Gruppe von Strategien zum Konzepterwerb wird hier zur Veranschaulichung diskutiert. Man bezeichnet sie *als Selektionsstrategien,* da hier der Vp zunächst alle 81 Karten dargeboten werden, ein Beispiel des Konzepts gezeigt, und ihr dann erlaubt wird, die Karte auszuwählen, die sie als nächstes getestet haben

möchte. Nach jedem Test sagt der VI der Vp, daß die ausgewählte Karte ein Beispiel bzw. kein Beispiel für das Konzept ist. Der Gegenstand des „Spiels" ist zweifach: zu den korrekten Konzepten zu kommen und dies in der geringstmöglichen Anzahl von Durchgängen zu schaffen. Vier Entscheidungsabfolgen wurden als Selektionsstrategien zum Konzepterwerb konjunktiver Konzepte identifiziert.

Simultane Prüfung (simultaneous scanning)
Die erste Strategie beinhaltet die Aufstellung aller möglichen haltbaren Hypothesen auf der Grundlage des ersten Beispiels (positiver Fall) des Konzepts und die Anwendung einer aufeinanderfolgenden Selektion, um alle nicht haltbaren Hypothesen auszuschließen. Wenn z. B. der VI eine Karte mit zwei Grenzlinien und drei Kreisen zeigt, könnte man 15 haltbare Hypothesen aufstellen (das sind sämtliche zweiwertigen konjunktiven Konzepte) wie z. B. 2 Linien und 3 rote Figuren, 3 Kreise, 3 rote Figuren, 2 Linien und rote Figuren, rote Kreise, 2 Linien und Kreise etc. Unglücklicherweise ist das menschliche Gehirn meistens nicht reich genug ausgestattet, um so viele Hypothesen simultan in Betracht ziehen zu können, so daß diese Strategie zwar theoretisch möglich, aber in der Praxis eigentlich nicht existent ist.

Sukzessive Prüfung (successive scanning)
Diese zweite Strategie erlegt den menschlichen Subjekten weit weniger kognitive Belastung auf, da sie im wesentlichen einen „Versuch-und-Irrtum"-Ansatz darstellt. Es besteht in der Aufstellung einer Hypothese („Äh, äh ... vielleicht ist das Konzept rote Kreise"?) und der Auswahl einer Karte zur direkten Überprüfung der Hypothese. Bestätigt sich die ursprüngliche Vermutung nicht („Das war wohl ein Schuß in den Ofen"), so wird eine zweite Hypothese aufgestellt („Vielleicht handelt es sich um rote Quadrate"). Mit dieser Vorgehensweise gelangt man u. U. sehr schnell an das Konzept, möglicherweise wird es aber auch *niemals* erworben.

Vorsichtiges Einkreisen (conservative focusing)
Aus mehreren Gründen ist diese Strategie die logischste, die von Menschen angewandt werden kann. Sie erlegt dem Gedächtnis oder der schlußfolgernden Kapazität relativ wenig Belastung auf und macht auch sicher, daß das Konzept erworben wird. Wer diese Strategie anwendet, beginnt damit, das erste positive Beispiel als vollständige Hypothese zu akzeptie-

ren. Zum Beispiel sei das Konzept rote Kreise und die erste Karte zeigt zwei Linien und drei rote Kreise. Die Vp nimmt als Hypothese zwei Linien und drei rote Kreise an. Nun wählt sie eine zweite Karte, die vom Original in nur einem Wert abweicht – z. B. zwei Linien und 2 rote Kreise. Der VI versichert, daß diese Karte noch ein Beispiel für das Konzept ist, woraus folgt, daß die Anzahl der Figuren irrelevant ist. Die bleibende Hypothese lautet: 2 Linien und rote Kreise. Die nächste Wahl ändert einen weiteren Wert – die Farbe. Die gewählte Karte zeigt zwei Linien und drei grüne Kreise. Da das Beispiel nun negativ ist, war die *Farbe* relevant. Die Vp weiß jetzt, daß rot ein Teil des Konzepts ist. Wenn ihre nächste Wahl die Anzahl der Linien ausschließt oder die Form bestätigt (was sie tut, wenn nur ein Wert verändert wird), hat die Vp das Konzept erworben.

Glücksspiel (focus gambling)
Eine leichte Variation des vorsichtigen Einkreisens besteht im Variieren von mehr als einem Wert zur gleichen Zeit – mit anderen Worten, das Glücksspiel. Werden zwei Werte verändert und die Karte bleibt positiv, ist der Fortschritt angestiegen. Wird das Beispiel jedoch negativ, lernt die Vp wenig, da entweder einer oder aber beide veränderten Werte kritisch sein können. Andere Serien von Experimenten, deren Resultate hier nicht wiedergegeben werden, befaßten sich mit disjunktiven Konzepten und dem Erwerb von Konzepten durch bestimmte *Aufnahmestrategien*. Im letzteren Falle bietet der VI jede der aufeinanderfolgenden Karten dar, anstatt der Vp zu erlauben, die nächste Karte selbst auszusuchen.

Strategien im wirklichen Leben

Es ist schwierig, die Resultate von Bruners Arbeit zum Konzepterwerb auf nicht-experimentelle Situationen zu generalisieren, da Menschen nicht oft systematische Beispiele präsentiert bekommen, aus denen sie ihre Erfahrungen auswählen können. Noch ist für gewöhnlich eine Autorität unmittelbar verfügbar, die sagt „Ja", das ist ein Beispiel für wahre Liebe bzw. „Nein", das ist kein Beispiel für wahre Liebe. (Das Herausfinden dessen, was wahre Liebe ist, scheint beim Menschen tatsächlich eine Konzepterwerb-Aufgabe von beträchtlicher Wichtigkeit zu sein). Eine zweite Schwierigkeit liegt darin, daß Bruner in seinen Experi-

menten erwachsene Vpn verwandte. Einfachere Versionen der Probleme, die man Kindern darbot, führten nicht immer zur Identifikation derselben Strategien (Olson, 1963). Ein drittes Problem ist, daß sogar erwachsene Vpn oft nicht-identifizerbare Strategien anwandten. Schwierige Ansätze, wie z. B. sukzessives Prüfen, wurden niemals von Versuchspersonen angewandt und bleiben deshalb „ideale" Strategien (in der Terminologie Bruners).
Trotz dieser Einschränkungen kann manches aus dieser Arbeit auf verschiedene Aspekte menschlichen Verhaltens angewandt werden. Z. B. mag der Aufbau von induktiven und deduktiven Denkprozessen bei Kindern das Lernen von Strategien einbeziehen, die den von Bruner untersuchten ähnlich sind – insbesondere, da der Unterrichtsprozeß in Schulen häufig die Darbietung von verwandten Beispielen zusammen mit der Information über deren Klassenzugehörigkeit einschließt. Obwohl Lehr- und Curriculum-Materialien selten so systematisch und rigoros gestaltet sind wie experimentelle Vorgehensweisen, können sie doch gelegentlich nach diesen gestaltet werden.

Zusammenfassung von Bruners Lerntheorie

Bruners Lerntheorie hält im wesentlichen an der Auffassung fest, daß Menschen die Welt größtenteils in Form von Ähnlichkeiten und Unterschieden, die zwischen Ereignissen und Objekten aufgedeckt werden, interpretieren. Auf ähnliche Objekte wird so reagiert, als ob sie gleich seien; diese Ähnlichkeit wird durch die Einordnung von Reizinputs in *Kategorien* festgestellt. Die Kategorien können mit den Zellverbänden und Phasensequenzen in Hebbs Theorie verglichen werden. Sie sind im wesentlichen Klassifikationen von Objekten in bezug auf übermäßig stark vertretene (= redundante) Eigenschaften. Daher basieren sie auf Assoziationen, die größtenteils über Häufigkeit oder Redundanz entwickelt werden. Z. B. wenn die ersten Kreaturen, die vom Mars kommen, alle Warzen haben, so werden *Warzen* eventuell ein kritisches Attribut für die Kategorie *Marsmensch* werden. In Hebbschen Begriffen: die Zellverbände, die durch Warzen aktiviert werden, werden mit anderen assoziiert, welche durch Marsmenschen aktiviert werden. In Bruners System wird die hauptsächliche organisatorische Variable als Kodierungssystem bezeichnet; das ist eine hierarchische Anordnung von verwandten Kategorien, wobei jede Stufe der Hierarchie allgemeiner, weniger durch Spezifika definiert und umfassender wird. Die letzte, allgemeinste Kategorie in einem Kodierungssystem ist so definiert, daß sie alle spezifischen Beispiele, die zu ihrer Bildung führten, miteinschließt. Es wird angenommen, daß der Akt der Kategorisierung bei der Informationsverarbeitung (und zwar sowohl auf dem Wahrnehmungs- als auf dem Verständnisniveau) und bei Entscheidungsprozessen eine Rolle spielt.

Neuere Forschung

Wie bereits zu Beginn des Kapitels angedeutet, ist die wichtigste Aufgabe, die sich die kognitive Psychologie stellt, die Erforschung der Prozesse, durch die wir kognitive Repräsentationen entwickeln. Es wurde auch darauf hingewiesen, daß die Erklärungen typischerweise Metaphern gebrauchen, d.h., daß sie keinen Versuch darstellen, die Dinge so zu beschreiben, wie sie tatsächlich sind. Die zentralen Metaphern in Bruners Theorie sind die, die durch die Begriffe *Kategorien* und *Kodierungssysteme* dargestellt werden. Bruners Beschreibung von Kategorien und an der Kategorisierung beteiligten Prozessen spielt in der zeitgenössischen kognitiven Forschung weiterhin eine große Rolle. Beispielsweise führen Mervis und Rosch (1981) in einem zusammenfassenden Überblick über die neuere Forschung auf dem Gebiet der Kategorisierung folgende Definition an: „Eine Kategorie existiert, wann immer zwei oder mehr unterscheidbare Objekte oder Geschehnisse gleich behandelt werden" (S. 89). Diese Definition ist im wesentlichen identisch mit der, die als erster Bruner ein Viertel Jahrhundert früher äußerte. Mervis und Rosch erörtern weiterhin, daß „Kategorisierung als eine der grundlegenen Funktionen von Lebewesen betrachtet werden kann" (S. 89).
Seit dem Aufkommen von Bruners Theorie der Kategorisierung konzentrierte sich die Forschung auf die Suche nach Regeln (Hypothesen), die Versuchspersonen anwenden, und auf den Versuch, die Beschaffenheit von Kategorien wie auch von Eigenschaften zu spezifizieren (s. z.B. Bourne, Dominowski und Loftus, 1979). Mervis und Rosch (1981) fassen die Schlußfolgerungen und Richtungen dieser Art von Forschung wie folgt zusammen:
Einer der neueren Trends bestand in dem Versuch, die Kategorien in Bezug auf ihre Allgemeinheit zu analysieren. Im Gegensatz zu unseren möglichen Vermutungen beginnen Kinder nicht damit, die spezifischsten Konzepte zu lernen, um von dort zu den allgemeineren zu gelangen. Statt dessen lernen sie typischerweise zuerst Konzepte mit mittlerem Allgemeinheitsgrad und dann die spezifischeren. Später entwickeln sie dann übergeordnetere Kategorien (in Bruners Begriffen „Kodierungssysteme"). So beginnt ein Kind z. B. nicht damit, das Konzept *deutscher Schäferhund* zu lernen - eine sehr spezifische Kategorie -, sondern es lernt stattdessen das Konzept *Hund*. Erst dann werden schließlich Konzepte wie *Pudel, deutscher Schäferhund* und andere Konzepte mit einem ähnlichen Grad an Spezifizierung gelernt. Später wird das Kind dann bereit sein, das dazugehörige Gattungskonzept „*Säugetier*" zu lernen.
Eine zweite Beobachtung, die aus dieser Forschung resultiert, weist auf die Tatsache hin, daß solche Dinge oder Geschehnisse, die in der gleichen Kategorie enthalten sind, nicht alle gleich sind, auch wenn auf sie in einer Art und Weise reagiert wird, als *wären sie* identisch. Daher wird, obwohl eine große Menge an Reizinput als *blau* interpretiert wird (d.h. zu der Kategorie „Blauheit" gehört) ein Teil dieses Inputs als mehr und ein anderer als weniger blau interpretiert. Dementsprechend sind einige Farben grüner, schwärzer, heller oder dunkler als andere. Dennoch erfolgt auf sie alle unter bestimmten Umständen eine Reaktion, als wären sie blau. Ebenso sind die Personen, die in unsere Kategorien für *schlank* oder *dick* passen, nicht alle gleich schlank oder dick. Daraus folgt, daß Kategoriengrenzen, zusätzlich zu ihrer Willkürlichkeit, nicht immer klar gezogen sind. Mit anderen Worten: Es könnte nicht nur der Fall sein, daß Sie und ich bezüglich der kritischen Eigenschaften für die Zugehörigkeit zu unseren Kategorien *schlank* und *dick* nicht übereinstimmen, sondern daß wir unter bestimmtem Druck auch einsehen müßten, daß unsere persönlichen Kategorien für diese Eigenschaften recht verschwommene Grenzen haben. Die Forschung über Kategorisierung hat auch zu einer dritten, wichtigen Beobachtung geführt bezüglich der Art der Information, die zur Kategorisierung verwendet wird. Auf

einem oberflächlichen Niveau könnten wir z. B. annehmen, daß die Wahrnehmung physikalischer Objekte nicht mehr erfordert als ein bestimmtes Wissen über deren *physikalische* Eigenschaften und die Verfügbarkeit der entsprechenden Kategorie. Anders gesagt könnte es so aussehen, als ob die Eigenschaften, die wir bei einfacher Wahrnehmungserkennung anwenden, nicht viel mehr beinhalten als das Zusammenfügen der Wahrnehmung mit den entsprechenden Kategorien. Also sollte ich, um zu erkennen, daß jemand in meine Kategorie *schlank* oder *dick* gehört, nicht mehr tun müssen, als Schlank- oder Dicksein wahrzunehmen, vermutlich durch Sehen, vielleicht auch Fühlen. Dennoch kann in Wirklichkeit Schlank- oder Dicksein nicht direkt empfunden werden. Dies sind Abstraktionen. Daher spielt sogar auf dem elementarsten Niveau von Wahrnehmungserkennung häufig Abstraktion eine Rolle. Mervis und Rosch (1981) machten die Beobachtung, daß auf einem weniger elementaren Niveau Abstraktion bei allen Modellen der Kategorisierung beteiligt ist. Zusammenfassend kann man sagen, daß die neuere Forschung über Kategorisierungen annimmt, daß Kategorien bezüglich ihres Grades an Allgemeinheit variieren und daß die spezifischsten Kategorien nicht zuerst gelernt werden, sondern daß Kategorien mit einem mittleren Grad an Allgemeinheit für ein Kind am einfachsten sind. Dinge oder Geschehnisse, die zur gleichen Kategorie gehören, sind nicht gleich, wie auch Eigenschaftswerte, die als Kriterien für die Zuteilung in die gleiche Kategorie fungieren, nicht notwendigerweise gleich sind. Zum Schluß: Empfindung und Gedächtnis sind alleine nicht ausreichend für eine adäquate Erklärung der Kategorisierung: Abstraktion spielt dabei immer eine Rolle.

Eine Bewertung

Die Bewertung einer kognitiven Position wie Bruners beinhaltet eine interessante Schwierigkeit: Während traditionell behavioristische Positionen versuchen, einen Zustand exakt und wörtlich zu beschreiben, und daher in Bezug auf die Genauigkeit ihrer Beschreibung beurteilt werden können, versuchen kognitive Theorien wie die Bruners nicht, diese wörtliche Beschreibung eines Zustandes zu erreichen.

Daher können sie auch nicht auf die gleiche Art wie behavioristische Positionen beurteilt werden. Was hier beurteilt wird, ist nicht eine Beschreibung, sondern eine Metapher. Hier wird kein Bericht über Dinge oder Prozesse abgegeben, die tatsächlich existieren sollen, sondern eine Abstraktion, die im wesentlichen repräsentiert (symbolisiert). Daher können wir nicht sagen, Bruners Theorie erkläre die Fakten oder nicht. Aber wir können annähernd sagen, daß es eine Metapher ist, die unserer intuitiven Vorstellung über das Funktionieren des Menschen keinen großen offensichtlichen Schaden antut. Mehr noch: Wir können sagen, die Theorie scheint relativ klar und verständlich und in sich konsistent zu sein, was beides wichtige Kriterien einer wissenschaftlichen Theorie sind.

Vielleicht die wichtigste Frage, unter der jede unserer psychologischen Theorien betrachtet werden sollte, ist die nach der Nützlichkeit bezüglich Erklärungen und Vorhersagen. Behavioristische Theorien sind manchmal sehr nützlich für Vorhersagen von spezifischen Verhalten, wenn die Beziehung zwischen Reizen, Reaktionen und den Reaktionskonsequenzen klar sind und mit unserem theoretischen Verstänis, wie diese Dinge sein sollten, übereinstimmen. Mit anderen Worten: Diese Theorien sind nützlich für die Erklärung von Verhaltensformen, die klare Beispiele für klassisches oder operantes Konditionieren sind. Sie sind nicht annähernd so nützlich für die Erklärung sogenannter höherer kognitiver Prozesse.

Im Gegensatz dazu sind kognitive Theorien wie die Bruners für die Erklärung spezifischen Verhaltens, das von behavioristischen Positionen am leichtesten erklärt werden kann, überhaupt nicht geeignet. Sie haben jedoch für die Erklärung und vielleicht manchmal für die Vorhersage von Wahrnehmungsprozessen, Entscheidungsprozessen und dem Gebrauch kognitiver Strategien einen gewissen Wert. Eine endgültige Entscheidung über ihre Nützlichkeit setzt weitere Forschungen voraus.

Eine Bemerkung zu pädagogischen Implikationen

Bruner hat sich besonders um die Erläuterung einiger erzieherischer Implikationen seiner Arbeit bemüht (Bruner, 1961 a, 1961 b, 1966). Seine Betonung der Bildung von Kodierungssystemen, zusammen mit seiner Annahme, daß die Systeme Transfer erleichtern, das Gedächtnis steigern und die Fähigkeit zum Lösen von Problemen und die Motivation erhöhen, machte ihn zu einem Fürsprecher für einen entdeckungsorientierten Ansatz in der Schule. Diese Betonung gründet sich teilweise auf seine Überzeugung, daß die Bildung von allgemeinen Kodierungssystemen die *Entdeckung* von Beziehungen erfordert. Dementsprechend spricht er sich für den Gebrauch von Techniken aus, bei denen Kinder ermuntert werden, Fakten und Beziehungen selbst zu entdecken. Zu diesem Zweck betont Bruner, daß eine Art spiralförmiger Lehrplan vermutlich der beste sei. Ein spiralförmiger Lehrplan greift die gleichen Themen in aufeinanderfolgenden Alters- und Klassenstufen und auf verschiedenen Schwierigkeitsniveaus immer erneut auf. So werden z. B. Lernenden der unteren Klassen die einfachsten Konzepte eines Bereichs beigebracht. In den darauffolgenden Klassenstufen beschäftigen sie sich wieder mit dem gleichen Gebiet, jedoch auf einem fortschreitend höheren Konzeptniveau.

Nicht alle Erzieher oder Theoretiker sind von dem Gebrauch von Entdeckungsmethoden in der Schule so begeistert wie Bruner (s. z. B., Ausubel, 1968, Ausubel und Robinson, 1969). Daher dauerte die relativ harmlose Kontroverse, die Entdeckungslernen an stärker didaktischen Ansätzen maß (manchmal auch Rezeptionslernen genannt), in Erzieherkreisen über mehrere Jahrzehnte an. Die Forschungsarbeiten, in denen versucht wurde, die relativen Verdienste dieser zwei Ansätze zu untersuchen sind zwiespältig (s. Lefrancois, 1982), was allerdings keine große Bedeutung haben muß. Lehrende müssen sich nicht für den einen oder anderen Ansatz entscheiden. Sie können beide anwenden.

Zusammenfassung: Kapitel 8

Dieses Kapitel brachte eine Einführung in ein Gebiet, das von der neueren Forschung betont wird: die kognitive Theorie. Jerome Bruners kognitive Theorie wurde als Beispiel für diesen Ansatz im Detail erläutert. Sie kann als Theorie der Kategorisierung beschrieben werden. Dies ist die Metapher, die Bruner anwendete, um kognitive Repräsentation darzustellen.

1. Traditionell behavioristische Positionen versuchten, einen tatsächlichen Zustand wörtlich zu beschreiben. Kognitive Psychologen verwenden im wesentlichen Metaphern, die mehr „Als ob"-Beschreibungen als wörtlich gemeint sind.

2. *Kognitivismus* befaßt sich primär mit der Erklärung jener höheren geistigen Prozesse, die nicht einfach durch ein S-R-Paradigma zu erklären sind. Kognitive Psychologen haben sich primär für Gebiete wie Wahrnehmung, Informationsverarbeitung, Entscheidungsprozesse und Wissen interessiert.
Jedes dieser Gebiete setzt eine Form kognitiver Repräsentation voraus.

3. Bruner vergleicht die Entwicklung eines Kindes mit der Evolution der menschlichen Rasse. In der gleichen Art, in der die Menschheit von Erfindungen zur Erweiterung der Bewegungsmöglichkeiten über Erfindungen, welche die Sinne erweitern, schließlich zu den Erfindungen fortschritt, die die Reflexionsmöglichkeiten erweiterten, macht ein Kind Fortschritte von der enaktiven über die ikonische zur symbolischen Repräsentation.

4. Bruner benutzt den Begriff *Kategorisierung*, um Wahrnehmungs- wie auch konzeptuelle Aktivitäten zu beschreiben.

5. Kategorisieren bedeutet, Reizinputs aufgrund von Ähnlichkeiten zwischen Inputs in Klassen einzuordnen. Eine *Kategorie* kann als eine Regel verstanden werden, um Dinge als gleich zu klassifizieren. Als Regel spezifiziert sie die Attribute (Eigenschaften), die Objekte aufweisen müssen, um in eine gegebene Kategorie eingeordnet werden zu können.

6. *Informationsverarbeitung* und *Entscheidungsprozesse* beziehen beide Kategorisierung mit ein. Ein Gegenstand wird identifiziert, indem er in eine Kategorie eingeordnet wird – ein Prozeß, in dem implizit die Möglichkeit, „über die gegebene Information hinauszugehen" enthalten ist; er macht Vorhersagen über Objekte oder Ereignisse auf der Grundlage ihrer Kategorienzugehörigkeit möglich.

7. Für eine akkurate Wahrnehmung ist es nicht nur wichtig, die angemessene Kategorie zu haben und zu wissen, welche Attribute für die Zugehörigkeit zu dieser Kategorie wesentlich (kritisch) sind, sondern sie hängt auch von der *Zugänglichkeit* der angemessenen Kategorie ab. Ein anderer Terminus für Kategorienzugänglichkeit ist Wahrnehmungsbereitschaft.

8. *Kategorienzugänglichkeit* ist eine Funktion von Erwartungen und Bedürfnissen. Je zugäng-

licher eine Kategorie ist, desto weniger Input ist für die Wahrnehmung erforderlich, desto breiter ist der Bereich, der akzeptiert wird, und desto wahrscheinlicher ist es, daß andere Kategorien (vielleicht passendere) weniger verfügbar werden.

9. *Kodierungssysteme* sind hierarische Anordnungen von verwandten Kategorien. Die höher eingestuften Kategorien sind allgemeiner, subsumieren mehr Beispiele und enthalten weniger Spezifika (sind weniger durch Details definiert).

10. Von vier Bedingungen wird angenommen, daß sie den Erwerb von allgemeinen Kodierungssystemen beeinflussen: Set (Prädisposition zur Reaktion), Bedürfniszustand (momentane Erfordernisse), Meisterung von Spezifika (Ausmaß an früher schon bekanntem, ähnlichen Wissen) und Verschiedenartigkeit des Trainings (die Anzahl der verschiedenen Situationen, in denen etwas erfahren wurde).

11. Ein Konzept zu bilden, heißt, zu erkennen, daß einige Dinge zusammengehören und andere nicht, (d.h. einige Dinge sind Preiselbeeren, andere nicht). Ein Konzept zu erwerben heißt, zu entdecken, welche kritischen Eigenschaften über die Zuordnung zu einer gegebenen Kategorie entscheiden, d.h. zu entdecken, was Preiselbeeren als solche auszeichnet und wie sie sich von anderen Beeren unterscheiden.

12. Bruner beschreibt drei Arten von Konzepten: Konjunktive Konzepte (definiert durch die gemeinsame Anwesenheit von zwei oder mehreren Attributswerten), disjunktive Konzepte (definiert durch die gemeinsame Anwesenheit relevanter Attribute oder durch die Anwesenheit von einem dieser Attribute alleine oder von diesem in Kombination mit anderen), und relationale Konzepte (definiert durch eine bestimmte Beziehung zwischen den Attributwerten).

13. Ein Großteil von Bruners wichtiger experimenteller Arbeit stellte Forschungen an über die Strategien, die Lebewesen beim Erwerb von Konzepten benutzen. Diese Strategien umfassen die simultane Prüfung (Formulierung aller Hypothesen – für die meisten Versuchsobjekte unpraktisch und unmöglich), die sukzessive Prüfung (Versuch und Irrtum – unökonomisch), vorsichtiges Einkreisen (das erste Beispiel wird als vollständige Hypothese akzeptiert, danach wird bei jedem Durchgang nur ein Attributwert geändert – ökonomisch und effektiv) und das Glücksspiel (risikoreicher als vorsichtiges Einkreisen – manchmal schneller, manchmal auch langsamer im Erfolg).

14. Die neuere Forschung über Kategorisierung basiert zum Großteil auf Bruners anfänglichen Formulierungen. Hier einige Ergebnisse dieser Forschung: Kategorien variieren im Grad ihrer Allgemeinheit, aber die spezifischsten Kategorien (Schäferhund) werden *nicht* vor einer allgemeineren Kategorie *(Hund)* gelernt. Dinge und Geschehnisse, die unter die gleiche Kategorie fallen, wie auch die Werte, die über Kategorienzugehörigkeit entscheiden, sind nicht notwendigerweise die gleichen. Abstraktion ist an Kategorisierungen immer beteiligt.

15. Bruner ist ein starker Fürsprecher für entdeckungsorientierte Lernmethoden.

Kapitel 9

Piaget und die kognitive Entwicklung

Eine kognitive Entwicklungsposition

Jean Piagets System ist *kognitive,* nicht nur, weil es Reizen und Reaktionen wenig Beachtung schenkt, sondern weil sein Hauptinteresse darin besteht, die Beschaffenheit geistiger Repräsentation zu beschreiben. Im Gegensatz zu vielen anderen kognitiven Positionen versucht Piagets Theorie jedoch viel mehr, als kognitive Repräsentation einfach so zu beschreiben, wie sie bei älteren Kindern oder Erwachsenen vorkommt: Es ist eine kognitive *Entwicklungsposition.* Entsprechend liegt der wichtigste Beitrag Piagets in dem Versuch, die Prozesse zu beschreiben, durch die Kinder ein Verständnis von sich selbst und ihrer Umwelt erwerben, das dem der Erwachsenen immer ähnlicher wird. Kurz gesagt präsentiert die Theorie Piagets eine Erklärung der kognitiven Entwicklung des Menschen.
Wie andere zeitgenössischen kognitiven Positionen geht auch Piagets System auf Wahrnehmung, Konzeptbildung, Entscheidungsfähig-

keit u.a. ein. Aber dies sind nur einige der vielen behandelten Themen. Es trifft zu, was Chaplin und Krawiec (1960) gesagt haben: „Jean Piaget ist eine ‚Schule‘ für sich."
Seine Schriften beleuchten fast alle Facetten der menschlichen begrifflichen Welt: Sprache (1926); Realität (1929); Kausalität (1930); Moral (1932); Zeit (1946); Intelligenz (1950); Spiel, Träume und Imitation (1951) und Bewußtsein, um nur einige wenige zu nennen. Während der Entwicklung dieser aus mehreren Teilstücken zusammengestellten theoretischen Position war Bärbel Inhelder Piagets engste Verbündete und dauernde Mitarbeiterin.

Jean Piaget (1896–1980)
Jean Piaget wurde 1896 in Neuchatel in der Schweiz geboren. Seine Arbeit begann er jedoch erst einige Zeit später, obwohl es Hinweise dafür gibt, daß er ein frühreifes Kind war. Mit 10 Jahren veröffentlichte er seine erste „gelehrte" Schrift. Es handelt

sich um eine einseitige Notiz über einen Spatz, den er gefunden hatte und der zum Teil ein Albino war. Diese frühe Schrift war nur eine Andeutung des Reichtums an veröffentlichtem Material, das er später produzieren sollte. Seine ersten Interessen lagen primär auf dem Gebiet der Naturwissenschaften, insbesondere der Biologie. Dementsprechend erwarb er im Alter von 22 Jahren seinen Doktortitel auf diesem Gebiet mit einer Dissertation über Mollusken. Mit 30 Jahren hatte er schon etwa zwei Dutzend Abhandlungen über Mollusken und damit zusammenhängende Fragestellungen veröffentlicht.

Nachdem er seinen Doktor gemacht hatte, verbrachte Piaget ein Jahr damit, in Europa herumzuschweifen, unsicher was er tun und wo er es tun sollte. Während dieses Jahres arbeitete er in einer psychoanalytischen Klinik (Bleulers Klinik), in einem psychologischen Laboratorium (dem von Wreschner und Lipps) und fand schließlich den Weg zu Binets Laboratorium, damals unter Leitung von Simon. In Binets Laboratorium war es eine von Piagets Pflichten, Kindern den Burts-Verständnis-Test (reasoning test) zu verabreichen, um dessen Items zu standardisieren. Dieser Zeitraum markiert wahrscheinlich den Beginn seines bleibenden Interesses für die Denkprozesse von Kindern. Ungefähr zu dieser Zeit kam auch sein erstes Kind zur Welt. Dieses Ereignis ermöglichte es ihm, detaillierte Beobachtungen über die Brustfütterung (spezieller über das Saugverhalten) anzustellen, die in die Anfänge seiner Theorie eingegangen sind. Seit damals hat er nahezu 30 Bücher und über 200 Artikel veröffentlicht. Der größte Teil seiner Arbeit ist in den *Archives de Psychologie* (deren Mitherausgeber er war) zu finden, leider nur in französischer Sprache. Seine Schriften werden jedoch jetzt nach und nach übersetzt und zusammengefaßt als Antwort auf das ungeheure Interesse an seiner Arbeit, welches Nordamerika seit den frühen 60er Jahren ergriffen hat. Piaget forschte und publizierte weiterhin in einem erstaunlichen Tempo, bis er 1980 starb.

Theoretische Orientierung

Entsprechend seiner biologischen Ausbildung stellt Piaget Fragen über die menschliche Entwicklung, die direkt aus der Zoologie stammen. Biologen interessieren sich hauptsächlich für zwei Fragen: In welcher phylogenetischen Reihe können die Arten (Spezies) klassifiziert werden und welche Eigenschaften der Organismen ermöglichen ihnen zu überleben? Die Grundelemente von Piagets Theorie können als Antworten auf diese beiden Fragen in ihrer Anwendung auf die menschliche Ontogenese anstelle von Phylogenese zusammengefaßt werden.* Die Fragen können wie folgt formuliert werden: (Lefrancois, 1982):

1. Welches sind die Charakteristika von Kindern, die sie befähigen, sich ihrer Umwelt anzupassen?
2. Was ist die einfachste, genaueste und brauchbarste Art, Kindesentwicklung zu klassifizieren und zu ordnen?

Piagets Antworten auf diese beiden Fragen werden im Anschluß an die Darbietung eines 38 Einheiten umfassenden linearen Programms diskutiert. Es beabsichtigt, Ihr Verständnis für das im folgenden dargestellte Material zu erhöhen – Material, das andernfalls wegen der starken Fremdartigkeit von Piagets Terminologie für den ungeschulten Leser ziemlich unverständlich wäre. Das Ziel des Programms ist es also, diesen speziellen Jargon verständlich zu machen. Anschließend sollten Sie in der Lage sein, Begriffe zu definieren und Beispiele dafür zu geben:

1. Adaptation
2. Funktionsweise
3. Assimilation
4. Akkomodation
5. Invarianten
6. Struktur
7. Schemata
8. Inhalte

---

* *Ontogenese* bezieht sich auf die Entwicklung eines Individuums vom Zeitpunkt seiner Geburt (oder Konzeption) an bis zu dessen Tode; der Begriff *Phylogenese* bezeichnet die Entwicklung (Evolution) einer Spezies über verschiedene Zwischenformen hinweg, z. B. die Entwicklung vom Affen zum Menschen.

Piagets Theorie: Ein Programm

(Das folgende Programm stammt aus Lefrancois, 1982, und wurde mit Erlaubnis reproduziert.)

Anweisungen:
Falten Sie ein Blatt Papier oder benutzen Sie einen Streifen Pappe, um die Antworten, die am rechten Rand gegeben werden, zu verdecken. Ist dies geschehen, lesen Sie Block 1 und schreiben Sie ihre Antwort in die vorbereitete Leerstelle. Bewegen Sie das Papier nach unten und überprüfen Sie ihre Antwort, bevor Sie mit Block 2 fortfahren.

1. Jean Piaget hat eine Theorie entwickelt, die Adaptationsprozesse bei Menschen behandelt. Es ist eine entwicklungspsychologische Theorie der menschlichen ...... *Adaptation*

2. Wenn ein Kind lernt, mit seiner Umwelt zurechtzukommen und wirksam mit ihr umzugehen, kann man sagen, daß es sich an sie ...... *adaptiert*

3. Adaptation bezieht daher die Interaktion mit der Umwelt ein. Der Prozeß der Adaptation ist der der Organismus-Umwelt ...... *Interaktion*

4. Ein zentrales Merkmal von Piagets Entwicklungstheorie ist, daß sie versucht, ... durch Interaktion zu erklären. *Adaptation*

5. Interaktion findet statt durch das Wechselspiel zweier komplementärer Prozesse: der eine schließt das Reagieren auf die Umwelt in Form von früher gelernten Reaktionen mit ein. Dieser Prozeß wird Assimilation genannt. Assimilation schließt ...... gelernte Reaktionen mit ein. *früher*

6. Wann immer ein Kind für eine schon gelernte Aktivität ein Objekt benutzt, sagt man, daß es diesen Gegenstand an seine frühere Lerninhalte assimiliert. Z. B. wenn ein Kind an einem Schnuller saugt, ... es den Schnuller an die Aktivität des Saugens. *assimiliert*

7. Einem Kind wird eine Papierpuppe gegeben. Es schaut sie neugierig an, steckt sie dann in den Mund und ißt sie auf. Es hat die Puppe an die Aktivität des Saugens ...... *assimiliert*

8. Assimilation ist einer der beiden Prozesse die in die Interaktion mit der Umwelt einbezogen sind. Sie ist Teil des Prozesses der ...... *Adaptation*

9. Adaptation bezieht zwei Prozesse mit ein. Der erste ist die Assimilation. Der zweite wird Akkomadation genannt. Sie tritt immer dann auf, wenn aus der Interaktion mit der Umwelt eine Verhaltensänderung resultiert. Akkomodation schließt ...... des Verhaltens mit ein. *Änderung*

10. Wenn das Kind ein neues Objekt nicht an die Aktivitäten, die schon Teil seines Repertoires sind, assimilieren kann, muß es ...... *akkomodieren*

11. Johnny West wurde aus Anlaß seines ersten Geburtstages ein sehr langer Schnuller geschenkt. Vor dieser Zeit hatte er einen kurzen Schnuller gehabt. Nun mußte Johnny seinen Mund ganz anders formen, um an dem neuen Schnuller zu saugen. Johnny West mußte an den neuen Schnuller ...... *akkomodieren*

12. Hätte man Johnny West seinen alten kurzen Schnuller gegeben, hätte er diesen

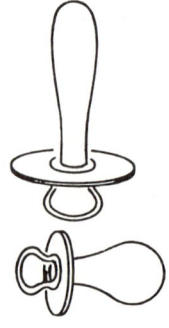

leichter an die Saugaktivität ...... können.

13. Adaptation ist definiert durch die Interaktion einer Person mit ihrer Umwelt. Diese Interaktion nimmt die Form zweier komplementärer Prozesse an: ...... und ......

14. Assimilation und Akkomodation sind Arten des Funktionierens, (des Agierens, Verhaltens) gegenüber der Welt. Während der Entwicklung einer Person verändern sie sich nicht. Erwachsene interagieren immer noch mit der Umwelt in Form von Aktivitäten, die sie früher gelernt haben (Assimilation) und sie verändern ihr Verhalten angesichts von Umweltanforderungen (Akkomodation). Das heißt nicht, daß Erwachsene Papierpuppen essen. Was es jedoch bedeutet, ist, daß die Funktionsweisen einer Person sich vom Kindes- bis zum Erwachsenenalter nicht ......

15. Aktivitäten, die sich nicht verändern, sind Invarianten. Assimilation und Akkomodation können als ...... bezeichnet werden.

16. Die beiden Invarianten der Adaptation sind Assimilation und ......

17. Diese werden auch funktionale Invarianten genannt, da sie Aktivitäten sind, die sich auf die menschliche Funktionsweise beziehen. Adaptation schließt ...... mit ein. Funktionsweise bezieht Assimilation und Akkomodation mit ein.

18. Gibt man einem Franzosen eine Tasse Erbsensuppe und einen Löffel, wird er wahrscheinlich den Löffel und die Suppe an die Aktivität des Essens ...... *assimilieren*

19. Werden dem gleichen Franzosen ein Paar Eßstäbchen gegeben, muß er wahrscheinlich die Aktivität des Essens an diese neuen Instrumente ......

20. Ein kurzer Rückblick, bevor wir fortfahren: Adaptation bezieht die Interaktion der funktionalen Invarianten, Assimilation und Akkomodation mit ein. Diese werden Invarianten genannt, weil sie sich als Arten, mit der Umwelt zu interagieren, von der Kindheit bis zum Erwachsenenalter nicht verändern. Akkomodation bezeichnet die Modifizierung einer Aktivität des Organismus angesichts von Umweltanforderungen. Assimilation ist der Gebrauch irgendeines Aspektes der Umwelt für eine Aktivität, die bereits im Repertoire des Organismus vorhanden ist. Diese Begriffe werden in der Entwicklungstheorie von ...... verwandt.

21. Wie kommt es, daß Menschen sich angesichts von Umweltanforderungen in bestimmter Weise verhalten? Eine Antwort wäre, daß die Aktivitäten, mit denen sie reagieren, Teil ihres Repertoires sind. Eine andere Art dies auszudrücken, ist zu sagen, daß die Aktivitäten, die eine Person gelernt hat, ihre intellektuelle *Struktur* darstellen. Der Begriff „Struktur" bezieht sich auf die kognitive Komponente des Verhaltens. Für jede Handlung gibt es eine entsprechend kognitive ......

22. Wenn Johnny West an Schnullern saugt, so tut er dies, weil er irgendeine Art Struktur hat, die der Saugtätigkeit entspricht. Aus der Tatsache, daß Menschen sich verhalten, können wir schließen, daß eine ...... existiert.

assimilieren

Assimilation
Akkomodation

verändern

Invarianten

Akkomodation

Funktionsweise

akkomodieren

Jean Piaget (Ich hoffe, Sie haben hier richtig geantwortet!)

Struktur

Struktur

125

23. Wenn ein Objekt an irgendeine Tätigkeit assimiliert wird, wird es in Wirklichkeit an die Struktur assimiliert. Struktur ist das kognitive Gegenstück zu einer ...... *Aktivität*

24. Wenn Aspekte der Umwelt an die Struktur assimiliert werden können, dann müssen jene Aspekte der Umwelt, an die eine Person akkomodiert, eine Veränderung der ...... verursachen. *Struktur*

25. Assimilation kann als die Benutzung existierender Struktur definiert werden. ...... bezieht Veränderung der Struktur mit ein. *Akkomodation*

26. Wenn ein Kind seine Zunge herausstrecken kann, dann kann es das teilweise darum, weil es irgendeine ...... hat, die diesem Verhalten entspricht. *Struktur*

27. Mit welcher Art intellektueller Struktur wird ein Kind geboren? Es bringt offensichtlich die Fähigkeit mit, sehr einfache Handlungen auszuführen, wie Saugen, Betrachten usw. Diese werden ...... genannt. *Reflexe*

28. Die primitive intellektuelle Struktur eines Kindes wird durch ...... definiert. *Reflexe*

29. Veränderungen im Reflexverhalten bedeuten gleichzeitig Veränderungen in der ...... *Struktur*

30. Solche Veränderungen beziehen den Prozeß der ...... ein. *Akkomodation*

31. Das Üben cincs Reflexes, ohne daß dieser bedeutend verändert wird, bedeutet, daß ...... stattfindet. *Assimilation*

32. Jegliche Aktivität bezieht sowohl Assimilation als auch Akkomodation ein. Das kommt daher, daß neue Verhaltensweisen immer auf alten Lerninhalten basieren, und weil sogar der Gebrauch einer sehr vertrauten Aktivität als irgendeine Struktur-

veränderung einbeziehend interpretiert werden kann. Diese Veränderung könnte z. B. einfach in einer höheren Auftretenswahrscheinlichkeit für die gleiche Reaktion bestehen. Jede Aktivität schließt sowohl ...... als auch ...... ein. *Assimilation* *Akkomodation*

33. Die Bezeichnung, die der intellektuellen Struktur des Kindes gegeben wird, heißt Schema. Ein Schema kann daher einem Reflex entsprechen. Die intellektuelle Komponente des Reflexverhaltens wird ...... genannt. *Schema*

34. Schemata beziehen sich nicht nur auf Reflexe sondern auch auf jede andere frühe Verhaltensweise. Ein Schema wird für gewöhnlich nach einer Verhaltensweise benannt; z. B. gibt es ein Saugschema, ein Betrachtungsschema, ein Greifschema usw. Schemata sind Einheiten der intellektuellen ...... *Struktur*

35. Es ist offensichtlich, daß Struktur, da sie einem Verhalten entspricht, irgendwas mit Assimilation und Akkomodation zu tun haben muß. In der Tat werden Umweltobjekte an die Struktur assimiliert. Das bedeutet einfach, daß eine Person auf die Objekte in Form von ihr bereits bekannten Aktivitäten reagiert. Akkomodation andererseits wird eine Veränderung der ...... verursachen. *Struktur*

36. Ein letzter Begriff - *Inhalt*. Inhalt ist einfach Verhalten! Weshalb nennt man es dann nicht Verhalten!? Um es mit Dr. Seuss zu umschreiben: Sind sie sich nicht gleich? Ich weiß nicht, geh' frag deine Mutter. Jedenfalls wird Verhalten ...... genannt. *Inhalt*

37. Noch einmal, Verhalten wird ...... genannt! *Inhalt*

38. Nun haben Sie's gepackt:
Adaptation
Assimilation
Akkomodation
Funktionsweise
Invarianzen
Struktur
Schema
Inhalt

Wenn Sie jetzt nicht wissen, was diese Wörter bedeuten, ist entweder das Programm schlecht, oder Sie haben nicht aufgepaßt, oder ...

Menschliche Anpassung

Das vorangegangene Programm beschreibt menschliche Adaptation als aus Interaktion von Assimilation und Akkomodation bestehend. Hinzu kommt, daß die adaptive Aktivität eine von drei Formen alternativ annehmen kann: Spiel, Imitation oder intelligente Adaptation. Durch eine Diskussion dieser Alternativen können einige wichtige Aspekte von Piagets Theorie zusammengefaßt werden.

Spiel

Beim Spiel überwiegt nach Piaget die Assimilierung. Wenn ein Kind spielt, assimiliert es fortwährend Objekte an vorherbestimmte Aktivitäten, ohne Rücksicht auf diejenigen Eigenschaften, die weniger gut passen. Wenn z. B. ein Kind rittlings auf einem Stuhl sitzt und „Hü, trab los" ruft, schenkt es denjenigen Eigenschaften des Stuhls, die einem Pferd nicht äh-

neln, keine besondere Beachtung und niemand würde leugnen, daß es spielt. Wer sagt oder impliziert, daß diese Aktivität weniger als maximal intelligent ist, leugnet keineswegs gleichzeitig ihre Wichtigkeit im Verlauf der Entwicklung. In der Tat macht Piaget ganz das Gegenteil, indem er wiederholt betont, daß das kleine Kind sich mit Aktivitäten (wie z. B. „Pferd" spielen) nur um des Übens der Handlung willen beschäftigt. Dies bewirkt, daß das Schema stabilisiert wird, es verfügbarer wird und daß als Folge davon weiteres Lernen effektiver wird.

Im Verlauf seiner Entwicklung durchläuft das Kind eine Reihe von Stadien, in denen es jeweils anders spielt. Piagets ausgedehnte Untersuchungen zur Entwicklung von Spielregeln bei Kindern, sowie der Beziehung zwischen diesen Regeln und der Moral werden in dem Werk Das moralische Urteil beim Kinde (......) dargestellt. Piagets Beobachtungen auf diesem Gebiet können als Einführung in seine Forschungsarbeit dienen.

Spielregeln umfassen nach Piaget zwei Aspekte. Da ist das aktuelle Verhalten des Kindes, da sind aber auch seine verbalisierten Vorstellungen von Regeln. Beides stimmt nicht immer überein. Das Auftreten beider Aspekte innerhalb von vier Stadien wird im folgenden beschrieben (s. Tabelle 9.1).

Stadium 1 (1-3 Jahre)
Im frühesten Stadium hat das Kind keine Vorstellung davon, daß Regeln existieren und spielt dementsprechend ohne sie.

Stadium 2 (3-5 Jahre)
Während des 2. Stadiums glaubt das Kind, Regeln seien ewig und unveränderbar; es verändert sie jedoch dauernd während es spielt.

Tabelle 9.1. Piagets Beschreibung von Regeln, wie sie von Kindern verstanden und angewandt werden.

Stadium	ungefähres Alter	Verständnisgrad	Befolgung der Regeln
Stadium 1	jünger als 3 Jahre	Kein Regelverständnis	spielen nicht nach Regeln
Stadium 2	3 bis 5	glauben, Regeln seien von Gott oder einer anderen Autorität gegeben und unveränderlich	brechen und ändern die Regeln ständig
Stadium 3	5 bis 11/12	verstehen, daß Regeln sozialer Art und veränderlich sind	verändern die Regeln nicht, strenge Einhaltung
Stadium 4	älter als 11 oder 12	komplettes Verständnis	verändern Regeln nach beiderseitiger Übereinkunft

Stadium 3 (bis 11 oder 12 Jahre)
Im 3. Stadium tritt eine Umkehrung des Verhaltens von Stadium 2 ein. Das Kind weiß nun, daß Regeln von Menschen gemacht und veränderbar sind, in der Praxis jedoch verändert es sie nie. Sein Spielverhalten ist extrem rigide, obwohl es verbal Flexibilität als möglich erkennt.

Stadium 4 (älter als 11 oder 12 Jahre)
Mit zunehmender Reife im Stadium 4 gelangt das Kind zu einem vollkommenen Verständnis von Regeln. Sowohl im Verhalten als auch im Denken begreift es diese Regeln als vollständig modifizierbar.

Imitation

Die zweite Alternative innerhalb der Adaptation ist die Imitation. Während das Spiel zum größten Teil eine Assimilation darstellt, ist Imitation hauptsächlich Akkomodation. Das folgt daraus, daß das imitierende Kind ständig sein Verhalten auf die Anforderungen abstimmt, die durch seinen Wunsch, etwas anderes zu sein, entstehen. Auch hier vermindert die Tatsache, daß Imitation nicht gleich intelligente Adaptation ist, nicht deren Rolle im Entwicklungsprozeß. Nach Piagets Auffassung internalisiert das Kind seine Umwelt durch Imitation von Aktivitäten, was einfach bedeutet, daß über das geistige Darstellen von Handlungen kognitive Struktur entwickelt und mit Sprache verbunden wird.

Intelligenz

Piagets Konzept der Intelligenz unterscheidet sich deutlich vom traditionellen Ansatz, der sich für ihre Messung interessiert. Anstatt sie als relativ fixierte, wenn auch etwas nebulöse Qualität oder Quantität zu beschreiben, beschreibt er sie als *mobile* Qualität. Intelligenz existiert *in der Handlung*. Intelligenz ist diejenige Eigenschaft von Aktivität, die sich in maximal adaptivem Verhalten widerspiegelt: Der gesamte Adaptationsprozeß ist intelligentes Verhalten. Eine kurze Wiederholung: Adaptation ist der Prozeß der Interaktion mit der Umwelt, bei dem einerseits deren Aspekte an die kognitive Struktur assimiliert werden und andererseits die Struktur an die Umwelt akkomodiert (modifiziert) wird. Beide Aktivitäten tre-

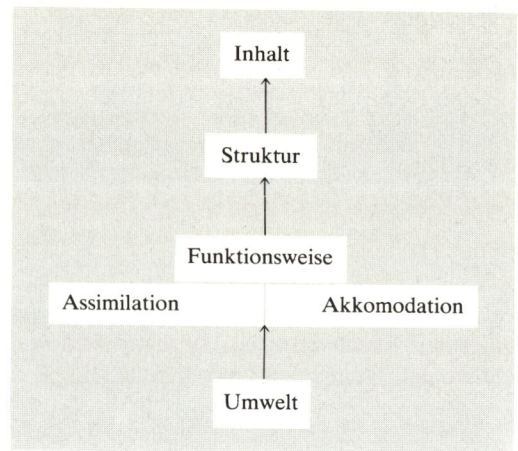

Abb. 9.1. Intelligenz-in-der-Handlung kann als ein „Funktions"-Prozeß der Interaktion des Individuums mit seiner Umwelt betrachtet werden. Diese Interaktion führt zu kognitiven Strukturen, die wiederum den Inhalt des Verhaltens bestimmen

ten als komplementäre Prozesse in Antwort auf die Umweltanforderungen (nicht notwendigerweise der physikalischen Umwelt) auf. Beide werden von der kognitiven Struktur gesteuert und resultieren in Veränderungen dieser Struktur.
Offensichtlich kann der gesamte Prozeß jedoch nur aus dem Verhalten (bei Piaget Inhalt genannt) erschlossen werden. Der Kern des Intelligenz-Konzeptes ist in Abb. 9.1 zusammengefaßt. Das Diagramm veranschaulicht einfach die Beziehung zwischen den Variablen, die zu *„Intelligenz-in-der-Handlung"* gehören.
Mag diese Sichtweise der Intelligenz brauchbar für das theoretische Verständnis des Konzepts sein, so ist sie doch nicht von irgendeiner unmittelbaren Brauchbarkeit für seine Quantifizierung. Es gibt jedoch einen Aspekt dieses Modells, der sich gut für die Entwicklung von Intelligenztests eignet; es ist der Teil, der durch den Begriff *Struktur* definiert ist.
Piagets Beschreibung der Struktur ist im wesentlichen eine Beschreibung der Charakteristika von Kindern in verschiedenen Altersstufen; ein notwendiger Ansatz, zumal die Theorie hauptsächlich die Kindesentwicklung behandelt und Entwicklung in Bezug auf Veränderungen innerhalb der Struktur definiert ist. Offensichtlich kann jede detaillierte Beschreibung dessen, wie Kinder sich zu einem gegebenen Alter typischerweise verhalten, als Richtschnur für eine Beurteilung, ob ein Kind

unterhalb, überhalb oder auf dem Durchschnittsniveau liegt, dienen.

Piagets Beschreibung der sich verändernden Struktur ist um das Stadien-Konzept herum aufgebaut. Nach seiner Auffassung schreitet Entwicklung über eine Reihe von qualitativ verschiedenen Stadien, von denen jedes durch die Entwicklung neuer Fähigkeiten gekennzeichnet ist oder genauer gesagt, von denen jedes ein höheres Adaptationsniveau zeigt. Diesem Aspekt von Piagets Arbeit schenkt man in der letzten Zeit die größte Aufmerksamkeit, ganz besonders in Bezug auf die Erziehung. Es sind zahlreiche Interpretationen seiner Theorie erschienen (siehe z. B. Flavell, 1963; Baldwin, 1967; Ginsberg und Opper, 1978; Elkind, 1981; Athey und Rubadeau, 1970). Piagets Stadien der Entwicklung werden im weiteren Verlauf dieses Kapitels dargestellt.

Organisationsprinzipien in Piagets Theorie

Piagets Beobachtungen zur Kindesentwicklung sind um eine Anzahl von vereinigenden Prinzipien herum organisiert, von denen einige schon angeführt wurden. Das wichtigste Prinzip ist, daß die Interaktion von Menschen mit ihrer Umwelt – d. h. Interaktion, die für die kognitive Entwicklung wesentlich ist – zur Adaptation hin tendiert. Wie schon aufgeführt, ist eine Möglichkeit der Erklärung von Adaptation, sie als Gleichgewicht zwischen Assimilation und Akkomodation zu definieren. Ein anderer Ansatz zu demselben Konzept zeigt sich in Piagets Vorstellung von *Equilibrium* – einer Vorstellung, die etwas nebulös und komplex ist und von Bruner (1966) als „Ballast" (excess baggage) bezeichnet wird. Nichtsdestoweniger stellt das Equilibrium in Piagets System ein motivationales Konzept von beträchtlicher Wichtigkeit dar. Equilibrium beschreibt auf dem einfachsten Niveau ein Gleichgewicht zwischen Assimilation und Akkomodation. Auf einem komplexeren Niveau schließt es die Fähigkeit, „externale Beeinträchtigungen zu kompensieren" (Flavell, 1963) – z. B. die Problemlösungsfähigkeit – mit ein. Auf einem noch komplexeren Niveau impliziert Equilibrium die kognitive Struktur, die durch Regeln der Logik, die alle möglichen Transformationen und Kombinationen von Daten erlauben, charakterisiert

ist. Diese letzte Definition wird vielleicht klarer, wenn Sie sich dem Ende des Kapitels nähern (vielleicht aber auch nicht).

Ein zweites vereinigendes Prinzip ist, daß verschiedene Stadien qualitativ verschiedene intellektuelle Strukturen umfassen. So wird ein sehr junger Mensch nicht einfach als Kleinausgabe eines Erwachsenen, sondern stattdessen als deutlich von diesem verschieden betrachtet. Dementsprechend ist ein großer Teil von Piagets Arbeit der Aufgabe gewidmet, die Unterschiede zwischen Erwachsenen und Kindern sowie auch zwischen Kindern unterschiedlicher Altersstufen aufzuzeigen.

Ein drittes Konzept, das Piagets Arbeit Struktur verleiht, besagt, daß kognitive Entwicklung gleichzeitig das Wachstum von Wissen bedeutet, wobei sich Wissen nicht nur aus Information, sondern auch aus Regeln zur Organisation und Transformation von Information zusammensetzt. In Piagets Terminologie kann Entwicklung als Genese der Epistemologie gesehen werden.* In der Tat wird der Ausdruck *genetische Epistemologie* häufig verwendet, um seine Arbeit zu beschreiben.

Ein viertes vereinigendes Prinzip zentriert sich um die Rolle der Logik im Denken. Eine andere Art, Entwicklung à la Piaget zu betrachten, besteht darin, sie als den Erwerb zunehmend fortgeschrittenerer Systeme zur Behandlung von Information zu beschreiben. Die von Piaget in Verbindung hiermit angeführte spezifische Analogie ist die zu logischen Systemen. In frühen Entwicklungsstadien ist das Denken unlogisch; in dem Maße jedoch, wie das Kind sich fortentwickelt, ist sein Denken mehr und mehr in der Lage, in logischer Weise mit der Umwelt umzugehen.

Das letzte Prinzip ist vielleicht weniger eine Orientierung als eine Technik. Gemeint sind die Mittel, die Piaget anwendet, um die Daten, die die Basis seiner Theorie bilden, zu sammeln. Sein Ansatz ist ziemlich verschieden von dem der meisten zeitgenössischen Forscher, die sich stark auf kontrollierte Versuchsanordnungen mit Vpn verlassen und die häufig auch auf Studien an Nagetieren bezug nehmen. Die von Piaget in seiner frühen Arbeit entwickelte Methode wird als *méthode clinique* bezeichnet und stellt eine Art halbstrukturiertes Interview dar,

---

* Epistemologie ist die Aufteilung der klassischen Philosophie, die Fragen der Natur des Wissens und der Mittel, durch das es erworben wird, behandelt.

bei dem der Vp bestimmte Fragen gestellt werden, deren Beantwortung oft die Art der nächsten Frage bestimmt. Einer der Vorzüge dieses Ansatzes liegt in seiner beträchtlichen Flexibilität. Piagets Argument ist, daß, wenn der Untersucher nicht weiß, wie die Antworten aussehen, er kaum in der Lage ist, a priori zu unterscheiden, wie die Fragen formuliert bzw. welche Fragen überhaupt gestellt werden sollen. Ein angeblicher Nachteil dieses flexiblen Ansatzes ist, daß der Datensammlungsprozeß schwer zu replizieren ist. Interessanterweise wurden Piagets Befunde auch stärker standardisierte Verfahren bestätigt, wobei es unwahrscheinlich ist, daß man mit strukturierten Methoden überhaupt zu diesen Befunden gekommen wäre.

Die „Vater-Versuchleiter"-Rolle, die Piaget bei der Arbeit mit kleinen Kindern einnahm, führte zu Beobachtungen, die oft überraschend sind, und in der Psychologie überrascht zu werden, ist eine seltene und angenehme Sache.

Die Stadientheorie

Piaget beschreibt vier Hauptstadien, die Kinder innerhalb ihrer Entwicklung durchlaufen (genauer gesagt beschreibt er Kinder in jedem der vier verschiedenen Stadien).

1. Sensumotorisch	0 bis 2 Jahre
2. Präoperational (vorbegriffliches Denken)	2 bis 7 Jahre
Präkonzeptuell (anschauliches Denken)	2 bis 4 Jahre
Intuitiv	4 bis 7 Jahre
3. Konkrete Operationen	7 bis 11 oder 12 Jahre
4. Formale Operationen	11 oder 12 bis 14 oder 15 Jahre

Jedes Stadium kann bezüglich der hauptsächlich hervortretenden Charakteristika der Kinder in diesem Entwicklungsstadium und in bezug auf das Lernen, das vor dem Übergang zum nächsten Stadium auftritt, beschrieben werden.

Sensumotorisches Stadium: Geburt bis 2 Jahre

Das einzige und auffallendste Charakteristikum des kindlichen Verhaltens in den ersten beiden Lebensjahren resultiert zum Teil aus der Abwesenheit von Sprache und internaler Repräsentation. Die kindliche Welt ist in einem sehr wörtlichen Sinn eine Welt des Hier-und-Jetzt, da das Kind sie nicht mental repräsentieren kann. Objekte existieren nur, wenn das Kind sie wirklich wahrnimmt; sind sie außerhalb seines Wahrnehmungsfeldes, hören sie auf zu existieren. Diese Tatsache kann indirekt verifiziert werden, indem man einem Kleinkind ein attraktives Objekt darbietet und es beseitigt, wenn es sich dafür interessiert hat. In den frühesten Entwicklungsstadien wird das Kind dieses nicht einmal vermissen. Nach Piagets Terminologie hat das Kind noch nicht die Vorstellung von der Permanenz und Identität von Objekten entwickelt (oftmals *Gegenstandskonzept* genannt).

Ein zweites Charakteristikum des in diesem Stadium befindlichen Kindes ist schon in der Bezeichnung, dieser Phase angesprochen: sie ist eine Periode sensumotorischer Intelligenz. Nicht nur, daß Objekte für das Kind lediglich dann existieren, wenn es auf sie reagiert; auch seine Anpassung an die Umwelt verläuft in Form von offensichtlichen assimilatorischen und akkomodatorischen Handlungen. Mit anderen Worten, die Funktionsweise des Kindes in Beziehung zur Welt ist sensumotorisch, indem sie die Sinne und sichtbares Verhalten einschließt. Ein drittes Merkmal des ersten Stadiums ist, daß das Kind das kleine Repertoire von Schemata, mit dem es geboren wurde, perfektioniert und erweitert. Hier sei daran erinnert, daß ein Neugeborenes einfacher reflektorischer Handlungen wie Saugen, Nach-etwas-greifen, Betrachten usw. fähig ist. Ein Großteil seiner frühen Bemühungen ist dem Üben dieser einfachen Handlungen gewidmet. Das erste Stadium umfaßt nach Piaget 6 Unterstadien (Stufen), von denen jedes durch die Natur seiner reflexiven Aktivität unterschieden wird. Z. B. besteht das erste Unterstadium, (Geburt–Ende 1. Monat) im einfachen Üben von relativ unmodifiziertem Reflexverhalten. Die zweite Stufe (1 bis 4 Monate) ist durch erworbene Adaptationen gekennzeichnet, die *primäre zirkuläre Reaktionen* genannt werden. Diese Aktivitäten konzentrieren sich auf den Körper des Kindes (deshalb *primär*) und sind zirkulär, weil das Verhalten seine eigene Wiederholung auslöst. Menschliche Babys lutschen gelegentlich am Daumen. Es ist wahrscheinlich, daß die Aktivität des Saugens Empfindungen erzeugt, die zu einer Wiederholung des Saugens führen.

Spätere Stufen lassen die Koordinierung von getrennten Aktivitäten erkennen, die Entfaltung der Sprache usw. Eine detailliertere Betrachtung dieser Unterstadien wird von Flavell (1963) und Baldwin (1967) gegeben.

Das letzte Charakteristikum des sensumotorischen Kindes ist der Egozentrismus, wobei dieser Begriff in einem eher deskriptiven als herabwürdigenden Sinn benutzt wird. Ein egozentrisches Kind ist unfähig, sich die Sichtweise anderer zu eigen zu machen. Das Kind ist im wörtlichen Sinn egozentrisch. Es kann gezeigt werden, daß es z. B. unfähig ist, zu beschreiben, wie ein Gegenstand von einem Aussichtspunkt, der von seinem eigenen verschieden ist, aussieht (siehe Piaget, 1961). Die Welt des Kindes ist die Welt, wie *es* auf sie reagiert.

Leistungen bis zum Alter von 2 Jahren
Ein Piagetsches Stadium wird nicht notwendigerweise bezüglich der Charakteristika definiert, die ein Kind vor dem Übergang ins folgende Stadium erwirbt, sondern häufiger in bezug auf die während des größten Teils des Stadiums vorherrschenden. Das sensumotorische Stadium wird so bezeichnet, weil das Kind die längste Zeit in diesem Stadium in sensumotorischer Weise auf seine Welt reagiert. Jedes Stadium ist jedoch eine Vorbereitung auf das nächste und die Leistungen in jedem sind deshalb von wesentlicher Bedeutung für die Erklärung des Übergangs zum nachfolgenden Stadium. Die Tatsache, daß ein Kind in der sensumotorischen Phase hauptsächlich mit Aktivität reagiert, ist mit seinem Mangel an Sprachfähigkeit verbunden. Gegen Ende dieses Zeitraums hat es damit begonnen, die Sprache zu erwerben. Deshalb ist eine der Leistungen der ersten beiden Jahre die Entwicklung der Fähigkeit zu symbolisieren und zu kommunizieren - eine bedeutsame Errungenschaft, da Sprache das Denken vorantreibt und den Übergang zu einer mehr kognitiven Interpretation der Welt ermöglicht.

Eine weitere Leistung in diesem Stadium ist die Entwicklung des Gegenstandskonzepts, das gleichbedeutend mit der Entdeckung ist, daß Objekte unabhängig von der Wahrnehmung des Wahrnehmenden Permanenz und Identität besitzen. Mit anderen Worten, die Welt besteht weiter, selbst wenn sie nicht gesehen, gefühlt, gehört, gerochen oder ertastet wird - tut sie dies wirklich?

Zwei weitere Leistungen kennzeichnen den Kulminationspunkt des sensumotorischen Lernens. Erstens lernt das Kind, getrennte Aktivitäten zu koordinieren. Obwohl diese Fähigkeit nicht von großer Bedeutung erscheinen mag, insbesondere da wir es meist als selbstverständlich hinnehmen, daß zahlreiche Aktivitäten koordiniert werden können, ist dies für das Kind kein kleines oder unwichtiges Ereignis. Solange keine Kooperation zwischen so einfachen Aktivitäten wie Betrachten und Danach-greifen besteht, können wir die Gegenstände, die sie betrachten und haben möchten, nicht erhalten. Z. B. muß für ein solch unkompliziertes Verhalten wie das Aufheben eines Kugelschreibers nicht nur das Sehen den Arm steuern; auch die Hand und evtl. noch andere Körperteile müssen ins Spiel gebracht werden.

Die andere Leistung ist das Erkennen von Ursache-Wirkungs-Zusammenhängen. Das Kind ist nicht mit dem Wissen geboren, daß es, wenn es nach einem Objekt langt, dieses greifen und sich näher bringen kann; es muß dies lernen. Genau diese Art des Lernens ist es, die ihm erlaubt, Intentionalität zu entwickeln, denn bevor das Kind nicht weiß, welches die Wirkungen seiner Aktivitäten sind, kann es diese Wirkungen nicht anstreben (intendieren).

Präoperationales Denken: 2 bis 7 Jahre

Dieses Stadium in der Evolution des Kindes stellt eine merkliche Verbesserung gegenüber dem ersten dar; dies natürlich nur in bezug auf das *Kind,* das jetzt ein weiteres Verständnis seiner Welt besitzt, denn gegenüber einem Erwachsenen weist es doch noch ernsthafte Mängel auf. Das Stadium wird für gewöhnlich in zwei Stufen unterteilt, deren Merkmale und Leistungen im folgenden besprochen werden.

Präkonzeptuelles (vorbegriffliches) Denken: 2–4 Jahre
Dieses Stadium ist hauptsächlich durch die Unfähigkeit des Kindes, sämtliche Eigenschaften von Klassen zu verstehen, charakterisiert. Nachdem es die Fähigkeit erworben hat, Objekte internal (mental) zu repräsentieren und sie auf der Grundlage ihrer Klassenzugehörigkeit zu identifizieren, fährt es fort, auf alle ähnlichen Objekte so zu reagieren, als seien sie identisch. So sind für einige Zeit alle Männer „Papa", alle Frauen „Mama", alle Tiere sind „Wauwau" und die Welt ist einfach. Wenn ein Kind im Hause seines Freundes einen Teddy erblickt, der so aussieht wie sein eigener, weiß

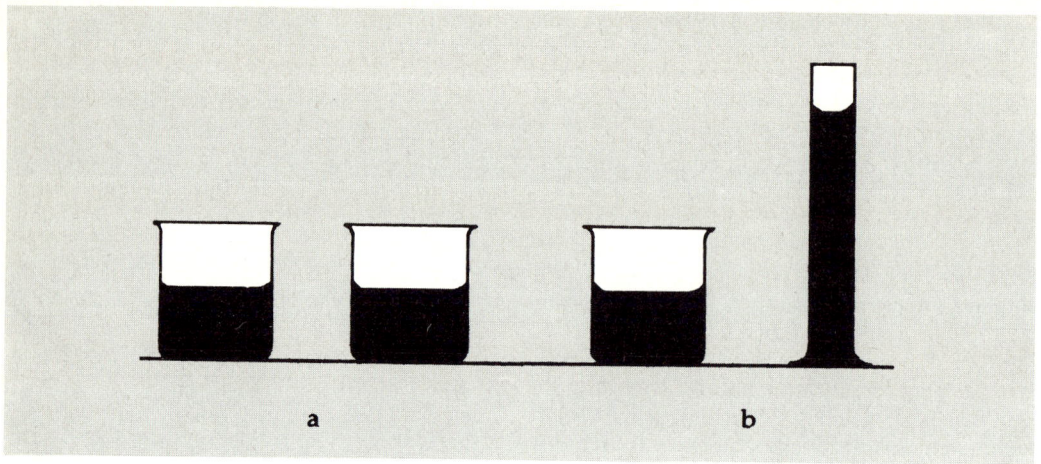

Abb. 9.2.

es, daß dies *sein* Teddy ist – und das Dreirad im Laden ist klarerweise auch seins. Das Kind versteht etwas von Klassen, da es Objekte identifizieren kann; sein Verständnis ist jedoch unvollständig, da es noch nicht zwischen scheinbar identischen Mitgliedern derselben Klasse unterscheiden kann – daher der Terminus „vorbegrifflich". Diese Art des Denkens hat gelegentlich Vorteile für die Eltern: der Nikolaus bleibt weiterhin das einzige Individuum seiner Art, selbst wenn er an einem Tag an zehn verschiedenen Orten gesehen wird.

Ein anderes Merkmal des kindlichen Denkens in diesem Stadium ist, daß es *transduktiv* ist, im Gegensatz zu *induktiv* oder *deduktiv*. Die beiden letzten Arten des Denkens sind „logisch"; induktives Denken beginnt mit Spezifika und geht bis zur Generalisation, während deduktives Denken mit der Generalisation beginnt und mit Spezifika endet. Transduktives Denken hingegen überträgt Schlußfolgerungen von einem Spezifikum auf das andere. Z.B. ist das Kind, das folgert: „Mein Hund hat Haare; das Ding da hat Haare, auch wenn sie nur ein kleines rosa Büschel sind; das Ding ist also ein Hund." Das Ding hätte gut ein Hund sein können, wobei das transduktive Denken dann zu einer richtigen Schlußfolgerung geführt hätte. In diesem Fall war das Ding jedoch ein Stinktier.

Die Periode des intuitiven (anschaulichen) Denkens: 4 bis 7 Jahre

Ein Kind im Alter von 4 Jahren hat ein vollständigeres Konzept-Verständnis erlangt und

hat größtenteils aufgehört, transduktiv zu denken. Sein Denken ist etwas logischer geworden, obwohl es mehr durch die *Wahrnehmung* als durch Logik beherrscht wird. In der Tat ist die Rolle, die die *Wahrnehmung* beim *anschaulichen* Denken spielt, wahrscheinlich das auffallendste Charakteristikum dieser Periode. Dies wird besonders bei den berühmt gewordenen Invarianzaufgaben deutlich. Ein typisches Invarianz-Problem sieht so aus: Dem Kind werden zwei identische Objekte dargeboten, dann wird ein Objekt irgendwie verformt neu angeordnet oder sonstwie in seiner Erscheinung verändert; die Quantität jedoch bleibt die gleiche. Dann wird der Vp (Kind) eine Frage zu einer der quantitativen Eigenschaften des Objekts gestellt. Denkt sie, daß diese sich verändert haben, so wird angenommen, daß sie die Invarianz noch nicht erworben hat. Eine detailliertere Besprechung der Invarianz findet in dem Abschnitt über konkrete Operationen statt. Ein Beispiel wird jedoch schon hier gegeben. Bei dieser Aufgabe geht es um die Invarianz flüssiger Quantitäten.

Der Vp werden zwei identische Becher gezeigt, die bis zur gleichen Höhe mit Wasser gefüllt sind (Abb. 9.2). Dann schüttet der Vl den Inhalt des einen Bechers in eine lange dünne Röhre (Abb. 9.2). Die Vp, die beim ersten Mal zugab, daß die Mengen in jedem Becher gleich seien, wird nun gefragt, ob in dem neuen Behälter genausoviel, mehr oder weniger Wasser ist. Im intuitiven Stadium (anschauliches Denken) wird sie fast immer sagen, es sei mehr, *weil es in der Röhre viel höher stehe.* Mit anderen Worten, das

Kind achtet auf die irreführenden Wahrnehmungsmerkmale der Reizsituation.

Ein zweites Merkmal des Menschenkinds zwischen 4 und 7 Jahren ist seine sehr egozentrische Argumentation. Genauso wie das Kind in der sensumotorischen Phase unfähig ist, den physikalischen Gesichtspunkt einer anderen Person anzunehmen, so hat das anschaulich denkende Kind Schwierigkeiten, den mentalen Gesichtspunkt anderer zu akzeptieren. Dies wird durch folgendes Experiment verdeutlicht: eine Jungen- und eine Mädchenpuppe werden Seite an Seite an einem Stück Draht befestigt. Der Vl hält jeweils ein Ende des Drahtes in jeder Hand, versteckt die Puppen hinter einer kleinen Sichtblende, die zwischen ihm und dem Kind aufgestellt wurde, und bittet nun das Kind, vorauszusagen, welche Puppe zuerst erscheint, wenn die Puppen zur linken Seite hin bewegt werden. Die Antwort des Kindes wird notiert, die Puppen werden in ihre ursprüngliche Position zurückgebracht und die Frage wird wiederholt. Wiederum kommen die Puppen links heraus; dieselbe Puppe kommt zuerst. Dieses Vorgehen wird einige Male wiederholt. Ein leidlich intelligentes Menschenkind wird zunächst im allgemeinen korrekt antworten. Nach einer Weile ändert es jedoch seine Meinung und sagt voraus, daß die *andere* Puppe herauskommen wird. Wenn es gefragt wird, warum es das denkt, so ist es unwahrscheinlich, daß es sagt, es mißtraue psychologischen Versuchsleitern, da es wohl noch nicht gelernt hat, solchen Leuten zu mißtrauen. Stattdessen sagt es etwas wie: „Du bist gemein, sie muß jetzt auch mal herausdürfen". Diese Art der Lösung eines einfachen logischen Problems durch ausschließliche Bezugnahme auf die eigene Sicht beim Kinde mag die Rolle der Egozentrik im intuitiven anschaulichen (präkonzeptuellen) Denken verdeutlichen.

Ein letztes Charakteristikum des Kindes in diesem Stadium ist, daß es noch nicht die Fähigkeit zu klassifizieren erlangt hat. Obwohl es mit einzelnen Klassen umgehen kann, kann es Unterklassen, die in größeren Gruppierungen eingebettet sind, noch nicht gedanklich verarbeiten. Ein vierjähriges Kind, dem sieben Bonbons auf der Handfläche vorgezeigt werden, von denen zwei aus Schokolade und fünf Gummidrops sind, erkennt sofort, daß alle Bonbons sind und wird dies wahrscheinlich auch sagen, wenn es gefragt wird. Wenn der Vl jedoch sagt: „Sag mir, liegen da mehr Gummibonbons oder mehr Bonbons, oder weniger Gummibonbons oder gleichviel?" so wird es fast immer sagen, daß mehr Gummibonbons als Bonbons da sind. Versuchen Sie es mal! Dieses Experiment wird dahingehend interpretiert, daß, wenn eine Klasse in Unterklassen aufgesplittert wird und das Kind gebeten wird, die Unterklasse (Gummibonbons) und die größere Klasse (Bonbons) zu erörtern, es dies nicht tun kann, da die Unterteilung die Herkunftsklasse zerstört hat (was bei einem in dieser Phase befindlichen Kind der Regelfall ist). Das vorbegriffliche (präkonzeptuelle) und das anschauliche (intuitive) Denken sind Stufen des präoperationalen Stadiums. Es ist von einiger Bedeutung zu erkennen, daß die Bezeichnung *präoperational* die beiden Stufen in einem sehr wörtlichen Sinne beschreibt. Vor dem 7. Lebensjahr denkt das Kind noch nicht in Operationen. Wie die Bezeichnungen für die beiden nächsten Stadien klar zeigen, gelangt das Durchschnittskind um das 7. Lebensjahr herum zum operationalen Denken. Deshalb ist „Operation" ein zentraler Begriff in Piagets System. Eine Operation kann definiert werden als internalisierte Handlung, die bestimmten logischen Regeln unterliegt, von denen die wichtigste die Umkehrbarkeit ist. Damit wäre die Beschreibung einer Operation als *reversibler* Gedanke gar nicht unpräzise, da eine internalisierte Handlung als *Gedanke* interpretiert werden kann. Ein *Gedanke* ist reversibel, wenn er ungedacht sein kann. Das ist eine etwas unelegante und rohe Definition eines gemeinhin sophistizierten und nebulösen Konzepts, aber sie ist nicht unrichtig (obwohl sie immer noch nebulös sein kann). Um nicht alles noch mehr durcheinanderzubringen, verzichten wir auf eine weitere Ausarbeitung der hier gegebenen Definitionen. Stattdessen werden wir bei der Darstellung der beiden letzten Stadien von Piagets Theorie einige Beispiele für operationales Denken erläutern.

Pause!

Wieder ertappe ich mich dabei, daß ich etwas von mir selbst (Lefrancois, 1982) ausleihe. Während ich an einem schwierigen Kapitel über Piaget schrieb, erkannte ich plötzlich, daß die Lesenden fast am Ende ihrer Fähigkeit angelangt sein müßten - ich selbst war fast eingeschlafen. An diesem Punkt fügte ich den hier wiedergegebenen Abschnitt ein (mit Erlaubnis reproduziert).

Pause!

Halt! Für den mit Piaget noch nicht so völlig vertrauten Leser ist es vielleicht empfehlenswert, an diesem Punkt einmal zu unterbrechen. Sollten Ihnen ein Elektroenzephalograph, ein Kardiograph, ein Thermometer, ein Pupillometer, sowie jeder beliebige andere Graph oder Meter zur Verfügung stehen, sollten diese angeschlossen und dann simultan abgelesen werden. Alpha-Wellen zusammen mit verlangsamtem Herzschlag, normaler Temperatur und verminderter Pupillengröße sind Symptome eines drohenden Jargon-Schocks (= *Schock infolge von zuviel Fachchinesisch*). Dieser Zustand kann in einem fortgeschrittenen Stadium der Konzentration und dem Lernen höchst unzuträglich sein. Einige Stunden Schlaf bringen für gewöhnlich eine bedeutende Verbesserung des Zustandes.

Wenn Sie keine dieser raffinierten elektronischen Vorrichtungen verfügbar haben, können sie diese durch einen Handspiegel ersetzen. Halten Sie sich den Spiegel vors Gesicht und sehen Sie sich ihre Augen an. Wenn sie geschlossen sind, so befinden Sie sich wahrscheinlich im letzten Stadium des „Jargon-Schocks".

Konkrete Operationen: 7 bis 11 oder 12 Jahre

Die Hauptmerkmale der Phase der konkreten Operationen lassen sich am besten darstellen, indem man dieses Stadium gegen die vorangehenden und die noch folgenden Stadien absetzt. Dieser Abschnitt umfaßt dementsprechend einmal die Analyse der Unterschiede zwischen präoperationalem und konkretem Denken, zum zweiten die Unterschiede zwischen *formalem* und *konkretem* Denken.

Konkrete Operationen und präoperationales Denken

Der Hauptunterschied zwischen diesen beiden Perioden ist, wie schon gesagt, der, daß das Kind die Fähigkeit, Operationen zu benutzen, nicht vor dem 7. oder 8. Lebensjahr erlangt. Genauer gesagt, zeigt es dann drei neue Fähigkeiten: es kann mit Klassen, mit Serien und mit Zahlen umgehen. Als Folge der nunmehr auftretenden – die Operationen definierenden – logischen Denkeigenschaften erwirbt das Kind

nur allmählich auch die verschiedenen Invarianz-Konzepte, auf die weiter unten noch eingegangen wird.

1. *Klassen.* Es wird angenommen, daß die Fähigkeit des Kindes zu klassifizieren das Ergebnis von Aktivitäten ist, mit denen es sich vorher bezüglich realer Objekte beschäftigt hat. Infolge des Kombinierens, Dissoziierens und Einordnens von Objekten in Gruppen hat das Kind etwas über Klassenzugehörigkeiten gelernt und ist nun in der Lage, miteinander verknüpfte Klassen gedanklich zu verarbeiten. Die Bonbonaufgabe ist für das Kind im Stadium der konkreten Operation so leicht, daß – würde ihm die Frage gestellt – es für den armen VI wohl nur ein mildes (oder verächtliches) Lächeln übrig hätte.

2. *Serien.* Ebenfalls als Resultat der Erfahrungen mit realen Objekten erwirbt das Kind die Fähigkeit, sie in Reihen anzuordnen und Übereinstimmung zwischen Reihen herzustellen. Piaget untersuchte das Verständnis für Serienanordnung, indem er Kindern verschiedene Objekte darbot, die leicht in einer Dimension aufgereiht werden konnten – z. B. Puppen und Spazierstöcke wie in Abb. 9.3 gezeigt. Vor dem Stadium der konkreten Denkoperationen reiht das Kind Gegenstände auf, indem es zwei von ihnen auf einmal vergleicht, es zieht jedoch selten den notwendigen Schluß, daß, wenn A größer als B und B größer als C ist, A auch größer als C sein muß. Das „präoperationale" Kind ist keineswegs verwirrt, wenn es C vor B stellt, wenn es gerade A mit C verglichen hat. Im Stadium der konkreten Operation machen Kinder selten einen Fehler bei dieser Aufgabe, selbst wenn sie zwei Reihen in eine eins-zu-eins Übereinstimmung bringen sollen (wie in Abb. 9.3).

3. *Zahl.* Die Fähigkeit, mit Zahlen umzugehen, ist ein logisches Resultat des Klassifizierens und Aufreihens, denn ein vollständiges Zahlenverständnis erfordert sowohl etwas Verständnis ihrer Kardinaleigenschaften als auch Kenntnis ihrer Rangfolgebedeutung. Kardinaleigenschaften sind die *Klasseneigenschaften* einer Zahl. Die Zahl 4 ist eine Abstraktion, die die Ansammlung einer Gruppe von spezifischer Größe bezeichnet, d.h., einer Klasse von verknüpften Objekten. Ordination bezieht sich auf die Rangcharakteristika einer Zahl. Die ordinalen Eigenschaften der Zahl 4 sind spezifischerweise, daß sie der 5 vorangeht und auf die 3 folgt, d.h., daß ordinale Eigenschaften sich auf die Abfolge (oder Serie) beziehen.

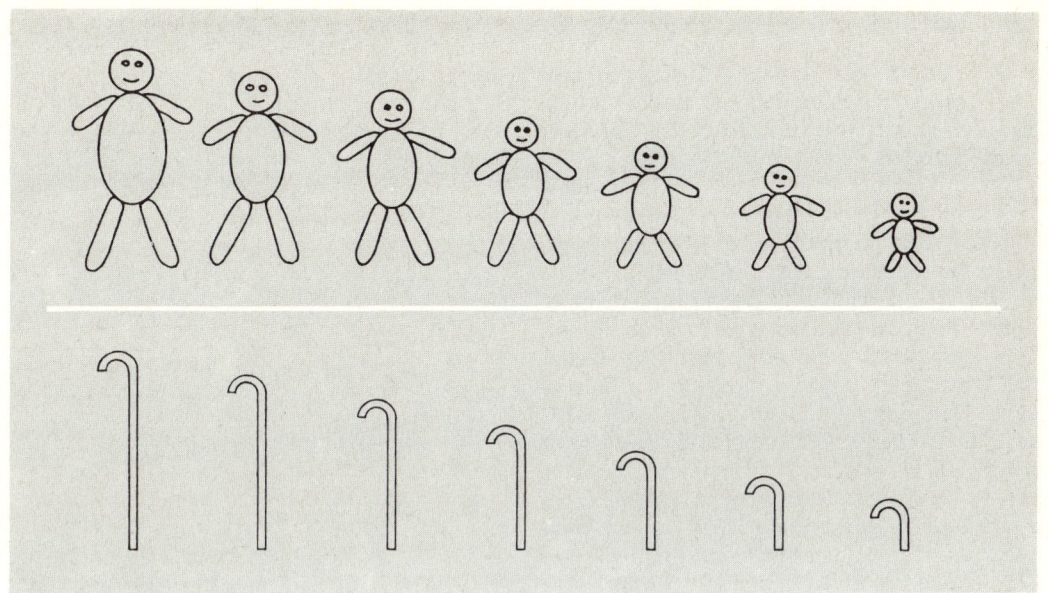

Abb. 9.3. Übereinstimmung zwischen zwei geordneten Serien. Ein Kind, das sich in der Phase der konkreten Operationen befindet, kann eine zufällige Anordnung von Puppen und Stöcken verschiedener Größe in die hier gezeigte Reihenfolge bringen, wenn es dazu aufgefordert wird

Die Invarianzen

Die Piagetsche Art des Lernens hat mit dem Erwerb von Invarianzbegriffen zu tun. Invarianz kann definiert werden als die „Erkenntnis, daß Quantität oder Menge von Objekten unverändert (invariant) bleiben, wenn nichts hinzugefügt oder weggenommen und nur die Form oder die räumliche Anordnung verändert wurde." (Lefrancois, 1966, S. 4). In dem Experiment, bei dem Wasser aus einem breiten Behältnis in eine große, dünne Röhre umgefüllt wurde, hat das Kind die Invarianz solange noch nicht erworben, bis es angibt, daß die Mengen tatsächlich unverändert sind.

Es sind zahlreiche Arten von Invarianz, von denen jede sich auf ein spezifisches quantitatives Attribut eines Objekts bezieht, und von denen jede in sehr ähnlicher Reihenfolge von den meisten Kindern erworben wird. Z. B. wird die Invarianz der Substanz allgemein bis zum Alter von 7 oder 8 Jahren erworben, wohingegen die Flächeninvarianz nicht vor dem 9. oder 10. und die Volumeninvarianz nicht vor dem 11. oder 12. Lebensjahr gelernt wird. Einige Attribute scheinen schwerer erlernbar zu sein als andere; z. B. ist *Volumen* der direkten Erfahrung des Kindes weniger zugänglich als *Substanz* (siehe Piaget, 1957). Obwohl diese Unterscheidung die Reihenfolge des Erwerbs der verschiedenen

Invarianzbegriffe aufzeigen kann, bleibt doch die Frage bestehen, warum Invarianzbegriffe nicht vor den konkreten Denkoperationen erworben werden. Piaget hat auf diese Frage eine Antwort geliefert. Die Tatsache, daß ein Kind „mehr" sagt, wenn ein Gegenstand ihm größer, länger oder dicker *erscheint,* rührt offensichtlich daher, daß es ihn so *wahrnimmt.* Also diktiert die *Wahrnehmung* die Natur seiner Antwort. Es ist jedoch nicht Wahrnehmung *per se,* sondern eher ein Mangel an angemessenen operationalen Denkstrukturen, der es dem Kind unmöglich macht, von Anfang an korrekt zu antworten.

Ein einfaches Beispiel: Wenn ein Kind bei der oben beschriebenen Invarianzaufgabe (Wasser in Becher und Röhre) korrekt antwortet, so kann es auf drei verschiedene Arten argumentieren; jede dieser drei Arten steht für eine neuerworbene *logische* Eigenschaft, die nunmehr das Denken des Kindes bestimmt. Das Kind könnte denken: „Wenn das Wasser aus der hohen Röhre zurück in den Becher gegossen würde, so müßte immer noch so viel Wasser wie vorher da sein; also kann es sich nicht verändert haben." Dieser Gedanke würde das veranschaulichen, was Piaget *Reservibilität* nennt, eine Eigenschaft, auf die schon vorher kurz angespielt wurde. Nicht nur kann die Hand-

135

lung ungedacht (oder geistig ungeschehen gemacht) werden, sondern es ergeben sich auch einige notwendige, logische Konsequenzen. Die wichtigste Konsequenz ist offensichtlich, daß der Transformationsprozeß die Quantität nicht verändert.

Das Kind könnte auch folgern, daß, da nichts zu einem der Behälter hinzugefügt oder von ihm weggenommen wurde, die Menge gleichgeblieben sein muß. Dies ist ein Beispiel für die *Identitätsregel,* die besagt, daß es für jede Operation (Handlung) eine andere Operation gibt, die sie unverändert läßt. Offensichtlich erzeugt das Hinzufügen oder Fortnehmen von Nichts keine Veränderung. Eine dritte Alternative wäre: „Die Röhre ist höher, aber auch dünner, also gleicht es sich aus." Piaget und Inhelder (1941) weisen auf dieses Denken als *Kombinativität* (oder *Kompensation*) hin, welche eine Eigenschaft ist, die in bezug auf die logischen Konsequenzen der Kombination von mehr als einer Operation, in diesem Fall mehr als einer Dimension, definiert ist.

Eine weitere Klärung dieser Begriffe kann durch Hinweise auf konkrete Beispiele von Invarianzproblemen erreicht werden. Ihnen sei nahegelegt, sie mit jungen Menschen zu wiederholen, wo immer Sie diese finden. Es mag erheiternd sein, sie vor der Großmutter durchzuführen, nachdem man ihr die Vorgehensweise erklärt hat, und sie vorausgesagt hat, wie die Antwort des Kindes sein wird. Nehmen sie einen 4- oder 5-jährigen, um sicherzugehen, daß ihre Großmutter Unrecht haben wird. Die bei den folgenden fünf Experimenten in Klammern gesetzten Altersangaben können nur als sehr ungenaue Annäherungswerte betrachtet werden.

1. *Invarianz der Anzahl* (Alter 6–7). Zwei Reihen mit Spielmarken werden einander paarweise zugeordnet und zwischen Vl und Vp gelegt.

○ ○ ○ ○

○ ○ ○ ○

Eine der Reihen wird dann verlängert oder verkürzt:

○ ○ ○ ○

○   ○   ○   ○

Die Vp wird jetzt gefragt, welche Reihe mehr Spielmarken enthält oder ob die Zahl noch immer gleich ist.

2. *Längeninvarianz* (Alter 6–7). Der Vl legt der Vp zwei Stäbchen vor. Die Enden bilden eine Linie:

Die Vp wird gefragt, ob die Stäbchen gleich lang sind. Daraufhin wird ein Stäbchen nach rechts verschoben:

Die Frage wird wiederholt.

3. *Invarianz von Massen* (Alter 7–8). Der Vp werden zwei Bälle gezeigt. Sie wird gefragt, ob die Bälle die gleiche Menge Lehm enthalten. Antwortet die Vp mit ‚nein', wird sie gebeten, die Massen einander anzugleichen. (Es ist nicht ungewöhnlich für ein kleines Kind, einen Ball zu drücken, um ihn kleiner zu machen.) Ein Ball ist dann deformiert:

Die Vp wird erneut gefragt, ob die Bälle die gleiche Masse haben.

4. *Invarianz von Flächen* (Alter 9–10). Der Vp wird ein großes Stück Karton gegeben, das genau so aussieht, wie das des Vl. Beide Kartons stellen je ein Spielfeld dar. Die Vp wird gebeten, immer dann ein Gebäude auf das Spielfeld zu stellen, wenn der Vl das auch tut. Sind neun Gebäude auf das Spielfeld verteilt, rückt der Vl seine Gebäude in einer Ecke zusammen.

Vl   Vp

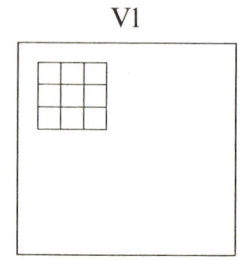 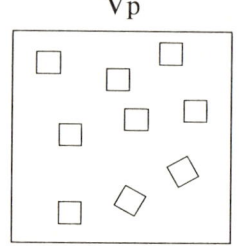

Die Vp wird gefragt, ob auf jedem Spielfeld gleich viel Platz ist.

5. *Invarianz von Flüssigkeitsmengen* (Alter: 6–7). Der Vp werden zwei identische Behälter gezeigt, die den gleichen Wasserstand aufweisen.

Der Inhalt eines Behälters wird danach in eine hohe, dünne Röhre gegossen, der Inhalt des anderen in einen flachen Teller.

Die Vp wird gefragt, ob die Wassermenge in beiden Gefäßen gleich bleibt.

Kann Invarianz gelernt werden?
Wenn es Großmutter gerade um ein Haar geglückt ist, ihre Entrüstung zu überwinden, und sie sich anheischig macht, eine Perle ihrer altertümlichen Weisheiten preiszugeben, die die Resultate der Wissenschaft erklären und gleichzeitig verleumden soll, wenden Sie sich, lieber Leser, ihr zu und sprechen Sie folgende Herausforderung aus: „Großmutter, ich fordere Dich heraus! Ich fordere Dich heraus! Ich sagte, Großmutter, ich fordere Dich heraus!" (Es ist bei Großmüttern oft notwendig, Dinge mehrere Male zu wiederholen.) Es hat gewiß keinen Zweck, die Herausforderung zu erklären, bevor Ihre Großmutter Sie nicht gut genug verstanden hat, um die Perle der Weisheit zumindest momentan an ihrem Platz zu belassen und zu sagen: „Was?" In diesem Augenblick können Sie fortfahren: „Ich wette mit Dir, liebe Großmutter, daß Du dem kleinen Norbert nicht beibringen kannst, richtig zu antworten, wenn ich *dieses Plastilin* zu einem Kuchen knete".
Großmutter wird wahrscheinlich genauso versagen wie viele Untersucher, z. B. Smedslund (1961, a, b, c, d und e) in seinen früheren Experimenten. Zwar ist es einer Anzahl von Psycho-

logen kürzlich geglückt, den Erwerb von Invarianzbegriffen bei *einigen* (niemals bei allen) Kindern zu beschleunigen, jedoch nach ausgedehntem, systematischem und theoretisch fundiertem Training (z. B. Lefrançois, 1968; Towler, 1967; Cote, 1968; Travis, 1969). Keiner dieser Psychologen hat klar gezeigt, daß solche Beschleunigungen eine allgemein wohltuende Wirkung auf andere Aspekte der kindlichen Tätigkeiten hat. Laurendeau und Pinard (1962) sind der Auffassung, daß planvolle Erfahrungen der Art, wie sie gewöhnlicherweise in Beschleunigungsstudien eingesetzt werden, wahrscheinlich nicht ausreichen, um den Verlauf der Entwicklung bedeutend zu ändern. Großmutter wird versagen!

Konkrete Denkoperationen und formales Denken
Konkretes Denken unterscheidet sich auf mehrere Weise von der Denkart, die das Stadium der formalen Operationen charakterisiert. Die Denkstrukturen der konkreten Operationen werden direkt auf wirkliche Objekte oder auf Objekte, die man hervorrufen kann, angewandt. Mit anderen Worten, das Kind behandelt noch nicht das, was bloß hypothetisch ist, außer, wenn es direkt mit konkreter Realität verbunden werden kann. Weiterhin ist es unfähig, mit *kombinatorischer Analyse* umzugehen, die Piaget als das systematische Hervorbringen aller möglicher Kombinationen beschreibt. Manchmal wird z. B. gesagt, daß die Logik der konkreten Operationen die Logik von Klassen, jedoch nicht die Logik von Klassenprodukten ist (Peel, 1960). Diese Unterscheidung kann in Bezugnahme auf Tabelle 9.2 definiert werden, die sowohl ein Vierfelder-Klassifikationssystem (a) als auch eine erneute Kombination der Produkte dieser vier ursprünglichen Kombinationen (b) zeigt. Die erste Anordnung kann von einem Kind im Stadium der konkreten Operationen ausgeführt werden, die zweite nicht, was im nächsten Abschnitt veranschaulicht wird.
Eine dritte Begrenzung der konkreten Operationen ist die, daß das Verständnis des Kindes für solche Regeln der Logik wie Identität und Reversibilität nicht vollständig generalisiert ist – mit anderen Worten: das Kind handelt nur in einigen Situationen diesen Regeln entsprechend; es löst z. B. eine Zahleninvarianzaufgabe viel eher als eine Flächeninvarianzaufgabe, obwohl der gleiche logische Denkprozeß auf beide angewandt werden kann.

Tabelle 9.2. Eine 2 × 2 Klassifikation

	Rot	Blau
Kreis	Roter Kreis (RK)	Blauer Kreis (BK)
Viereck	Rotes Viereck (RV)	Blaues Viereck (BV)

(a)

Alle möglichen Kombinationen des Produktes von (a)

NICHTS	RK	BK	RV
BV	RK BK	RK RV	RK BV
BK RV	BK BV	RV BV	RK BK RV
RK BK BV	RK RV BV	BK RV BV	RK BK RV BV

(b)

Formale Denkoperationen: 11 oder 12 bis 14 oder 15 Jahre

Das letzte Stadium der Entwicklung des menschlichen Denkens beginnt ungefähr im Alter von 11 oder 12 Jahren. Es ist gekennzeichnet durch das Auftreten von propositionalem Denken – d.h. Denken, welches nicht auf die Berücksichtigung des konkret oder potentiell Wirklichen beschränkt ist, sondern sich auf dem Gebiet des Hypothetischen abspielt. Eine Proposition ist jede Aussage, die richtig oder falsch sein kann. Das Kind kann nun vom Wirklichen zum nur Möglichen und vom Möglichen zum Tatsächlichen folgern. Es kann hypothetische Zustände mit tatsächlichen Zuständen vergleichen oder umgekehrt und somit kann es sich auch über die scheinbare Unverantwortlichkeit einer Generation von erwachsenen Menschen aufregen, die sich selbst an den Rand des Ruins gebracht hat.

Zwei Experimente können die Unterschiede zwischen formalen Denkoperationen und früheren Stadien veranschaulichen. Das erste (Piaget, 1961) ist ein einfacher Test zum verbalen Denken des Typs: A > B; A < C; wer von A, B oder C ist der größte? (z. B. John ist dünner als Bill; John ist dicker als Sam; wer ist der Dickste von den dreien? Kinder, die jünger als 11 oder 12 Jahre sind, haben große Schwierigkeiten mit solchen Aufgaben, außer wenn es sich um Objekte handelt, die sie sehen können. Der Grund ist, daß die Lösung der Aufgabe propositionales Denken erfordert, d.h. Nachdenken über hypothetische Aussagen.

Bei einem zweiten Experiment (Piaget, 1961) soll die Vp farbige Scheiben auf alle möglichen Arten (in Zweier-, Dreier- usw. Anordnungen) kombinieren. Das zu formalen Operationen fähige Kind wird dies vollständig und systematisch tun, während ein jüngeres Kind für gewöhnlich einige, aber selten alle Kombinationen herstellen kann, weil sein Ansatz eher zufallsbezogen als systematisch ist.

Die Logik und Piagets Theorie

Piagets ausgiebiger Gebrauch von Logikmodellen als Analogien zum Denken hat nicht so breite Anerkennung erfahren wie seine mehr deskriptive Arbeit. Der Mangel an Anerkennung mag von dem Schwierigkeitsniveau symbolischer Logik herrühren, insbesondere wie sie von Piaget interpretiert wird. Als zweiter Grund wird angegeben, daß die Logik wirklich nicht dazu diene, die Klarheit zu steigern oder das Wissen voranzutreiben. Sie sei in gewissem Sinn eine extrem scharfsinnige und komplexe akademische Übung. Aus diesen Gründen wird die Logik in diesem Kapitel durchwegs nur am Rande erwähnt (der an einer detaillierteren Betrachtung interessierte Leser sei auf Piaget, 1957 und auf Peel, 1960 verwiesen).

Relevanz für die Lerntheorie

Piagets Position ist hauptsächlich eine Theorie der Entwicklung. Jedoch ist sie auch eine Lerntheorie, dies größtenteils wegen ihrer Betonung der genetischen Epistemologie. Offensichtlich ist es unausweichlich, daß Piagets Theorie als Lerntheorie dient, da der Gegenstand der genetischen Epistemologie die Genese des Wissens ist und weil Lernen sich größtenteils mit Wissen befaßt.

Als Lerntheorie kann sie vereinfacht und auf folgende Aussagen reduziert werden:

1. Der Erwerb des Wissens ist ein allmählicher Entwicklungsprozeß, der durch die Interaktion des Kindes mit seiner Umwelt ermöglicht wird.
2. Die Art, in der das Kind die Welt erlebt und darstellt, ist eine Funktion seines Entwicklungsstadiums. Dieses Stadium ist durch die zu diesem Zeitpunkt vorhandenen Denkstrukturen definiert.
3. Reifung, Umwelt, Gleichgewichtsstreben (Equilibrierung) und Sozialisation sind die das Lernen formenden Kräfte.

Der Einfluß von Piagets Theorie auf Lehrpläne, Lehrmethoden und Meßpraktiken scheint tiefgehend und bedeutsam zu sein. Viele Autoren haben versucht, auf der Basis von Piagets Werk spezielle erzieherische Anweisungen zu skizzieren (z.B. Athey & Rubadeau, 1970; Furth, 1970; Ginsberg & Opper, 1978; Hunt, 1961; Phillips, 1969). Diese Autoren weisen hin auf die Wichtigkeit des Verständnisses für das momentane Stadium der kindlichen Entwicklung, die daraus resultierenden Grenzen der kognitiven Fähigkeiten, die Nützlichkeit, Material auf einem optimalen Schwierigkeitsniveau zu präsentieren, und den Wert, das Kind zu engagiertem, aktiven Lernen zu ermuntern. Andere versuchten, basierend auf Piagets Strukturbeschreibungen, Intelligenzskalen zu entwickeln (Goldschmid & Bentler, 1968; Uzgiris & Hunt, 1975).

Forschung und Konsequenzen

Bis heute erforschten und erweiterten manchmal buchstäblich Tausende von Arbeiten Piagets Werk. Hier sollen die wichtigsten, allgemeinen Schlußfolgerungen dieser verschiedenen Gruppen von Untersuchungen kurz diskutiert werden.

Zu Anfang sei gesagt, daß eine überwältigende Mehrheit dieser Studien Piagets allgemeine Beschreibung von Sequenzen der intellektuellen Entwicklung zu unterstützen scheint (s. z.B., Gelman, 1978; Opper, 1977). Diese Sequenz scheint für Kinder verschiedener Herkunfts-

länder gleich zu sein (Dasen, 1971, 1977; Glick, 1975).

Im Gegensatz dazu unterstützt die Forschung Piagets Beschreibung der Altersstufen, in denen die wichtigsten intellektuellen Veränderungen stattfinden, in weitaus geringerem Maß. Es gibt Anzeichen dafür, daß verbale Schwierigkeiten oft durch Piagets Scheitern beim Auffinden bestimmter Fähigkeiten und des Verständnisses während früher Entwicklungsperioden impliziert wurden. Werden die Aufgaben vereinfacht, antworten die Kinder häufig ganz anders. Bei dem ‚Berg-Problem' z.B. werden den Kindern drei Berge gezeigt, die auf einem Tisch stehen. Sie sind unterschiedlich hoch. Den Kindern wird erlaubt, um den Tisch herumzugehen und sich mit den Bergen vertraut zu machen. Im Testteil der Studie sitzen die Kinder an der einen Seite des Tisches, während eine Puppe an eine andere Ecke gesetzt wird. Nun müssen die Kinder den Ausblick der Puppe beschreiben. Ihre anfängliche Unfähigkeit, dies zu tun, wird als Zeichen kindlichen Egoismus gewertet (Unfähigkeit, die Sichtweise anderer einzunehmen). Als jedoch Liben (1975) Kinder im präoperationalen Stadium fragte, wie eine weiße Karte für den Versuchsleiter aussähe, wenn der Versuchsleiter und das Kind verschiedenfarbige Brillen tragen (z.B. eine rosa Brille für den Versuchsleiter und keine für das Kind), waren die Kinder häufig in der Lage, korrekt zu antworten. Borke (1975) und Bower (1974) fanden Belege dafür, daß nordamerikanische Kinder häufig zu Verhaltensweisen fähig sind, die Piaget einem späteren Entwicklungsstadium zuschrieb. Ähnlich berichtet Flavell (1977) über verschiedene Studien bezüglich kindlichen Lernens und Verhaltens, die andeuten, daß Piagets Schätzungen häufig Unterschätzungen waren – vielleicht, weil, zumindest für das sensumotorische Stadium, seine Beobachtungen größtenteils auf Bewegungsverhalten beruhten.

Auf einem dritten Forschungsgebiet stimmen die Ergebnisse auch nicht immer völlig mit den Beschreibungen Piagets überein. In seinen frühen Schriften ließ Piaget wenig Zweifel daran, daß er formale Operationen als allgemein charakteristisch für die meisten älteren Jugendlichen und die meisten Erwachsenen hielt (Piaget & Inhelder, 1958). Jedoch liefert eine Anzahl von Studien überzeugende Beweise dafür, daß dies nicht der Fall ist (Neimark, 1975; Papalia, 1972). Vielen dieser Untersuchungen gelang es nicht einmal, Beweise für formale

Operationen bei Erwachsenen zu finden – geschweige denn bei Jugendlichen. Als Dulit (1972) *begabte ältere* Jugendliche auf formale Operationen hin testete, fand er heraus, daß ungefähr die Hälfte von ihnen noch immer auf dem Niveau konkreter Operationen handelte; etwa ein Viertel der durchschnittlichen älteren Jugendlichen und Erwachsenen handelte auf dem Niveau formaler Operationen. Eine ähnliche, von Tomlinson-Keasey (1972) berichtete Studie, die nur weibliche Versuchspersonen testete, fand heraus, daß formale Operationen nur sehr selten erreicht wurden. Mit der gleichen Methode hatten interkulturelle Studien allgemein Schwierigkeiten, Beweise für mehr als konkrete Denkoperationen in mehreren Kulturen zu finden (Gelman, 1978).

Im Licht dieser Untersuchungen modifizierte Piaget (1972) seine frühere Position, indem er zugestand, daß das formal-operationale Stadium nicht annähernd so allgemein sei, wie er zuerst angenommen hatte. Die verfügbaren Beweise legen nahe, daß formale Operationen bestenfalls als mögliche, nicht jedoch als wahrscheinliche, kognitive Prozesse angesehen werden können. Kurz gesagt: Formale Operationen sind wahrscheinlich in der mittleren Kindheit oder früher unmöglich; in der Jugend oder im Erwachsenenalter sind sie möglich, jedoch längst nicht gänzlich allgemein.

Wieviel Schaden fügen diese Ergebnisse und Beobachtungen Piagets Theorie zu? Vermutlich nicht sehr viel. Schlimmstenfalls legen die gut untermauerten Widersprüche der Piagetschen Theorie nahe, daß die Altersangaben ungefähre Werte sind, ein Punkt, den Piaget immer betonte, daß sich Kinder auf bestimmten Gebieten schneller entwickeln können, als Piaget vermutete (besonders auf den sensumotorischen Niveau), und daß das letzte Stadium in Piagets Beschreibung nicht allgemein gültig ist, eine Tatsache, die für Piagets Anhänger nicht übermäßig störend ist, vorausgesetzt, daß das vorhergehende Stadium mit konkreten Operationen für diejenigen eine Beschreibung liefert, die das Stadium formaler Operationen nicht erreichen.

Bewertung von Piagets Position

Eine Untersuchung von Piagets System bezüglich der im ersten Kapitel beschriebenen Kriterien ergibt u. a., daß die Theorie in sich erstaunlich konsistent, schlüssig und ausführlich ist. Wie alle anderen kognitiven Theorien erlaubt sie uns nicht, zu entscheiden, wie gut sie die Tatsachen erklärt. Schließlich sind Schemata, konkrete Operationen und Anpassung Metaphern; sie sind Erfindungen Piagets. Die zentrale Frage lautet daher, ob seine Erfindungen nützlicher sind als die anderer. Sind sie klar und verständlich? Nicht übermäßig. Können sie Verhalten gut vorhersagen und erklären? Ja und nein. Sie erklären Verhaltensweisen, die vorher größtenteils unentdeckt waren (z. B. Invarianzen), und sie sagen ganz allgemein Arten kognitiven Arbeitens vorher, die von Kindern in verschiedenen Entwicklungsstadien erwartet werden können. Wie wir jedoch im vorhergehenden Abschnitt gesehen haben, sind diese Vorhersagen nicht immer ganz angemessen, besonders wenn sie auf der Vorstellung beruhen, daß es einen engen Zusammenhang zwischen spezifischen Altersstufen und Piagets Stadien gibt.

Piagets zahlreiche Kritiker haben eine Anzahl von Standardkritikpunkten ausgearbeitet. Einer der frühsten befaßt sich mit der geringen Menge von Piagets Versuchspersonen – die *méthode clinique* läßt sich nur schwer auf viele Personen anwenden. Diese Kritik ist jedoch irrelevant, es sei denn, daß andere, unter strengeren Bedingungen vorgenommene Arbeiten mit einer größeren Zahl von Versuchspersonen zu Piaget widersprüchliche Ergebnisse liefern können. Andere haben an seiner Arbeit kritisiert, daß sie nur schwer verständlich sei – durch den Gebrauch einer komplexen, manchmal nebulösen Terminologie und einer komplizierten Logik, deren Notwendigkeit nicht immer offensichtlich ist. Dennoch gibt es kaum Zweifel darüber, daß Piagets Format in der kognitiven Psychologie kaum seinesgleichen findet. Sein Beitrag endet nicht mit seinem Tod, sondern beeinflußt weiterhin die Forschung zahlloser anderer Wissenschaftler.

Zusammenfassung: Kapitel 9

Dieses Kapitel gab einen Überblick über das Werk Jean Piagets. Der Inhalt der von Piaget untersuchten spezifischen Gebiete (wie z. B. Zeit, Raum, Geometrie usw.) wurde nicht detailliert dargestellt; stattdessen wurden die allgemeine Entwicklungstheorie und die Merkmale und Fähigkeiten von Kindern in den verschiedenen Stadien besprochen.

1. *Jean Piaget,* der bekannte Schweizer Psychologe, ist seiner Ausbildung nach Biologe, seiner Berufung nach Philosoph, Mathematiker, Logiker und Schriftsteller. Von Beruf ist er Psychologe.

2. Piagets Theorie kann als Versuch betrachtet werden, zwei *mit der Biologie verwandte* Fragen zu beantworten: Welches sind die Charakteristika von Kindern, die sie in die Lage versetzen, sich ihrer Umwelt anzupassen, und welches ist die einfachste, genaueste und brauchbarste Art und Weise, Kindesentwicklung zu klassifizieren oder begrifflich zu ordnen?

3. Frühe menschliche *Adaptation* kann die Form einer von drei Aktivitätsarten annehmen, häufiger noch eine Kombination dieser sein; es sind Spiel, Imitation und intelligente Anpassung. Jede von diesen wird in bezug auf das zwischen den beiden funktionalen Invarianzen, Assimilation und Akkomodation, bestehende Gleichgewicht definiert. Beim *Spiel* überwiegt die Assimilation, bei der *Imitation* die Akkomodation; *intelligente Anpassung* zeigt ein optimales Gleichgewicht zwischen beiden.

4. Piagets Konzept der *Intelligenz* unterscheidet sich von dem mehr traditionellen Modell, das Intelligenz meist als eine fixierte und meßbare Qualität darstellt. Piaget beschreibt sie eher in Form von Aktivität in Beziehung zur Umwelt.

5. Piagets experimenteller Ansatz wird als *méthode clinique* bezeichnet. Es handelt sich um einen flexiblen Interviewansatz, bei dem die Antworten der Vp den nachfolgenden Befragungsprozeß beeinflussen.

6. Großmütter haben nicht immer recht!

7. Das *sensumotorische Stadium* ist charakterisiert durch ein „Hier-und-Jetzt"-Verständnis der Welt, extreme Egozentrik, Abwesenheit der Sprache und die Erweiterung von Schemata.

8. Zu den wichtigen Errungenschaften der ersten beiden Lebensjahre zählen die Entwicklung des Gegenstandskonzepts, die Entdeckung kausaler Beziehungen, der Spracherwerb und das Auftreten von Absicht (Intention).

9. Während des *vorbegrifflichen* (prkonzeptuellen) Stadiums erweitert das Kind seine Verbalisierungsfähigkeit. Sein Denken ist voller logischer Irrtümer; insbesondere denkt es *transduktiv* und versteht Konzepte unvollständig.

10. Im Alter von 4 Jahren (oder so) beginnt das Kind, viele Aufgaben auf der *Basis der Intuition* richtig zu lösen. Sein Denken ist jedoch weiterhin egozentrisch und von der Wahrnehmung beherrscht.

11. Der Übergang vom präoperationalen zum *operationalen Denken* ist durch den Erwerb des Invarianzkonzepts gekennzeichnet. Das Kind kann nun auch mit Klassen, Serien und Zahlen umgehen. Sein Denken bleibt jedoch an das Konkrete gebunden.

12. *Formale Denkoperationen* sind definiert durch das Auftreten von propositionalem Denken. Die kindlichen Denkprozesse sind vom Unmittelbaren, Realen befreit und sind potentiell so logisch wie sie immer sein werden.

13. Die Forschung legt nahe, daß Kinder im sensumotorischen Stadium weiter fortgeschritten sind, als Piaget vermutete, daß die Sequenz, die er bezüglich kognitiver Entwicklung beschreibt, *allgemein* richtig ist, und daß formale Operationen nicht *allgemein* charakteristisch für Jugend oder Erwachsenenalter sind.

Kapitel 10

Künstliche Intelligenz

Künstliche Intelligenz

Laut Bertram Raphael (1976) ist künstliche Intelligenz eine Branche der Computerwissenschaft, die versucht, Computer schlauer zu machen. Viele Leute glauben, Computer seien dumm, schreibt er. Sie meinen, Computer seien nicht mehr als „große, schnelle Rechenmaschinen" und glauben, daß Computer „gehorsame, intellektuelle Sklaven" seien, die nur fähig sind zu tun, worauf sie programmiert wurden. Viele von uns denken noch immer, daß es Computer, die zu vermuten wagen, ihre Herren würden Fehler machen, nur in der Science-fiction gibt. In der Tat gibt es Computer, die wissen, daß sie Vorgesetzte haben, nur in der Fiktion.
Der erste Mythos - nämlich, daß Computer nicht mehr als rechnende Maschinen sind - ist sehr leicht zu widerlegen. Die Arbeitsweise moderner, hochentwickelter Computer beinhaltet zahllose nicht rechnerische Operationen, z. B. Speicherung, Suchen von Gespeichertem, das Treffen ganzer Entscheidungssequenzen, das An- und Abschalten von Geräten und das Er-

kennen von und Reagieren auf externe Bedingungen, um nur einige zu nennen.
Ein zweiter Mythos, der des Computers als Sklaven, ist komplexer. Es stimmt, daß Computer nur das tun können, wofür sie programmiert sind. Insofern sind sie die Sklaven ihrer Programme (oder genauer gesagt, ihrer Programmierer). Das bedeutet jedoch nicht, daß alle Computer immer so programmiert sind, daß alle ihre Aktivitäten vorhersagbar sind. Mittlerweile gibt es Computer, die auf Schach oder Dame programmiert sind, denen es tatsächlich gelingt, manchmal ihre Programmierer zu schlagen. Es ist also möglich, Computer kreativ zu programmieren. Ist es auch möglich, sie so zu programmieren, daß sie Neues schaffen und erfinden? Das ist zu einem großen Teil die Herausforderung an Studien über künstliche Intelligenz. Wie könnte ein Computer schlauer gemacht werden?

Warum sollten wir schlauere Computer bauen?

Es gibt zumindest zwei gute Gründe, weshalb wir den Wunsch haben könnten, schlauere Computer herzustellen. Ein Grund ist, daß ein solcher Computer phantastische Dinge für uns tun könnte oder uns davon befreien könnte, diese phantastischen Dinge selbst zu tun, so daß wir mehr Zeit für noch viel phantastischere Dinge hätten. Der andere Grund ist, daß die Herstellung eines derartigen Computers sehr viele Fragen über unsere eigenen kognitiven Prozesse beantworten könnte oder daß der Computer – haben wir ihn erst einmal hergestellt – uns Neues über uns selbst sagen könnte. Diejenigen, die sich mit künstlicher Intelligenz beschäftigen, bemühen sich vor allem um den zweiten dieser genannten Vorteile.

Ihr Anliegen ist, herauszufinden, was die Erforschung des Computers für die Erforschung des Menschen tun kann. Hierbei werden Computer auf zwei verschiedene Arten benutzt. Entweder wird der Computer einfach dazu verwendet, die Funktionsweise des Verstandes nachzuahmen, oder es sollen mit der Hardware und der Funktionsweise des Computers Modelle oder Abbildungen der menschlichen Funktionsweise geschaffen werden.

Einer der ersten, die sich für den Gebrauch maschineller Modelle zur Erforschung menschlichen Verhaltens interessierten, war Norbert Wiener (1948). Er prägte den Ausdruck „Kybernetik", um sein Interesse zu beschreiben. Der Begriff ist von einem griechischen Wort abgeleitet, das „Steuermann" (eines Bootes) bedeutet, und bedeutet also „Steuerung" oder „Kontrolle". Genauer gesagt: Wiener interessierte sich für Analogien, die sich zwischen Maschinen, die *feedback* benützen, um ihre Funktionen zu modifizieren, und dem menschlichen Verhalten ziehen lassen könnten, denn auch Verhalten ist – zumindest in gewissem Maß – von „feedback" beeinflußt („feedback" verstanden als Information, die wir von unserer Umwelt über unser Handeln bekommen). Der Ausdruck *künstliche Intelligenz* hat eine etwas allgemeinere Bedeutung als *Kybernetik* und wird heute häufiger gebraucht, obwohl sich beide Begriffe auf das gleiche Forschungsgebiet beziehen.

Können Maschinen denken?

Die Menschen haben sich seit einiger Zeit darüber Gedanken gemacht, ob Maschinen denken können oder nicht (siehe z. B. Anderson, 1964; Apter & Westby, 1973; Ashby, 1961; Moray, 1963).

Die klassische Antwort auf diese Frage gab A. M. Turing (1950). Turing formuliert die Frage so: „Können Maschinen imitieren?". In einer amüsanten Diskussion über das „Imitationsspiel" ging er daran, eine Situation zu entwickeln, in der sich zeigen würde, ob Maschinen das Verhalten von Menschen imitieren können oder nicht. Die *A-priori*-Schlußfolgerung ist, daß, wenn es einer Maschine gelingt zu imitieren, dies ipso facto zeigt, daß sie denken kann.

Die zu lösende Aufgabe sieht folgendermaßen aus: Ein Mann (A) und eine Frau (B) werden alleine in einen Raum gesetzt. Ein Befrager (C), der in einem anderen Raum sitzt, muß herausfinden, ob A ein Mann (X) oder eine Frau (Y) ist. Mit Turings Worten, er muß am Ende des Spiels sagen: „X ist A und Y ist B" oder „X ist B und Y ist A". Um herauszufinden, wer A und B sind, darf C ihnen Fragen stellen. A und B geben ihre Antworten in die Maschine. Der Gegenstand des Spiels ist für A, den Befrager zu behindern. Er kann z. B. alle Fragen so beantworten, als sei er eine Frau – oder aber er kann die Wahrheit sagen. B andererseits versucht, dem Befrager zu helfen. Wenn B dies versucht, indem sie die Wahrheit sagt: „Ich bin B, ich bin die Frau! Glaub mir!", so kann A genau dasselbe tun: „Glaub B nicht. Ich bin A, ich bin die Frau!"

Die nächste von Turing gestellte Frage ist die wesentliche: „Was wird passieren, wenn eine Maschine die Rolle von A in diesem Spiel übernimmt?" Seine Antwort darauf ist, daß es bald möglich sein wird, eine Maschine zu konstruieren, die den Befrager in mindestens 70% der Fälle verwirren kann. Damit wird implizit die Antwort auf die ursprüngliche Frage „Können Maschinen denken?" bejaht.

Als Fortsetzung des oft zitierten Artikels von Turing stellt Gunderson (1964) das „toe-stepping-game" (Auf-den-Fuß-Tret-Spiel) vor, ebenfalls mit dem Versuch, die Frage „Können Maschinen denken?" zu beantworten. Beim „toe-stepping-game" werden zwei Leute, ein Mann (A) und eine Frau (B) zusammen in einen Raum gebracht. An einer der Wände des Raumes ist unten eine kleine Öffnung, durch die eine dritte Person, der Befrager (C), seinen Fuß gesetzt hat. Der Gegenstand des Spiels für C ist zu entdecken, wer von A und B ein Mann (X) und wer eine Frau (Y) ist. Wie in dem Imitationsspiel wird er gebeten, seine Antwort in der Form „X ist A und Y ist B" oder „X ist B und Y ist A" auszudrücken. Um herauszufinden, wer A und B sind, darf er seinen Fuß durch die Öffnung stecken und entweder A oder B veranlassen, sich darauf zu stellen. Der Spielgegenstand ist für A, C zu verwirren, während B versucht, ihm zu helfen. Wieder lautet die gestellte Frage: „Was würde passieren, wenn A durch eine Maschine ersetzt wird?" Diese Maschine brauchte einfach nur eine „Steinkiste" (rock-box) zu sein – d.h., eine Kiste, die mit Steinen verschiedener Form, Größe und Gewicht gefüllt ist. Diese könnten auf C's Fuß abgeworfen und, bevor sie auf den Boden rollen, aufgefangen werden.

Gundersons Antwort auf die letzte Frage ist der früheren Schlußfolgerung von Turing analog, nämlich, daß es in 50 Jahren möglich sein wird, eine Steinkiste zu entwickeln, die den Befrager in mindestens 70% der Fälle verwirrt. Der Zweck von Gundersons Parodie auf Turings Artikel ist zu zeigen, daß, wenn eine Maschine Aspekte des menschlichen Verhaltens imitieren kann, dies nicht gleichbedeutend damit ist, daß sie auch denken kann. Bestimmt werden wenige Leute behaupten, daß eine Steinkiste denken kann. Wie Gunderson jedoch aufgezeigt hat, *braucht* die Steinkiste nicht zu denken; sie erreicht ihr Ziel besser als ein Mensch und dies ohne zu denken. Gunderson, 1964 zieht den Schluß: „Schließlich überdauerte der Dampfbohrer als Bahntunnelgräber den John Henry, das bewies jedoch nicht, daß die Maschine Muskeln hatte, sondern, daß Muskeln zum Ausschachten von Bahntunneln nicht nötig sind." (S. 71)

Ungeachtet des unmittelbar eingängigen Argumentes von Gunderson bleibt es wahr, daß sich die Simulation menschlicher kognitiver Prozesse von der Imitation mehr physischer Aktivitäten unterscheidet.

Vielleicht ist auch Gundersons Argument wirklich nicht relevant. Klar, es zeigt, daß eine „Steinkiste" in einem etwas dummen Täuschungsversuch so wirksam sein kann wie zwei Menschen, ebenso wie Turings ursprünglicher Plan zeigte, daß eine Maschine in einem etwas weniger dummen, aber immer noch nicht sehr intelligenten Spiel die gleiche Wirkung haben kann wie zwei Menschen. Bestenfalls zeigen diese Übungen etwas, was wir vermutlich sowieso schon alle wissen: Wenn zwei dasgleiche tun, ist es noch lange nicht dasselbe. Oder, wie es meine Großmutter sagen würde, nicht unbedingt eine der kreativsten Linguisten: Es gibt mehr als eine Art, einen Truthahn zu füllen.

Also. Gibt es mehr als eine Art, ein Problem zu lösen? Sich an ein Gedicht zu erinnern? Ein Wort zu erkennen? Werden die Forschungen über künstliche Intelligenz irgendwann eine Arbeitsweise des Computers entdecken, die von unseren menschlichen Wegen gänzlich verschieden ist? Werden wir nie erfahren, ob eine Maschine denken kann?

Bis es vielleicht zu spät ist?

Wissen wir überhaupt, was es heißt zu denken? Beweist die Tatsache, daß uns unser Verhalten *zielgerichtet* erscheint und das der Steinkiste nicht, daß wir denken können, nicht aber die Steinkiste? Wären wir überzeugter davon, daß eine Maschine denken kann, wenn sie ihre „Meinung" ändern könnte? Wenn sie lügen könnte?

Computer und Gehirn

In unserer typisch menschlichen Art haben wir bisher angenommen, daß ein wirklich schlauer Computer Menschen sehr ähnlich wäre. Es ist sicherlich kein Zufall, daß Hal, der Computer in *2001-Odyssee im Weltraum,* R2D2 in *Krieg der Sterne* wie auch die meisten anderen Computer und computerisierten Roboter unserer beliebten Science-fiction-Literatur, eine Persönlichkeit haben. Sie sind nicht nur hochintelligent in Bezug auf ihr Gedächtnis und ihre rechnerischen Fähigkeiten, sie haben auch alle ein gewisses Maß an Willen und persönlichen Eigenarten. Ihre Erfinder versuchten, sie menschlich zu gestalten. Es gibt natürlich einige wichtige Unterschiede zwischen Computern und menschlichen Gehirnen. Computer bestehen aus einer komplizierten Zusammenstellung elektronischer Teile: Aus Transistoren, Kondensatoren, Widerständen, Silikonchips, Disks, Schaltern usw.

Das menschliche Gehirn dagegen besteht aus einer komplizierten Zusammenstellung von neuralem Material: Aus Neuronen mit ihren Teilen, den Axonen, Zellkörpern, Dendriten und Synapsen, verschiedenen anderen Zellen, Aminosäuren und chemischen Transmittersubstanzen usw., und nicht nur die *inneren,* physikalischen Teile des Computers und des Gehirns unterscheiden sich deutlich, auch die äußeren sind verschieden. Diese physikalischen Teile werden im Computerjargon *hardware* genannt. Während es die physikalischen Teile des Computers sind, die ermöglichen, daß er funktioniert (wie es auch bei Menschen die physikalischen Komponenten sind, die ermöglichen, daß wir funktionieren oder arbeiten), entscheidet das Programm darüber, wie und sogar ob der Computer arbeitet. Die Programme, d.h. Sortimente von Instruktionen oder Strategien, werden als *software* bezeichnet.

Es gibt eine Reihe anderer wichtiger Unterschiede zwischen Computern und Menschen. Apter (1973) erwähnt z.B., daß das menschliche Nervensystem unglaublich komplexer ist als der größte und höchstentwickelte moderne Computer. Außerdem ist unsere Kapazität für bestimmte Funktionen wesentlich größer als die irgendeines heute existierenden Computers. Wie in Kap. 11 gezeigt wird, ist z.B. unsere Speicherkapazität für Informationen praktisch unbegrenzt. Kein Computer erreicht Ähnliches.

Aber die Fähigkeit des Computers, gespeicherte Informationen *exakt* wieder abzurufen und arithmetische Operationen schnell und exakt auszuführen, übersteigt die der Menschen um ein Vielfaches. Dennoch sind die meisten vom Computer ausgeführten Funktionen typischerweise sequentieller Art (eine nach der anderen, nicht simultan); menschliche kognitive Prozesse laufen dagegen in vielen Fällen parallel ab.

Diese Unterschiede zwischen Computern und Menschen sind für diejenigen, die sich mit künstlicher Intelligenz beschäftigen, vielleicht weniger wichtig als die Ähnlichkeiten, sofern sich diese Ähnlichkeiten auf menschliche kognitive Prozesse beziehen. Abbildung 10.1 stellt eine wichtige Parallele zwischen der Funktionsweise der Menschen und der des Computers schematisch dar. Beide schließen Input und Output ein. Bei Menschen können Input und Output sehr leicht mit den Begriffen Reiz und Reaktion beschrieben werden. Für den Computer besteht der Input immer aus Daten, die in numerischer Form vorliegen oder die der Computer selbst in eine numerische Form überführen kann; der Output besteht aus dem Ergebnis der Anwendung eines Sets von Operationen (festgelegt durch ein Programm) auf das Input. In der Form kann der Output sehr

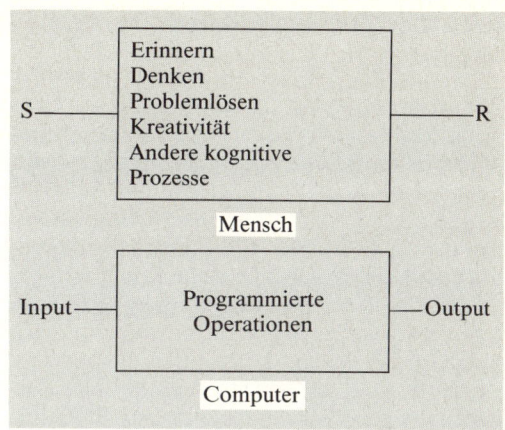

Abb. 10.1. Eine schematisch dargestellte Parallele zwischen der kognitiven Funktionsweise der Menschen und der Funktionsweise eines Computers. Folgt aus S = Input und R = Output, daß Gedächtnis und Programme des Computers exakte Darstellungen menschlicher kognitiver Prozesse sind?

verschiedenartig sein: Es kann sich um gedrucktes Material, anderweitig visuell dargestelltes Material, Geräusche, mechanische Reaktionen usw. handeln. Die Bedeutung des Vergleichs zwischen der Arbeitsweise der Menschen und der von Computern liegt nicht auf der Ebene von Input und Output, sondern auf der Vorgehensebene. Ein wirklich schlauer Computer – einer, der wirklich einem intelligenten Menschen ähnelt – sollte wie ein Mensch funktionieren. Anders gesagt: Das Gedächtnis und das Programm eines cleveren Computers könnte in vielen wichtigen Dingen dem Gedächtnis und den kognitiven Prozessen eines menschlichen Wesens ähneln.

Ist es möglich einen Computer so zu entwerfen und zu programmieren, daß er seine Umwelt so wahrnimmt wie wir; daß er bestimmte Informationen im Speicher behält, aber unwichtiges Material ausfiltert; daß er wie ein Mensch Sprache lernt und benutzt; daß er Probleme löst, die das menschliche Gehirn löst? Und wenn es gelingt, einen Computer zu konstruieren, der einige (oder alle) diese Dinge tun kann, handelt es sich dann um eine „Denkmaschine", wie wir es sind? Wird er die gleichen „kognitiven" Prozesse benützen wie wir? Wird er Dinge über die kognitive Verarbeitung der Menschen aufdecken, die heute noch unbekannt sind?

Feedback und Verhalten

Wie im letzten Abschnitt kurz angedeutet, kann menschliches Verhalten als drei separate Komponenten umfassend betrachtet werden: *Input, Verarbeitung* und *Output*. Die frühen Behavioristen interessierten sich nur für Input und Output – nicht aber dafür, die „black box", in die die Verarbeitung angeblich stattfindet, weniger geheimnisvoll zu machen. Spätere Behavioristen versuchten, die Box zu öffnen und ihren Inhalt zu benennen, der nur dann beobachtet werden konnte, wenn er auf neurologische Einheiten reduziert wurde; stattdessen schloß man meist von Input und Output auf den Inhalt der Box. Auch waren Input und Output bis vor kurzem nicht die modernsten Ausdrücke; vorher wiesen die Begriffe *Reiz* und *Reaktion* recht zufriedenstellend auf das hin, über was die Psychologen sprachen. In jüngerer Zeit haben die Psychologen wieder Interesse an der „black box" bekommen. Eine der Formen, die dieses Interesse angenommen hat, spiegelt sich in den zeitgenössischen kognitiven Positionen wider; eine zweite Form ist die der Kybernetik oder Feedback-Theorie.

Die zentrale Annahme der Feedback-Theorie lautet, daß der Organismus oder die Maschine sich selbst regulieren. Der Begriff *Maschine* kann hier gut eingesetzt werden, auch wenn wir noch immer menschliches Verhalten betrachten, denn die Kybernetik befaßt sich mit den maschinenähnlichen Aspekten der menschlichen Funktionsweise. Eine in Gang gesetzte sich selbst regulierende (selbstgesteuerte) Maschine arbeitet so lange, bis die Umweltbedingungen ihr diktieren, ihre Tätigkeit abzustellen oder zu modifizieren.

Wichtig ist, daß die Maschine *selbst die externen Bedingungen, die ihre Leistung regulieren, wahrnehmen muß*. Ein System, das aktiviert werden kann und sich selbst nach einer bestimmten Zeit automatisch ausschaltet, ist nicht *selbstgesteuert*, sondern einfach *gesteuert*. Wenn der Mensch also mit einem Maschinensystem verglichen werden soll, so muß dieses System selbststeuernd sein.

Eines der am häufigsten zitierten Beispiele eines einfachen selbstregulierten Systems ist eine Heizung mit Thermostat. Der Input, der die Leistung des Systems via Thermostat beeinflußt, ist die Temperatur der Umgebung. Der Output des Systems beeinflußt die Temperatur, wodurch der Input, auf den das System rea-giert, verändert wird. Somit werden die Meßfühler durch die Resultate der eigenen Aktivität beeinflußt. In diesem System gibt es, wie in jedem anderen Rückkopplungssystem, zwei Arten von Feedback (Feedback wird definiert als die Information, die das System über die Auswirkungen seiner eigenen Aktivität erhält). Eine Art von Information – *negatives* Feedback – zeigt an, daß die Aktivität des Systems wegen veränderter Umweltbedingungen unterbrochen werden soll. Wenn das System Information enthält, die anzeigt, daß die Aktivität fortgesetzt werden soll, bekommt es *positive* Rückmeldung. Bei der oben beschriebenen Heizung ist der Input, der den Erwärmungsprozeß in Gang setzt, eine Temperatur, die unter dem auf dem Thermostaten eingestellten Wert liegt. Solange die Heizung weiterarbeitet, bekommt sie positive Rückmeldung oder genauer gesagt, solange sie positives Feedback bekommt, wird sie weiterarbeiten. Wenn aber die tatsächliche Temperatur das erwünschte Niveau erreicht, erhält das System negatives Feedback und hört auf zu arbeiten.

Verarbeitung

Input (und Output, sofern er den Input beeinflußt) können durch Bezugnahme auf das Feedback besprochen werden; die Auswirkung des Feedbacks auf ein selbstgesteuertes System setzt irgendeine Art von Verarbeitungsvorrichtung voraus. Im Falle des Heizungssystems ist die Verarbeitungsvorrichtung der Thermostat. Als Verarbeitungsinstanz einfachster Art bewertet er den Input nur gemäß vorher bestimmter Kriterien indem er feststellt, ob eine Übereinstimmung mit diesen vorhanden ist oder nicht.

Die Verarbeitungseinheit beim Menschen ist nicht so einfach und klar ersichtlich (was einer der Gründe dafür ist, daß Psychologen nicht aufhören, über menschliches Lernen und Verhalten zu spekulieren). Nichtsdestoweniger kann als axiomatisch anerkannt werden, daß es ein Verarbeitungssystem gibt, oder wahrscheinlicher, eine Reihe oder bestimmte Anordnung solcher Systeme. Die Möglichkeit, die Natur dieser Systeme zu erklären, indem man zwischen bekannten Maschinensystemen und dem Menschen Analogieschlüsse zieht, rechtfertigt die Existenz der Kybernetik.

An dieser Stelle sollte eines der zentralen Probleme bei der versuchten Computersimulation menschlicher Verarbeitungsprozesse erwähnt werden. Das Problem ist, wie das Ausmaß, in dem menschlichen Verhalten vorhersagbar durch Feedback beeinflußt wird, und das Ausmaß, in dem Output regellos (d. h. nicht voraussagbar) bleibt, bestimmt werden kann. Diese Frage ist insofern zentral, als sie sich um die Notwendigkeit dreht, im einen Fall relativ geradlinige *deterministische* Verhaltensmodelle und im anderen Fall *stochastische* Modelle anzuwenden. In einem deterministischen Modell kann die aus einer Anzahl von Alternativen ausgewählte Handlung (Operation) aufgrund der Information und der im System enthaltenen Prozesse vorhergesagt werden. In einem stochastischen Modell dagegen kann die Wahrscheinlichkeit der Auswahl einer Alternative innerhalb eines bestimmten Irrtumsbereichs errechnet werden; es bleibt jedoch immer eine Restwahrscheinlichkeit, mit der statt dessen eine andere Alternative gewählt wird.

Da bei den meisten Maschinensystemen (z. B. Computer) Zufallsvariablen nur geringen Einfluß haben, sind stochastische Modelle weniger häufig als deterministische.

Die Schwierigkeiten, letztendlich ein Modell zu erreichen, welches im Grunde eine genaue Widerspiegelung menschlichen Verhaltens darstellt, sind von Carl Hovland (1960) diskutiert worden. Zwischen stochastischen versus deterministischen Systemen zu wählen ist eine derartige Schwierigkeit. Ein anderes Problem ist, wie man der Komplexität der Prozesse gerecht werden kann, die die Kybernetik zu simulieren versuchen. Bestenfalls kann eine Maschine dazu benutzt werden, das Verhalten eines *spezifischen* Individuums in einer sehr *klar definierten Situation* zu kopieren. Hovland glaubt, daß der nächste Schritt, das Verhalten von Individuen zu simulieren, die von dem vorgeschriebenen Muster abweichen, sich als extrem schwierig erweisen kann. Eine zweite Quelle von Schwierigkeiten rührt daher, daß Simulation meist dort durchgeführt wurde, wo die Endleistung *a priori* in Form einer gegebenen Abfolge von Vorgehensweisen definiert werden kann. Hovlands Auffassung ist, daß menschliche Wahrnehmung und Denken oftmals Parallelprozesse einbeziehen, die nicht leicht – wie die Simulation es erfordert – aufgespalten werden können.

Computer und Problemlösen

Es ist wichtig zu bemerken, daß direkte Vergleiche zwischen der menschlichen Funktionsweise und der eines Computers selten gezogen werden: der Computer wird fast immer nur zwecks Analogie gebraucht. Die Tatsache, daß Menschen sich verhalten, als ob sie in mancher Hinsicht wie eine Maschine seien, kann nicht als Beweis dafür genommen werden, daß sie dieselben Mechanismen und Organisationsstrukturen wie die Maschine besitzen. Die Analogie dient einfach dazu, das Wesen menschlicher Aktivität zu klären und vielleicht dessen Sichtweise zu vereinfachen. Auf einem bestimmten Niveau gibt es zahlreiche Analogien zwischen Nervensystem und Digital-Computer. In der Diskussion dieser Analogien fassen Miller, Galanter und Pribram (1960) einige von ihnen wie folgt zusammen:

… das Relais war dem Alles-oder-Nichts-Neuron analog, die elektrischen Ströme im Computer waren den Nervenimpulsen analog, die Verzögerungslinien waren den Erregungskreisen (reverberating circuits) des Nervensystems analog, die Gedächtnisschleifen der Computer waren den Assoziationsfeldern im Gehirn analog usw (S. 49).

Auf einem anderen Niveau dient der Computer einfach als Analogon zu den von Menschen angewandten Prozessen beim Problemlösen. Diese Art der Analogie bildet die Grundlage für den verbleibenden Teil dieses Kapitels.

Eine Theorie des menschlichen Problemlösens

Newell, Shaw und Simon (1958; Newell, 1973; Newell & Simon, 1972) haben einen Vorschlag für eine Theorie des menschlichen Problemlösens gemacht, der als klassisches Beispiel eines Ansatzes aus der künstlichen Intelligenz dient. Ihre Theorie dient dazu, an einem Computer simuliert zu werden und soll das Problemlösen anhand der „Informationsverarbeitung" veranschaulichen. Zentral wichtig für die Theorie ist die Auffassung, daß die Erklärung menschlichen Verhaltens in einer Beschreibung des „Programms" der zum Verhalten führenden Informationsprozesse enthalten ist. In diesem Sinn benutzen sie ein Computermodell nicht als Analogon zu menschlichem Verhalten. *Das Programm ist die Analogie.*

Die Entwicklung der Theorie hat die Form eines komplexen Programms zur Ermittlung von Beweisen für Theoreme der symbolischen Logik angenommen. Im Speziellen stützt sich das Programm auf die *„Principia Mathematica"* (Whitehead und Russel, 1925). Es wird *„Logic Theorist"* genannt und in der Literatur wird oft als LT darauf verwiesen. Seine Autoren betonen, daß es nicht als ein Modell menschlichen Verhaltens konstruiert wurde, sondern daß man einfach ein Programm entwickeln wollte, welches Theoreme beweisen würde. Analogien zum menschlichen Problemlösen wurden später aufgestellt.

Das LT Programm bestand im wesentlichen daraus, daß die Axiome der *Principia Mathematica* zusammen mit allen zur Beweisermittlung notwendigen Prozessen im Computer gespeichert wurden. Dann wurden dem LT die ersten 52 Theoreme des Texts dargeboten. Es gelang ihm, 38 der Theoreme zu beweisen, fast die Hälfte davon in weniger als einer Minute. Längere Beweise nahmen mehr Zeit in Anspruch. Variationen des anfänglichen Experiments boten die Theoreme isoliert dar, so daß vorhergegangene Beweise nicht bei der Lösung späterer Probleme eingesetzt werden konnten. Das Resultat war, daß der LT oft aufgeben mußte, bevor er eine Lösung gefunden hatte.

Daß das Verhalten des „Logic Theorist" dem der Menschen gleicht, wird durch mehrere Beobachtungen unterstützt. Newell, Shaw und Simon (1958) weisen darauf hin, daß LT tatsächlich Probleme löst wie es menschliche Subjekte manchmal tun. Sie fanden ebenfalls heraus, daß die Wahrscheinlichkeit, eine richtige Lösung zu finden, sehr stark eine Funktion der Reihenfolge der Informationsdarbietung zu sein schien, so wie man es auch für Menschen annimmt.

Andere Ähnlichkeiten zwischen dem Logic Theorist und menschlichem Problemlösen werden unter vier Überschriften subsumiert:

Set
In der gleichen Weise, wie menschliches Lernen und Problemlösen durch Sets (siehe z.B. die Kapitel über Hebb und Bruner) beeinflußt wird, so reagiert der LT auf Instruktionen. Diese Instruktionen sind für gewöhnlich technisch und geben an, in welcher Reihenfolge verschiedene Operationen durchgeführt werden sollen.

Einsicht
Die Autoren definieren Einsicht in die Lösung eines Problems eher als den Prozeß des Erfassens seiner „Struktur" und weniger als einen Versuch-und-Irrtum-Prozeß. Ihrer Auffassung nach ist das Verhalten des Logic Theorist nicht blinder Versuch, sondern die Alternativen werden in vernünftiger Reihenfolge durchprobiert; das Verwerfen einer möglichen Lösung determiniert den nächsten Prozeß.

Mit anderen Worten, man gelangt zu dem Beweis nicht mit den „rohen Kräften" eines highspeed computers, der unzählige Ansätze durchprobiert, bis der richtige gefunden ist; stattdessen basiert der Prozeß auf der *logischen* Eliminierung und Selektion von Alternativen.

Konzepte
Konzepte sind in das Verhalten des LT insofern einbezogen, als alle Theoreme oder Axiome, die etwas Bedeutsames gemeinsam haben, als Konzepte angesehen werden können.

Hierarchien und Prozesse
Die Autoren argumentieren, daß, in der gleichen Weise, wie der LT Gebrauch von Operationsabfolgen macht, indem er Probleme und Subprobleme hervorbringt und sie protokolliert, auch der Mensch seinen Problemlösungsansatz in einer annähernd hierarchischen Weise organisiert.

Zusammenfassend kann zu dieser Theorie gesagt werden, daß Newell, Shaw und Simon versucht haben, menschliches Problemlösungsverhalten zu simulieren, indem sie einen Computer so programmierten, daß dieser im Verlauf des Problemlösens die notwendigen Informationen für die Lösungen anderer Probleme erwerben konnte. Ihre Beschreibung des menschlichen Problemlösungsverhaltens ist in dem Programm selbst impliziert. Es liegt nicht unmittelbar auf der Hand, daß das Modell neue Information über menschliches Verhalten liefert. Es scheint stattdessen etwas wahrscheinlicher, daß dieser allgemeine Ansatz zu einer Klärung der existierenden Information führen kann. Zumindest zwei Probleme bleiben ungelöst. Das erste Problem – welche Art von Modell angewendet werden soll (deterministisch oder stochastisch) – wurde bereits besprochen. Das zweite Problem ergibt sich aus der einfachen Beobachtung, daß das Computer-Gedächtnis und das menschliche Gedächtnis Unterschiede aufweisen. Computer erinnern sich *immer*, wenn sie relevante Information gespeichert haben und so programmiert sind, daß sie zu dieser Information Zutritt haben. Sie erinnern sich nicht nur, sie erinnern sich sogar genau – ohne die Verzerrungen, denen unser Gedächtnis oft unterliegt. Ferner ist ihre Anwendung von Regeln und Vorgehensweisen viel logischer, wenngleich auch viel starrer.

Ein zweites Modell, das einen kybernetischen Ansatz veranschaulicht, ergibt sich aus der sog. TOTE-Theorie von Miller, Galanter und Pribram (1960), die im folgenden Abschnitt besprochen wird.

TOTE

Gestern abend beobachtete ich einen Mann, der in seinen Zähnen herumstocherte. Es war ein runder, knolliger, fettsüchtiger Mensch mit riesigen Wangen, die unvorhersehbar schwabbelten, während er sprach und schmatzend seine Nahrung kaute. Sein großer roter Bart war von der Milch und dem Fleisch anderer Mahlzeiten leicht gestreift; ansonsten machte der Mann den Eindruck, als ob er seine Person sehr pflegte, wie seine kleinen, gut manikürten Nägel bescheinigten. Nach seinem Essen gestern abend griff er schwer atmend in seine Tasche und zog sein größtes Prunkstück, einen goldenen Zahnstocher in einem kleinen Etui, heraus. Nach den vielen Dellen und Narben, die dieses trug, zu urteilen, waren wahrscheinlich sein Vater und vielleicht dessen Vater davor schon im Besitz dieses Instruments. Der Mann nahm den Zahnstocher zart zwischen Daumen und Zeigefinger seiner rechten Hand und öffnete seinen Mund, wobei er oben eine Reihe vorzüglicher, goldüberzogener Zähne entblößte; die untere Zahnreihe blieb hinter dem schweren Besatz seines Bartes versteckt. Bei offenem Mund strich er zart mit seiner Zunge über die Zähne und legte bei diesem Prozeß ein ansehliches Stück Puter frei, welches sich neben seinem linken Schneidezahn fest eingenistet hatte. Unbeirrt führte er den Zahnstocher in Richtung auf das ihn störende Fleisch und schnellte den Zahnstocher rasch und entschieden dagegen. Dann strich er mit der Zunge wieder über die Zähne, und wieder stieß er auf das störrische Puterstück. Noch einmal zielte der Mann mit dem goldenen Zahnstocher und wieder schwächte er den schon unsicheren Halt des Fleisches zwischen den Zähnen. Er versicherte sich dieser Tatsache noch ein weiteres Mal mit seiner Zunge, ging sofort zu einem weiteren Angriff auf das zarte

Fleisch über und war dieses Mal erfolgreich. Hörbar schnaufend legte er den Zahnstocher in sein Etui zurück und steckte dieses in die Tasche. „Nun" dachte ich mir, „das ist ein wundervolles Beispiel für eine TOTE-Sequenz".

Bei Miller, Galanter und Pribram (1960) ist die TOTE-Einheit ein Basis-Konzept bei der Betrachtung menschlichen Verhaltens. Sie ist auch die Grundeinheit in jedem Feedback-System, da sie alle Elemente eines solchen Systems enthält. Die Buchstaben stehen für den Ausdruck TEST-OPERATE-TEST-EXIT. Der Ausdruck bezeichnet die Funktionsabfolge bei einer selbstgesteuerten Maschine. Als erstes wird das Verhalten durch einen *Test* in Gang gesetzt, der darüber aufklären soll, ob die Umweltbedingungen dem Teststandard entsprechen. Bei der oben beschriebenen Heizung könnte der Eingangstest ergeben, daß die Temperatur unter der Indikatoreinstellung liegt. Der nächste Schritt ist die *Operation;* sie ist die Aktivität, welche die Umweltbedingungen bis zu dem Punkt modifiziert, an dem das Feedback negativ wird. Die Heizung springt an. Der Operation folgt ein weiterer Test, z. B. prüft der Thermostat wieder, ob die Temperatur das eingestellte Niveau erreicht hat, nachdem die Heizung in Gang gesetzt wurde. Die *Exit*-Phase ist die Beendung einer Operation, nachdem negatives Feedback eingetreten ist. Natürlich kann es eine Reihe von Tests geben, auf die jeweils Operationen erfolgen, bevor das Feedback negativ wird. Mit anderen Worten ist das Verhalten nur auf dem allereinfachsten Niveau von der Art TOTE. Weit öfters ist es von der Art TOTOTO...TOTE; so kann man einen Heizungsthermostat als einen ständigen Temperaturfühler (und -tester) auffassen. Damit umfaßt das Modell theoretisch eine unendliche Anzahl sich überschneidender Tests und Operationen.

Das Verhalten des seine Zähne säubernden fetten Mannes ist nur eines von vielen möglichen Beispielen für TOTE-Einheiten im menschlichen Verhalten. Die Operation bestand in der Benutzung des Zahnstochers, der Test wurde mit Hilfe der sensiblen Zunge vollzogen, und Exit kam erst, nachdem 3 Test-Operate-Folgen stattgefunden hatten. Eine TOTE-Einheit ist in Abb. 10.2. dargestellt. Nach Miller u.a. unterstützt die TOTE-Einheit ausdrücklich die Annahme, daß menschliches Verhalten durch Feedback gelenkt wird. Gleichzeitig liefert sie einen Bezugsrahmen, innerhalb dessen einige Vorstellungen über die Natur von Operationen

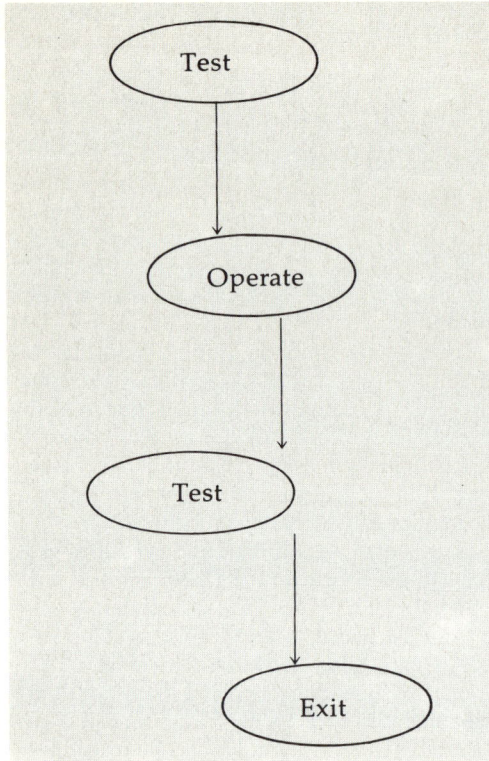

Abb. 10.2. Eine TOTE-Einheit

und Tests gewonnen werden können. Zwei Begriffe bilden die wesentliche Grundlage dieser Erkenntnisse: *Pläne* und *Vorstellungen* (images).*

Pläne

Die Autoren beginnen mit der Annahme, daß Verhalten nicht aus Abfolgen von konditionierten Reaktionen besteht und daß der Reflex nicht die Grundeinheit des Verhaltens darstellt. Ganz im Gegenteil: Sie meinen, der Reflex als ungelernter Reaktionsbogen sei ein stark überbewertetes, ehemals brauchbares Konzept und mehr Mythos als Realität. An die Stelle des Reflexes haben sie die Rückkopplungsschleife gesetzt und haben Verhalten, eine grundlegende Komponente dieser Schleife, mit dem Begriff *Operation* verknüpft; der Begriff Operation ist

<hr />

* Engl. image wird im Deutschen allgemein als „Vorstellung" bezeichnet, meint jedoch im wesentlichen das Resultat der Vorstellung, d. h. ein *Vorstellungsbild.*

wiederum mit dem Konzept der *Pläne* verknüpft. Auf dem einfachsten Niveau ist ein Plan ein Abbild der Aktivität. Es kann ein Angriffsplan oder eine Strategie sein, im gleichen Sinne wie ein Computerprogramm eine Strategie ist.

Genauer gesagt ist ein Plan „ein hierarchischer Prozeß im Organismus, der die Reihenfolge, in der eine Sequenz von Operationen abläuft, kontrollieren kann." (Miller et al., 1960, S. 16). Auf dem höchsten Niveau sind die Pläne für menschliches Verhalten *molar;* d. h., sie steuern große Verhaltenssegmente, ohne a priori zu spezifizieren, an welcher Stelle jede spezifische Operation innerhalb der Aktivitätssequenz stehen wird. Gleichzeitig schließen die Pläne jedoch auch Sequenzen auf einem mehr *molekularen* Niveau ein. In diesem Sinn sind die Pläne hierarchisch aufgebaut. Die molaren Verhaltenseinheiten entsprechen den *Strategien,* die molekularen Aspekte den *Taktiken.* Eine Entscheidung, einen Bericht zu schreiben, ist ein Beispiel für einen Plan. Sie spezifiziert ganz allgemein, daß meine Aktivität in Zukunft u. a. darin besteht, einen Bericht zu schreiben. Das ist der molare Aspekt des Plans. Werden die Operationen in die Tat umgesetzt, treten genauere Taktiken auf den Plan. Die Entscheidungen, einen Bericht in Kapiteln zu schreiben, einen blauen Kugelschreiber mit blauer Mine zu benutzen, auf blauem Papier zu schreiben und ihn von einer blaugekleideten Sekretärin tippen zu lassen, sind molekulare Aspekte des gleichen Plans. Kurz, ein Plan ist ein Verhaltensmuster – ein Muster, das insofern hierarchisch ist, als es mehr oder weniger spezifizierte Verhaltensweisen umfaßt. Ein Plan wird ausgeführt, wenn er das Verhalten steuert.

Nach Meinung der Autoren beziehen sich Pläne nicht nur auf *offenes* Verhalten (overt behavior); es gibt Pläne für das Sammeln oder Speichern von Informationen, für das Problemlösen, für das Treffen von Entscheidungen, für die Transformation von Information sowie auch für offenes Verhalten.

Vorstellung

Das zweite zentrale Konzept innerhalb der theoretischen Position von Miller, Galanter und Pribram (1960) ist die *Vorstellung,* die die Autoren als „das gesamte organisierte Wissen, das der Organismus über sich und seine Welt hat" (S. 17) definieren. Dieses Konzept ist nicht wesentlich verschieden von Kurt Lewins Begriff des Lebensraums (s. Kap. 7).

Wenn man eine Analogie zwischen der Funktionsweise eines Computers und menschlichem Verhalten aufstellt, kann die Vorstellung als analog zum voll programmierten Computer gesehen werden. Sie entspricht dem Wissensspeicher des Computers sowie den ihm möglichen Operationen. Im gleichen Sinn umfaßt die Vorstellung die gesamte Information, die ein Individuum besitzt sowie alle Alternativen für dessen Aktivität. Vorstellungen enthalten ganz einfach Pläne.

Die Bedeutung von Vorstellungen und Plänen für Verhalten

Die von Miller et al. vorgestellte Betrachtung menschlichen Verhaltens hat weniger mit der Beziehung zwischen Vorstellungen und Plänen zu tun, als es beim Lesen einiger Teile ihres Buches den Anschein hat. In Wirklichkeit ist das TOTE-Modell eine Beschreibung eines Plans-in-der-Handlung-*ohne*-Vorstellung. Der Plan umfaßt sowohl die Organisation von Verhaltenssequenzen als auch die Teststandards.* Die Rolle der Vorstellung ist relativ untergeordnet, ausgenommen bei Entscheidungen über Pläne bzw. deren Modifizierungen.

Die Beiträge dieses Modells zu einer Verhaltenserklärung sind in Abb. 10.3 zusammengefaßt. Danach setzt sich das Verhalten aus TOTE-Einheiten zusammen, wobei an jedem Testpunkt die Möglichkeit für einen Exit, falls das Feedback negativ ist, oder aber für die Wiederholung der gleichen Operation bzw. für die Ausführung einer neuen Operation gegeben ist.

Die Bewertung von Plänen und die Struktur des Verhaltens

Obwohl das hier beschriebene Modell ein relativ klares und interessantes Beispiel für einen kybernetischen Ansatz darstellt, ist nicht unmittelbar ersichtlich geworden, welchen Wert es für das menschliche Verständnis für Lernprozesse und Verhalten hat. Dies ist wahr-

---

* Vorstellungen (bzw. Vorstellungsbilder, s. o.) enthalten ebenfalls Tests, die wiederum als Informationsquelle für die Erstellung von Plänen dienen.

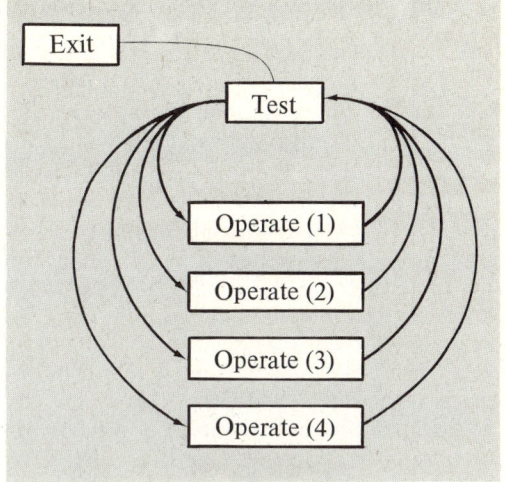

Abb. 10.3. Feedback-Schleife

scheinlich – zumindest teilweise – auf einige Verwirrung zurückzuführen:

1. Die Beziehung zwischen Vorstellungen und Plänen ist überhaupt nicht klar. Vorstellungen enthalten Pläne, da die Gesamtheit des Wissens eines Individuums dessen Bewußtsein, aus diesem Wissen heraus handeln zu können, einschließen muß. Gleichzeitig basieren jedoch Pläne auf Wissen und können auf der Grundlage des Wissens modifiziert werden. Hinzu kommt, daß die Vorschriften für die Testvorgänge, die ein integrierter Teil der Pläne sind, sich auch auf Wissen und auf Werte stützen, von denen wiederum angenommen wird, daß sie ein Teil der Vorstellung sind. Die klarste Unterscheidung wird möglich, wenn festgelegt wird, daß Pläne Verhalten direkt steuern, während Vorstellungen dies indirekt über Pläne tun.

2. Einiges an weiterer Verwirrung wird verursacht durch die Beschreibung von Werten als Bestandteil der Vorstellung, während Absichten „sich auf die unvollendeten Teile eines Plans beziehen, dessen Ausführung schon begonnen hat" (S. 61).

Die künstliche Trennung von Werten und Absichten stellt ein Problem für das Verständnis der Beziehung zwischen beiden dar. Sind Pläne durch Werte determiniert? Ganz oder nur zum Teil? Sind Pläne erst dann Absichten, nachdem ihre Ausführung begonnen hat oder auch schon vorher? Verursachen demnach Werte das Entstehen von Absichten?

3. Eine dritte Schwierigkeit entsteht durch den

Gebrauch des Plurals von Vorstellung, ohne eine ausreichende Definition von Vorstellung zu geben, die es den Lesenden möglich macht zu erkennen, in welcher Weise Vorstellungen differenziert werden können. Wenn Vorstellungen die gesamte Information eines Individuums enthalten, sind sie dann aufgrund von Unterschieden zwischen Informationseinheiten voneinander zu trennen? Wenn dem so ist, in welcher Weise unterscheiden sie sich dann von Konzepten?

4. Ein viertes Problem ergibt sich aus der Darstellung des Ursprungs der Pläne. Miller et al. (1960) nehmen an, daß Pläne aus der Modifikation alter Pläne resultieren, ferner aus Gewohnheiten, die größtenteils über Instruktion oder Imitation gelernt wurden, oder aber durch Instinkte entstehen. Die Autoren benennen oder beschreiben jedoch nicht einen einzigen Instinkt; sie machen nur einige gefällige Bemerkungen über das Werk von Ethologen wie Lorenz und Tinbergen, die an Tieren gearbeitet haben.

5. Schließlich bleibt es ungewiß, ob das Modell den von den Autoren ausdrücklich betonten Zweck erfüllt, nämlich die Kluft zwischen Kognition und Aktion zu überbrücken. Sicher kann ein Plan als Brücke zwischen Vorstellung (Kognition) und einer Handlungssequenz betrachtet werden. Dies ist jedoch eine extrem globale Darstellung menschlichen Verhaltens. Nach Meinung der Autoren bedeutet die Aussage, daß eine Person sich verhält, gleichzeitig, daß sie einen Plan besitzt. Umgekehrt bedeutet dann die Ausführung eines Plans das gleiche wie Verhalten. In der Tat sind Miller et al. der Auffassung, daß ein Individuum nur im Schlaf so nahe wie eben möglich an die Planlosigkeit herankommt (den Tod ausgenommen). Zu sagen, daß ein Individuum Pläne hat, besitzt jedoch keinen größeren Wert als zu sagen, daß es sich verhält, es sei denn, diese besondere Art, der Verhaltensbetrachtung führe zu neuen Hypothesen und schließlich zu neuen Entdeckungen.

Ein letzter Abschnitt

Zur Computersimulation kognitiver Prozesse gehört natürlich wesentlich mehr, als aus den vorangehenden Seiten dieses Kapitels ersichtlich ist. Dieser Abschnitt weist auf andere Dinge hin, die wir behandelt hätten, wäre dieses Buch dazu bestimmt, wesentlich dicker zu werden, als es ist. Im wesentlichen geht es hier um Computerkapazitäten.

Schach

Wir tendieren dazu, den Computer als eine Art mechanisches Wundertier hinzustellen, das mit einer Art roher kognitiver Kraft ausgestattet ist, über die wir Menschen nicht annähernd verfügen. Zum Großteil ist diese Einschätzung des Computers völlig falsch - zumindest ist sie höchst irreführend. Nehmen wir ein unkompliziertes Spiel wie Schach. Die Regeln dieses Spiels sind phantastisch klar und eindeutig. Jede Figur kann nur in der vorgeschriebenen Weise bewegt werden, und das in einem klar definierten Gebiet. Auch das Ziel des Spieles ist einfach und klar: den gegnerischen König gefangen zu nehmen. Zu jedem Zeitpunkt gibt es eine begrenzte Zahl möglicher Züge, eine endliche Zahl möglicher Gegenzüge usw. Sicherlich das Untier, für das wir den Computer halten, kann darauf programmiert werden, alle möglichen Züge, Gegenzüge, Reaktionen auf Gegenzüge usw. zu beachten und zu *speichern* - und das zusammen mit den eventuellen Implikationen, die jeder dieser Züge mit sich bringt. Mit anderen Worten, ein gut programmierter Computer könnte es im Spiel gegen einen Schachweltmeister zumindest bis zu einem Remis bringen, wenn ihn nicht sogar schlagen.

Dem ist aber nicht so. Die Gesamtzahl aller in einem Schachspiel möglichen Züge nähert sich an 10^{120} - eine so überwältigende Zahl, daß selbst der größte und am höchsten entwickelte Computer, der vorstellbar ist, nicht alle möglichen Alternativen repräsentieren könnte. Der Computer muß sich in derartigen Situationen, genau wie wir, mehr auf *Heuristiken* als auf *Algorithmen* verlassen. Ein Algorithmus ist eine Strategie zum Lösen von Problemen, bei der alle Alternativen systematisch in Betracht gezogen werden. Ein heuristischer Ansatz zum Problemlösen benutzt verschiedene Strategien, mit Hilfe derer er aus den vorhandenen Alternativen auswählt und selektiert, ohne jede einzeln in Betracht ziehen zu müssen. Ein Schachcomputer könnte z. B. von heuristischen Strategien Gebrauch machen, um „den König beschützen", „die Königin angreifen", „das Zentrum des Brettes kontrollieren" zu können.

Nun gut. Wie gut ist der Computer als Schachspieler? Das hängt natürlich vom Programmierer ab. Die besten momentan zu Verfügung stehenden Schachprogramme spielen zwar im Wettbewerb gegen Experten (laut United States Chess Federation), haben jedoch gegen einen Schachmeister noch keine Chance.

Roboter

Ein Roboter ist eine Maschine, die eine Tätigkeit ausübt, die ansonsten von einem Menschen ausgeübt werden könnte. In Fabriken gibt es Tausende von Robotern. Sie befestigen Schrauben, Muttern, führen Testfolgen durch, richten aus, schweißen, formen, streichen usw. Während diese Roboter einen enormen praktischen Wert haben, sind sie für die künstliche Intelligenz nur begrenzt von Interesse.

Für die Leute, die sich mit künstlicher Intelligenz beschäftigen, sind diejenigen Computer von größerem Interesse, deren Verhalten weniger mechanisch und stärker zielgerichtet erscheint. Der bekannteste der frühen „zielgerichteten" Roboter ist vielleicht der, der in den frühen 60er Jahren an der Johns-Hopkins-Universität entwickelt wurde. Dieser Roboter mit dem Spitznamen „Hopkins-Biest" bestand aus sorgfältig zusammengestellten Rädern, Linsen, Photozellen, Ortungsgeräten und Schaltkreisen. In seinem Heimatgebäude spazierte er – mit seinem eigenen Strom – die Gänge auf und ab, hielt sich von den Wänden auf jeder Seite gleich weit entfernt und suchte ständig nach Steckdosen. Hatte er eine davon gefunden, streckte er seine kleine „Hand" danach aus und stellte Kontakt her, indem er seinen „Stecker" in die Steckdose steckte. Dort nahm er „Nahrung" auf, ruhte sich eine Weile aus, ehe er weiterging – auf der Suche, immer auf der Suche. Das war sein Ziel.

Auch wenn das Hopkins-Biest und seine vielen Verwandten interessante Kreaturen sind, sind sie für die Forschung in der künstlichen Intelligenz doch nur von begrenztem Wert. Die Simulation kognitiver Prozesse in der besten Roboterkreation wäre viel wertvoller.

Der beste Roboter wäre natürlich ein Android – ein menschenähnlicher Roboter, der fähig wäre, die meisten Funktionen auszuüben, die wir normalerweise nur Menschen zusprechen, der dennoch vielleicht nicht zu emotionalen Reaktionen fähig wäre. Wenn die DNS-Forschung zur Schaffung einer lebenden Zelle und zu deren zufälliger Synthese zu einem funktionalen Komplex dieser Zellen führt, könnte der optimale Roboter das Ergebnis sein. Es ist wahrscheinlich, daß diese konstruierte biologische Kreatur über 6 Millionen Dollar kosten würde.

Andere kognitive Prozesse

Versuche, menschliche kognitive Prozesse zu simulieren, blieben nicht beschränkt auf Analogien zwischen Computerprogrammen und menschlichen Funktionsabläufen oder auf Versuche, Computer mit Problemlösefähigkeiten zu entwickeln, die denen der Menschen ähneln. Zusätzlich versuchen Wissenschaftler Gedächtnis, Sprache und Wahrnehmungsfunktionen mit Computern zu simulieren. In jedem dieser Gebiete bestand einer der wichtigsten Beiträge dieser versuchten Computersimulationen darin, aufzuzeigen, wie unglaublich komplex und hochentwickelt unsere eigene „Ausstattung" wirklich ist. So ist es z. B. extrem schwierig, einen Computer so zu programmieren, daß er eine Seite gedrucktes Material so wahrnimmt, daß er es lesen kann wie wir. Die meisten von uns können einen Buchstaben oder ein Wort lesen, unabhängig davon, wer es schrieb.

Automatisch machen wir Zugeständnisse in Bezug auf Buchstabengröße, Raum, Form usw. Im Gegensatz dazu kann ein Computer ein Muster erkennen und richtig identifizieren, wenn der Input ein perfektes Abbild dessen ist, was er gespeichert hat, oder wenn er extra darauf programmiert wurde, eine bestimmte Variationsbreite an Formen, Größen und Stellungen zu akzeptieren. Im letzten Fall wird er häufig Buchstaben, die sich zu sehr ähneln, falsch identifizieren (Raphael, 1976).

So wie unsere Wahrnehmungsfähigkeiten im allgemeinen die des Computers bei weitem übersteigen, tut das auch unser Gedächtnis. Ein Vergleich: Die Suche des Computers nach Items im Speicher ist beschwerlich und erfordert immer eine Art von System oder Suchprogramm, das eine spezielle „Addressierung" des zu suchenden Items enthält. Unser Zugriff auf sehr viele Items erscheint dagegen fast automatisch, obwohl alle unsere Informationen so miteinander gekoppelt sind, daß wir nicht danach suchen müssen wie ein Computer. Anders gesagt: Unser Gedächtnis scheint mehr durch zusammenhängende Inhalte als durch Lokalisie-

rung systematisiert zu sein; Computer-Ge-
dächtnisse dagegen werden meistens nach
Standort systematisiert (nicht nach Inhalten)
und erfordern eine systematische Suche (Fahlman, 1979). Zugegebenermaßen ist das Gedächtnis des Computers Interferenzen und
Modifizierungen jedoch nicht in dem Ausmaß
unterworfen wie offensichtlich das menschliche Gedächtnis.

Auch den Versuchen, Sprachprozesse mit dem
Computer zu simulieren, stehen einige Schwierigkeiten entgegen. Die Fähigkeit, Stimmen zu
erkennen, ist bei den meisten Computern sehr
gering. Um mit einem Computer eine Unterhaltung zu führen, ist es daher häufig nötig, einen Teil der Unterhaltung mit der Schreibma-
schine zu schreiben. Die typische Reaktion des
Computers ist, daß er seinen Teil der Unterhaltung ebenfalls tippt und sie ausdruckt oder auf
einem Monitor zeigt. Die jüngsten Fortschritte
auf diesem Gebiet sind jedoch phänomenal. Es
könnte sein, daß wir uns schon bald zu Hause
mit dem Computer unterhalten, ihn vielleicht
als Psychiater, Arzt oder einfach als Freund benutzen.

Ein letzter Kommentar

Es gibt zumindest zwei Möglichkeiten, wie Versuche, künstliche Intelligenz zu entwickeln,
Wesentliches zum Verständnis menschlicher,
kognitiver Prozesse beitragen könnten. Zum einen ist es möglich, daß Maschinen, Modelle
und Programme, die dabei entstehen, selbst Informationen ans Licht bringen, die wir bisher
nicht hatten. Mit anderen Worten: Ebenso, wie
es denkbar ist, daß ein schlauerer Computer
ein Theorem beweisen könnte, das bisher unbekannt ist, könnte er auch einiges über
menschliche kognitive Funktionen enthüllen,
die bisher unbekannt waren.

Zweitens stellen die Versuche, menschliche
Prozesse mit Maschinen zu simulieren, einen
enorm wichtigen Test dessen dar, was wir über
diese Prozesse zu wissen glauben.

Es wird nicht nur von den Programmierern ge-
fordert, zu vereinfachen und bis ins letzte Detail zu spezifizieren – wann immer das Programm nicht so simuliert, wie wir uns das
vorstellen, lernen wir vielleicht etwas darüber,
was es heißt, Mensch zu sein. Oder was es
heißt, Maschine zu sein.

Zusammenfassung: Kapitel 10

Dieses Kapitel stellte eine Einführung in die
künstliche Intelligenz und die Kybernetik dar.
Es wurde die Frage gestellt, wie und warum
Computer schlauer gemacht werden könnten,
und gezeigt, wie die Anwendung von Maschi-
nenmodellen als Analogie zu menschlichen
Funktionsweisen aussieht. Außerdem wurden
zwei Modelle menschlicher Funktionsweise
dargestellt, die größtenteils auf Computermo-
dellen basieren (das von Newell, Shaw und Simon und das von Miller, Galanter und Pribram).

1. Künstliche Intelligenz ist ein Zweig der
Computerwissenschaft, der versucht, schlauere
Computer herzustellen. Dies erfordert im allgemeinen, Computer in ihren kognitiven Funktionsweisen menschenähnlicher zu gestalten.

2. Zwei Mythen charakterisieren unsere Reaktion auf Computer: daß sie nur rechnende Maschinen seien und daß sie nur Sklaven ihrer
Programmierer sind. Das stimmt nicht.

3. Die Frage, ob *Maschinen denken* können
oder nicht, kann nicht leicht beantwortet werden. Auch ist nicht klar, ob sie dazu fähig sein
müssen, um menschliche Aktivität simulieren
zu können.

4. Unter Hardware versteht man die physikalischen Komponenten eines Computers, unter
Software die Programme. Zwischen der Hardware des Computers und den Menschen lassen
sich nur schwer Analogien finden; dagegen
sind Analogien zwischen den menschlichen,
kognitiven Funktionsweisen und einigen Computerprogrammen manchmal relevanter.

5. Verhalten kann aus *Input, Verarbeitung und
Output* bestehend gedacht werden. Bei einer
selbstgesteuerten Maschine beeinflußt der Input (der durch den Output modifiziert wird)
die Verarbeitung. Die Wahrnehmung von Um-
weltveränderungen steuert das Verhalten des
Menschen.

6. *Positives Feedback* hält Verhaltensvorgänge
aufrecht, während *negatives Feedback* anzeigt,
daß die Operationen (Handlungen) im weiteren Verlauf geändert werden oder aufhören
sollten.

7. Newell, Shaw und Simon haben ein Programm (Logic Theorist, LT) entwickelt, das in
der Lage ist, Beweise für Theoreme in symbolischer Logik *selbst zu entdecken*. Seine Funktionsweise simuliert einige Aspekte menschlichen Problemlösungsverhaltens.

8. Miller, Galanter und Pribram haben ebenfalls ein kybernetisches Modell entwickelt. Es beschreibt Verhalten in TOTE-Einheiten. Eine TOTE-Einheit ist im wesentlichen eine operationale Rückkopplungsschleife in einer selbstgesteuerten Maschine.

9. *Pläne* (Abbilder der Handlung) und *Vorstellungen* (organisierte Gesamtheit des Wissens) sind zentrale Konzepte in der von Miller et al. vorgebrachten Position. Die Begriffe stellen relativ globale Konzeptualisierungen des Verhaltens dar und zeigen deshalb einigen Mangel an Deutlichkeit.

10. Computerprogramme, die zur Simulation menschlicher, kognitiver Prozesse verwendet werden, arbeiten typischerweise nach heuristischen Prinzipien (sie benützen Strategien oder andere systematische Kürzungen) und nicht nach algorithmischen (d.h. „rohe Gewalt" anwenden, um alle möglichen Alternativen systematisch und erschöpfend in Betracht zu ziehen).

11. Schachcomputer können sehr gut sein (je nach dem, wie gut die Leute sind, die sie programmieren), erreichen jedoch nicht das Niveau eines Schachmeisters. Ihre Ansätze müssen heuristischer, nicht algorithmischer Art sein, da die Zahl der in einem Schachspiel möglichen Züge astronomisch groß ist.

12. Roboter sind Computermaschinen, die zur Ausübung einiger menschlichen Funktionen fähig sind. Der optimale Roboter dürfte von einer normalen Person nur schwer zu unterscheiden sein. Ihn gibt es jedoch noch immer nur in der Fiktion.

13. Versuche, menschliche Wahrnehmungsprozesse, Gedächtnisfunktionen und Sprachverhalten zu simulieren, haben die enorme Komplexität dieser Prozesse aufgezeigt. Hier wie auch in anderen Gebieten der künstlichen Intelligenz stellen Computersimulationen einen nützlichen Test dessen dar, was wir über menschliche Funktionsweisen wissen.

Das Lernen beeinflussende Faktoren

Gedächtnis und Aufmerksamkeit

Einführung

Wie wir bereits mehrmals gesehen haben, ist die kognitive Psychologie metaphorischer Art. Sie versucht die großen Komplexitäten der menschlichen kognitiven Funktionen nicht so sehr dadurch zu verstehen, daß sie die exakten Mechanismen entdeckt und Strukturen und Funktionen in den Vordergrund stellt, sondern sie erfindet sehr zwingende und nützliche Metaphern, um diese Funktionsweise zu beschreiben. Schließlich wird der Wert einer Metapher aber danach beurteilt, wie gut sie die Fakten reflektiert. Daher kommt es, daß die Suche nach Metaphern auf den Ergebnissen wissenschaftlicher Forschung fußt. Wenn wir unseren Fakten nicht trauen können, wie können wir dann unseren Metaphern trauen oder uns auf sie verlassen?

Es sollte wiederholt werden, daß die Metaphern, von denen ich auf diesen Seiten spreche, nicht die sprachlichen Stilmittel der Literatur sind. Sie sind nicht mehr als Modelle – häufig sehr einfache Modelle. Sie drücken nicht aus, daß Aufmerksamkeit „eine Schönheit mit Blumen auf der Nase" oder Gedächtnis „ein alter Elefant" sei. Nein. Die Metaphern der kognitiven Psychologie sind prosaischer Art. Sie drücken nur aus, daß sich Menschen verhalten *als ob*, und beschreiben sie das *als ob*.

Die in diesem Kapitel betrachteten Modelle sind Metaphern für Aufmerksamkeit und Gedächtnis. Sie versuchen, die Vielzahl diverser Forschungsergebnisse auf diesem Gebiet zu ordnen.

Gedächtnis und Aufmerksamkeit sind zentrale Punkte bei der Betrachtung menschlichen Lernens.

So dürfte z. B. klar sein, daß Lernen und Gedächtnis untrennbar sind. Lernen ist eine Verhaltensänderung aufgrund von Erfahrung. Gedächtnis ist der Eindruck, den eine Erfahrung hinterläßt. Anders ausgedrückt: Es gibt keinen Beweis dafür, daß Lernen stattgefunden hat, ohne daß irgend etwas im Gedächtnis passiert ist. Ebenso gilt, daß eine Veränderung im Gedächtnis Lernen impliziert. Das Gedächtnis zu untersuchen, ist damit eine Art zur Untersuchung von Lernen.

Die Rolle der Aufmerksamkeit bei der Untersuchung von Lernen ist nicht weniger wichtig. Aufmerksamkeit bezieht sich im wesentlichen auf Prozesse, die miteinschließen, daß wir nur einen Bruchteil der Reize wahrnehmen und verarbeiten, die täglich auf uns einstürmen. Das, was wir lernen und woran wir uns erinnern, ist zum Großteil eine Funktion der Aufmerksamkeit.

Aufmerksamkeit

Ein Großteil der modernen Lernforschung befaßt sich mit dem Problem der Aufmerksamkeit. So ist es nicht weiter verwunderlich, daß, wie wir später noch sehen werden, die modernen kognitiven Psychologen sich mehr mit der Untersuchung solcher Themen wie Aufmerksamkeit und Gedächtnis und infolgedessen mit der Formulierung von Theorien, die genau auf diese Phänomene angewendet werden können, befassen, als mit der Ausarbeitung von umfassenderen Theorien, mit denen sich die traditionelle Lernpsychologie von jeher befaßt hat.

Obgleich diese Wahl wenigstens z. T. darauf zurückzuführen ist, daß es bedeutend leichter ist, sich mit kleineren Aspekten des menschlichen Verhaltens als mit dem ganzen menschlichen Verhalten zu befassen, so reflektiert sie doch auch die relative Wichtigkeit der zu behandelnden Themen.

Die psychologischen Untersuchungen über die Aufmerksamkeit gehen zurück bis auf William James (1890), einen Zeitgenossen von Ebbinghaus, dem ersten Gedächtnisforscher. James' Definition der Aufmerksamkeit hat auch heute noch Gültigkeit: Die Aufmerksamkeit ist das Festhalten eines von vielen miteinander konkurrierenden Objekten oder „Gedankenzügen" (S.403) im Geiste. Einfacher gesagt: ein Organismus ist dann auf einen Vorgang aufmerksam, wenn er sich bewußt ist, daß der Vorgang stattfindet. Interessant dürfte auch sein, daß die systematische Erforschung der Aufmerksamkeit erst in den 50er Jahren dieses Jahrhunderts begann.

Forschung

In einer langen Serie von Experimenten, die folgten, waren die ersten Untersuchungen von Cherry (1953, Cherry & Taylor, 1954), die auf zwei Fragen Antwort geben sollten: Wie wählen wir die Objekte unserer Aufmerksamkeit aus, und wieviel von dem, das nicht von der Aufmerksamkeit erfaßt wird, bleibt im Gedächtnis haften? Diese Fragen gehen von der Annahme aus, daß die selektive Aufmerksamkeit eine allgegenwärtige Realität darstellt. Cherry (1953) weist wiederholt auf das sog. „Cocktail-Party-Problem" hin (Broadbent, 1952). Dieser Ausdruck bezieht sich auf die menschliche Fähigkeit, bei einer Cocktail-Party das von einem der Anwesenden Gesprochene aus dem Sprachgewirr der anderen Leute herauszuhören.

Dabei werden andere Konversationen einfach nicht verstanden, obwohl sie laut und deutlich hörbar sind; trotzdem kann auf bestimmte auditorische Signale eine Reaktion erfolgen, obwohl diese nicht Teil der Konversation sind, weil der Betreffende diesen auf einmal seine Aufmerksamkeit zuwendet. Wird z. B. sein Name ausgesprochen, so reagiert er sofort; fällt der Name eines anderen, verhält er sich so, als habe er nichts gehört.

Bei den Untersuchungen von Cherry wurden zum erstenmal Kopfhörer benutzt, mit Hilfe derer beide Ohren des Probanden gleichzeitig mit unterschiedlichen Lauten beschallt werden konnten. Unter diesen Bedingungen ist es dem Probanden möglich, mit dem einen oder mit dem anderen Ohr zu hören, *so wie er es will*. In einem 2. Experiment versuchte Cherry die Cocktail-Party-Situation zu imitieren, indem zwei Nachrichten auf derselben Tonspur registriert und über *einen* Lautsprecher ausgegeben werden. Wenn ein und dieselbe Person beide Nachrichten spricht – womit erreicht wird, daß zusätzliche Hinweise wie Tonfall, Akzent, Gesichtsausdruck, Richtung des Sprechers, oder Lippenbewegungen wegfallen – dann wird es für den Probanden sehr schwierig, beide Nachrichten voneinander zu unterscheiden. Die Ergebnisse solcher Untersuchungen weisen darauf hin, daß der Aufmerksamkeitsprozeß auch durch die syntaktische Struktur und die damit verbundenen Erwartungen des Zuhörers beeinflußt wird.

Die erste Art von Untersuchungen, bei denen der Proband auf jedem Ohr verschiedene Nachrichten empfängt, ergab eine Reihe interessanter Ergebnisse. Um herauszufinden, welche Wirkung das Material hat, dem keine Aufmerksamkeit geschenkt wird, werden die Probanden angewiesen, alles, was sie auf der einen Seite hören, so schnell wie möglich wiederzugeben. Diese Übung bezeichnet man als „shadowing" (überschatten). Überraschenderweise ist dies eine sehr leichte Aufgabe (selbst für Menschen). Mittels dieser Methode entdeckte Broadbent (1952), daß die Probanden sich nicht daran erinnern, was in dem anderen Ohr passiert. Sogar wenn die Sprache von Englisch auf Deutsch wechselt, bemerkte der Proband dies nicht.

Moray (1959) stellte fest, daß, selbst wenn dasselbe Wort 35mal hintereinander dargeboten wurde, der Proband sich nicht daran erinnern konnte, es gehört zu haben. Wurde jedoch der *Name* des Probanden benutzt, so genügte gewöhnlich eine Darbietung, um die Aufmerksamkeit von dem einen auf das andere Ohr zu lenken.

Die Ergebnisse dieser letzten Studie weisen darauf hin, daß es wahrscheinlich ein Kurzzeitgedächtnis für bestimmte sensorische Vorgänge gibt, selbst wenn diesen keine Aufmerksamkeit geschenkt wird. Neisser (1967) bezeichnet diese Art von Erinnerung als *Echo-Gedächtnis*. Eine allgemeine Bezeichnung dafür ist sensorisches Gedächtnis. Auch empirische Untersuchungen weisen auf die Existenz eines solchen Gedächtnisses hin (so z. B. Pollack, 1959; Eriksen und Johnson, 1964). Eriksen und Johnson versuchten, die Zeit zu messen, über die hinweg unbeachtete Signale behalten werden, indem sie, während ihre Probanden eine Leseübung durchführten, ein Signal ertönen ließen und dann fragten, ob die Vpn gerade irgend etwas gehört hätten. Die Zeit zwischen Reiz und Frage war unterschiedlich lang. Es zeigte sich, daß mit länger werdender Zeit die Wahrscheinlichkeit der Erinnerung des Signals geringer wurde.

Theorie

Das von Broadbent (1958) entwickelte „Filtermodell" war einer der ersten Versuche einer theoretischen Erklärung der Aufmerksamkeit und der auf sie folgenden Erinnerung. Diese Theorie besagt ganz einfach, daß es irgendeinen Mechanismus gibt, der irrelevante Reize gänzlich *herausfiltert*.

Sie setzt voraus, daß Menschen den Zustrom (input) aufgrund seiner physikalischen Eigenschaften auswählen. Treisman schlug ein anderes Modell vor, welches beinhaltet, daß die Aufmerksamkeit sich nicht nur nach den physikalischen Attributen richtet, sondern auch eine ständige Analyse des aus allen Richtungen auf uns einströmenden Reizinputs und die Verwerfung aller irrelevanten Reize miteinschließt. Neisser (1967) bezeichnet diese Hypothese, die der von Deutsch und Deutsch (1963) entwickelten Theorie sehr ähnlich ist, als Filter-Amplituden-Theorie.

Der grundsätzliche Unterschied zwischen Broadbents *Filtertheorie* und den Modellen von Deutsch und Deutsch und Treisman ist, daß erstere die Idee sequentieller Verarbeitung vertritt, während die beiden letzteren simultane oder parallele Verarbeitung erlauben. Einfacher gesagt: Broadbents Theorie besagt, daß wir Inputreize nacheinander analysieren, aber keinen zweiten Reiz analysieren können, ehe der erste analysiert ist, und dann einen davon auswählen können.

Welches Modell ist richtig? Nach Kahneman (1973) sind beide falsch. Gelegentlich sind wir in der Lage, unsere Aufmerksamkeit unter einer Anzahl konkurrierender Inputreize aufzuteilen, eine Beobachtung, die Broadbents Modell widerspricht. Andererseits gibt es Hinweise dafür, daß die Verarbeitung von der Selektion konkurrierender Reize beeinflußt wird (d. h. daß die Phänomene, denen Aufmerksamkeit gewidmet wird, vor der Verarbeitung feststehen), eine Beobachtung, die den Modellen von Deutsch und Deutsch und Treisman widerspricht.

Weshalb erwähnen wir dann überhaupt diese etwas schwierigen und offensichtlich nicht angemessenen Metaphern? Weil, mit Kahnemans Worten, „die Filtertheorie eine nützliche Annäherung an das darstellt, was Leute *normalerweise* tun" (S. 121). Es sind ihre Vorhersagen über das, was Menschen *nicht* können, die nicht ganz belegt werden konnten.

Als Ergänzung zum Filtermodell schlägt Kahneman ein *Kapazitäts-* oder *Anstrengungsmodell* vor. Nach diesem Modell soll die Aufmerksamkeitsspanne (die Menge an Informationen, die zu einem Zeitpunkt beachtet werden kann) und das Ausmaß, in dem es möglich ist, mehr als einen Inputreiz gleichzeitig zu beachten, eine Funktion der erforderlichen Anstrengung sein. Genauer gesagt: Sehr verschiedene Inputreize können leichter simultan beachtet werden, vermutlich weil dies weniger Anstrengung erfordert, als wenn die Aufgabe die Beachtung zweier sich sehr ähnlicher Inputreize beinhaltet. Ebenso sinkt die Aufmerksamkeitskapazität, wenn die Vpn unter Zeitdruck stehen. Allgemein gesagt: Je größer die für Aufmerksamkeit erforderliche Anstrengung ist, um so schwieriger ist es, aufmerksam zu sein. Die Kapazität nimmt mit der Anstrengung ab, daher die Bezeichnungen *Kapazitätstheorie* oder *Anstrengungstheorie*. Die Kapazitätstheorie erklärt, warum meine Gedanken oft abwandern, wenn ich schwierige Texte lese (weil beim Steigen der nötigen Anstrengung die Aufmerksamkeitskapazität sinkt). Filtertheorien können dieses Phänomen nicht so leicht erklären.

Zusammengefaßt können wir sagen, daß die menschliche Aufmerksamkeit folgendermaßen charakterisierbar ist: Wir verarbeiten nur einen kleinen Teil all der Reize, die zu einem bestimmten Zeitpunkt auf uns einstürmen. Ein Großteil der nicht beachteten Reize scheint *herausgefiltert* zu werden. Das bedeutet, daß diese Reize entweder überhaupt nicht verarbeitet werden oder, wenn sie gelegentlich doch verarbeitet werden, als irrelevant abgelegt werden. Häufig findet die Verarbeitung sequentiell, manchmal aber auch parallel statt. Anscheinend wird die Aufmerksamkeitskapazität geringer, wenn eine größere Anstrengung zur Verarbeitung nötig ist, was sich besonders in der Fähigkeit zeigt, die Aufmerksamkeit auf zwei verschiedene Kanäle zu verteilen.

Aufmerksamkeit und Gedächtnis

In diesem Kapitel wurde bereits darauf hingewiesen, daß Aufmerksamkeit und Gedächtnis logisch miteinander in Beziehung stehen, weil das eine für das andere nötig ist. Per definitionem gibt es im Gedächtnis nichts (außer es ist genetischer Art), was nicht gelernt wurde, und etwas zu lernen bedeutet, ihm Aufmerksamkeit zu schenken. Aber Aufmerksamkeit und Gedächtnis stehen auch noch anderweitig in enger Beziehung. Die eben als Metaphern zur Verarbeitung vorgestellten Modelle überlappen einander auf signifikante Art und Weise. Laut Wickelgren (1981) ist die Aufmerksamkeitsspanne gleichbedeutend mit dem (aktiven) Kurzzeitgedächtnis. Anders ausgedrückt: Das, was wir für einige Sekunden im Gedächtnis behalten können, ist dasselbe wie diejenigen Din-

ge, denen wir für diese Zeit unsere Aufmerksamkeit widmen können. Dies wird in den folgenden Abschnitten genauer behandelt.

Das menschliche Gedächtnis

Im Scherz hört man manchmal, daß es eigentlich nur 2 Arten von Gedächtnis gibt: ein gutes und ein schlechtes, und daß die meisten Leute das letztere haben. Wenn vom „guten" Gedächtnis die Rede ist, denken wir oft an professionelle Unterhalter, die es fertigbringen, die ihnen aus dem Publikum zugerufenen Namen Dutzender von Gegenständen ohne Fehler im Gedächtnis zu behalten.

Manchmal denkt man auch an den sogenannten *idiot savant,* einen geistesbehinderten Menschen, der ein sehr außergewöhnliches, aber nur ganz spezifisches Talent besitzt. Eine solche Person bringt es z.B. fertig, beim Vorbeifahren eines Güterzuges sämtliche Seriennummern der Waggons im Gedächtnis zu behalten.

Ein anderes Beispiel für ein außergewöhnliches Gedächtnis beschreibt A.R.Luria (1968) in seinem Buch „The Mind of a Mnemomist". Er berichtet im klinischen Detail über das phänomenale Gedächtnis eines sonst gewöhnlichen Mannes, der zwar als Musiker und Schriftsteller nicht sehr erfolgreich war, aber außergewöhnliche Gedächtnisfähigkeiten entwickelte. Innerhalb von 35–40 Sekunden konnte dieser Mann eine Tafel mit 20 verschiedenen Zahlen lernen und behalten. Mit etwas mehr Zeit brachte er es sogar auf 50 Zahlen. Das Außergewöhnliche ist nicht, daß er diese Zahlen so schnell lernen konnte, sondern, daß er sie später jederzeit *fehlerfrei* wiedergeben konnte.

Unser Gedächtnis ist im Alltag weitaus weniger beeindruckend. Die Eigenart des menschlichen Gedächtnisses wird gewöhnlich recht gut durch sog. Gedächtniskurven dargestellt, die seit der Pionierarbeit von Ebbinghaus (1885) in der Literatur im Zusammenhang mit Gedächtnis-Experimenten erscheinen. Eine schematische Zusammenfassung dieser Kurven finden Sie in Abb. 11.1. Die vielleicht wichtigste aus dieser Kurve ersichtliche Information ist, daß wir den Großteil dessen, was wir gelernt haben, fast sofort wieder vergessen. An dieser Stelle sei jedoch darauf hingewiesen, daß bestimmte In-

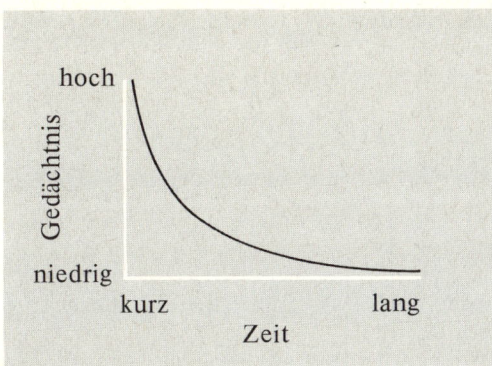

Abb. 11.1. Gedächtniskurve

formationen über lange Zeitperioden hinweg behalten werden. Diese Tatsache führt zur Entstehung zweier allgemeiner Forschungsgebiete: *Kurzzeitgedächtnis* und *Langzeitgedächtnis*. Bevor wir jedoch die Ergebnisse dieser beiden Richtungen zusammenfassen, müssen eine Reihe von Spezialausdrücken geklärt werden.

Einige Definitionen

Gedächtnis

Der Ausdruck *Gedächtnis* bedeutet normalerweise die Erreichbarkeit von Information. Gedächtnis setzt einen Lernprozeß voraus. Ebenso selbstverständlich ist, daß „Erinnern" impliziert, daß Information aus irgendeinem Speicher abgerufen werden muß. Ein ziemliches Wirrwarr entsteht dann, wenn die Gedächtnisforscher versuchen festzustellen, inwieweit das Nicht-Erinnern auf ein Nicht-Lernen, auf den Verlust der Gedächtnisspur (was immer damit gemeint sein mag) nach vorherigem Lernen, oder einfach darauf zurückzuführen ist, daß es nicht gelingt, die Information aus dem Speicher abzurufen. Diese letzte Alternative wird durch die Beobachtung unterstützt, daß Patienten sich unter Hypnose oft an Vorgänge erinnern können, die so weit zurückliegen, daß dies außerhalb des hypnotischen Zustandes unmöglich wäre.

Erinnerung

Wie hier im Text wird auch anderswo der Ausdruck *Erinnerung* oft als Synonym für *Gedächtnis* gebraucht. Es entsteht jedoch ein Durcheinander, wenn der Begriff *Vergessen* durch die beiden Ausdrücke Lernen und Erinnerung de-

finiert wird. Deese und Hulse (1967) geben die folgende Gliederung:
Anteil des Vergessens = Anteil des Gelernten − Anteil des Erinnerten.
Es ist klar, daß das von einer Person im Moment Erinnerte nicht dem Inhalt seines Gedächtnisses gleichzusetzen ist. Wenn Nicht-Erinnern auch nur teilweise durch einen mangelhaften Abrufprozeß zustandekommt, so kann der Anteil des Erlernten und im Gedächtnis Behaltenen weitaus größer sein als der Anteil des Erinnerten.

Vergessen

Während Gedächtnis und Erinnerung eng zusammengehören, wird Vergessen definiert als ein Informationsverlust nach erfolgtem Lernen eben dieser Information. Skinner z. B. versteht Vergessen als Verschwinden von Verhaltensweisen aufgrund eines zeitbedingten langsamen Zerfallsprozesses. Die Art und Weise dieses Zerfalls spezifiziert er nicht. Weder er noch andere können klar beweisen, daß Vergessen überhaupt stattfindet. Da Menschen sich durch Befragung oder Hypnose oft an Dinge erinnern können, die sie normalerweise total vergessen hätten, kann man auch mit Guthrie (1935) argumentieren, daß nichts jemals vergessen wird, sondern daß es lediglich nicht erinnert wird.

Frühe Gedächtnisforschung

Man sagt, daß eine Person sich an etwas erinnert, wenn ihr Verhalten oder ihre Reaktionen auf einen früheren Lernvorgang hinweisen. Um die Sache einfacher zu machen, befassen sich die meisten älteren Gedächtnisuntersuchungen jedoch nur mit der Fähigkeit bzw. Unfähigkeit eines Probanden, Informationen wiederzugeben, die er sich während des Lernvorganges angeeignet hat. Einer der unkontrollierten Faktoren in solchen Untersuchungen ist jedoch, inwieweit die Vp früher schon einmal Ähnliches gelernt hat. Man versucht also gewöhnlich, dem Probanden nur völlig unbekanntes Material darzubieten. Zu diesem Zweck werden oft die Unsinnsilben verwendet, die meist aus drei in ungewöhnlicher Reihenfolge angeordneten Buchstaben bestehen. Als Urheber dieser Methode gilt Ebbinghaus (1885), der über 600 solcher Silben konstruierte (z. B. lar, gur, kiv). Jahrelang saß er treu zu bestimmten Zeiten an seinem Schreibtisch, lernte Listen solcher Unsinnsilben und prüfte dann sein Gedächtnis. Die sich aus diesen Experimenten, bei denen Ebbinghaus sein eigener Versuchsleiter und einziger Proband war, ergebenden Daten führten zur ersten Gedächtniskurve (s. Abb. 11.1). Das auffallendste Merkmal dieser Kurve ist, daß der Großteil dessen, was vergessen wird, sehr schnell vergessen wird. Gleichzeitig zeigt sie jedoch, daß die über eine lange Zeitperiode (ca. 10 Tage) hinweg behaltene Information wahrscheinlich auch nach einer viel längeren Zeit (z. B. 40 Tage) nicht vergessen wird. Andere frühe Forschungsarbeiten über das Gedächtnis benutzten weiterhin Unsinnsilben in einer Vielzahl experimenteller Situationen. Manchmal wurden diese Silben mit anderen gepaart (oder bedeutungstragende Wörter wurden mit anderen gepaart). Die Vpn sollten dann lernen, welches Wort mit welchem kombiniert worden war (genannt: paar-assoziatives Lernen). Manchmal sollten sie auch Sequenzen von Reizen lernen (serial learning). In einer Vielzahl von Studien lernten die Vpn zwei verschiedene Listen von Material, von denen sie nachher die eine oder die andere wiederholen sollten. Dadurch sollte herausgefunden werden, ob bei der Wiederholung Interferenzen auftreten würden. Das war oft der Fall. Wurde früher gelerntes Material mit der Sammlung von erst kürzlich Gelerntem vermischt, wurde von *proaktiver Interferenz* gesprochen (wobei proaktiv ein Vorwärts in der

Zeit bedeutete). Wenn das Lernen neuen Materials die Abrufmöglichkeiten von früher Gelerntem zu reduzieren schien, wurde angenommen, daß *retroaktive Interferenz* stattgefunden hatte (s. Tabelle 11.1 und 11.2).

Ein Gedächtnismodell

Zusätzlich zu den Hunderten von Einzelergebnissen aus diesen zahlreichen Gedächtnisstudien stellt sich einer der wichtigsten Beiträge zu unserem heutigen Wissen als Modell des menschlichen Gedächtnisses dar. Dieses Modell, das sog. Doppelkodierungs-(dual-encoding) oder Zweiphasen- (two stage) Modell, zieht eine wichtige Trennungslinie zwischen Kurz- und Langzeitgedächtnis (Atkinson und Shiffrin, 1968; Waugh und Norman, 1965). Einige Varianten dieses Grundmodells, wie z. B. die in Abb. 11.2 gezeigte, führen eine dritte Gedächtniskomponente ein, die sich auf das sensorische Gedächtnis bezieht (auch sensorisches *Register* genannt, weil das Gedächtnis als solches hier eigentlich nicht beteiligt ist).

Auch hier muß bedacht werden, daß es sich, wie bei den meisten unserer zeitgenössischen psychologischen Modellen, um eine Metapher handelt. Als solche sagt es wahrscheinlich ebenso viel über unsere Art, das Gedächtnis zu erforschen und über es zu sprechen aus wie über das Gedächtnis selbst. Kurz gesagt, es gibt keine bestimmte „Ecke" oder eine Struktur in unseren Gehirnen, die Kurz- oder Langzeitgedächtnis darstellt. Diese Bezeichnungen repräsentieren keine physikalischen Strukturen, sie stellen lediglich Abstraktionen dar. Als nächstes betrachten wir die wichtigsten Charakteristika dieser Abstraktionen.

Tabelle 11.1. Retroaktive Interferenz

	Experimentelle Gruppe (A)	Kontroll- Gruppe (B)
Zeitfolge	I. X lernen	
	2. Y lernen	X lernen
	3. X abrufen	X abrufen

Beachte: Der in Relation zu Gruppe B niedrigere Wert für Gruppe A zeigt das Ausmaß, in dem zwischen X und Y Interferenz stattfindet. (Y beeinflußt X.)

Tabelle 11.2. Proaktive Interferenz

	Experimentelle Gruppe (A)	Kontroll- Gruppe (B)
Zeitfolge	1. X lernen	
	2. Y lernen	Y lernen
	3. Y abrufen	Y abrufen

Beachte: Der in Relation zu Gruppe B niedrigere Wert für Gruppe A zeigt das Ausmaß, in dem Y von X beeinflußt wurde.

Sensorisches Gedächtnis

Sperling (1963) projizierte mit Hilfe eines Tachistoskops (ein Instrument, das Stimuli für Sekunden oder Millisekunden aufleuchten läßt) drei Reihen von je vier Buchstaben auf einen Bildschirm. Sekundenbruchteile nach der Präsentation hörten die Vpn einen von drei verschiedenen Tönen, die angaben, welche der drei Reihen sie versuchen sollten abzurufen. Da die normale Gedächtniskapazität für sofortiges Abrufen von simultan präsentierten Reizen im allgemeinen bei sieben Items liegt (nach Miller, 1956, ± 2 Items), wurde erwartet, daß

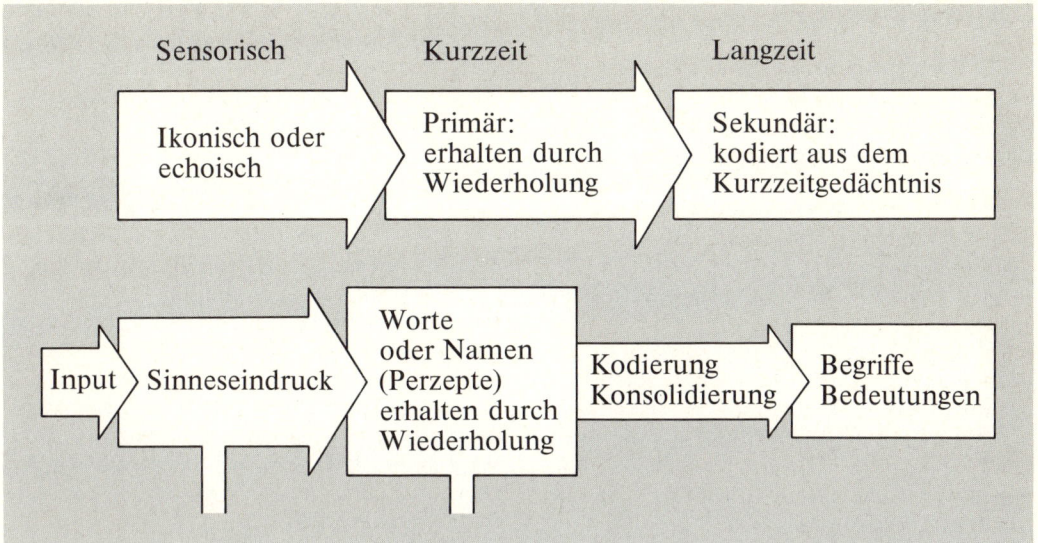

Abb. 11.2. Die drei Komponenten des Gedächtnisses. Die obere Reihe zeigt drei Arten des Gedächtnisses, die untere den Inhalt der Gedächtnisprozesse. Die sensorische Information gelangt zuerst in das sensorische Gedächtnis (ikonisches oder echoisches Gedächtnis). Von hier kann sie ins Kurzzeitgedächtnis gelangen (auch Primärgedächtnis genannt), wo sie z. B. als Name oder Wort zur Verfügung steht, solange sie wiederholt wird. Ein Teil des Materials im Kurzzeitgedächtnis kann dann für den Langzeitspeicher kodiert werden, wo es die Form von Bedeutungen oder Konzepten annimmt. Es ist wichtig, zu beachten, daß diese drei Gedächtniskomponenten sich nicht auf drei verschiedene Zonen im Gehirn oder anderen Teilen des Nervensystems beziehen, sondern nur auf die Art, wie wir etwas erinnern – oder, genauer gesagt, wie wir das Gedächtnis untersuchen

nur sehr wenige Vpn alle 12 Buchstaben wiederholen könnten. Entsprechend wurde erwartet, daß die Vpn wenigstens hin und wieder die vier Buchstaben der vorgeschriebenen Reihe abrufen konnten, entweder als Einzelreihe oder dann, wenn sie Teil der sieben Buchstaben war, die die Vpn bei einer bestimmten Gelegenheit abrufen sollten. Unter anderen Umständen wurde erwartet, daß sie keinen oder nur sehr wenige der entsprechenden Buchstaben abrufen konnten. Die Vpn waren jedoch in der Lage, direkt nach der Präsentation eine einzelne Reihe mit einer Häufigkeit von über 90% korrekt wiederzugeben. Sollten sie jedoch alle 12 Buchstaben abrufen, erinnerten sie sich durchschnittlich nur an 4,5 Buchstaben. Je länger die Zeitspanne zwischen der Darbietung der Buchstaben und der Aufforderung zum Abruf war, um so schlechter gelang dies den Versuchspersonen.

Das deutlichste Ergebnis dieses Experiments ist, daß eine begrenzte Zahl von Reizen für eine kurze Zeit nach der Präsentation zugänglich bleibt, selbst wenn ihnen keine Aufmerksamkeit geschenkt wurde. Das gleiche Phänomen zeigte sich auch bei „Cocktailparty"-Experimenten, bei denen Vpn ihre Namen aus Gesprächen heraushören konnten, die sie eigentlich nicht beachtet hatten. Dies zeigt sich auch bei der sog. verzögerten Reaktion. Wenn ich mit etwas sehr beschäftigt bin (*attending* in der psychologischen Terminologie), kann es vorkommen, daß Sie an mir vorbeigehen, ich Sie eine ganze Sekunde lang ansehe, zwei Schritte weitergehe und Sie dann plötzlich erkenne. Diese Art des sensorischen Gedächtnisses ist wie ein visuelles Echo – tatsächlich ähnelt es einem Echo so sehr, daß Neisser (1976) das entsprechende auditive sensorische Gedächtnis *echoisch* nennt.

Das sensorische Gedächtnis ist sehr begrenzt sowohl in bezug auf die absolute Menge an Informationen, die es zugänglich macht, als auch in bezug auf die Zeitdauer, für die diese Informationen zugänglich sind.

Einfacher ausgedrückt: Das sensorische Gedächtnis ist ein Begriff für die Beobachtung, daß die Wirkungen eines Reizes für kurze Zeit nach der Reizdarbietung zur Verarbeitung zur Verfügung stehen.

Kurzzeitgedächtnis

Wenn wir von sensorischem Gedächtnis sprechen, meinen wir ein Phänomen, das Tausendstel von Sekunden dauert; sprechen wir vom Kurzzeitgedächtnis, meinen wir ein Phänomen, das Sekunden oder höchstens Minuten dauert. Genauer gesagt, bezieht sich der Begriff Kurzzeitgedächtnis auf den Abruf von Items, die nicht mehr abgerufen werden, sobald die Person mit der Wiederholung aufhört. Das Kurzzeitgedächtnis ermöglicht es mir, eine Nummer im Telefonbuch zu finden und zu wählen, ohne nach dem Wählen der ersten Ziffer einen Blick auf die zweite zu werfen oder die dritte Ziffer nachsehen zu müssen, nachdem ich die zweite gewählt habe, usw. Das Kurzzeitgedächtnis ermöglicht mir auch, die Nummer zu vergessen, sobald der Wählvorgang beendet ist, und es nötigt mich, die Nummer noch einmal nachzusehen, wenn ich feststelle, daß die Leitung belegt war oder ich mich verwählt habe. Das Langzeitgedächtnis wäre betroffen, würde ich mich entscheiden, daß ich die Nummer noch häufiger brauche und versuchen würde, sie mir zu merken; es wäre auch betroffen, hätte mich die Symmetrie oder Poesie der Nummer so bewegt, daß ich sie mir – ohne bewußte Anstrengung meinerseits – merken würde.

Die gebräuchlichste Methode zur Untersuchung des Kurzzeitgedächtnisses wurde von Peterson und Peterson (1959) entwickelt. Der Versuchsleiter präsentiert dem Probanden eine einzige Unsinnsilbe (manchmal indem er sie ihm buchstabiert) und fordert ihn später auf, sich an die Silbe zu erinnern. Die unmittelbare Gedächtnisleistung kommt sehr nahe an 100% heran, erreicht diesen Prozentsatz aber nur selten. Fehler werden gewöhnlich auf das falsche Verstehen dieser Silben zurückgeführt. Eine längere Verzögerung zwischen der Darbietung eines Wortes und der entsprechenden Gedächtnisprüfung resultiert gewöhnlich in einer viel niedrigeren Erinnerungsleistung und ist *abhängig von den Aktivitäten der Vp in der Zeit zwischen Darbietung und Test*. Braucht der Proband gar nichts zu tun und *weiß* er zudem noch, daß der Versuchsleiter ihn später bitten wird, sich an das Wort zu erinnern, so wird er dieses im Geiste dauernd *repetieren*, um die Information bei der Gedächtnisprüfung parat zu haben. Wird der Proband jedoch unmittelbar nach Darbietung der Silben aufgefordert, irgendeine mit der zu erinnernden Information nicht in Beziehung stehende Tätigkeit auszu-

üben, wie z.B. das Rückwärtszählen im Takte eines Metronoms, so ergibt sich eine wesentlich schlechtere Behaltensleistung. In diesem Fall ist der Umfang der erinnerten Information gewöhnlich eine Funktion der verstrichenen Zeit. Ist genügend Zeit vorbei, dann können sich nur sehr wenige Versuchspersonen an die Unsinnsilben etc. genau erinnern. Peterson und Peterson (1959) zeigten, daß sich die Probanden nach 18 s an weniger als 10% der vorher dargebotenen Information erinnerten.

Es gibt viele verschiedene Versuchsentwürfe zu Kurzzeitgedächtnis-Studien. Obgleich noch immer Unklarheit darüber herrscht, ob man tatsächlich Kurzzeitgedächtnis von Langzeitgedächtnis unterscheiden kann (Melton, 1963; Wickelgren, 1981), passen eine Reihe von Ergebnissen doch besser zum Kurzzeit- als zum Langzeitgedächtnis:

1. Wie bereits erwähnt, reduziert Zeitverzögerung zwischen Darbietung und Test den Umfang der erinnerten Information beträchtlich. Per definitionem ist dies beim Langzeitgedächtnis nicht der Fall.
2. Die Wiederholung des Reizes (der Unsinnsilbe) erhöht den Umfang des erinnerten Materials über die Zeit hinweg (Hellyer, 1962).
3. Zwingt man die Probanden, das Erinnerte langsam wiederzugeben (langsam zu sprechen), so reduziert sich dadurch der Umfang des Erinnerten (Conrad und Hille, 1958).
4. Häufig wird die Erinnerung schlechter als Funktion der Menge der zwischen Darbietung und Test eingeschobenen fremden Information (Norman, 1969).
5. Wird eine Reihe von Wörtern in Form einer Liste dargeboten, so wird das erste Wort der Liste am besten erinnert (Loess, 1964).
6. Die Komplexität des Reizes steht in einem direkten Zusammenhang mit der Genauigkeit, mit der er erinnert wird (Murdock, 1961).

Zusammenfassend kann gesagt werden, daß sich der Begriff Kurzzeitgedächtnis auf die Zugänglichkeit einer kleinen Anzahl von Einheiten bezieht (sieben plus oder minus zwei) – eine Zugänglichkeit, die innerhalb von Sekunden sinkt und normalerweise nach 20 s verschwunden ist, sofern keine Wiederholung stattfindet. Der Begriff beschreibt ein Phänomen, das es uns ermöglicht, Wörter, die wir gerade lesen oder schreiben, so lange zu behalten, bis das Ganze Sinn ergibt, oder Sets von Plänen für gerade ablaufende Verarbeitungsprozesse zu behalten.

Chunking. Die begrenzte Kapazität des Kurzzeitgedächtnisses kann durch einen „chunking" (Bündeln) genannten Prozeß stark vergrößert werden (Miller, 1956). Eine Reihe von Experimenten scheint zu zeigen, daß unsere Gedächtniskapazität für das Kurzzeitgedächtnis zu einem gegebenen Zeitpunkt begrenzt ist. Daraus entwickelte Miller ein Modell des Kurzzeitgedächtnisses, das aus etwa sieben Spalten besteht. Sind diese gefüllt, so ist so lange kein Platz mehr im Kurzzeitgedächtnis, bis eine oder mehrere der Spalten wieder geleert werden. Die Items, die diese Spalten füllen, müssen jedoch nicht Einzelteile sein (wie z. B. eine Ziffer oder ein Buchstabe), es kann sich auch um eine einzelne Einheit handeln, die aus einer Anzahl von Items zusammengesetzt wurde – ein Konglomerat von Items also. Die Spalten des Kurzzeitgedächtnisses können so entweder mit sieben Buchstaben oder mit sieben Wörtern gefüllt sein. Die sieben Wörter repräsentieren Bündel (chunks) von Informationen, die wesentlich ökonomischer und, nicht zufälligerweise, bedeutungsvoller sind als sieben einzelne, nicht miteinander in Beziehung stehende Buchstaben. Auf die gleiche Art macht sich auch unser Langzeitgedächtnis das Bündeln von Informationen zunutze. Die von Miller verwendete Analogie zur Erklärung des „chunking"-Prozesses ist die eines Wechselautomaten, der nur sieben Geldstücke aufnehmen kann. Werfen Sie sieben Pfennige hinein, so ist der Automat voll. Mehr als sieben Pfennige kann er nicht aufnehmen. Aber es könnten ebensogut sieben Markstücke oder sieben 5 DM-Stücke sein. Hält uns eigentlich irgendetwas davon ab, sieben 1000-DM-Scheine einzugeben?

Vergessen im Kurzzeitgedächtnis. Warum das Kurzzeitgedächtnis auf nur wenige Items begrenzt ist und weshalb „Vergessen" auftritt, bleibt unklar. Zur Erklärung des Vergessens im Kurzzeitgedächtnis wurden drei Theorien entwickelt. Die *Zerfalltheorie* besagt, daß Gedächtnisspuren im Laufe der Zeit schnell verschwinden (vorausgesetzt, es findet keine fortwährende Wiederholung statt). Die *Verdrängungstheorie,* im wesentlichen bestehend aus der Analogie Millers, behauptet, im Kurzzeitgedächtnis gäbe es nur eine begrenzte Menge zu füllender Spalten und neueintreffende Informationen würden alte ersetzen. Die der Verdrängungstheorie sehr ähnliche *Interferenztheorie* entwickelt die Idee, daß vorausgegangenes (eher als nachfolgendes) Lernen sich irgendwie mit der Langzeiterinnerung von Items im Kurzzeitgedächtnis vermischt.

Diesen versuchten Erklärungen kann die Vermutung von Craik und Lockhart (1972) hinzugefügt werden, daß der fundamentale Unterschied zwischen Kurz- und Langzeitgedächtnis auch abhängig ist von dem Niveau, auf dem Input verarbeitet wird. Im sensorischen Register findet keine Verarbeitung statt, im Kurzzeitgedächtnis tritt ein niedriges Niveau von Verarbeitung auf, das zum Teil aus dem Erkennen des Reizes durch Wahrnehmungsanalyse besteht. Bei einer tieferen Verarbeitung wird eine semantische Analyse (Bedeutungsanalyse) unternommen. Es kann daher angenommen werden, daß Vergessen im Kurzzeitgedächtnis das Resultat nicht adäquater Verarbeitung ist (s. Cermak und Craik, 1979).

Keine dieser Erklärungen wird allgemein akzeptiert. In der Tat scheinen sich die meisten Forscher nur wenig mit dem Vergessen im Kurzzeitgedächtnis zu beschäftigen, eine Beobachtung, die nicht sehr überrascht, da es eine der Funktionen des Kurzzeitgedächtnisses ist, Informationen nur so lange im Gedächtnis zu speichern, wie sie nützlich sind, und sie dann zu löschen. Daß wir dazu in der Lage sind, ist vermutlich sehr gut. Ansonsten würden wir wahrscheinlich unser Langzeitgedächtnis mit allen möglichen nutzlosen Informationen belasten und würden auf noch viel größere Schwierigkeiten stoßen, wenn wir Informationen abrufen wollten, als dies sowieso schon der Fall ist. Der Verlust von Material aus dem Kurzzeitgedächtnis wird nur dann ein bedeutendes Problem, wenn Krankheiten, Verletzungen oder der Alterungsprozeß das Kurzzeitgedächtnis so beeinträchtigen, daß gerade ablaufende Prozesse gestört werden.

Genau das passiert, wenn wir einen Satz begonnen haben, und nicht mehr wissen, was wir als nächstes sagen wollten. Oder was wir als nächstes schreiben wollten ...

Langzeitgedächtnis

Eine der Schwierigkeiten bei der Erforschung des Langzeitgedächtnisses ist, daß es fast unmöglich ist, die Erfahrungen zu kontrollieren, die zwischen der Darbietung eines Reizes und dem Gedächtnistest ins Spiel kommen. Dies wäre nur bei relativ geringer Zeitverzögerung

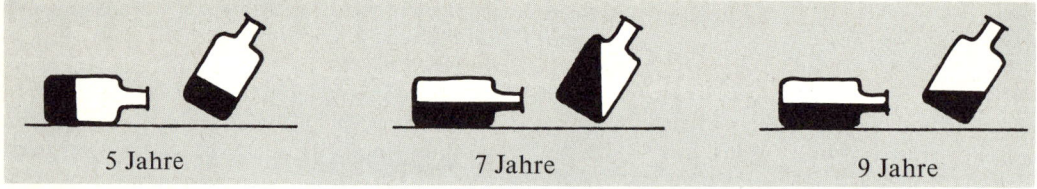

| 5 Jahre | 7 Jahre | 9 Jahre |

Abb. 11.3. Wie Kinder den Wasserpegel eines durchsichtigen Behälters zeichnen

möglich. Da wir es aber beim Langzeitgedächtnis – wie schon der Name sagt – mit dem Verstreichen längerer Zeitperioden zu tun haben, ist eine experimentelle Erforschung des Langzeitgedächtnisses nicht so einfach durchzuführen wie beim Kurzzeitgedächtnis. Die jüngere Entwicklung kognitiver Modelle und ein neuerliches Interesse an der Informationsverarbeitung wurden jedoch von einer enormen Veränderung in der Gedächtnisforschung begleitet. Diese Veränderung führte uns vom Gebrauch von Unsinnsilben und ihren Paarungen zum Gebrauch von bedeutungstragendem Material und von einer Messung von Gedächtnisspannen und Interferenzen zur Untersuchung von Modellen für Langzeitspeicher und Abruf.

Allgemeine Charakteristika. Wir sagen von Material, an das wir uns über längere zeitliche Perioden erinnern, es sei im Langzeitgedächtnis gespeichert. Offensichtlich enthält dieses Material alles, was wir während unserer Erziehung erfahren haben, unser komplettes Wissen über Sprache und all unsere stabile Information über die Welt.

Ein Großteil des Inhalts unseres Langzeitgedächtnisses ist relativ stabil in dem Sinne, daß, wenn wir uns heute oder morgen daran erinnern können, wir es wahrscheinlich auch noch nächste Woche könnten. Interessanterweise wird jedoch nicht immer genau das erinnert, was ursprünglich gelernt oder wahrgenommen werden sollte. Als Bartlett (1932) seinen Versuchspersonen eine ziemlich ungewöhnliche Geschichte über die Folklore der amerikanischen Eingeborenen vorlas und die Vpn die Geschichte wiederholen ließ, trat dabei eine Reihe systematischer Veränderungen auf. Es schien, als hätten die Vpn ihr Gedächtnis mit ihren eigenen kulturellen Erwartungen geprägt und beeinflußt. Dieses Ergebnis stimmt mit der Beobachtung, daß Augenzeugenberichte vor Gericht sehr wenig verläßlich sind, sehr gut überein. Die Leute scheinen sich viel mehr an das zu erinnern, was sie glauben, gesehen haben zu müssen, als an das, was tatsächlich passierte (Hunter, 1957; Loftus, 1979; Yarmey, 1979).

Anscheinend beinhaltet Erinnern nicht nur einen Abruf aus dem Speicher, sondern auch den Versuch, das ursprünglich Gelernte neu zu strukturieren (s. Kap. 7). Es ist vermutlich unvermeidbar, daß das Restrukturieren von in der Zwischenzeit Gelerntem beeinflußt wird.

Piaget und Inhelder (1956) zeigten z. B., daß kleine Kinder, die gebeten werden, in schiefstehende Krüge den Wasserstand einzuzeichnen (s. Abb. 11.3), gewöhnlich nicht in der Lage sind, sich an den Verlauf des Wasserpegels zu erinnern, obwohl ihnen kurz zuvor ein solcher durchsichtiger Behälter mit Wasser gezeigt wurde. Kinder erinnern sich daran erst dann richtig, wenn sie gelernt haben, daß der Wasserpegel immer horizontal bleibt. Deshalb darf angenommen werden, daß das Gedächtnis mit anderem Lernen interagiert.

Ein weiteres Charakteristikum des Langzeitgedächtnisses ist, daß man sich an bedeutungsvolles Material wesentlich leichter und länger erinnert als an bedeutungsloseres (Ausubel und Robinson, 1969). Ebenso werden besonders herausragende, sehr wichtige oder emotionsbeladene Ereignisse deutlicher und länger behalten als andere Ereignisse (Bower, 1981, Leight & Ellis, 1981).

Kurz- und Langzeitgedächtnis: Ein Vergleich. Wickelgren (1981) beschreibt das Kurzzeitgedächtnis als aktives Gedächtnis. Nach seiner Meinung ist dieses Gedächtnis gleichbedeutend mit der Aufmerksamkeitsspanne. Es umfaßt auch das, woran „momentan gedacht wird" (S.46). Alles andere gehört vermutlich zum Langzeitgedächtnis. Der größte Unterschied zwischen Kurz- und Langzeitgedächtnis ist nicht, daß das eine sich nur über Sekunden, das andere über lange Zeit hinweg erstreckt, sondern daß das eine sofort bewußt ist und das andere nicht.

Daraus folgt, daß das Kurzzeitgedächtnis ein aktiver, fortlaufender Prozeß ist, der sehr leicht durch externe oder interne Ereignisse unterbrochen werden kann. Im Gegensatz dazu ist das Langzeitgedächtnis wesentlich passiver und gegen Störungen unempfindlicher. Außerdem ist, wie wir gesehen haben, das Kurzzeitgedächtnis in bezug auf seine Kapazität wesentlich begrenzter, da es mit aktiver Aufmerksamkeit und momentaner Bewußtheit gleichbedeutend ist. Schließlich funktioniert der Abruf aus dem Kurzzeitgedächtnis sehr schnell und automatisch, was kaum verwunderlich ist, da das was abgerufen wird entweder im Moment im Bewußtsein ist oder nicht zur Verfügung steht. Der Abruf aus dem Langzeitgedächtnis kann wesentlich länger dauern, eine Suche erfordern und in einer großen Verzerrung dessen enden, was ursprünglich gelernt wurde.

Zwei Arten von Langzeitgedächtnis? Tulving (1972) war einer der ersten, die es für fruchtbar hielten, zwischen zwei offensichtlich unterschiedlichen Arten von Langzeitgedächtnis zu unterscheiden. Hier gibt es auf der einen Seite unser stabiles Wissen über die Welt, unser abstraktes Wissen, Wissen, das für das Verständnis und den Gebrauch von Sprache wichtig ist, unser Wissen um Prinzipien, Gesetze und Fakten und unser Wissen über Strategien und Heuristika. Auf der anderen Seite steht ein Wissenskorpus, der unsere persönlichen Erinnerungen an selbst erlebte Geschehnisse umfaßt. Hierbei handelt es sich nicht um abstrakte Erinnerungen (wie z.B. Regeln und Prinzipien), sondern um spezifische Erinnerungen, die an Ort und Zeit gebunden sind. Dies sind unsere autobiographischen Erinnerungen, die uns zu jeder Zeit und an jedem Ort umgeben.

Mein Wissen darüber, daß Darwin in Verbindung mit einer Evolutionstheorie steht, ist ein Beispiel für die erste Form von Gedächtnis, die *semantisch* genannt wird. Die zweite Art – bezeichnet als *episodisch* – ist beteiligt, wenn ich mich daran erinnere, wo ich im Alter von sieben Jahren Weihnachten verbrachte.

Laut Tulving sind diese beiden Arten von Gedächtnis so unterschiedlich, daß es sich lohnt, sie getrennt zu untersuchen. Er meint, es könne für die beiden Arten wichtige Unterschiede in der Art der Materialspeicherung, wie auch in der Art des Erinnerns und Vergessens geben. So scheint z.B. das episodische Gedächtnis wesentlich empfänglicher für Verzerrungen und Vergessen zu sein als das semantische. Ich habe wesentlich größere Schwierigkeiten, mich daran zu erinnern, was ich vor drei Tagen zum Frühstück aß, als ein Gedicht aufzusagen, das ich in der Grundschule gelernt habe (zumin-

dest die erste Zeile davon). Das episodische Gedächtnis scheint auch von retroaktiver und proaktiver Interferenz stärker betroffen zu werden als das semantische Gedächtnis. Tulving meint, unser Versagen, Beweise für Interferenz im täglichen Leben zu finden, könne sehr wohl mit der Tatsache zusammenhängen, daß unser stabileres semantisches Gedächtnis sehr resistent gegen Interferenzen ist.

Nicht alle Forscher sind sich darüber einig, ob die Unterscheidung zwischen episodischem und semantischem Gedächtnis wertvoll oder nützlich ist. Wickelgren (1981) weist darauf hin, daß es fast unmöglich ist, sich an eine *Episode* zu erinnern, ohne sie abstrahiert und mit anderen Informationsitems in Verbindung gebracht zu haben. Die Erinnerung an eine einzelne Episode setzt also voraus, daß sie abstrahiert und generalisiert wurde, außer sie ist einzigartig und steht in keiner Beziehung zu irgend etwas anderem im Gedächtnis. Einzigartige Ereignisse werden gewöhnlich vergessen, außer sie werden ständig wiederholt und so oft erinnert, daß sie nicht länger einzigartig sind. Wickelgren faßt zusammen: „Es gibt kein episodisches Gedächtnis, nur verschiedene Grade generischen Gedächtnisses" (S.36).

Andere Forscher tendieren dazu, Wickelgren zuzustimmen. Im allgemeinen sind semantisches und episodisches Gedächtnis so unentwirrbar miteinander verflochten, daß sie nur schwer trennbar sind (Baddeley, 1976; Mcloskey und Santee, 1981). Es scheint auch kein großer Vorteil darin zu liegen, episodisches und semantisches Gedächtnis getrennt zu betrachten.

Modelle des Langzeitgedächtnisses. Koffka (1935) entwickelte als erster das traditionelle Modell des Langzeitgedächtnisses. Das Modell porträtiert das Gedächtnis als eine Art Katalog oder Filmkamera (zusammen mit Hören, Riechen, Fühlen und Schmecken), die einen vollständigen, zeitlich geordneten Bericht aller unserer Erfahrungen niederlegt, aus dem wir – so gut wir können – diese einzelnen Informationsstücke abrufen, die nach einer Weile noch zugänglich sind. Dies ist ein nichtassoziatives Gedächtnismodell.

Die zeitgenössischen Modelle des Langzeitgedächtnisses sind fast ausnahmslos assoziativer Art, d.h. sie basieren auf der grundlegenden Idee, daß alle Informationsitems in unserem Gedächtnis auf verschiedene Art und Weise miteinander verknüpft sind (Baddeley, 1976; Estes, 1980; Wickelgren, 1981). Wenn wir also

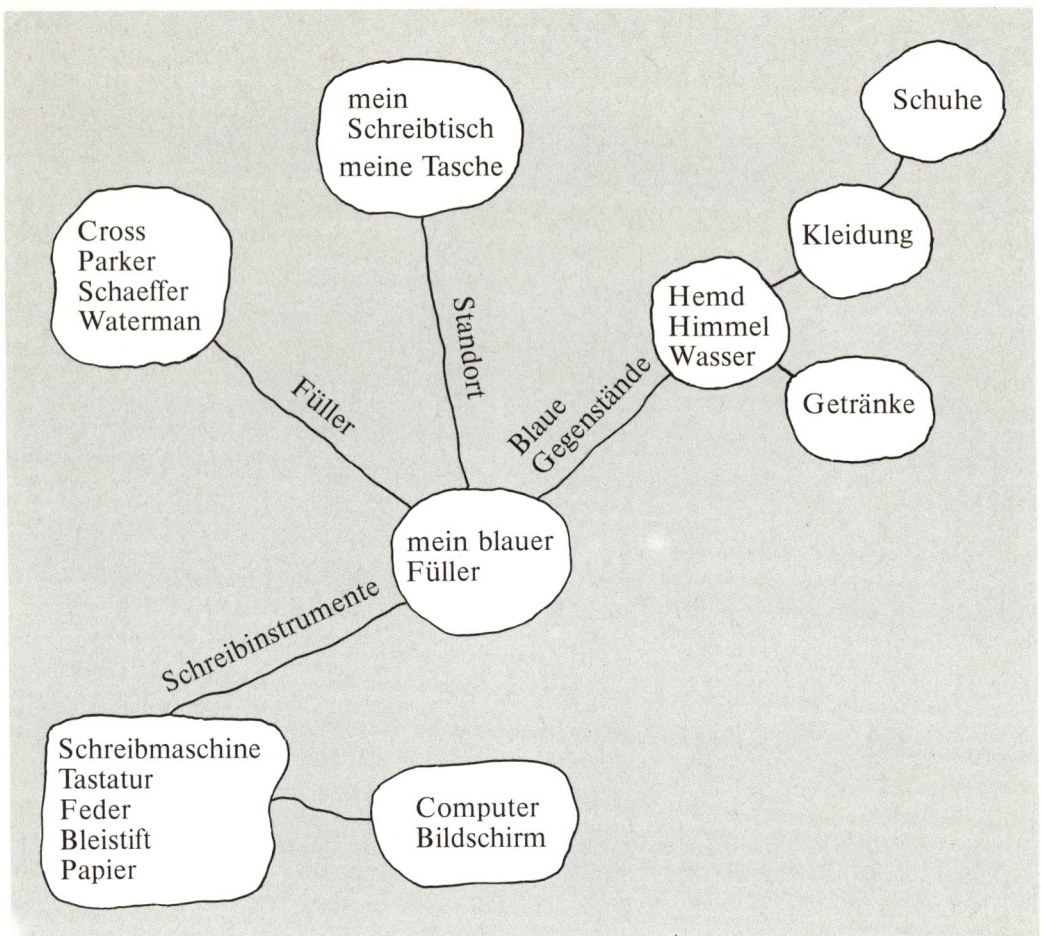

Abb. 11.4. Ein Modell einer Metapher. Die Knotentheorie nimmt an, daß wir Abstraktionen behalten (Bedeutungen und Assoziationen, nicht Spezifika). Mein blauer Füller ist daher als Knoten dargestellt, der in ein komplexes Gewebe von Abstraktionen eingebettet ist (z. B. blaue Dinge), wobei jeder dieser Knoten mit weiteren, hier nicht dargestellten Knoten verbunden ist

unser Gedächtnis nach einer Information durchsuchen, produzieren wir nicht eine lange Reihe unzusammenhängender Antworten, sondern engen den Bereich, in dem die Information zu finden ist, durch ein manchmal sorgfältig ausgearbeitetes Netz zusammenhängender Informationen ein. „Wo warst Du im Alter von sieben Jahren an Weihnachten?", habe ich mich gerade gefragt. Soll ich jetzt Orte aufzählen?
Chicago, New York, San Francisco, St. George's, Honolulu.
Aber die Suche danach, wo ich mit sieben Jahren Weihnachten verbrachte, muß viel komplizierter und ökonomischer ablaufen als es ein reines Aufzählen von Orten sein könnte, in der

Hoffnung, die richtige Antwort zu erkennen. Die Suche beinhaltet das schnelle Erinnern an eine Unzahl verwandter Informationen, z. B.:
- daß ich zu Hause lebte,
- daß meine Eltern in den Wäldern Nord-Saskatchewans lebten,
- daß wir garantiert eingeschneit waren, und das fast vier oder fünf Monate lang,
- daß ich schon in der Schule war,
- daß meine zweite Schwester erst vier Monate alt war,
- und so weiter ...
Ich erinnere mich, daß ich Weihnachten auf einem Paar neuer Langlaufskier verbrachte.
Unsere zeitgenössischen Gedächtnismodelle

sind also sehr stark assoziativer Art. Und es ist wichtig zu wissen, daß die Assoziationen, mit denen sich diese Modelle beschäftigen, nicht die des Behaviorismus sind. Sie resultieren nicht aus der wiederholten Paarung von Geschehnissen, sondern betreffen statt dessen Bedeutung oder Wichtigkeit. Sie benützen häufig abstrakte Konzepte wie *Knoten, Knotenmodell, semantische Gedächtnisknoten-Modelle* und *Knotenkodierung* (s. z. B. Baddeley, 1976; Bower, 1977; Wickelgren, 1981).

Ein Knoten ist eine Metapher, keine Struktur. Er ist eine Metapher für alles und jedes, was wir in unserem Gedächtnis darstellen können – mit anderen Worten, was wir speichern und erinnern können. Ein Knoten steht also für eine Idee oder eine Beziehung. Seine einzige typische Eigenschaft ist, daß er etwas darstellt.

Ein Knotenmodell der kognitiven Repräsentation ist einfach ein Modell, das besagt, daß wir Wissen in Form von *Repräsentationen* darstellen (diese werden Knoten genannt, obwohl sie auch jeden beliebigen anderen Namen tragen könnten) und sind miteinander über zahllose, nur wenig bekannte Wege verbunden. Abb. 11.4 zeigt eine Version, wie man einen kleinen Teil eines Knotens darstellen könnte oder wie er aussehen könnte.

Die Nützlichkeit des Knotenmodells für das menschliche Gedächtnis besteht in seiner Betonung assoziativer Merkmale. In dieser Beziehung unterscheidet sich das menschliche Gedächtnis sehr stark von Speichern digitaler Computer (Estes, 1980) und kann nur schwer künstlich simuliert werden. Die Aufgabe der Gedächtnisforscher liegt nun darin, die Natur dieser Assoziationen, aus denen unser Gedächtnis besteht, zu erforschen. Vielleicht könnte die Physiologie des Gehirns einige Hinweise geben.

Physiologie des Gedächtnisses

Es kann als selbstverständlich angenommen werden, daß der *Lernprozeß* mit irgendwelchen Veränderungen im Gehirn einhergeht, weil sonst logischerweise gefolgert werden müßte, daß das Gehirn beim Lernen *keine* Rolle spielt. Da Lernen und Gedächtnis lediglich zwei Aspekte des Informationserwerbs darstellen, kann man axiomatisch festlegen, daß das *Gedächtnis* mit Veränderungen im Gehirn einher-

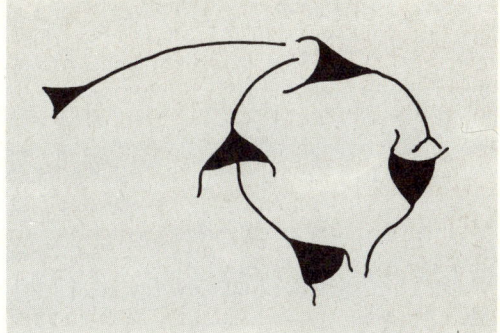

Abb. 11.5. Ein Erregungskreis: Kurzzeitgedächtnis

geht. Leider ist die Natur dieser Veränderungen nicht bekannt. Es gibt jedoch faszinierende und möglicherweise nützliche Hinweise, die bei der Beantwortung dieser Frage weiterhelfen können.

Höchstwahrscheinlich liegen dem Kurzzeitgedächtnis nicht dieselben Mechanismen zugrunde wie dem Langzeitgedächtnis. Hebb (1949, 1966) entwickelte die am weitesten akzeptierte Theorie, welche für die zwei Aspekte des Gedächtnisses unterschiedliche Erklärungen vorsieht. Für Hebb bedeutet Kurzzeitgedächtnis nichts anderes als fortgesetzte elektrochemische Aktivität einer Reihe kortikaler Neurone, die sich gegenseitig innerhalb einer Schleife reaktivieren (s. Abb. 11.5). Hört die Aktivität in der Schleife auf, geht diese Information verloren. Für das Langzeitgedächtnis sind andere Prozesse verantwortlich, wie z. B. langanhaltende Veränderungen der neuronalen Bahnung (s. Kap. 6).

In dieser Theorie sind die zwei alternativen Erklärungsmöglichkeiten enthalten, denen bis jetzt die meiste Aufmerksamkeit geschenkt wurde. Die erste Alternative lautet, daß das Lernen mit fortgesetzter elektrochemischer Aktivität zusammenhängt; die zweite besagt, daß strukturelle Veränderungen in Neuronen für die Erinnerung verantwortlich sind. Was passiert im menschlichen Gehirn, wenn eine Person etwas lernt? Es werden hier zwei damit zusammenhängende Antworten gegeben: bei der ersten geht es um Ratten und bei der zweiten um Planarien (Plattwürmer). An Menschen sind bis jetzt keine direkt vergleichbaren Experimente durchgeführt worden.

Ratten. Die ersten Untersuchungen, die von Krech und seinen Mitarbeitern durchgeführt wurden (1960, 1962, 1966), befaßten sich vor allem mit dem Einfluß des Lernens auf das Gehirn der gemeinen weißen Ratte. Solche Untersuchungen erscheinen vertretbar, weil das Rattengehirn dem menschlichen Gehirn genügend ähnlich ist. Bei Ratten wie bei Menschen vollziehen sich neurale Übertragungsvorgänge auf ähnliche Weise. In beiden Fällen spielen elektrische, wie auch chemische Prozesse eine Rolle. Unter den hier beteiligten chemischen Substanzen ist eine Säure mit dem grausigen Namen Azetylcholin, sowie ihr Enzym mit der noch grausigeren Bezeichnung Azetylcholinesterase. Kurz vor der Übertragung gibt es einen raschen Anstieg des Azetylcholins. Erreicht dieses ein gewisses Niveau, erfolgt die Übertragung. Die Funktion der Azetylcholinesterase besteht darin, das Azetylcholin zu zerlegen (in die unwirksamen Bestandteile Cholin und Essigsäure), um wiederholtes Feuern der Zelle zu vermeiden.

In einer Serie von Experimenten nahm Krech 25 Tage alte Rattenpaare, wobei immer eines der Tiere im Zufallsverfahren einer „bereicherten Umgebung und Trainingsgruppe" (BUT) und das andere einer isolierten Kontrollgruppe (IK) zugewiesen wurde. Die Tiere der 1. Gruppe (BUT) wurden in großen, gut durchlüfteten und beleuchteten Käfigen untergebracht, die mit Holzstücken zum Knabbern, mit Spielzeug, mit Leitern zum Erklettern und mit Tunnel-Labyrinthen zum Explorieren ausgestattet waren. Von ihren Käfigen aus konnten die Ratten zudem noch die Aktivität im gesamten Labor beobachten. Ferner wurden sie täglich 30 min lang aus ihren Käfigen genommen und durften eine Reihe von Labyrinthen explorieren. Diese Labyrinthe wurden fast täglich umgebaut und die Spielsachen wurden ausgetauscht. Die Ratten in der Isoliergruppe (IK) wurden dagegen in kleinen Käfigen untergebracht, die so angeordnet waren, daß sie weder die Ratten in den Nachbarkäfigen, noch die Aktivität im Labor beobachten konnten; sie wurden auch nicht aus ihren Käfigen genommen. Im Alter von 105 Tagen wurden alle Ratten, BUT und IK, getötet, seziert und analysiert. Drei Ergebnisse dieser Untersuchung sind besonders eindrucksvoll und signifikant.

1. Das Gehirn der BUT-Ratten zeigte im Vergleich zu den IK-Ratten einen 2%igen Anstieg der Azetylcholinesterase. Diese Ergebnisse konnten immer wieder in anderen Versuchen repliziert werden, was möglicherweise darauf hindeutet, daß der Lernprozeß tatsächlich in hirnchemischen Veränderungen resultiert. Es ist nicht bekannt, *wie* diese Substanz das Gedächtnis beeinflußt; aufgrund der Ergebnisse müssen wir jedoch annehmen, daß sie es tut.

2. Das Gewicht der Gehirnrinde der BUT-Tiere war im Schnitt 4% höher als das der IK-Ratten. Dieser Gewichtszuwachs kann nicht einfach auf die Vermehrung der Azetylcholinesterase zurückgeführt werden. Interessanterweise war der größte Zuwachs im visuellen Kortex zu verzeichnen.

3. Zum Teil konnte der Gewichtszuwachs des BUT-Kortex durch eine Vermehrung der *Gliazellenanzahl* erklärt werden. Die *Gliazellen* dienen als Blut-Hirnschranke und vielleicht als eine Art Nährstoff. Es wird vermutet, daß sie im Lernprozeß eine Rolle spielen.

Die naheliegendste Schlußfolgerung aus den Krech-Untersuchungen ist die, daß Lernen *tatsächlich* das Gehirn verändert; die Art dieser Veränderungen könnte uns einen Hinweis auf die Physiologie des Gedächtnisses liefern. Wenn 80 Tage „bereicherte Umgebung" meßbare Veränderungen im Rattenhirn zur Folge haben, warum sollte dies beim Menschen nicht auch sein können? Eine solche Entdeckung wäre von großer Bedeutung für die Erklärung des menschlichen Lernens. Schon 1961 wies u.a. Hunt auf die Wichtigkeit vielgestaltiger und sensorisch reichhaltiger Umgebung für kleine Kinder hin – eine Ansicht, die durch die Erfahrungen mit *rattus norvegicus* bestätigt wird.

Planarien. Die Ansicht, daß beim Gedächtnis die chemischen Veränderungen im Neuron eine Rolle spielen, führte zur Hypothese, daß die Ribonukleinsäure (RNS) möglicherweise das Substrat des Gedächtnisses darstelle. Die RNS ist in den Neuronen in genügender Menge vorhanden und so konstruiert, daß sie Milliarden verschiedener Kombinationen zuläßt. Es wäre daher denkbar, daß eine bestimmte Kombination eine Gedächtniseinheit darstellt. Diese Möglichkeit wird wahrscheinlicher gemacht durch die Beobachtung, daß sich die Konzentration der RNS mit zunehmendem Alter der Menschen erhöht, jedoch im hohen Alter wieder abnimmt, also denselben Verlauf zeigt wie die Lernfähigkeit der Menschen. Diese Hypothese wird durch die widersprüchlichen Planarienuntersuchungen noch weiter bekräftigt. McConnell und seine Mitarbeiter (1962) trainierten Planarien darauf, auf einen Lichtreiz mit einer Kontraktion des Körpers zu reagieren. Diese trainierten Planarien wurden dann zerstückelt und anderen Planarien als Futter vorgesetzt. „Untrainierte" Planarien wurden auf gleiche Art und Weise präpariert und einer zweiten Gruppe von Essern serviert. Amüsanterweise zeigte sich, daß die mit „trainiertem" Futter gefütterten Versuchstiere im Test besser abschnitten als die, die nur untrainierte Artgenossen verzehrt hatten. Spätere methodische Verbesserungen (Zelman et al. 1963; McConnell, 1976) haben erbracht, daß, wenn aus trainierten Planarien die RNS extrahiert und diese experimentell naiven Versuchstieren injiziert wird, die gleichen Ergebnisse erzielt werden.

Wie auch immer, nicht alle Untersucher kamen zu den gleichen Ergebnissen (Bennett und Calvin, 1964). Es scheint so zu sein wie bei Impfungen: eine Mahlzeit von Planarien - und seien sie noch so gut trainiert - „schlägt nicht immer an".

RNS-Gedächtnis-Transfer-Studien wurden auch erfolgreich an Ratten durchgeführt (Babich et al. 1965; Jacobson et al., 1965). Der nächste Schritt dürfte sein, die Gewohnheiten einiger afrikanischer und südamerikanischer Buschmänner umzukrempeln. Eine RNS-Injektion von einem menschlichen Genie ist wahrscheinlich nicht weniger hilfreich als das Herz einer Antilope.

In vielen neueren Studien über chemische Vorgänge im Gehirn wurden die Gehirne trainierter Ratten einer detaillierten chemischen Analyse unterzogen, häufig unter Verwendung von Elektronenmikroskopen. Die Ergebnisse vieler dieser Studien stimmen mit der Ansicht überein, daß sich die RNS und einige andere Substanzen - am wichtigsten scheinen hier Proteine zu sein - durch Lernvorgänge verändern (Glassman, Machlus und Wilson, 1973; Hyden, 1973; Hyden und Lange, 1972). Obwohl die genaue Physiologie des Gedächtnisses noch unbekannt ist, sind diese Ergebnisse doch sehr vielsagend und bedeutsam. Es ist z. B. denkbar, daß Gedächtnis und Lernen durch Nahrungsergänzung, die die chemischen Vorgänge im Gehirn beeinflußt, verbessert werden könnten. Ebenso wahrscheinlich ist es, daß unsere Metaphern angemessener werden, je mehr wir über die Physiologie des Gedächtnisses lernen. Vielleicht werden wir sogar eines Tages von einer metaphorischen zu einer wörtlichen Beschreibung übergehen können.

Vergessen

Warum vergessen wir etwas? Wodurch wird bestimmt, was wir vergessen? Die Antworten auf diese Fragen werden hier kurz in Form von vier Theorien diskutiert.

Die Zerfalltheorie

Es ist möglich, daß wir einige Dinge einfach als Funktion der Zeit vergessen. Natürlich werden diejenigen Dinge, an die wir uns gelegentlich erinnern, resistenter sein gegen die vermuteten Raubzüge der Zeit als Dinge, die nie abgerufen werden. Jeder Abruf kann als Wiederholung und damit als Gelegenheit zum Wiedererlernen angesehen werden.

Daß wir Dinge, die wir ehemals wußten, an die wir uns aber heute nicht mehr erinnern können, wirklich aus dem Gedächtnis verloren haben, kann nicht mit Sicherheit angenommen werden. Es besteht noch immer die Möglichkeit, daß wir niemals etwas vergessen, sondern einfach nicht in der Lage sind, bestimmte Dinge abzurufen.

Die Verzerrungstheorie

Wie bereits gezeigt, ist vieles, was wir aus dem Langzeitgedächtnis abrufen, verzerrt. Ausubel (1963) nimmt an, daß wir neues Material, sowie wir es in bestehende kognitive Strukturen eingliedern, dabei verändern. Das neue Material wird abstrakter, von irrelevanten Details befreit und später in abstrahierter Form erinnert. Wir sind also gezwungen, neue Details zu bilden (nicht sie zu erinnern). Eine Reihe interessanter Arbeiten nimmt an, daß im Langzeitgedächtnis größtenteils ein *Produktionsprozeß* und nicht ein Ansammeln stattfindet (Bransford & Franks, 1971; Johnson, Bransford & Solomon, 1973). In der letztgenannten Untersuchung wurde den Versuchspersonen eine Reihe von Sätzen gezeigt, z. B.: „Hans versuchte das Vogelhäuschen zu montieren. Er befestigte es eben an einem Nagel, als sein Vater kam, um ihm zuzusehen und bei der Arbeit zu helfen." Später sollten die Vpn aus einer Liste von Sätzen, denjenigen herausfinden, den sie vorher gesehen hatten. Zusätzlich zu der obigen Passage wurde den Versuchspersonen auch der folgende Satz gezeigt: „Hans hatte gerade den

Hammer in der Hand, um das Vogelhäuschen zu befestigen, als sein Vater kam, um ihm zuzusehen und bei der Arbeit zu helfen."
Erstaunlicherweise waren sich die Vpn darüber einig, daß sie den zweiten, nicht aber den ersten Satz gesehen hatten. Es ist eine logische Annahme, daß jemand einen Hammer benutzt, um mit einem Nagel ein Vogelhaus zu befestigen. Das Wort Hammer war in dem ersten Auszug nicht erwähnt worden, jedoch im zweiten.
Die Ergebnisse dieser Studie unterstützen die Annahme, daß wir uns nicht an Spezifika, sondern vielmehr an Bedeutungen und Ideen erinnern (Knotentheorie des Gedächtnisses). Wir speichern Abstraktionen, anhand derer wir die tatsächlichen Ereignisse nachträglich entwickeln. Daher sind unsere Erinnerungen oft verzerrt.

Die Verdrängungstheorie

Eine bekannte Theorie für Vergessen basiert auf Freuds Annahme, daß Individuen manchmal unbewußt angsterregende oder traumatische Erfahrungen vergessen (verdrängen). Diese Art des Vergessens kann experimentell nur schwer nachgewiesen werden, wird jedoch gelegentlich in klinischen Situationen beobachtet. Da sie nur auf gefühlsbezogene Situationen anwendbar ist, ist sie für eine umfassende Erklärung von Vergessen nur von begrenztem Wert.

Die Interferenztheorie

Die am weitesten akzeptierte Theorie des Vergessens war bis vor kurzem wohl die, die auf der Annahme beruhte, daß neu Gelerntes mit dem Abruf von früher Gelerntem interferieren kann (retroaktive Interferenz) oder daß früher Gelerntes mit dem Abruf von neu Gelerntem interferieren kann (proaktive Interferenz).
Wie bereits angedeutet, zeigte sich Interferenz zwar als konsistentes Phänomen in Studien über das Kurzzeitgedächtnis (hier wurden häufig Unsinnsilben benutzt), sie scheint jedoch die Vorgänge in unserem täglichen Leben weit weniger gut zu beschreiben. Obwohl wir vielleicht gelegentlich durch die Konkurrenz zwischen verschiedenen Items, an die wir uns zu erinnern versuchen, verwirrt sind, können wir anscheinend dennoch alle möglichen Dinge

lernen, ohne zu riskieren, in steigendem Maße Opfer von Interferenzwirkungen zu werden. Wenn Interferenzen im täglichen Leben die gleichen Wirkungen hätten wie im Kurzzeitgedächtnis, wären die meisten von uns gut beraten, sofort mit dem Lernen von neuem Material aufzuhören und dafür die meiste Zeit der Wiederholung alten Materials zu widmen, um gegen die schädlichen Effekte retro- und proaktiver Interferenz gewappnet zu sein.

Vergessen wir?

In diesem Kapitel wurde schon mehrfach auf die Möglichkeit hingewiesen, daß wir überhaupt nicht vergessen. Es wurde z. B. vermutet, daß die Tatsache, daß wir uns an etwas nicht erinnern können, kein sehr guter Beweis dafür ist, daß es ganz aus unserem Gedächtnis verschwunden sein sollte. Vielleicht ist die Erinnerung im Gedächtnis vorhanden, aber wir haben nur keinen Zugang zu ihr.
Tulving (Tulving, 1974; Tulving & Madigan, 1970) erkannte diese Möglichkeit bei seiner Beschreibung der zwei Arten des Vergessens. Vermutlich gibt es eine Art von Vergessen, die einfach auf der Unfähigkeit, die Information abzurufen, basiert. Es wird angenommen, daß diese Art des Vergessens damit zusammenhängt, daß für den Abruf kein geeigneter Hinweisreiz zur Verfügung steht (daher der englische Begriff *cue-dependent*, reizabhängig). Eine zweite Art des Vergessens beinhaltet eine tatsächliche Veränderung der Gedächtnisspur selbst *(trace-dependent)*. Die vier oben beschriebenen Theorien (Zerfall, Interferenz, Verzerrung und Verdrängung) beziehen sich alle auf spurabhängiges Vergessen. Wir wissen sehr wenig über Hinweisreize und darüber, wie wir sie handhaben könnten, um die Lern- und Erinnerungsfähigkeit zu steigern. Wahrscheinlich würde zusätzliches Wissen über diese „cues" wichtige Implikationen für Lehr- und Lernprozesse und für unser tägliches Leben mit sich bringen.

Erinnern

Ist Wiederholung die einzige Möglichkeit, mit der wir die Wahrscheinlichkeit, daß wir uns an etwas erinnern, erhöhen können? In der Forschung wird angenommen, daß es mehrere Möglichkeiten gibt, Wiederholung ist wahrscheinlich eine der wirkungsvollsten (Corbett, 1977; Nelson, 1977). Außerdem scheint die Aufteilung von Lernmaterial effektiver zu sein als der Versuch, alles auf einmal zu lernen. Daher sind vier einstündige Lernperioden, die von drei Pausen unterteilt werden, im allgemeinen wirkungsvoller (in bezug auf spätere Erinnerung) als eine einzige vierstündige Lerneinheit. Außer der Wiederholung und der Aufteilung von Material gibt es eine Reihe von Lernmethoden, die das Erinnerungsvermögen signifikant verbessern. Die meisten davon beziehen sich auf Strategien der Materialorganisation (anders ausgedrückt mit der Abstrahierung von Bedeutung aus dem Material) und stimmen mit unserer Metapher der Langzeitdarstellung sehr gut überein. Diese Darstellung ist vergleichbar mit Knoten, die im wesentlichen Ideen und Beziehungen darstellen (Masson und McDaniel, 1981).

Eine spezifischere Gedächtnishilfe ist die Mnemotechnik. Darunter versteht man z. B. *Akronyme* (Buchstabenschlüssel) wie z. B. NATO oder U. N. Ein anderes Beispiel sind *Akrostichone*, also Sätze oder Ausdrücke, in denen der erste Buchstabe jedes Wortes für etwas anderes steht. So kann z. B. der Satz: „Mein Vater erklärt mir jeden Sonntag unsere neuen Pläne", die Planeten unseres Sonnensystems abrufen helfen Merkur, Venus, Erde, Mars, ...).

Kompliziertere Gedächtnishilfen gebrauchen typischerweise visuelle Bilder. Aus unerfindlichen Gründen können wir uns visuelle Eindrücke besser merken als die meisten geschriebenen oder gesprochenen Worte (Paivio, 1980). Als Versuchspersonen 10 000 Bilder sehr kurz gezeigt wurden und ihnen danach einige dieser Bilder erneut präsentiert wurden – diesmal allerdings gepaart mit anderen Bildern, die den Vpn unbekannt waren – konnten die Testpersonen 90% der bereits einmal gesehenen Bilder wiedererkennen (Standing, 1973). Ähnliches fanden Babrick, Babrick und Wittlinger (1975) heraus: Sie zeigten Versuchspersonen Fotos ihrer Klassenkameradinnen und Kameraden. Nach zwei Monaten konnten die Vpn 90% von ihnen wiedererkennen. Diese Quote sank auch nach 15 Jahren nicht wesentlich ab. Unsere Fähigkeiten, visuelle Eindrücke wiederzuerkennen, sind zweifellos beachtlich. Gedächtnishilfen, die auf visuellen Eindrücken basieren, legen meistens spezielle Möglichkeiten nahe, geistige Eindrücke visuell mit anderen, leicht zu erinnernden Eindrücken zu verbinden. Higbee (1977) und Cermak (1976) beschrieben eine Reihe von Gedächtnishilfen im Detail. Bei der *Lokalisiermethode* sollen sich die Versuchspersonen z. B. einen starken visuellen Eindruck von dem zu erinnernden Gegenstand verschaffen und ihn im Geiste an einem vertrauten Ort, etwa im Zimmer eines Hauses, plazieren. Ein zweiter Gegenstand wird dann im Geist in ein anderes Zimmer plaziert, ein dritter könnte in den Flur plaziert werden. Der spätere Abruf der Gegenstände erfordert einfach, daß die Person einen geistigen „Spaziergang" durch die Zimmer des Hauses macht und versucht, sich jeden der dort vorgestellten Gegenstände wieder in Erinnerung zu rufen. Versuchen Sie es doch mal mit Ihrer Einkaufsliste! Es funktioniert.

Zusammenfassung: Kapitel 11

Dieses Kapitel berichtete über Aufmerksamkeit und Gedächtnis. Diese Prozesse sind unausweichlich mit Lernen verknüpft. Zeitgenössische Modelle in diesen Gebieten sind primär kognitiver Art.

1. Die kognitive Psychologie ist eine Psychologie der Metapher. Ihre Modelle machen Aussagen wie: „Die Menschen verhalten sich *als ob* ...".

2. W. James definierte Aufmerksamkeit als ein „im Geiste behalten" eines von vielen miteinander konkurrierenden Items. Jüngere Definitionen lauten nicht wesentlich anders und treffen keine klare Unterscheidung zwischen momentaner Bewußtheit, die Wickelgren *aktives Gedächtnis* nennt, und Aufmerksamkeit.

3. „Cocktail-party"-Experimente lassen vermuten, daß es wahrscheinlich eine Kurzzeiterinnerung an nichtbeachtete sensorische Ereignisse gibt, daß aber dennoch irrelevante Stimuli häufig ausgefiltert werden.

4. Obwohl wir im allgemeinen nur einem Stimulus Aufmerksamkeit schenken, scheinen wir auch zwei Reize gleichzeitig verarbeiten zu können, indem wir sozusagen unsere Aufmerksamkeit teilen. Parallele Verarbeitung wird unwahrscheinlicher, je größer der erforderliche Aufwand ist.

5. Das Gedächtnis ist normalerweise definiert als Zugänglichkeit von Information (Erinne-

rung oder Abrufbarkeit). Es gibt Hinweise dafür, daß es ein Kurzzeit- und ein Langzeitgedächtnis gibt.

6. Die erste *wissenschaftliche* Untersuchung des Gedächtnisses wurde von Ebbinghaus durchgeführt. Die modernen Psychologen haben von ihm die Unsinnsilben übernommen (die unsinnig sind) sowie die Gedächtniskurven (die nicht besonders beeindrucken).

7. Ein bestimmtes Modell des Gedächtnisses beschreibt einen zwei Stadien umfassenden Prozeß, der aus Kurzzeit- und Langzeitgedächtnis besteht. Ein drittes Stadium, manchmal als sensorisches Register bezeichnet, steht in enger Beziehung zur Aufmerksamkeit.

8. Das sensorische Gedächtnis beschreibt eine momentane Reizwirkung, die der Verarbeitung vorausgeht. Das sensorische Gedächtnis ist sowohl in bezug auf die Anzahl an Informationen, wie auch auf die Zeitdauer, die es Informationen halten kann, sehr stark begrenzt.

9. Informationen bleiben im Kurzzeitgedächtnis offensichtlich nur für Sekunden (selten mehr als 20) bestehen, außer es findet eine ständige Wiederholung statt (wobei die Information in das Langzeitgedächtnis aufgenommen werden kann). Der Begriff Langzeitgedächtnis bezieht sich im wesentlichen auf die momentane Verfügbarkeit einer kleinen Anzahl von Items (sieben plus oder minus zwei) und wird von Wickelgren als *aktives* Gedächtnis bezeichnet, um die Ähnlichkeit mit momentaner Aufmerksamkeit oder momentaner Bewußtheit zu betonen.

10. Das Langzeitgedächtnis basiert wahrscheinlich auf permanenten strukturellen Veränderungen im sog. Gedächtnisspeicher. Das Kurzzeitgedächtnis hingegen beruht möglicherweise nur auf zeitweiliger elektrischer Aktivität. Diese Theorie stammt von Hebb.

11. Gedächtnis ist mehr als nur die einfache Erinnerung an Information, die früher einmal gelernt *und zu diesem Zeitpunkt auf eine ganz bestimmte Art und Weise wahrgenommen wurde*. Wird früheres Material später reproduziert, so können wir feststellen, daß dieses Material über die Zeit hinweg oft Veränderungen unterliegt.

12. Ein Vergleich zwischen Kurz- und Langzeitgedächtnis macht deutlich, daß das Kurzzeitgedächtnis ein aktiver, fortlaufender Prozeß ist, der sehr leicht durch momentane Aktivitäten gestört werden kann und in seiner Kapazität sehr begrenzt ist. Im Gegensatz dazu bezieht sich der Begriff Langzeitgedächtnis auf passi-

vere Prozesse, die durch momentane Aktivitäten nicht so leicht gestört werden und in bezug auf ihre Kapazität fast unbegrenzt sind. Der Abruf aus dem Kurzzeitgedächtnis erfolgt sofort und automatisch oder gar nicht; der Abruf aus dem Langzeitgedächtnis kann dagegen wesentlich langsamer stattfinden und ein Suchen beinhalten.

13. Das semantische Gedächtnis umfaßt allgemeine, stabile und abstrakte Fakten und Prinzipien (unser Wissen über Sprache, die Welt, usw.); das episodische Gedächtnis referiert auf persönliches Wissen temporärer Natur, das an spezielle Geschehnisse gebunden ist, die wir erlebt haben. Viele Forscher betrachten diese Unterscheidung als unnötig.

14. Die traditionellen Gedächtnismodelle waren nicht assoziativer Art (s. Koffkas Annahme einer fortlaufenden Aufnahme wie bei Videobändern); jüngere Modelle betonen die Assoziationen zwischen Items im Gedächtnis und verwenden häufig Knotenmodelle, wobei ein Knoten einfach das ist, was immer eine Idee repräsentiert.

15. Untersuchungen an Ratten haben gezeigt, daß der Lernvorgang auch meßbare physiologische Veränderungen im Kortex nach sich zieht. Bekannt sind ein Anstieg der Konzentration von Azetylcholinesterase, ein Anstieg der Anzahl von Gliazellen und ein Zuwachs des Gehirngewichts.

16. Es gibt interessante (aber nicht unbestrittene) Hinweise darauf, daß das Substrat des Gedächtnisses, die Ribonukleinsäure (RNS), in ihren verschiedenen Kombinationen verankert ist, und daß das Gedächtnis von einem Organismus auf den anderen durch die Eingabe von RNS übertragen werden kann. Eine Möglichkeit, diese Übertragung zu erreichen besteht darin, daß ein Individuum das andere verspeist, wie z.B. bei „Hund frißt Hund".

17. Es gibt Beweise dafür, daß eine Art von Vergessen aus einem schlecht erklärten Zerfallsprozeß resultiert. Außerdem ist Vergessen wahrscheinlich manchmal das Ergebnis von Verzerrung, die stattfindet, weil einerseits, das, was wir erinnern, relativ abstrakt ist und weil wir andererseits eher etwas entwickeln als es zu rekonstruieren, wenn wir uns an etwas zu erinnern versuchen. Andere Erklärungen für Vergessen beinhalten die Verdrängungstheorie, die für emotional negativ geladene Erfahrungen am angemessensten ist, und die Interferenztheorie, die heute keine reelle Basis mehr zu haben scheint.

18. Es ist möglich, daß vieles, von dem was wir vergessen, nicht wirklich unserem Gedächtnis verlorengegangen ist (was dem Gedächtnis verloren gegangen ist, wäre spurabhängiges Vergessen), sondern einfach auf der Unfähigkeit basiert, die Information aus dem Gedächtnis abzurufen (dieses Vergessen ist abhängig von Hinweisreizen).

19. Lernen und Erinnern können oft durch Wiederholung, Aufteilung, Techniken zur Organisation und zum Entdecken von Bedeutung verbessert werden, wie auch durch spezielle Gedächtnishilfen, von denen die wirkungsvollsten ausgiebigen Gebrauch von visuellen Eindrücken machen.

Kapitel 12

Motivation

Motivation

Eine der fundamentalsten Fragen, die über menschliches Verhalten gestellt werden können, ist „warum"? Warum verhalten wir uns? Warum verhalten wir uns genau so, wie wir es tun? Warum hört ein Verhalten auf?

Dies sind Fragen der Motivation. Ein Motiv ist eine Ursache für Verhalten – ein Grund bestimmte Dinge zu tun oder nicht zu tun. Die Motivation kurbelt ein Verhalten an, steuert es und ist auch für das Aufgeben der Verhaltensweise verantwortlich. Daher können Hunger und Sexualität als Motive bezeichnet werden. Beide bewegen uns dazu, alle möglichen Dinge zu tun, von denen nicht alle in direkter Beziehung zu Essen oder Fortpflanzung zu stehen scheinen.

Antworten auf Fragen der Motivation sind für das Verständnis menschlichen Lernens grundlegend. Oberflächlich gesehen scheinen einige dieser Antworten (wie z. B. Hunger und Sexualität) sehr einfach zu sein, andere dagegen sehr komplex. Tatsächlich scheinen die einfachsten Erklärungen für Verhalten oft am wenigsten zu erklären, und die Suche nach dem kompletten Verständnis geht hier – wie auf allen anderen Gebieten der Psychologie – weiter. Außerdem sollten wir uns nicht in dem Glauben irreführen lassen, daß die Motive, die einfach zu sein scheinen. es auch wirklich sind. Die meisten sind es nicht.

Dieses Kapitel präsentiert viele verschiedene Belege für menschliche Motivation. Viele davon sind in den bereits diskutierten Lerntheorien implizit oder explizit enthalten.

Instinkte, Prägung und Reflexe

Instinkte

Zu den frühesten Erklärungen des menschlichen Verhaltens gehörten die Instinkt-Theorien von McDougall (1908) und Bernard (1924). Sie definierten Instinkte ziemlich ungenau und versuchten, das gesamte menschliche Verhalten als Ergebnis ungelernter (= angeborener) Tendenzen zu erklären. Auflistungen menschlicher Instinkte enthalten gewöhnlich Qualitäten wie z.B. Herdendrang, Kampfdrang, Furcht, Selbstbehauptung, Selbstherabsetzung und Hunger. Der Erklärungs- und Vorhersagewert solcher Ausdrücke ist jedoch stark begrenzt, was darauf zurückzuführen ist, daß es sich hierbei um „zirkuläre" Definitionen handelt. So soll sich z.B. der Überlebens-Instinkt darin äußern, daß die Menschen gefährliche Situationen vermeiden. Wie wissen wir denn, ob es einen Überlebens-Instinkt überhaupt gibt? Antwort: weil Leute gefährliche Situationen vermeiden. Warum vermeiden sie gefährliche Situationen? Weil sie einen Überlebens-Instinkt besitzen; ad infinitum im Kreise herum (zirkulär).

Heutzutage beschränkt sich die Diskussion über das Konzept der Instinkte auf komplexe arteigene, ungelernte und verhältnismäßig unmodifizierbare Verhaltensweisen, weil sie vorwiegend in der niederen Tierwelt angetroffen werden (Thorpe, 1963), also Verhaltensweisen wie Nestbauen, Wanderung der Zugvögel, Überwinterung und Paarungsverhalten. Diese Definition macht es schwierig festzustellen, ob die Menschen Instinkte haben oder nicht. Möglicherweise besitzen sie welche, aber die Einflüsse der Kultur haben diese so überlagert, daß sie überhaupt nicht mehr von erlerntem Verhalten unterschieden werden können.

Prägung

Der Ausdruck *Prägung* wurde von den Ethologen geprägt und ist mit dem Ausdruck *Instinkt* verwandt (Ethologen befassen sich vor allem mit dem Verhalten niederer Tierformen). Tinbergen (1951) und Lorenz (1952) beschreiben die Prägung als ungelerntes Verhalten, welches artspezifisch ist und erst dann auftritt, wenn das Tier dem entsprechenden Reiz ausgesetzt wird (auslösender Reiz oder Auslöser genannt); dies alles muß sich in der richtigen Zeitphase im Leben des Tieres abspielen (der sog. kritischen Periode). Das klassische Beispiel für Prägung ist das „Folgeverhalten" von Enten, Hühnern und Gänsen (Hess, 1958). Junge Vögel folgen dem ersten sich bewegenden Objekt, das sie wahrnehmen. Gewöhnlich ist dies die Mutter, jedoch braucht es nicht sie zu

sein. Lorenz (1952) berichtet über ein auf ihn geprägtes Graugans-Junges, das ihm genauso folgte wie es normalerweise seiner Mutter gefolgt wäre. Als die Zeit der Paarung nahte, richtete die Gans ihre Aufmerksamkeit immer noch auf Lorenz, was dem wahrscheinlich ziemlich peinlich war.

Während die Prägung von besonderer Relevanz für Tiere ist, läßt sie sich im Verhalten des Menschen nicht klar erkennen. Obgleich man wiederholt versucht hat, Schlußfolgerungen solcher Untersuchungen über kritische Perioden auch auf den Menschen zu übertragen, hat man bis jetzt solche Perioden noch nicht zweifelsfrei feststellen können. Es scheint jedoch Zeitperioden zu geben, während derer eine bestimmte Art des Lernens sich leichter vollzieht als während anderer Zeitabschnitte. Die Arbeiten von Spitz und Wolf (1946) und von Bowlby (1951) über Kinder in Waisenhäusern wurden dahingehend interpretiert, daß die ersten sechs Monate im Leben eines Kindes entscheidend für die Bindung an die Mutter sind. Selbst wenn diese Beobachtung uneingeschränkt wahr wäre, könnten wir hier noch nicht von einem Analogon zu den kritischen Perioden in der Tierwelt sprechen.

Reflexe

Einige menschliche Verhaltensweisen können mit Hilfe von Reflexen erklärt werden. Ein Reflex ist eine einfache ungelernte Reaktion auf einen ganz spezifischen Reiz. Der Reflex ist nicht so komplex wie die Instinkte oder die Prägung, noch ist für sein Auftreten ein Auslöser innerhalb einer kritischen Periode notwendig. Kinder kommen mit einer beschränkten Anzahl von Reflexen auf die Welt, die mit wenigen Ausnahmen bis ins Erwachsenenalter erhalten bleiben. Dazu gehören die Lidschlagreaktion, eine Reaktion auf einen das Auge treffenden Luftstrom, der Patellarsehnenreflex, das Zurückziehen von Körperteilen bei aversiven Reizen und Schreckreaktionen. Dazu kommen noch drei menschliche Reflexe, die bei der Geburt vorhanden sind, aber kurz danach verschwinden – der Babinski-Reflex (das Hochziehen der Zehen, wenn die Fußsohle gekitzelt wird), der Greifreflex und der Saugreflex.

Schon Pawlow und nach ihm andere russische Psychologen entdeckten eine andere Art des reflexiven Verhaltens, den sog. Orientierungsreflex (OR). Razran (1961) gibt eine Übersicht über die Geschichte und die Eigenart dieser Reaktion. Allgemein gesehen ist die Orientierungsreaktion die erste Reaktion, die ein Organismus auf irgendeinen Reiz, auf den er reagiert, bringt. Diese Reaktion führt zu einem Zustand erhöhter Sensitivität und Aufmerksamkeit und spiegelt sich in einer Reihe physiologischer Veränderungen wider, wie z. B. vergrößerte Pupillen, Fluktuationen in der Herz- und Atemfrequenz und Veränderungen der kortikalen Aktivität. Bei Tieren, wie z. B. bei Hunden, zeigen die Orientierungsreflexe beobachtbare Komponenten. Wird ein Hund mit einem neuartigen Reiz konfrontiert, so bewegt er seine Ohren und nimmt eine „aufmerksame" Haltung ein. Wegen dieser Begleitumstände wird der Orientierungsreflex auch häufig als die „Was-ist-los?"-Reaktion bezeichnet.

Erinnern wir uns, daß Pawlow und Watson in ihren Werken über menschliches Lernen sehr häufig von Reflexen sprachen, und daß es ihnen zumindest teilweise gelang, einige einfache Arten von Lernen, einschließlich einiger emotionaler Reaktionen, damit zu erklären.

Zu sagen, daß einige menschliche Verhaltensweisen reflektorischer Natur seien, heißt, daß man damit nur spezifische Verhaltensweisen erklärt, die in der Tat auch Reflexe sind. Als Erklärungsprinzip jedoch ist die Kenntnis der Reflexe nur von beschränktem Nutzen. Komplizierte menschliche Verhaltensweisen werden gewöhnlich mit Hilfe anderer Prinzipien zu erklären versucht, etwa mittels des psychologischen Hedonismus, der von der Philosophie ausgeliehen ist und auch weniger psychologisch als philosophisch bleibt.

Psychologischer Hedonismus

Es gibt genügend Hinweise dafür, daß das menschliche Verhalten oft das Angenehme sucht und das Unangenehme vermeidet. Diese Haltung bezeichnet man als psychologischen Hedonismus. Der Ausdruck stammt von Jeremy Bentham, der damals versuchte, eine *allgemeine* Erklärung für den Großteil des menschlichen Verhaltens zu finden. Obgleich diese Idee intuitiv sehr ansprechend ist - besonders wenn wir bedenken, daß die Menschen tatsächlich versuchen, Schmerzen zu vermeiden und Angenehmes zu erhalten - ist sie isoliert betrachtet, wertlos. Das Kernproblem bleibt

hier, daß diese Idee nicht dazu benutzt werden kann, Verhalten zu erklären oder vorherzusagen, es sei denn, Schmerz und Angenehmes könnten *a priori* ganz klar definiert werden, was gewöhnlich sehr schwierig ist. Es klingt z. B. sehr klug, wenn gesagt wird, daß ein Mann in einer zugigen Hütte in der Arktis aushält, weil es ihm Freude macht; vorherzusagen, daß gerade dieser und kein anderer dies tun würde, ist eine andere Sache. Die wirkliche Schwierigkeit aber besteht darin, daß Schmerz und angenehme Empfindung subjektive emotionale Reaktionen sind. Es könnte ohne weiteres wahr sein, daß das menschliche Verhalten hedonistisch ist; dieses Wissen hilft jedoch unseren Theorien über Motivation nicht weiter, es sei denn, wir könnten Schmerz und angenehme Empfindungen objektiv definieren und beschreiben.

Theorien über Bedürfnisse und Triebe

Zahlreiche Theorien versuchen das menschliche Verhalten aufgrund von Bedürfnissen und Trieben zu erklären. Solche Theorien sind eng mit der hedonistischen Anschauung verwandt, da sie Schmerz und angenehme Empfindungen genauer zu spezifizieren versuchen.

Ein *Bedürfnis* wird gewöhnlich als ein Defizit oder eine Mangelerscheinung angesehen, die zu einem Wunsch nach Befriedigung führt. Ein Bedürfnis kann auch als ein Zustand des Organismus angesehen werden, der die Saat seiner eigenen Vernichtung in sich trägt. So ist z. B. eine hungrige Person im Zustand eines Bedürfnisses, dieses Bedürfnis führt zum Essen, das Bedürfnis verschwindet. Ein Bedürfnis ruft einen *Trieb* hervor, der als ein Drang zur Aktivität bezeichnet werden könnte. So führt ein Bedürfnis nach Essen zum Hungertrieb, ein Bedürfnis nach Liebe zum Sexualtrieb und ein Bedürfnis nach Wasser zum Durst.

Die Verwandtschaft zwischen den Bedürfnis-Trieb-Theorien und dem Hedonismus ist implizit in der Annahme gegeben, daß ein Bedürfniszustand etwas Unangenehmes sei, während die Befriedigung eines Bedürfnisses etwas Angenehmes sei. Damit wäre eine Auflistung von Bedürfnissen gleichzeitig ein Weg, das Wesen von Schmerz und angenehmen Empfindungen zu definieren. Es herrscht allgemeine Übereinstimmung darüber, daß wir eine Anzahl von physischen Bedürfnissen haben, von denen die meisten für das Überleben notwendig sind. Mouly (1968) zählt dazu folgende: Nahrung, Wasser, Schlaf, Ruhe, Aktivität und sexuelle Betätigung; diese werden auch als physiologische oder organische Bedürfnisse bezeichnet. Es wird angenommen, daß sie *grundlegende Bedürfnisse* sind, die sich in Form tatsächlicher Gewebeveränderungen im menschlichen Körper manifestieren.

Über die physiologischen Bedürfnisse der Menschen herrscht fast ausnahmslos Übereinstimmung; dies trifft auf *psychologische* Bedürfnisse jedoch gar nicht zu. Der wichtigste Unterschied zwischen physischen und psychologischen Bedürfnissen ist der, daß bei physischen Bedürfnissen - und ihrer Befriedigung - Gewebeveränderungen eine Rolle spielen. Psychologische Bedürfnisse dagegen drücken sich nicht in körperlichen Veränderungen aus, sondern beziehen sich mehr auf die kognitiven und intellektuellen Aspekte des menschlichen Verhaltens. Dazu kommt, daß man die physiologischen Bedürfnisse völlig befriedigen kann, während dies bei den psychologischen Bedürfnissen nicht der Fall ist. Eine Person kann z. B. essen, bis sie nicht mehr hungrig ist, aber es ist selten, daß sie so viel Liebe und Zuwendung erhält, daß sie dann absolut keine mehr möchte.

Mouly (1968) führt auch sechs psychologische Bedürfnisse auf: das Bedürfnis nach Zuneigung, Zugehörigkeit, Leistung, Unabhängigkeit, sozialer Anerkennung und Selbstachtung. Daneben gibt es natürlich viele andere Aufzählungen solcher Bedürfnisse, wie z. B. die von Raths und Burell (1963), Murray (1938), Maslow (1970). Die Liste von Maslow enthält fünf Bedürfnissysteme: Physiologische Bedürfnisse, Sicherheitsbedürfnisse, Liebes- und Zugehörigkeitsbedürfnisse, Wertschätzungsbedürfnisse und das Bedürfnis der Selbstverwirklichung (s. Abb. 12.1). Diese werden in hierarchischer Form angeordnet, und zwar ausgehend von den primitivsten Bedürfnissen (wie z. B. den physiologischen Bedürfnissen: Hunger, Durst usw.) bis zum höchst entwickelten System (wie z. B. dem Bedürfnis nach Selbstverwirklichung, d. h. die in uns liegenden Fähigkeiten voll und ganz zu entwickeln). Die wichtigste Annahme bei dieser hierarchischen Anordnung ist, daß die Bedürfnisse auf dem höheren Niveau nur dann angesprochen werden, wenn die primitiven Bedürfnisse mehr oder weniger gut befriedigt worden sind. Bei dieser Annahme jedoch ist es wichtig, zwischen Kulturen zu differen-

zieren, in denen Hunger ein Bestandteil des täglichen Lebens ist und den Wohlstandsgesellschaften, die Hunger überhaupt nicht kennen. Für erstere ist ganz bestimmt das Überleben im physischen Sinne von Bedeutung, für letztere möglicherweise die höher gestellten Bedürfnisse in der hierarchischen Ordnung von Maslow.

Die Bedeutung der Bedürfnis- und Triebpositionen für behavioristische Lerntheorien sollte offensichtlich sein. Tatsächlich kann eine überwiegende Mehrheit von Experimenten, auf denen die operante Theorie basiert, als Versuch interpretiert werden, die Beziehung zwischen Hunger- und Dursttrieben und Lernen zu bestimmen. Skinners am häufigsten benutzte Verstärker, Futter und Wasser, sind Dinge, die grundlegende, ungelernte Bedürfnisse befriedigen. Und die in Studien über menschliches operantes Konditionieren am häufigsten benutzten Verstärker befriedigen gelernte oder psychologische Bedürfnisse (Lob, Geld, Geschenke, usw.).

Selbst die Konditionierungstheorien Skinners und Thorndikes basierten zum Großteil auf der Wirkung grundlegender Triebe als menschliche Motive. Ebenso vertraute Hull auf das, was er Triebreduktion nannte. Er erklärte damit, warum wir Gewohnheiten erwerben und wie „partiell antizipierende Zielreaktionen" verknüpft werden.

Trotz der Tatsache, daß die Bedürfnistheorie einige Relevanz für die Erklärung menschlichen Verhaltens besitzt, bestehen gegen sie doch eine Reihe von Einwänden. Die Theorie besagt, daß das Verhalten aus einem Bedürfnis oder einem Defizit des Organismus resultiert, woraus folgt, daß die Befriedigung dieses Bedürfnisses zu einem Ruhezustand führen sollte. Dieser Ruhezustand folgt jedoch nicht immer auf die Befriedigung. Sogar Ratten, von denen man annehmen sollte, daß sie sich nicht in einem Bedürfniszustand befinden, wenn sie gerade Futter oder Wasser erhalten oder sich sexuell befriedigt haben, legen sich nicht in irgendeine Ecke und fangen an zu schlafen. Stattdessen zeigen sie häufig sogar eine Erhöhung der Aktivität. Ein zweiter Einwand ist, daß es zahlreiche Aktivitäten bei Mensch und Tier gibt, bei denen keine Möglichkeit einer sofortigen oder sogar verzögerten Befriedigung eines Bedürfnisses besteht - so z. B. wenn Ratten lernen, durch ein Labyrinth zu laufen, ohne daß hierfür irgendeine Verstärkung verabreicht wird (Tolman, 1951) oder wenn eine Person aktiv

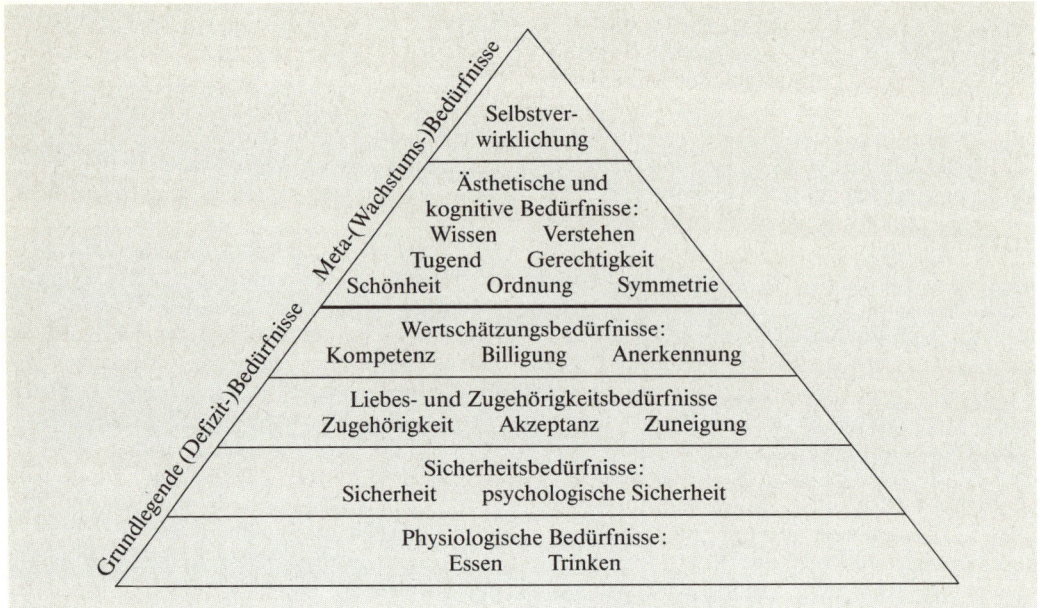

Abb. 12.1. Maslows Bedürfnishierarchie

nach sensorischer Stimulierung sucht (Hebb, 1966). Obwohl die Bedürfnistheorie oft heftig kritisiert wurde (z.B. Hunt, 1961) und gewisse Nachteile hat, trifft sie wahrscheinlich doch auf einen Großteil des menschlichen Verhaltens zu.

Anreize

Eine der prinzipiellen Unzulänglichkeiten der Bedürfnis- und Triebtheorien bzw. „Triebreduktionstheorien" ist, daß sie versuchen, Verhalten mit Begriffen wie *innerer* Zustand oder Drang (das Bedürfnis nach Essen z.B. ist ein innerer Zustand, der Hungertrieb ein Drang) zu erklären. Deshalb fällt es ihnen schwer, zu erklären, weshalb Verhalten offensichtlich auch von externen Reizen beeinflußt werden kann. Wäre Hunger nur ein innerer Zustand, würden wir immer nur soviel essen, um den physiologischen Mechanismus zu aktivieren, der mit dem Aufhören des Essens verbunden ist. Sehr viele Leute essen jedoch wesentlich mehr, wenn das Essen hübsch angerichtet ist; andere Menschen scheinen hungriger zu werden, wenn sie an der Zubereitung des Essens teilhaben können. Übrigens: Ratten, die, ehe sie in die Start-

ecke eines Labyrinths gesetzt werden, einen Vorgeschmack auf Futter bekommen, rennen schneller zum Ziel des Labyrinths als solche, die vorher keine Kostprobe bekamen (Zeaman, 1949). Wenn Hunger das Motiv ist und einzig und allein ein innerer Zustand, folgt daraus, daß der Geschmack von Essen - wie klein die Portion auch sein mag - den Hungertrieb etwas reduzieren sollte und daß hungrige Ratten schneller laufen sollten.

Was diese einfachen Bedürfnis- oder Triebpositionen nicht beachtet haben, ist der *Anreiz*wert der Motivation. Selbst für Ratten scheint der Geschmack von Essen ein Anreiz zu sein, der sie zu schnellerem Laufen veranlaßt. Für uns - begnadet wie wir mit unserer Vorstellungskraft sind - ist der Vorgeschmack nicht nötig. Sie brauchen mir nur zu erzählen, daß es die besten Crêpes suzettes der Welt in dem Laden unter dem lila Schild „Bei Suzie" gibt, und ich werde etwas schneller laufen. Und selbst wenn es nicht unbedingt die besten Crêpes der Welt sind, werde ich noch immer etwas schneller gehen als vorher.

Wir unterbrechen hier kurz, um den Begriff *Anreiz* etwas genauer zu definieren. Im wesentlichen bezieht sich *Anreiz* auf den Wert eines Zieles oder einer Belohnung. Wir sagen daher, ein Ziel hat einen hohen Anreizwert, wenn es ein Verhalten sehr stark motivieren kann. bzw.

einen niedrigen Anreizwert, wenn es nicht sehr motivierend wirkt. Daraus folgt, daß ein Individuum willens ist, sehr viel mehr Anstrengung für ein Ziel mit hohem Anreizwert als mit niederem aufzubringen. Die Einführung des *Anreizkonzeptes* in die Diskussion über Bedürfnis- und Triebtheorien ermöglicht es nun zu erklären, weshalb sich ein Affe mehr anstrengt, um eine Banane zu bekommen (für einen Salat wird er sich weniger anstrengen), und weshalb Sie vielleicht für ein Steak mehr bezahlen als für einen Hamburger. Damit wird auch eine ursprünglich behavioristische Motivationstheorie kognitiven Positionen etwas nähergerückt, da es kaum Zweifel daran gibt, daß unsere Vorfreude auf bestimmte Ziele und unsere Einschätzung der Werte dieser Ziele kognitive Prozesse einschließt.

Kognitive Theorien

Behavioristische Lern- und Motivationstheorien werden durch das charakterisiert, was als mechanistische und passive Betrachtung des menschlichen Organismus (Bolles, 1975) beschrieben wird. Verhaltensmotive bestehen im wesentlichen aus internen oder externen Reizen, auf die das Individuum in relativ hilfloser Art und Weise reagiert.

Im Gegensatz dazu stellen kognitive Positionen eine weniger mechanistische und viel aktivere Betrachtung über menschliches Verhalten vor. Menschen werden als Wesen gesehen, die die Konsequenzen ihres Verhaltens aktiv erforschen, manipulieren, vorhersagen und bewerten, und als Wesen, die agieren, statt nur auf ihre Umwelt zu reagieren.

Der erste große Bruch mit dem Hullschen Trieb-Reduktionsansatz zur Motivation fand statt, als Tolman behauptete, Verhalten sei nicht einfach das Resultat bestimmter Reize, sondern werde stark beeinflußt durch die Erwartung einer Belohnung und deren Wert (Anreiz) für den Organismus. Daher lernen gut gefütterte Ratten selbst bei Abwesenheit einer offensichtlichen Belohnung.

Attributionstheorien

Zu den für die Entwicklung der zeitgenössischen kognitiven Motivationstheorien wichti-

	Internal	External
Stabil (verändern sich nicht)	Fähigkeit	Schwierigkeit
Instabil (verändern sich)	Anstrengung	Glück

Abb. 12.2. Attributionstheorie: Erklärungen für Erfolg und Mißerfolg (nach Weiner, 1974a)

gen Ereignissen zählt Rotters (1954) Vermutung, daß Menschen dazu tendieren, ihren Erfolg oder Mißerfolg externen oder internen Ursachen zuzuschreiben. Es scheint also einen Persönlichkeitstypus zu geben, dessen *locus of control* (dies ist Rotters Terminologie) external ist, während ein anderer Typus eher internal orientiert ist. External orientierte Typen tendieren dazu, ihren Erfolg oder Mißerfolg der Schwierigkeit der Aufgabe, viel oder wenig Glück oder anderen nicht in der Einflußsphäre der Handelnden liegenden Faktoren zuzuschreiben. Im Gegensatz dazu erklären internal orientierte Individuen das Ergebnis ihrer Handlungen leichter mit Begriffen wie Fähigkeit und Anstrengung (s. Abb. 12.2).

Forschungsarbeiten über die Beziehung zwischen Leistungsmotivation und Attribution zeigen eine Reihe relativ konsistenter Ergebnisse. Personen mit hoher Leistungsmotivation attribuieren die Ergebnisse ihres Verhaltens eher mit internalen Ursachen. Sind sie erfolgreich, führen sie das häufig auf ihre Anstrengung (und vielleicht auch auf ihre Fähigkeit) zurück; auch wenn sie einen Mißerfolg haben, führen sie ihn auf internale Faktoren, häufig einen Mangel an Anstrengung, zurück. Individuen, bei denen eine niedrigere Leistungsmotivation gemessen wird, attribuieren ihren Erfolg häufig mit einem der folgenden vier Gründe: Fähigkeit, Anstrengung, Leichtigkeit der Aufgabe oder Glück; ihren Mißerfolg führen sie häufig auf fehlende Fähigkeiten zurück (Weiner, Frize, Kukla, Reed, Rest und Rosenbaum, 1971).

Wie Bolles (1974) bemerkte, besteht ein wichtiger Unterschied zwischen Atributionstheorien und stärker behavioristischen Motivationstheorien darin, daß die erstere Menschen als aktiv handelnd betrachtet.

Wir sind ständig damit beschäftigt, unser Verhalten zu bewerten, Gründe für unsere Erfolge und Mißerfolge zu suchen, die in der Zukunft liegenden Folgen unseres geplanten Verhaltens vorherzusehen und emotional auf Erfolg und Mißerfolg zu reagieren. Und hier ist das Schlüsselkonzept in Weiners theoretischer Formulierung: Nicht die Attribution unseres Verhaltens mit dem einen oder anderen Grund motiviert unser Verhalten, so schreibt er (1980), sondern die Gefühle, die als Reaktionen auf spezielle Attribuierungen auftreten. Als Beispiel führt er an, daß die Ergebnisse der Attribution Wut, Schuld, Dankbarkeit oder eine Vielzahl anderer Gefühle sein könnten. In dem Ausmaß, in dem diese Gefühle positiv sind, wird bei nachfolgendem Verhalten versucht werden, die Bedingungen, die die Attribution ermöglichten, aufrechtzuerhalten. Das Gegenteil ist der Fall, wenn es sich um negative Gefühle handelt. Schreibe ich z. B. meinen Erfolg der Hilfe einer anderen Person zu, könnte mich das dazu bewegen (motivieren), dieser Person ein Geschenk zu machen, um die Beziehung aufrechtzuerhalten.

Weiterentwickelte Darlegungen der Attributionstheorie werden häufig in der Sozialpsychologie angewandt (z. B. Kelley, 1971, 1973; Shaver, 1975). Kurz gesagt argumentieren Theoretiker der sozialen Attribution folgendermaßen: Auf der Grundlage von Urteilen, die wir über das Verhalten anderer Personen fällen, schreiben wir den Personen bestimmte Motive zu. Daraufhin reagieren wir auf die Person größtenteils über unsere Attributionen. Zu Beginn entscheiden wir z. B., ob eine Handlung intentional ist – eine Entscheidung, die auf unserem Wissen über die handelnde Person wie auf einer Reihe anderer Faktoren basiert. Entscheiden wir, daß das Verhalten intentional war, attribuieren wir es wahrscheinlich mit einem internalen *(dispositionalen)* Faktor; entscheiden wir, daß das Verhalten nicht intentional war, attribuieren wir es wahrscheinlich als external *(situational)*. Unsere emotionale Reaktion der handelnden Person gegenüber würde dann nicht nur durch die Konsequenzen deren Handlung für uns bestimmt, sondern auch durch unsere Attribution. Nehmen wir ein extremes und unangenehmes Beispiel an: Wenn Sie mir das Bein brechen, und ich entscheide, daß die Ursache dispositionaler Art war (daß Sie mir absichtlich das Bein brachen, weil Sie mich nicht mögen), sieht meine emotionale Reaktion Ihnen gegenüber sicherlich wesentlich anders aus, als wenn ich eine situationale Attribution vornehme (Sie waren so blöde, daß Sie mir nicht ausweichen konnten, als ich den Hang hinunterraste).

Attributionstheorien sind noch etwas zu jung, um richtig eingeschätzt und bewertet werden zu können. Hier genügt es zu sagen, daß es ihnen möglicherweise gelingt, in unserem Verhalten einen Sinn zu finden, und zwar in dem Ausmaß, in dem sie von der fundamentalen Annahme ausgehen, daß ein Großteil unseres Verhaltens so aufgebaut ist, daß es unserer Welt und unserem Handeln Sinn gibt. Es wäre jedoch sehr voreilig, andere, sehr unterschiedliche behavioristische und kognitive Theorien zu verwerfen. Daß diese Theorien sehr unterschiedlich sind, heißt nicht, daß sie notwendigerweise richtig oder falsch sein müssen.

Kognitive Dissonanz

Eine zweite kognitive Position ist die von Leon Festinger (1957, 1962), die später von Brehm und Cohen noch weiter ausgebaut wurde (1962). Die Theorie der *kognitiven Dissonanz* ist ein Versuch, zumindest einen Teil des menschlichen Verhaltens auf der Grundlage der motivierenden Wirkung einer Nichtübereinstimmung zwischen Kognitionen zu erklären. Besitzt eine Person z. B. gleichzeitig zwei sich widersprechende Informationen (dissonante Kognitionen), so wird sie dadurch zum Handeln motiviert. Die Theorie geht sogar noch einen Schritt weiter und legt die genaue Art des Verhaltens fest, das benutzt wird, um den Grad der Widersprüchlichkeit zwischen den Informationen zu reduzieren. Weiterhin besagt sie, daß das Verhalten auch in direktem Bezug zu der Größe der Diskrepanz zwischen den Kognitionen steht.

Es gibt eine Reihe von Untersuchungen an Menschen, die sich direkt auf die Dissonanztheorie beziehen. Eine solche Studie (Festinger, 1962) befaßt sich mit Probanden, deren Verhalten mit ihrer privaten Meinung nicht übereinstimmt. Eine Anzahl von Studenten meldete sich freiwillig zu einem Experiment, in dem angeblich „motorische Fähigkeiten" geprüft werden sollten. Tatsächlich jedoch bestand das Experiment aus einer 1stündigen Sitzung, aus der die Versuchsteilnehmer völlig erschöpft und gelangweilt herauskamen. Beabsichtigt war, allen Versuchsteilnehmern eine identische Erfahrung, über die sie nachher eine sehr negative Meinung haben würden, zu vermitteln. Nach der Sitzung wurde den Probanden gesagt, das Experiment sei nun zu Ende; dann wurden sie einzeln aufgefordert, dem Versuchsleiter beim nächsten Probanden behilflich zu sein. Sie wurden davon überzeugt, daß es für die Untersuchung wichtig sei, daß die nächste Person das Experiment als interessant und angenehm ansehe. Aufgrund der Tatsache, daß diese „Versuchshelfer" ihre Kommilitonen und Kommilitoninnen belogen, entstand in ihnen ein Konflikt zwischen ihrem Verhalten und ihrer Meinung – einer der häufigsten Gründe für die Dissonanz beim Menschen. In Anlehnung an die Theorie würde man nun vorhersagen, daß die Probanden versuchen, diese Dissonanz durch Zurücknehmen ihrer Lüge oder durch Abänderung ihrer privaten Meinung zu vermindern. Da die Umstände ein Zurücknehmen der falschen Schilderung verhindern, kann man mit großer Wahrscheinlichkeit voraussagen, daß sich die Meinungen änderten. Dies traf dann auch tatsächlich zu; *nachdem die „Versuchshelfer" die anderen Probanden belogen hatten,* wurden sie von einem anderen Versuchsleiter nach ihren echten Gefühlen über das Experiment befragt.

Bei diesem Experiment wurden zwei Abwandlungen benutzt. Alle Probanden wurden für ihre Teilnahme am 2. Teil der Untersuchung (also für das Lügen) bezahlt, jedoch erhielten einige mehr Geld als andere: Die Mitglieder der einen Gruppe erhielten 20 $, die der anderen nur 1 $. Die Auswirkungen dieser unterschiedlicher Behandlung waren erstaunlich. Diejenigen unter Ihnen, die diese Theorie nur wenig kennen, würden ganz klar voraussagen, daß die mit 20 $ bezahlten Probanden ihre Meinung viel leichter ändern würden, als die mit nur 1 $ Bezahlten. Aber genau das Gegenteil trifft zu! Diejenigen, die nur sehr wenig erhalten, sind meist davon überzeugt, daß die stundenlange Sitzung tatsächlich sehr angenehm war, während die höher Bezahlten eher an ihrer ursprünglichen Meinung festhalten.

Die Ergebnisse dieser Studie sind in einer Reihe von anderen Untersuchungen immer wieder bestätigt worden. Brehm und Cohen (1962) führten eine Untersuchung durch, bei der Studenten aufgefordert wurden, Aufsätze zu schreiben, in denen sie Meinungen zu vertreten hatten, die im Widerspruch zu ihren eigentlichen Auffassungen standen. Die Probanden erhielten für die Teilnahme am Experiment entweder 10 $, 5 $, 1 $ oder ½ $. Sie füllten dann einen angeblich anonymen Fragebogen aus, der ihre eigentliche persönliche Meinung zum Gegenstand hatte. Genau wie in der Festinger-Untersuchung änderten auch hier die am we-

nigsten bezahlten Probanden ihre Meinung am ehesten, während diejenigen, die 10 $ erhielten, ihre Meinung fast überhaupt nicht änderten. Diese beiden Studien führen zu der interessanten Beobachtung, daß Kriminelle (z. B. Diebe), die anfänglich wissen, daß ihr Verhalten unmoralisch ist, wenn sie ihren Beruf sehr erfolgreich ausüben, zu „moralisch einsichtigeren" Menschen werden, als wenn sie nicht erfolgreich sind, was bedeutet, daß diejenigen, die durch Diebstahl zu einer großen Summe Geld gelangen, eher weiterhin glauben, daß Diebstahl eine unmoralische Handlung ist, als die kleinen Diebe.

Die Erklärung für diese unerwarteten Ergebnisse ist die, daß das Ausmaß der durch ein der persönlichen Überzeugung entgegenstehendes Verhalten hervorgerufenen Dissonanz in einem direkten Verhältnis zur Rechtfertigung der Handlung steht. Der Student, der für seine Lüge 20 $ erhält, hat einen guten Grund zu lügen und zeigt weitaus weniger Dissonanz (Schuldgefühl) als der, der nur einen Dollar erhält. Für ersteren ist daher die Motivation, seine Meinung zu ändern, geringer.

Verminderung der Dissonanz

Die oben dargestellten Beispiele und Untersuchungen zeigen, wie Dissonanz vermindert werden kann. Festinger (1958), Brehm und Cohen (1962) und Berlyne (1960) weisen auf eine Reihe weiterer Möglichkeiten der Dissonanzreduktion hin. Einige von ihnen sind im weiteren angeführt.

Einstellungsänderung

Eine Veranschaulichung dieser Methode ergab die Untersuchung, in der die zum Lügen Gezwungenen später ihre Meinung änderten. Ein weiteres Beispiel ist Hans Müller, der Lehrer überhaupt nicht gerne hat, aber in Liesel Meier verliebt ist. Als er entdeckt, daß Liesel eine Lehrerin ist, entsteht in ihm eine hochgradige Dissonanz, die aber verschwindet, falls er sich entscheiden sollte, daß er in Liesel gar nicht verliebt ist oder daß Lehrer eigentlich gar nicht so übel sind.

„Abteilungsdenken"

Das Beispiel von Hans Müller veranschaulicht das „Abteilungsdenken". Sollte sich Hans entscheiden, daß sie also eine andere Art von Mensch ist, obwohl sie eine Lehrerin ist, so reiht er sie damit in eine andere „Abteilung" ein. Das Abteilungsdenken vermindert die Dis-

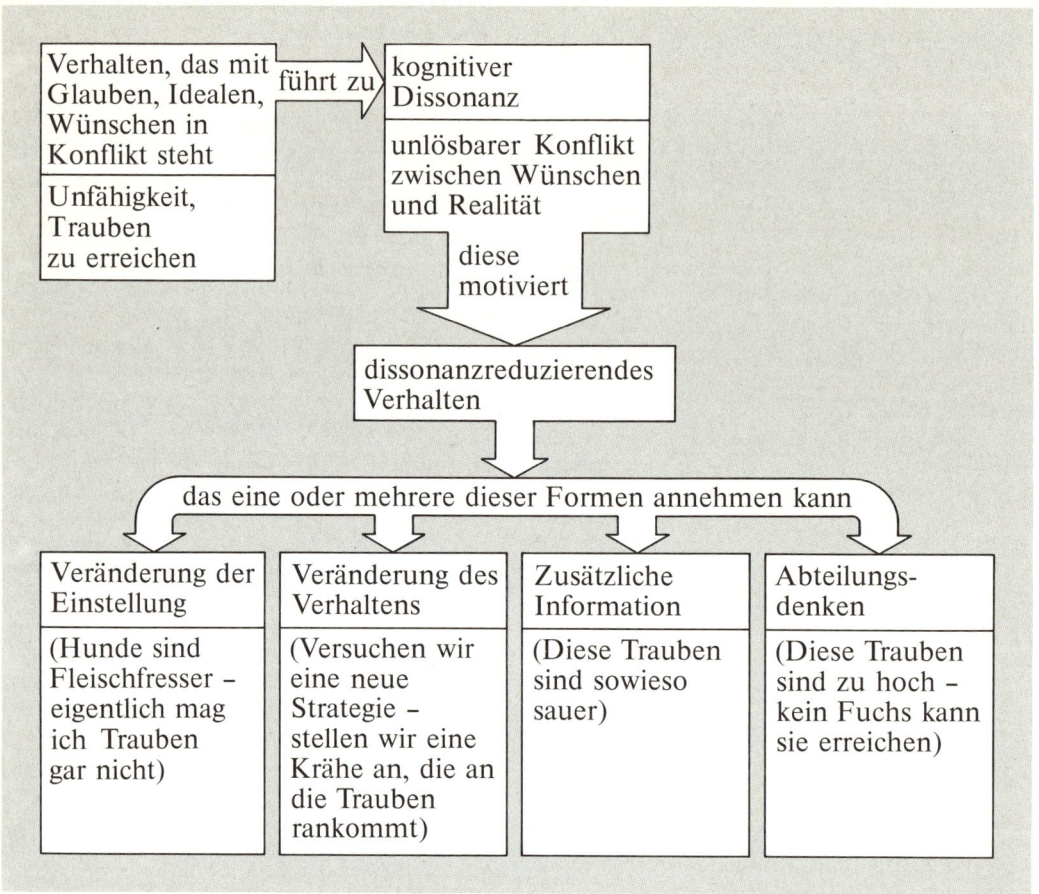

Abb. 12.3. Ein Modell der kognitiven Dissonanz. Wir alle erfahren Konflikte zwischen unseren Meinungen/ Wünschen und der Realität. Es gibt viele Möglichkeiten, kognitive Dissonanz zu reduzieren

sonanz z. B. bei religiösen Menschen, die zugleich Wissenschaftler sind und die aufgrund der unterschiedlichen Natur von Religion und Wissenschaft gezwungen sind, für beide jeweils unterschiedliche Kriterien anzuwenden. Die Abteilungen umfassen in diesem Falle symbolische Wahrheiten und tatsächliche Gegebenheiten bzw. „wissenschaftlichen" versus „religiösen" Glauben.

Zusätzliche Information
Besteht ein Konflikt zwischen zwei Informationen, so können gelegentlich zusätzliche Informationen diese Dissonanz reduzieren. Angenommen, es ginge ein Gerücht herum, der Genuß von Weizenmehl verleihe der menschlichen Leber eine weiße Farbe, so würde ein Konflikt bei den Leuten entstehen, die gewöhnlich bei der Zubereitung ihrer Nahrung

Weizenmehl benutzen. Würde aber eine zusätzliche Information besagen, daß eine weiße Leber sehr gut funktioniert und irgendwo auch attraktiver ist als die ordinäre dunkelrote menschliche Leber, so würde dadurch die Dissonanz verschwinden.

Verhaltensänderung
Oft führen Situationen, in denen Dissonanz vorherrscht, zu Veränderungen im Verhalten. Der Raucher, dessen Verhalten nicht im Einklang mit den Informationen über die schädliche Wirkung des Rauchens steht, hört vielleicht das Rauchen auf und entledigt sich damit aller Dissonanz. Häufig finden es die Menschen jedoch einfacher, sich anderer Methoden zu bedienen, um mit diesem Problem fertigzuwerden. So hört man oft von Rauchern, es liege noch kein endgültiger Beweis für die Schäd-

lichkeit des Rauchens vor (selektive Informationswahl oder Wahrnehmungsverzerrung). Andere wiederum insistieren, daß die Rauch-Studien bis jetzt lediglich ganz deutlich gezeigt hätten, daß rattus norvegicus gut daran täte, die Pfoten vom Tabak zu lassen. Zusammenfassend kann man sagen, daß die kognitive Dissonanz ein *Motivationszustand* ist, der dann eintritt, wenn sich das Individuum im Konflikt befindet. Die Dissonanz entsteht gewöhnlich durch eine Unvereinbarkeit zwischen Meinungen, zwischen Verhalten und persönlicher Meinung oder zwischen zwei Informationen. Die Dissonanztheorie besagt, daß ein solcher Zustand zu einem Verhalten führt, welches Konflikte reduziert und überdies das Ausmaß des vorhandenen Konfliktes widerspiegelt.

Dissonanz und Attribution

Attribuieren heißt in der kognitiven Theorie, jemandem Verantwortung oder Motive zuzuschreiben. Wenn ich meine Dummheit mit meinen Eltern attribuiere, schiebe ich ihnen einfach die Verantwortung für diesen Zustand zu. Dissonanz beschreibt einen Zustand des Konflikts und vermutlich negativer Gefühle.

Die Beziehung zwischen Attribution und Dissonanz besteht implizit in der Beobachtung, daß Dissonanz von dem Ausmaß abhängt, in dem sich eine handelnde Person für persönliche Handlungen verantwortlich fühlt. Collins und Hoyt (1972) argumentieren, daß Leute keine Dissonanz empfinden, solange sie sich für ihr Verhalten nicht persönlich verantwortlich fühlen. Daraus folgt, daß Personen, die ihr Verhalten externalen Ursachen attribuieren (die, anders ausgedrückt, persönliche Verantwortung nicht akzeptieren), nicht im selben Maß Opfer kognitiver Dissonanz werden wie internal orientierte Individuen. Gleichzeitig fühlen internal orientierte Personen häufiger Stolz, wenn sie erfolgreich sind, und Scham, wenn sie einen Mißerfolg haben. Daher sind vermutlich sowohl Dissonanz wie auch internale Orientierung mit Gefühlen verbunden. Und die motivierende Kraft von Gefühlen ist beachtlich (Lazarus, 1974).

Erregungstheorie (Arousal-Theory)

Ein etwas umfassenderer Ansatz zur Motivationstheorie wird als Erregungstheorie bezeichnet. Diese Theorie ist besonders interessant, weil sie sowohl mit behavioristischen als auch mit kognitiven Verhaltenserklärungen vereinbar ist.

Definition

Der Ausdruck *Erregung* (syn. Aktivation, arousal) hat sowohl eine psychologische als auch eine physiologische Bedeutung. Als psychologisches Konzept bezeichnet er das Wachsein und den Grad der Aufmerksamkeit bei Mensch und Tier. Dieser Zustand reicht vom Schlaf, dem geringsten Erregungszustand, bis zur Panik oder zur Tobsucht, dem höchsten Erregungszustand. Als physiologisches Konzept bezeichnet die Erregung den Aktivationsgrad eines Organismus. Diese Aktivation bezieht sich vor allen Dingen auf die elektrische Aktivität des Gehirns, aber auch auf eine Reihe anderer physiologischer Funktionen wie der Herzfrequenz, der Atemfrequenz, des Blutdrucks und der elektrischen Leitfähigkeit der Haut. Mit zunehmender Erregung zeigt sich eine Veränderung in den elektrischen Aktivitätsmustern des Kortex, die mit einem Elektroenzephalographen (EEG) gemessen werden. Diese Veränderungen nimmt die Form zunehmend schneller und flacher werdender Wellen an (sog. Beta-Wellen); bei sehr niedrigen Erregungsgraden (wie z. B. beim Schlaf) sind die Wellen langsam und etwas größer (sog. Alpha-Wellen). Mit zunehmender Erregung zeigt sich ferner eine Erhöhung der elektrischen Leitfähigkeit der Haut, die wahrscheinlich auf erhöhte Schweißabsonderung, Zunahme der Herzfrequenz, der Atemfrequenz sowie eine Blutdrucksteigerung zurückzuführen ist. Im allgemeinen sind diese Veränderungen denen, die gewöhnlich das Ansteigen einer Emotion begleiten, sehr ähnlich. Die Beziehung zwischen Emotion und Erregung ist so eng, daß beide Ausdrücke häufig als Synonyme verwandt werden.

Erregung und Homöostase

Die Beziehung zwischen dem Konzept der Homöostase oder des Gleichgewichts und der Erregung ist in zwei Grundannahmen über das

Erregungsniveau (Aktivationsniveau) implizit enthalten (Hebb, 1972). Diese zwei Grundprinzipien wollen wir nun nacheinander betrachten.

1. Es gibt ein optimales, jedoch für verschiedene Aufgaben unterschiedliches Aktivationsniveau.

Diese Schlußfolgerung erscheint einleuchtend. Intensive, konzentrierte Tätigkeiten, wie z. B. Studieren oder Teilnahme an einem Fernsehquiz, erfordern einen höheren Aktivationsgrad als andere Verhaltensweisen, wie z. B. das Lenken eines Autos. Es wird allgemein akzeptiert, daß für die meisten unserer täglichen Verhaltensweisen wahrscheinlich ein mittleres Erregungsniveau optimal ist.

2. Der Organismus verhält sich immer so, daß ein für das gerade durchgeführte Verhalten optimales Aktivationsniveau aufrechterhalten wird.

Der Wert des motivationalen Konzepts „Erregung" hängt im wesentlichen von der Gültigkeit dieser 2. Annahme ab.
Wenn sich Leute tatsächlich so verhalten, daß ein optimales Erregungsniveau aufrechterhalten wird (d.h. wenn sie Homöostase zu erreichen versuchen), dann kann man wahrscheinlich das Verhalten des Einzelnen in bestimmten Situationen, wenngleich auch nicht immer sehr präzise, so doch voraussagen. Nehmen wir z. B. an, ein mittleres Aktivationsniveau sei optimal, so können wir auch voraussagen, daß eine Gruppe von Studenten, deren Aktivationsniveau zu tief liegt, sich wahrscheinlich mit Aktivitäten befaßt, die dieses Erregungsniveau erhöhen.
Solche Aktivitäten finden auch tatsächlich statt und zwar in Form von Tagträumen, unruhigem Hin- und Herrutschen und angeregten Unterhaltungen mit anderen Gelangweilten. Theoretisch kann die Beziehung zwischen Verhalten und Erregung in Form eines Verhaltensgesetzes ausgedrückt werden, einem Gesetz, das besagt, daß sich die Effektivität des Verhaltens mit erhöhter Aktivation vergrößert, bis ein optimales Niveau erreicht wird (s. Abb. 12.4). Nach Erreichung dieses Niveaus führt eine Steigerung der Erregung lediglich zu weniger effektivem Verhalten. Es gibt eine Anzahl von Anekdoten, die beweisen, daß extrem hohe Erregungsniveaus oft von völlig unangemessenen Verhaltensweisen begleitet werden. Es gibt Doktoranden, die im Rigorosum unfähig sind, sich an irgend etwas zu erinnern und die manchmal sogar die Sprache verlieren. Im Krieg gibt es Soldaten,

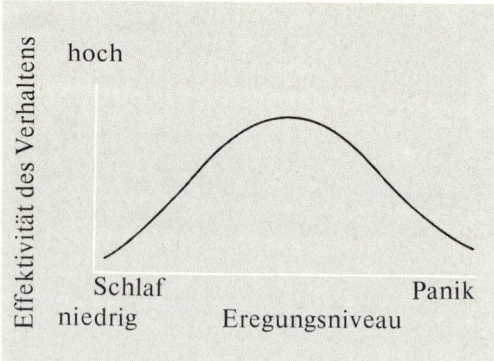

Abb. 12.4. Erregung und Verhalten

die einfach nicht abdrücken können, und es gibt Jäger, denen das gleiche passiert, wenn ihnen der langersehnte Sechzehnender über den Weg läuft. Auch ein zu niedriges Erregungsniveau führt zu unangemessenem Verhalten, obgleich dieses ganz anderer Natur ist.

Ursachen der Erregung

Eine der wichtigsten Fragen für die Motivationstheorie ist die nach den Ursachen der Erregung. Man kann diese Frage auf zweierlei Arten angehen: die erste ist, Situationen zu beschreiben, die zu hoher oder niedriger Erregung führen; als zweites kann man die physiologischen Mechanismen diskutieren, die bei der Erregung eine Rolle spielen. Beides wird in den folgenden Abschnitten getan.

Das RAS
Das retikuläre Aktivationssystem (auch Formatio reticularis – FR – genannt) ist eine im Hirnstamm befindliche Struktur (s. Abb. 12.5). Es gibt genügend Hinweise dafür, daß eine ihrer Funktionen darin besteht, das Erregungsniveau des Organismus zu regulieren (French, 1957; Berlyne, 1960; Hebron, 1966). Vom Organismus aufgenommene Reize werden nicht einfach direkt über spezifische neurale Bahnen auf den Kortex projiziert, sondern gelangen auch in den Hirnstamm (oder genauer gesagt in die Formatio reticularis). Für Hebb (1966) besitzen Reize zwei Eigenschaften. Die *Bedeutungsfunktion* des Reizes zeigt dem Organismus die Art des Reizes an; sie bezieht sich auf die im Reiz enthaltene Nachricht.
Diese wird dem Kortex direkt über neurale Bahnen übermittelt. Die zweite Funktion, die

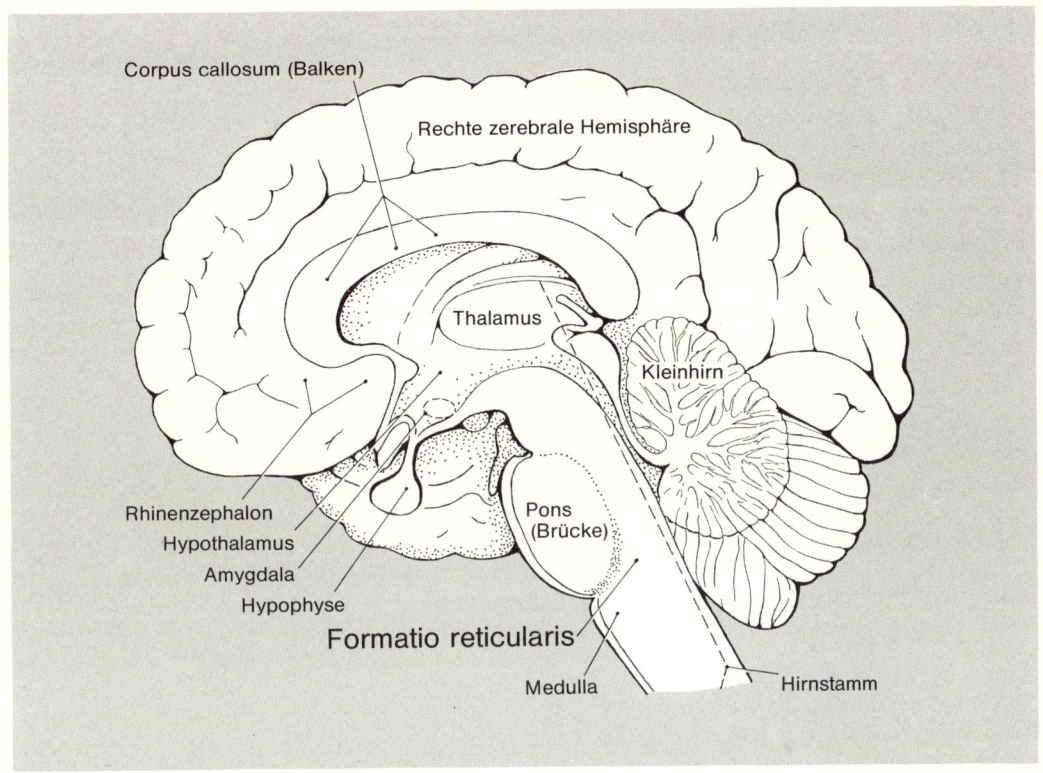

Abb. 12.5. Das retikuläre Erregungssystem

Erregungsfunktion, wird durch die Formatio reticularis reguliert. Von jedem der großen Nervenstränge enden einige Zweige in der Formatio reticularis. Wird die FR stimuliert, so reizt sie ihrerseits den Kortex, auf eine *unspezifische,* diffuse Art und Weise. Der Effekt dieser Reizung besteht in einem Anwachsen der Erregung. Es wird allgemein angenommen, daß ohne diese Aktivierung der Kortex nicht imstande wäre, die Bedeutungsfunktion des Reizes zu erfassen und darauf zu reagieren (Hebb, 1958; Berlyne, 1960); d.h., daß die Erregung für die Interaktion zwischen Organismus und Umwelt notwendig ist.

Eine weitere Funktion des RAS ist die Kontrolle des Schlafens und Wachens. Da Schlaf ganz einfach einen sehr niedrigen Erregungszustand darstellt (den niedrigsten außer Tod oder Koma), folgt daraus, daß die FR während des Schlafens nur eine ganz geringe Aktivität aufweist. Tatsächlich scheint es aber so, als sei die FR während des Schlafens nicht einfach inaktiv, sondern einkommenden Reizen gegenüber hoch selektiv. Daß das RAS während des Schlafes tatsächlich reagieren kann, zeigt die

Tatsache, daß die Mutter auch während des Schlafes sehr leicht auf ihr schreiendes Baby reagiert, was interessanterweise für den Vater nicht zutrifft. French hat nachgewiesen, daß man eine schlafende Katze durch eine minimale Stimulierung der FR aufwecken kann. Delgado (1969) berichtet über ähnliche Ergebnisse beim Menschen.

Das retikuläre Aktivationssystem reagiert also, wie wir gesehen haben, auf einkommende Reize mit einer Reizung und Aktivation des Kortex. Aus dieser Beobachtung folgt, daß Umfang und Intensität der externalen Stimulation in einem direkten Verhältnis zum Erregungsniveau stehen sollten. Schulz (1965) hat dies in einer Untersuchung über sensorische Deprivation nachgewiesen. Bei solchen Untersuchungen werden Menschen isoliert und nur minimalen und monotonen sensorischen Reizen ausgesetzt. Die Auswirkungen einer solchen Behandlung auf die Erregung sind bedeutsam, wie EEG-Registrierung und Verhaltensänderungen zeigen (s. Kap. 6, wo eine solche Studie im Detail beschrieben wird).

Konflikt und Erregung

Bei einem Versuch, die Erregungstheorie mehr auf menschliches Verhalten anzuwenden, stellt Berlyne (1960, 1965) eine Theorie auf, die auf den erregenden Eigenschaften des Konflikts basiert. Er behauptet, daß ein Großteil der Neugierde und des auf Wissenserwerb ausgerichteten Verhaltens* des Menschen auf dieser Grundlage erklärt werden kann. Einer seiner wichtigsten Beiträge ist dabei die Beschreibung der zur Erregung führenden Reizeigenschaften. Es scheint, als seien es nicht so sehr der Umfang oder die Intensität der Reizung, die die Formatio reticularis aktivieren, als vielmehr die *Neuheit, die Bedeutsamkeit, der Überraschungseffekt, die Ambiguität oder die Komplexität* der Reize.

Berlyne (1966) nimmt an, daß solche Reize zur Erregung führen, weil sie einen konzeptuellen Konflikt hervorrufen. Der Einzelne zeigt dann ein Verhalten, welches zur Reduzierung dieses Konfliktes führt. Einfacher ausgedrückt könnte man sagen, daß die Eigenschaften der Reize die Erregung erhöhen, die dann wiederum das Individuum zum Handeln motiviert. Da das Verhalten darauf zielt, den Konflikt zu vermindern, zeigt es sich gewöhnlich in Form von Aktivitäten, welche den *Überraschungseffekt,* die *Ambiguität,* die *Neuheit,* oder das *Unbestimmte* des Reizes abbauen. Die logischste Art und Weise, diese Variablen zu hemmen, bestünde in der Aneignung zusätzlicher Informationen, da bekanntlich Reize nicht länger kompliziert oder überraschend erscheinen, wenn sie vertraut sind. So führt also diese Art von Konflikt zu epistemologischem Verhalten (oder Lernen) und kann helfen, Dinge wie Neugierde oder Explorationsverhalten zu erklären.

Zusammenfassung der Erregungstheorie

Die Erregungstheorie (Aktivationstheorie, Arousal-Theorie) versucht, das Verhalten auf der Basis des menschlichen Bedürfnisses nach einem optimalen Erregungsniveau zu erklären. Da das Erregungsniveau eine Funktion der Stimulierung ist, wird diese Theorie manchmal auch als Stimulierungstheorie der Motivation bezeichnet (Mouly, 1968). Da ferner das Be-

---

* Auf Wissenserwerb ausgerichtetes Verhalten wird von Berlyne als epistemologisches Verhalten bezeichnet.

dürfnis nach Stimulierung (oder Erregung) solche Verhaltensweisen zu erklären scheint, wie sie z. B. beim Explorieren oder beim Problemlösen auftreten, wurde das Konzept der Erregung auch in die zeitgenössischen kognitiven Lerntheorien eingebaut, um Neugierde, Problemlösen, Beschäftigungen mit Dingen oder einfache Aktivität zu erklären (Butler und Harlow, 1957; Bruner, 1957; Fowler, 1965; Hebron, 1966).

Anwendungen der Motivationstheorie

Die Aufgabe des Psychologen wird erleichtert, wenn er weiß, warum die Leute bestimmte Verhaltensweisen zeigen; er kann dann eher das Verhalten einer Person in einer bestimmten Situation vorhersagen und kann auch das Verhalten dieser Person kontrollieren, wenn sich dies nicht von ethischen Standpunkten her verbietet. Stellen Sie sich nur einmal das Chaos und die Konfusion vor, die entstehen würden, wenn man das alltägliche Verhalten einer Person nicht mehr zumindest teilweise vorhersagen könnte. Wenn ein Mensch den anderen trifft und ihn grüßt, so erwartet er, daß der andere den Gruß erwidert, daß er ihn anspricht, oder schlimmstenfalls, daß er ihn ignoriert. Er wäre sehr überrascht, wenn die andere Person, anstatt ihn wie erwartet wiederzugrüßen, ihn gegen das Schienbein treten und weglaufen würde, ohnmächtig würde oder anfinge, in fremden Zungen zu reden. Stattdessen erfordert das Leben ganz einfach, daß bestimmte Erwartungen, die wir bezüglich des Verhaltens Anderer haben, erfüllt werden.

Die zweite Hypothese betrifft die Kontrolle des Verhaltens, ein Thema, über das die Psychologen heftig diskutieren. Soll man das Verhalten kontrollieren? Wie soll es kontrolliert werden? Wer soll es kontrollieren? Warum soll es kontrolliert werden? Eigentlich ist die Frage nicht so sehr, ob Verhalten kontrolliert werden kann, sondern welche ethischen Regeln einer solchen Kontrolle zugrundeliegen (Rogers und Skinner, 1956).

Trotz der sehr eindringlichen Argumente der „Humanisten" läßt sich nicht abstreiten, daß die Verhaltenskontrolle nicht nur eine Realität ist, sondern daß sie in manchen Fällen unbedingt wünschenswert erscheint. Nur wenige Leute würden bestreiten, daß ein Kind, das sich nicht immer die Hosen voll macht, einem lieber ist, als ein Kind, welches genau das tut; um ersteres zu erreichen, bedarf es eines systematischen und gutgeplanten Trainings. Die Rolle der Motivationstheorie bei diesem Unterfangen beruht auf der Annahme, daß man dem Kind ein solches Verhalten leichter beibringen kann, wenn es Reinlichkeit als etwas Erstrebenswertes ansieht (als ein Ziel). Ferner können Belohnung und Bestrafung angewendet werden, die ebenfalls in Beziehung zur Motivation stehen (wie übrigens auch beim Lernen). Weiterhin könnte auch kognitive Dissonanz bei dieser Art Training ins Spiel kommen, da ein Kind, das den Zustand der „vollen Hose" erstrebenswert findet, eine beträchtliche Dissonanz aufgrund des Widerspruchs zwischen seinem Verhalten und seinem Wunsch verspüren wird, wenn ihm das passiert, was man euphemistisch als „Unfall" bezeichnet.

Ein zweites Beispiel für Verhaltenskontrolle ist von großer Relevanz für die Lehrer, da die Funktion des Lehrers zumeist darin besteht, das Verhalten von Schülern zu verändern. (Der aufgeweckte Leser wird jetzt merken, daß das genau die Definition war, die früher für das *Lernen* gegeben wurde.) Die Aufgabe des Lehrers kann wesentlich erleichtert werden durch Kenntnis der individuellen Bedürfnisse und Ziele der Studenten (Schüler), durch Kenntnis der Auswirkungen der kognitiven Dissonanz, und durch Kenntnis über die Funktion der Erregung im Verhalten allgemein und bei Lernprozessen insbesondere. Kognitive Dissonanz ist z.B. oft dann vorhanden, wenn der Student eine Diskrepanz zwischen seinem eigenen und dem z.B. vom Lehrer als ideal bezeichneten Verhalten erkennt. Eine solche Dissonanz kann das Bemühen auslösen, sich dem vom Lehrer beschriebenen Ideal anzupassen.

Die Rolle der Erregung beim Verhalten kann von noch größerer Bedeutung für den Lehrprozeß sein. Der Leser wird sich erinnern, daß die wichtigsten Quellen der Erregung im wesentlichen der Gesichtssinn und der Gehörsinn darstellen und daß eine Kombination von Neuheit, Intensität und Bedeutungshaltigkeit der Reize das Aktivationsniveau am meisten beeinflussen. Der Lehrer in einem Klassenzimmer kann als wichtigste Quelle erregungsinduzierender Stimulierung für seine Schüler angesehen werden. Der Einfluß dessen, was er sagt und tut, wie er es sagt und tut, bestimmt, ob seine Schüler gelangweilt sind und schlafen (niedriges Erregungsniveau) oder ob sie aufmerk-

sam zuhören (höheres Erregungsniveau). Diese Überlegungen sind das beste Argument für Abwechslung, Bedeutungshaltigkeit, Neuheit und Engagement im Unterricht. Die Motivationstheorie kann für viele Zwecke eingesetzt werden. Immer dort, wo ein Beruf den Umgang mit Menschen erfordert, ist es wahrscheinlich wichtig, Verhalten vorhersagen, und manchmal notwendig, es auch kontrollieren zu können.

Zusammenfassung: Kapitel 12

Dieses Kapitel brachte eine Diskussion über die verschiedenen Erklärungsmöglichkeiten des menschlichen Verhaltens. Wesen und Ursache der Instinkte, der Reflexe und des Prägungsvorganges wurden besprochen. Ferner gaben wir eine Einführung in die Bedürfnis-Theorie und in die Erregungstheorie. Die Theorie der kognitiven Dissonanz wurde vorgestellt als Erklärungsmöglichkeit für einige interessante, komplizierte menschliche Verhaltensweisen.

1. Instinkte sind komplexe, ungelernte Verhaltensmuster, die wahrscheinlich für das Tier mehr Bedeutung haben als für den Menschen. Reflexe sind einfache reizspezifische Reaktionen, die einige elementare menschliche Verhaltensweisen erklären.

2. Als Orientierungsreflex (OR) werden allgemeine reflexive Reaktionen bezeichnet, die ein Organismus auf einen neuen Reiz hin zeigt; auch hier vollzieht sich physiologische Veränderung, die mit der Erregung zusammenhängt.

3. Der psychologische Hedonismus ist eine motivationstheoretische Position, die besagt, daß das Schmerz-Lust-Prinzip das wichtigste Prinzip im menschlichen Leben sei. Diese Position ist jedoch nur von begrenztem Wert, es sei denn, man könnte die Eigenheiten von Schmerz und Lust präziser definieren.

4. Bedürfnisse sind Defizite oder Mangelzustände. Bedürfnisse führen zu Trieben, die den Organismus zu Aktivitäten anregen, welche diese Bedürfnisse vermindern.

5. Die Psychologen haben zahlreiche Listen psychologischer und physiologischer Bedürfnisse zusammengestellt. Man könnte diese Zusammenstellung als eine genauere Definition des Schmerzes und der Lust betrachten, wenn man von der Annahme ausgeht, daß unerfüllte

Bedürfnisse unangenehm und die Befriedigung derselben angenehm ist.

6. Ein *Anreiz* ist im wesentlichen der Wert, den eine Handlung oder ein Ziel für ein Individuum hat. Dies ist ein wesentlich stärker kognitiv orientiertes Konzept als Bedürfnisse und Triebe.

7. Kognitive Theorien haben eine Anschauung, die den menschlichen Organismus als wesentlich dynamischer darstellt als traditionell behavioristische Theorien.

8. Die Entwicklung kognitiver Motivationstheorien steht in Beziehung zu Tolmans Einführung von Erwartung und Belohnung als wichtige motivationale Variablen, zu Rotters Vermutung, daß wir zu interner oder externer Kontrolle neigen, zu Heiders Begriff der personalen Verursachung und Intention als zentrale Motivationskräfte und zu Weiners Aufnahme dieser Ideen in eine Attributionstheorie der Leistungsmotivation.

9. Die Attributionstheorie versucht zu erklären, wie Individuen die Verantwortung für die Ergebnisse ihrer Handlungen zuschreiben. Internal orientierte Personen machen für ihren Erfolg oder Mißerfolg häufig ihre Fähigkeit oder Anstrengung verantwortlich. External orientierte Personen ziehen für ihren Erfolg oder Mißerfolg häufiger Glück oder die Schwierigkeit oder Leichtigkeit der Aufgabe als Ursachen heran.

10. Die Anwendung der Attributionstheorie in der Sozialpsychologie beschäftigt sich häufig damit, wie wir andere wahrnehmen – kurz gesagt, wie wir ihnen Motive zuschreiben.

11. Die Theorie der kognitiven Dissonanz stammt von Leon Festinger. Sie versucht die Motivationseffekte zu erklären, die auftreten, wenn eine Person gleichzeitig einander widersprechende Informationen besitzt. Die Theorie nimmt an, daß die Dissonanz zu einem Verhalten führt, das den Konflikt zu reduzieren versucht.

12. Erregung bezieht sich auf den Grad der in einem Organismus vorhandenen Spannung. Sie ist eine Funktion der Stimulierung, die über die Formatio reticularis (FR) vermittelt wird. Ihre Beziehung zur Motivation besteht darin, daß eine zu hohe oder zu niedrige Erregung im Gegensatz zu einer mittleren Erregung zu Verhalten führt, das nicht optimal ist. Das menschliche Verhalten zielt allgemein darauf hin, einen optimalen Erregungsgrad aufrecht zu erhalten.

13. Nach Berlyne führen Neuheit, Bedeutungshaltigkeit, Komplexität und Überraschungseffekt eines Reizes zu erhöhter Erregung, weil sie einen Wahrnehmungskonflikt auslösen. Ein solcher Konflikt kann zu einer Suche nach neuem Wissen führen (Epistemologisches Verhalten).

Kapitel 13

Soziale Einflüsse

Soziales Lernen: Eine Definition

Nach dem Lesen der vorangehenden Kapitel mag es scheinen, als ob das menschliche Lernen sich zum größten Teil auf den Erwerb von Informationen oder den wirksamen Umgang mit der Umwelt bezieht. Die Betonung lag durchwegs hauptsächlich auf der Interaktion Umwelt-Lernende; für Menschen ist es jedoch auch wichtig zu lernen, wie sie zueinander und auch, wie sie mit der Umwelt in Beziehung treten.

Das Lernen von Verhaltensweisen, die sozial anerkannt sind (wie auch solche, die nicht anerkannt sind), definiert *soziales Lernen*. Im wesentlichen versucht die soziale Lerntheorie einfach, die Prozesse zu beschreiben, durch welche die Menschen zu dem Wissen gelangen, wie sie sich in verschiedenen sozialen Situationen verhalten sollen und wie nicht. Die Theorien selbst sind einfach *Lerntheorien,* die auf soziale Situationen angewandt wurden. Interessanterweise waren die direkt auf Probleme des sozialen Lernens angewandten Lerntheorien im allgemeinen eher behavioristisch als kognitiv, obwohl Albert Banduras Theorie eine interessante Mischung aus Behaviorismus und Kognitivismus darstellt. Die Darstellung des sozialen Lernens in diesem Kapitel basiert größtenteils auf den theoretischen Formulierungen von Bandura und Walters (1963) und Bandura (1969, 1977).

Sozialisation

Eine Behandlung des sozialen Lernens kann sich mit zwei Aspekten der Sozialisation befassen: dem *Prozeß* selbst, der über eine Vielzahl von Kulturen hochgradig ähnlich sein kann, und mit dem *Inhalt* des sozialen Lernens, der über verschiedene Gesellschaften hinweg höchst unähnlich sein kann. Obwohl dieses Kapitel sich hauptsächlich für den Prozeß interessiert, wird der Inhalt vor der Diskussion der Arbeiten von Bandura und Walters hier kurz besprochen. Der Inhalt sozialen Lernens ist der gegenwärtige Katalog von Verhaltensweisen, der jene einschließt, die unangemessen sind. Zwei Charakteristika eines solchen Katalogs sind bemerkenswert.

1. Allgemein akzeptierte Verhaltensweisen variieren von Kultur zu Kultur. Z. B. ist es in einigen orientalischen Ländern höchst angemessen, Universitätsprofessoren als Anerkennungsbeweis Geschenke zu überreichen. Der gleiche Brauch wird in Nordamerika mit weit weniger Gunst betrachtet. In gleicher Weise variiert zwischen den Kulturen das geschlechtsbezogene Verhalten sehr stark: Was nordamerikanischen Teenagern als normal erscheint, würde bei ländlichen Chinesen sowie bei vielen orientalischen Sozietäten als höchst promiskuitiv gelten. Das gleiche Verhalten wird vielleicht von einigen primitiven afrikanischen oder südamerikanischen Stämmen als relativ gehemmt angesehen.

2. Die Angemessenheit spezifischer Verhaltensweisen variiert zwischen den Individuen der gleichen Gesellschaft. Selbst in einer relativ klassenlosen Gesellschaft können einige soziale Verhaltensweisen nur von den Inhabern bestimmter Positionen gezeigt werden. Außerdem können bestimmte Verhaltensweisen in einer Situation angemessen sein und in einer anderen nicht.

Vom Gesichtspunkt der Lerntheorie aus ist die Beschreibung von Verhaltensweisen, die unter verschiedenen Bedingungen für verschiedene Menschen verschieden angemessen sind, nicht so wichtig wie eine Diskussion darüber, wie die Menschen solche Verhaltensweisen erlernen. Mit diesem Thema befassen wir uns im verbleibenden Teil dieses Kapitels.

Alternative Erklärungen der Sozialisation

Betrachten wir das einfache Problem, dem sich alle Kinder gegenüber sehen, wenn sie nämlich lernen müssen, daß es nicht akzeptabel ist, fremde Leute vors Schienbein zu treten. Aus der Lerntheorie können verschiedene Erklärungen dafür abgeleitet werden, daß dieses Lernen stattfindet.

Klassisches Konditionieren

Eine auf klassischer Konditionierung basierende Darstellung kann nur schwer komplexes soziales Lernen erklären. Es ist in der Tat kaum möglich, Situationen zu ersinnen, die das Vors-Schienbein-treten einschließen und in denen Kontiguität für das Lernen verantwortlich sein könnte. Es ist weniger schwierig, sich vorzustellen, daß die auf diese Verhaltensweise folgenden Konsequenzen u. U. zu einer schnellen Unterdrückung derselben führen. Keine dieser Erklärungen kann jedoch begründen, warum das Verhalten erst einmal auftritt oder unterbleibt.

Kognitive Erklärungen

Um soziales Lernen mit Hilfe eines oder mehrerer der in diesem Bericht schon besprochenen kognitiven Ansätze zu erklären, ist es notwendig, über die spezifischen Formulierungen der jeweiligen Theoretiker hinauszugehen. Typischerweise befassen sich *kognitive* Theorien mehr mit den Eigenschaften der kognitiven Struktur, den Determinanten der Wahrnehmungsaktivität und den Faktoren, die Bewußtsein oder Einsicht regulieren, als mit dem Erwerb einfacher Verhaltensweisen. Dementsprechend sind solche Theorien nicht leicht auf Probleme des sozialen Lernens anwendbar. Es ist jedoch möglich anzunehmen, daß die Einlassung in oder das Fernhalten von einem Verhalten wie dem Vors-Schienbein-Treten einen Entscheidungsprozeß miteinschließt, und Entscheidungsverhalten ist ein Interessengebiet zeitgenössischer Kognitivisten. Dieses Thema wird im Lichte der Informationsverarbeitung untersucht. In diesem Kontext ist es angemessen anzunehmen, daß, wenn ein Kind mit einem Schienbein konfrontiert wird, es im Brunerschen Sinn die Wahrscheinlichkeit verschiedener Folgen der Wahlen, die es treffen kann, beurteilt, und das damit assoziierte Endergebnis einschätzt (subjektiv). Einfacher könnte man sich vorstellen, daß es folgendes denkt: „Wenn ich den alten Geizhals trete, werde ich mich wohlfühlen und mein gutes Gefühl mit dem Akt des Tretens verbinden, aber er wird mich wahrscheinlich fangen (Wahrscheinlichkeit annähernd 90%) und mir die Seele aus dem Leib prügeln; das hat negative Valenz. Wenn ich diese phantastische Gelegenheit verpasse, werde ich nicht von dem alten Mummelgreis erschlagen, aber ich werde mich aufgrund meiner frustrierten aggressiven Tendenzen unglücklich fühlen." Nachdem das Kind diesen Denkprozeß abgeschlossen hat, wird es, da es ein menschliches Wesen ist, mit aller Wahrscheinlichkeit den alten Gentleman treten und wie eine aufgeschreckte Gazelle davonrennen, um seine 10%ige Fluchtwahrscheinlichkeit voll auszunutzen.

Operantes Konditionieren

Die dritte Erklärung sozialen Lernens ähnelt der zweiten insofern, als sie die Konsequenzen des Verhaltens als wesentlich für die *Determinierung* derselben ansieht, d.h. für die Entscheidung, ob man ein Verhalten zeigt oder es lieber sein läßt. Ferner kann mit der hier beschriebenen Position eine Erklärung für das erstmalige Auftreten eines Verhaltens gefunden werden. In der Tat sind die am weitesten anerkannten sozialen Lerntheorien diejenigen, die nach einem operanten Konditionierungsmodell aufgebaut wurden (z.B. Miller und Dollard, 1941 und Bandura und Walters, 1963). Eine Erklärung des sozialen Lernens durch operante Konditionierung besagt einfach, daß verstärkte Reaktionen dazu neigen, beibehalten zu werden, während nicht-verstärkte (oder bestrafte) eher gelöscht werden. Ferner wird angenommen, daß das erstmalige Auftreten der Reaktion relativ unabhängig von Umweltbedingungen ist; sie wird einfach *emittiert* (vom Individuum von sich gegeben). Zwei Probleme ergeben sich bei der Erklärung sozialen Verhaltens durch operante Konditionierung. Zum ersten ist sie nicht für das ursprüngliche Auftreten der Reaktion verantwortlich; logischerweise kann Verhalten, wenn es nicht auftritt, auch nicht gelernt werden.

Zweitens liefert das oben beschriebene Modell eine wenig adäquate Erklärung für die Unterdrückung unerwünschten Verhaltens; man hält daran fest, daß erstens nicht-verstärkte Reaktionen unterdrückt werden und zweitens, daß über eine Generalisierung andere, verwandte Reaktionen ebenfalls unterdrückt werden. Die erste Erklärung ist offensichtlich nicht ganz genau, da zahlreiche Verhaltensweisen nicht gezeigt werden, obwohl sie niemals aufgetreten sind. Die zweite Alternative mag dafür verantwortlich sein, wie viele Verhaltensweisen überhaupt niemals auftreten, aber es ist nichtsdestoweniger wahr, daß wenn man alles Lernen durch Generalisation (oder Diskrimination) zu erklären versucht, man diese Prozesse extrem weit definieren muß.

Großmutters Erklärung

Großmutter muß es auch erlaubt werden, ihre Erklärung vorzustellen: „Er wußte es besser, weil er gesehen hatte, wie sein Bruder dafür eine hinter die Löffel bekam". „Das hat er ganz sicher bei den anderen Jungen abgeschaut." Interessanterweise ist es möglich, Großmutters Erklärung mit der anderer Theoretiker zu kombinieren, um zu einer recht vernünftig erscheinenden Erklärung für den Großteil des sozialen Lernens zu gelangen. Einen frühen Versuch, dies zu tun, stellt die soziale Lerntheorie von Dollard und Miller (1941) dar, die auf der Rolle der Imitation basiert. Ihre Theorie bestand im wesentlichen aus der Behauptung, daß die hauptsächliche Lernart beim Menschen die Imitation und nicht das Versuch-und-Irrtum-Lernen darstelle. Sie kann auf folgende Aussagen über das Lernen und die in diesem Prozeß einbezogenen Elemente reduziert werden:

1. Lernen impliziert *Hinweisreize*, *Triebe*, *Reaktionen* und *Belohnungen*.
2. Ein *Trieb* ist eine Kraft, die einen Organismus zur Handlung antreibt. Er ist der motivationale Faktor beim Lernen.
3. Triebe sind an spezifische Reize gebunden, die external (wie z.B. ein Klang) oder internal (wie z.B. Hunger) sein können. Reize, die reaktionsproduzierende Triebe auslösen, werden *Hinweisreize* genannt und dienen im wörtlichen Sinn als Hinweise oder Signale für Verhalten.
4. Die durch einen Trieb hervorgerufene *Reaktion* wird gelernt werden, wenn sie zu einer *Triebreduktion* führt. Da Triebe das Resultat von Reizen sind, schließt die Triebreduktion die Eliminierung von triebproduzierenden Reizen mit ein.

5. Nach Miller und Dollard wirkt die Eliminierung dieser Reize *belohnend*. Die Autoren sind der Auffassung, daß Lernen nicht in der Abwesenheit von Belohnung stattfindet.

6. Lernen impliziert die Kopplung von Reaktionen an spezifische Reize. Das erstmalige Auftreten einer Reaktion ist, besonders wenn es sich um soziales Lernen handelt, öfter das Resultat von *Imitation* als von Versuch-und-Irrtum.

7. Imitation wird über den gleichen Prozeß gelernt, wie anderes Lernen auch. Von einem Kind gezeigte Verhaltensweisen, die *dem Verhalten von irgendjemandem nachgemacht (also imitiert) sind,* werden gelernt, wenn sie belohnt werden. Da Kinder oft belohnt werden, wenn sie das Verhalten von Erwachsenen imitieren, ist es unausweichlich, daß auf diese Weise eine große Anzahl nachgemachter Reaktionen gelernt werden. Über die *Generalisierung* kommt das Kind schließlich dazu, Imitation eigens als Lernmittel einzusetzen.

Der am klarsten auf der Hand liegende theoretische Einwand gegen diese Erklärung des Lernens ist der, daß es nicht realistisch ist anzunehmen, daß *alles* oder auch nur das *meiste* menschliche Verhalten durch den Wunsch motiviert ist, Stimulierung zu eliminieren. Es erscheint als selbstverständlich, daß wir viele Aktivitäten eigens mit dem Ziel unternehmen, Stimulierung aufzusuchen, nicht sie zu vermeiden (s. Kap. 12). Eine neuere Formulierung, die ebenfalls auf einer Imitationstheorie basiert – allerdings ohne die Behinderung durch einen rigorosen Triebreduktions-Ansatz – wird von Bandura geliefert.

Eine integrierte Erklärung

Bandura (1969, 1977; Bandura und Walters, 1963) stellt eine Theorie des sozialen Lernens vor, die alle oben beschriebenen Erklärungen integriert. Es ist eine Theorie, die auf operantem Konditionieren basiert, die klassisches Konditionieren zuläßt und die Lernen teilweise auf die Wirksamkeit der Imitation bei der Determinierung menschlichen Verhaltens zurückführt. Nach Bandura (1969) umfaßt die Imitation auch ein kognitives Element. Trotz ihres scheinbar eklektischen Wesens stellt sich diese Konzeption menschlichen Verhaltens wie aus einem Guß dar.

Banduras Theorie

Eine Beschreibung dieser Position wird von Bandura (1969) in „Principles of Behavior Modification" gegeben, einem Buch, das sich hauptsächlich mit der Anwendung sozialer Lernprinzipien auf die Verhaltensmodifikation beschäftigt. Das vorliegende Kapitel behandelt die Prinzipien als solche, wie sie von Bandura in diesem und einem neueren (1977) Buch und von Bandura und Walters in einem früheren Buch (1963) erörtert werden. Obwohl auch eine kurze Darstellung der Techniken zur Verhaltensmodifikation gegeben wird, werden an detaillierter Information interessierte Leser auf die Originalliteratur verwiesen.

Verhaltenskontrollsysteme

Die Theorie von Bandura kann insofern als Integration einer Auswahl von theoretischen Positionen betrachtet werden, als sie zugibt, daß das Verhalten von drei „Systemen" kontrolliert wird, von denen jedes mit einer bestimmten psychologischen Schule nahe verwandt ist. In Wahrheit behandelt ihre Theorie jedoch vorrangig nur eins dieser Systeme zur Verhaltenskontrolle. Nichtsdestoweniger ist jedes System klar in soziales Verhalten einbezogen.

Bandura (1969) behauptet, es sei unmöglich, menschliches Verhalten mit entweder allein internalen oder allein externalen Reizgegebenheiten zu erklären; stattdessen seien beide unvermeidlich daran beteiligt. Da der Behaviorismus eindeutig *externale* Ereignisse bevorzugt, während der Kognitivismus sich mit *internaler* Vermittlung von Verhalten befaßt, kann das Zugeständnis, beide seien in der menschlichen Aktivität enthalten, als Versuch gewertet werden, behavioristische und kognitive Positionen zu integrieren.

Wenn Bandura von externalen Reizgegebenheiten spricht, meint er einfach die physikalische Umwelt, die zumindest teilweise für das menschliche Verhalten verantwortlich ist. Es ist ganz sicher, daß Menschen tatsächlich auf ihre Umgebung reagieren. Es wäre ein Zeichen für total nichtfunktionierende Menschen, wenn sie dies nicht täten. Sogar solch phylogenetisch niedrige Lebensformen wie z. B. Planarien sind für externale Stimulierung empfänglich. Internale Stimulierung bezieht sich auf die eher „kognitiven" Ereignisse wie Vorstellungen, Erinnerungen, Gefühle, Instruktionen, Verbalisierungen usw., welche die menschlichen Denkprozesse ausmachen. Daß diese Ereignisse das Verhalten beeinflussen, ist klar – die Großmutter braucht man davon gar nicht zu überzeugen. Nötig haben dies die Psychologen. Zu diesem Zweck zitiert Bandura (1969) ein Experiment von Miller (1951): Eine Gruppe von Vpn wurde mit Hilfe von Elektroschocks konditioniert, auf den Buchstaben T negativ und auf die Zahl 4 positiv zu reagieren. Nach dem Konditionieren zeigten die Vpn durchgängig stärkere autonome Reaktionen (Erregung) auf den mit dem Schock verbundenen Reiz, in diesem Fall „T". Später instruierte Miller die Vpn, abwechselnd „T" und „4" zu denken, während ihnen diese Abfolge von Punkten gezeigt wurde; d.h. die Vpn wurden gebeten, beim ersten Punkt „T" zu denken, beim zweiten „4", beim dritten „T", beim vierten „4" usw. Der Umstand, daß jetzt stärkere autonome Reaktionen bei ungerader Punktzahl auftraten, scheint auf die Wirkung internaler Prozesse auf das Verhalten hinzuweisen.

Bei der Beschreibung der das menschliche Verhalten verursachenden Kräfte nennt Bandura drei getrennte *Verhaltenskontrollsysteme,* von denen er annimmt, daß sie bei der Determinierung des Verhaltens miteinander interagieren.

Reizkontrolle (stimulus control).
Eine Klasse menschlicher Verhaltensweisen besteht aus Aktivitäten, die unter direkter Kontrolle von Reizen stehen. Zu diesen Verhaltensweisen gehören die große Menge autonomer (reflektorischer) Handlungen, mit denen Menschen auf bestimmte spezifische Reize reagieren. Niesen, sich vor Schmerz zurückziehen, zucken, die Schreckreaktion usw. sind alles Beispiele für durch *externale* Reize kontrolliertes Verhalten. Zusätzlich kommt eine große Vielfalt nichtreflektorischer Verhaltensweisen per Konditionierung unter die Kontrolle von Reizen. Aus diesem Grund schließt das erste von Bandura beschriebene Verhaltenssystem die Lernarten ein, die von direktem Interesse für behavioristische Psychologen sind.

Die Gruppe der unter Reizkontrolle stehenden Verhaltensweisen umfaßt ebenfalls Reaktionen, die durch Bekräftigung gelernt wurden, wobei zur Zeit der Bekräftigung immer ein spezifischer Reiz anwesend ist. Dieser Reiz erwirbt insofern Kontrolle über das Verhalten, als er letztendlich eine Reaktion aufgrund seiner Be-

ziehung zum „reinforcement" auslösen kann. Ein gutes Beispiel für diese Kontrollart ist das sehr unterschiedliche Benehmen vieler Schulkinder bei An- bzw. Abwesenheit des „Lehrkörpers". Durch Belohnung für gutes Verhalten und Strafe für weniger erwünschte Verhaltensweisen entwickeln sich Lehrer zu Reizen, die entweder Gehorsam, Angst, Vorsicht, Respekt, Liebe oder eine Kombination dieser Reaktionen auszulösen in der Lage sind.

Operante Kontrolle (outcome control)
Das zweite Kontrollsystem bezieht sich auf die Gruppe von Verhaltensweisen, die nicht unter der Kontrolle von Antezendenzen (oder Reizen), sondern unter der Kontrolle ihrer Konsequenzen stehen. Dieses System wurde ausgiebig von B. F. Skinner untersucht. Es bezieht sich besonders auf jene menschlichen Aktivitäten, die als eine Funktion der Verstärkung wahrscheinlicher oder als eine Funktion der Nichtverstärkung bzw. Bestrafung weniger wahrscheinlich werden. Die Kontrolle wird in diesem Verhaltenskontrollsystem durch operantes Konditionieren erreicht (s. Kap. 3).

Symbolische Kontrolle (symbolic control)
Das letzte Verhaltenskontrollsystem umfaßt den Bereich menschlicher Aktivität, der durch „Vermittlung" oder internale Prozesse beeinflußt wird. Menschliches Verhalten kann auf verschiedene Weise von Denkprozessen beeinflußt werden. So kann verdeckte Verbalisierung von Regeln (Selbstinstruktionen) Verhalten dirigieren wie bei dem Experiment von Miller (1951): Man nimmt an, daß die Vpn sich „im Geiste" befohlen haben, „T" zu denken, dann „4" und so fort. Symbolische Prozesse können noch auf andere Weise Verhalten steuern, indem sie nämlich die gerade ablaufende Aktivität durch *Vorstellung* der Konsequenzen dieses Verhaltens beeinflussen. Ohne das Vorhandensein dieser Fähigkeit, weitentfernte Folgen symbolisch darzustellen (zu antizipieren), würden ganz bestimmt viele Aufgaben, die weder unter unmittelbarer Reizkontrolle stehen, noch wahrscheinlicherweise direkt belohnt werden, nicht ausgeführt. Die Bedeutung der Symbolisierung scheint für das menschliche Verhalten wesentlich größer zu sein als die der beiden anderen Verhaltenskontrollsysteme. Ferner sieht es so aus, daß die Bedeutung der operanten Kontrolle und der direkten Reizkontrolle immer mehr zunehmen, je weiter man in der phylogenetischen Skala abwärts geht. Niedrigere

Tierformen reagieren besser auf spezifische externale Stimulierung als auf Verhaltenskonsequenzen. Weiter ist überhaupt nicht klar, ob Symbolisierung eine wichtige (wenn überhaupt eine) Rolle bei der Steuerung des Verhaltens niedrigerer Tiere spielt.

Verhaltenskontrollsysteme und soziales Lernen

Obwohl Reizkontrolle, operante Kontrolle und symbolische Kontrollsysteme zu drei verschiedenen, theoretisch deutlich unterscheidbaren Verhaltensklassen gehören, sind sie in der Praxis nicht notwendigerweise voneinander getrennt. Wahrscheinlich wird eine ganze Menge menschlicher Aktivität durch eine Kombination dieser drei Systeme kontrolliert. Z.B. mag eine Frau, die einem raffzähnigen, schielenden, x-beinigen, hammerzehigen, dürren, rothaarigen Mann nachstellt, sehr wohl von Reizen, Konsequenzen und Symbolisierung gesteuert werden.

Zum ersten ist der verfolgte Rotschopf ein Mann, und die Verfolgerin reagiert aufgrund von Reizgeneralisierung auf diesen Mann, wie sie auf jeden beliebigen anderen reagieren würde. Ihr Verfolgungsverhalten ist unter direkter Kontrolle des Reizes „Mann", weil „Mann" der Reiz ist, der zur Zeit vieler vorausgegangener Verstärkungen anwesend war.

So einfach ist aber menschliches Verhalten nicht. Die Verfolgerin reagiert schließlich auf dieses Signal nicht in der blinden Weise, wie wir sie von einer dummen Ratte erwarten würden, sondern sie zeigt ein Verhalten, welches durch seine unmittelbaren Konsequenzen gesteuert wird.

Wird ihrer ersten Annäherung mit starkem Widerstand begegnet, kann sie sie abwandeln; wurde sie belohnt, kann sie sie intensivieren; führt die Intensivierung zu weiterer Belohnung, kann sie weiter intensiviert werden; führt sie zu einem Abbruch der Verstärkung, so kann sie deintensiviert werden. Kurz, die Frau ist fähig, ihr Verhalten in Übereinstimmung mit dessen Konsequenzen zu verändern.

Aber auch die Steuerung von Aktivität ist nicht so einfach. Wir reagieren nicht allein auf Reize oder Verhaltenskonsequenzen, obwohl es offensichtlich notwendig ist, daß wir dies in einem gewissen Ausmaß tun. Unsere Handlungen werden auch von symbolischen Prozessen geleitet. Z.B. verfolgt die Frau einen nicht-at-traktiven Rotschopf, weil sie sich im Geiste die Konsequenzen eines erfolgreichen Eroberungsversuchs vorstellen kann. Sie sieht deutlich vor Augen, daß ein solch häßlicher Mann versteckte Talente besitzen muß, um seinen Mangel an sichtbaren Qualitäten auszugleichen – er muß ganz bestimmt ein hervorragender Koch sein.

Die Frage nach der Relevanz von Banduras Darstellung der Verhaltenskontrolle beim sozialen Lernen wird implizit durch die Annahme beantwortet, daß Lernen das Hervorbringen von Reaktionen unter der Kontrolle von Reizen, Belohnungen oder symbolischen Prozessen umfaßt. In dieser Hinsicht unterscheidet sich soziales Lernen nicht von anderem Lernen, es sei denn aufgrund des unterschiedlichen *Lerninhaltes,* bei dem es sich um *Sozialisation* und nicht um einfachen Wissens- oder Informationserwerb handelt.

Imitation

Der wichtigste Beitrag der Theorie Banduras ist jedoch ihre Erklärung des sozialen Lernens durch Imitation. Bandura behauptet, daß ein Großteil des Erlernens von sozialem Verhalten durch die Beobachtungen des Verhaltens Anderer erreicht wird. Dieses Lernen wird allgemein als Beobachtungslernen bezeichnet.

Es ergeben sich nun vier untereinander verbundene Fragen:

1. Welche Beziehung besteht zwischen Imitation und operantem Konditionieren?
2. Wie vorherrschend ist das Imitationsverhalten?
3. Was ist ein Modell?
4. Was sind die Ergebnisse des Beobachtungslernens?

Imitation und operantes Konditionieren

Skinners Modell des operanten Konditionierens beschreibt Lernen als den Anstieg der Auftretenswahrscheinlichkeit eines „operant" (emittierte Reaktion) als Funktion der Verstärkung. Um dieses Modell zum Beobachtungslernen in Beziehung setzen zu können, ist es notwendig, anzunehmen, daß Imitationsverhalten die Charakteristika von „operants" besitzt und daß es verstärkt werden kann. Daß beide Aspekte gültig sind, kann leicht verdeutlicht werden. Zum ersten ist ein „operant" eine Reaktion, die nicht durch einen Reiz ausgelöst, sondern einfach vom Organismus emittiert (abgegeben) wird. Diese Beschreibung widerspricht nicht der Möglichkeit, daß Umweltbedingungen teilweise oder gänzlich für das Auftreten einer Reaktion verantwortlich sein können, sondern sie behauptet nur, daß die ihr vorangehenden Bedingungen keine direkten Konsequenzen für das aktuelle Lernen haben. Imitationsverhalten kann also durchaus Resultat der Beobachtung eines Modells sein; *das Lernen selbst jedoch* besteht eher aus einer Verknüpfung von Verstärkung und Verhalten als einer von Modell- und Beobachtungsverhalten.

Der zweite Aspekt der Annahme ist, daß Imitation verstärkt werden kann. Daß dies stimmt, wird aus dem Verhalten von Menschen sofort klar. Beim Beobachtungslernen gibt es vier separate Quellen, aus denen Verstärkung fließen kann: Bei dreien geht es um die Bekräftigung des Beobachters; die vierte bezieht das Verhalten des Modells mit ein. Ein Imitierender wird oft direkt von dem Vorbild, dessen Verhalten er kopiert, verstärkt, insbesondere wenn der Imitierende ein kleines Kind ist. Stolze Menscheneltern neigen dazu, ihre Kinder für Verhaltensweisen, die denen von Vati und Mutti ähneln, zu loben. Selbst Großmütter kann man gelegentlich sagen hören: „Sieh dir Klein-Norbert an, wie er da steht mit dem Finger in der Nase; *genau wie sein Vati.*"

Eine zweite Quelle der Bekräftigung für den Beobachter ergibt sich aus den aktuellen Folgen des imitierten Verhaltens. Wenn die Aktivität sozial anerkannt ist und/oder zum Erhalt von Belohnung führt, wird sie durch ihre eigenen Folgen belohnt. Ein Kind, das lernt „Milch" zu sagen und dies als Resultat davon, daß es seine Mutter seit 3 Jahren 40 Mal am Tag hat „Milch" sagen hören, zieht sich nicht nur das Lob des stolzen Elternteils zu, sondern bekommt u. U. auch wirkliche *Milch* als Folge des Aussprechens dieses Wortes. Somit sind die Konsequenzen des Erlernens sozial angemessener Verhaltensweisen durch Imitation oft wünschenswert. Zum dritten scheint der Beobachter in einer Modellsituation oft durch das beeinflußt zu werden, was Bandura (1969) als *stellvertretende Verstärkung (vicarious reinforcement)* bezeichnet. Diese Art des reinforcement ergibt sich aus der Annahme, daß, wenn ein Vorbild ein Verhalten zeigt, es irgendeine Ver-

stärkung erhalten muß, die es überhaupt dazu bringt, dies zu tun, und daß diese Bekräftigung auch zu erhalten sein wird, wenn der Beobachter dieses Verhalten imitiert. Die Tatsache, daß ein Beobachter oftmals ohne irgendeine Erwartung von Belohnung imitiert, und damit auch fortfährt, wenn er entdeckt, daß er nicht bekräftigt wird, wird als Beweis dafür gesehen, daß er eine „second hand" oder stellvertretende Bekräftigung aus der Imitation selbst ableitet, eine Bekräftigung, die mit der vermeintlichen Belohnung des Modells verknüpft ist.

Die vierte Verstärkungsart für Imitationsverhalten beeinflußt eher das Modell als den Beobachter. Aus diesem Grund gehört sie nicht direkt zum Beobachtungslernen; sie vermag jedoch zu erklären, warum einiges von dem Modellverhalten beibehalten wird (oder auch nicht). Wenn Menschen imitiert werden, scheint es ein Anwachsen der Wahrscheinlichkeit zu geben, daß diese das Verhalten, das imitiert wurde, erneut zeigen. Ein Beispiel: Vor einigen Jahren ließen sich einige Leute aus der Unterhaltungsbranche ihre Haare viel länger wachsen als die soziale Norm es vorgab. Diese Mode wurde weitgehend imitiert, und die Unterhalter fuhren darin fort, ihre Haare wachsen zu lassen. Wären sie nicht imitiert worden, so wäre dies weit weniger wahrscheinlich gewesen. Mit anderen Worten scheint es für einen Menschen bekräftigend zu sein, imitiert zu werden.

Faßt man das eben Gesagte zusammen, so kann das Beobachtungslernen in ein operantes Konditionierungsmodell eingegliedert werden, wenn man annimmt, daß Imitationsverhalten seinem Wesen nach operant oder instrumentell ist. Obwohl oftmals ein sichtbarer externaler Reiz das Verhalten erstmals auszulösen scheint, so ist dieser Reiz (das Modell) nur oberflächlich für das Auftreten des Verhaltens verantwortlich, nicht jedoch für die Tatsache, daß es gelernt wird oder nicht. Eine zweite Annahme, die die Imitation in Beziehung zu einem operanten Paradigma setzt, ist die, daß Imitation oft Verstärkung nach sich zieht oder korrekter, daß Verstärkung oft eine Konsequenz des Imitierens darstellt.

Vorherrschen der Imitation

Gegenwärtig wird in vielen menschlichen Gesellschaften einige Betonung auf Originalität und Kreativität gelegt. Infolgedessen macht sich eine allgemeine Abscheu vor der Imitation breit, da imitieren per definitionem bedeutet, nicht originell zu sein. Doch ist es nicht nur reichlich offensichtlich, daß Imitation extrem alltäglich ist, sondern es ist gleichermaßen klar, daß organisierte Gesellschaften nicht länger lebensfähig wären, wenn ihre Mitglieder einander nicht imitieren würden. Bedenken wir nur das Chaos, das entstehen würde, wenn die Menschen sich entschlössen, auf beiden Straßenseiten zu fahren, ihre Fahrzeuge irgendwo zu parken und Verkehrszeichen in origineller Weise zu interpretieren. Die eigentliche Grundlage der Kommunikation unter Menschen ist die Imitation. Gleichermaßen erfordern die Speicherung von Wissen und die Übertragung der Kultur Imitation. Als Beispiele für das Lernen durch Imitation werden oftmals primitive Gesellschaften angeführt. Bandura und Walters beschrieben (1963) einen guatemaltekischen Stamm. In dieser Gesellschaft bekommt ein kleines Mädchen alle die von seiner Mutter im Haushalt verwendeten Arbeitsgeräte in Kleinformat. Sobald es alt genug ist, schließt es sich seiner Mutter an, *beobachtet* sie und ahmt deren Handlungen mit Miniaturbesen und Kornmahlsteinen nach. Über den ganzen Lernprozeß hinweg gibt es *wenig oder gar keine direkte Belehrung*. Damit ist das Lernen hier noch klarer ein Resultat der Imitation als das Lernen bei kleinen Kindern in stärker verbalen Kulturen.

Ein zweites Beispiel einer primitiven Kultur, in der frühes Lernen größtenteils durch Beobachtung stattfindet, sind die kanadischen Ojibwa-Indianer. Dieser Stamm lebte größtenteils vom Jagen, Fischen und Fallenstellen. Schon früh im Leben mußte ein kleiner Ojibwa-Junge in die Fußstapfen seines Vaters treten und Jagen, Fallenstellen und Fischen lernen. Dann bekam er seine eigenen Fallen und ging alleine auf Jagd. In der gleichen Weise, nämlich indem es seine Mutter beobachtet, lernte ein kleines Ojibwa-Mädchen Spiele vorzubereiten, Kleidung herzustellen, Feuer zu machen etc. Wie bei dem guatemaltekischen Stamm gab es auch hier wenig Belehrung.

Ein Vorherrschen des Imitationslernen in höherentwickelten, technologischen Gesellschaften ist nicht so offenkundig. Offensichtlich ist es den Eltern meist unmöglich, ihre Kinder mit Miniaturmodellen der im täglichen Berufsleben benötigten Werkzeuge und Maschinen zu versorgen. Dies wäre auch nicht besonders klug, da die Kinder häufig in Berufe eintreten,

die von denen ihrer Eltern sehr verschieden sind. Nichtsdestoweniger ist Imitationslernen höchst vorherrschend in hochentwickelten Gesellschaften. Durch Imitation lernen Kinder sich angemessen (anerkannt) zu verhalten, Verhaltensmuster zu erwerben, die mit denen der Peer-Gruppen konform gehen usw.; in der Tat wird augenscheinlich, daß die am höchsten entwickelte Gesellschaft wohl durch das größte Ausmaß an Beobachtungslernen charakterisiert werden kann, wenn Imitationslernen als alles Lernen definiert ist, das aus der Beobachtung von Modellen resultiert, und wenn die Modelle gemäß Bandura und Walters definiert werden.

Modelle

Obwohl man allgemein dazu neigt, sich unter Modellen *Personen* vorzustellen, deren Verhalten von anderen kopiert wird, wird ein Modell angemessener als jegliche Repräsentation eines Verhaltensmusters definiert. Menschen dienen als Modelle für andere Menschen, Eltern dienen als Modelle für Kinder, Kinder dienen als Modelle für andere Kinder und manchmal für Erwachsene, und Erwachsene imitieren einander fortwährend. Auch das Fernsehen ist ein Modell, da es eine Vielzahl von Verhaltensmustern vorstellt. Im gleichen Sinne sind Bücher, verbale Instruktionen, Tiere und Richtlinien alles Modelle. Man bezeichnet sie als *symbolische Modelle;* jedes spielt eine bedeutsame Rolle bei der Sozialisation des zeitgenössischen menschlichen Kindes.

Auswirkungen der Imitation

Nach den vorausgegangenen Abschnitten mag es so erscheinen als bestehe Lernen durch Imitation einfach aus einem Modell, das etwas tut, und einem Beobachter, der dessen Verhalten kopiert und dafür bekräftigt wird. Dieser Vorgang ist jedoch komplexer als es den Anschein hat. Bandura und Walters (1963) und Bandura (1969) unterscheiden drei voneinander verschiedene Effekte des Beobachtungslernens, die sie als die drei Effekte der Imitation beschreiben.

Modeling Effect (Modellernen)
Wenn ein Beobachter (durch Imitation) etwas lernt, das für ihn *neu* ist, spricht man vom Mo-

dellernen, welches per definitionem den Aufbau *neuer* Reaktionen mit einschließt. Daß es Modellernen gibt, wird durch beweiskräftige Anekdoten bestätigt. Großmütter geben eifrig darüber Auskunft, wie ihre Enkel bezüglich unerwünschter Gewohnheiten von den undisziplinierten Nachbarsrüpeln angesteckt worden sind; die Gewohnheiten sind ganz klar neu, da sie vorher nie gezeigt wurden. Bandura et al. (1963) unterstützen die Position der Großmutter und beschreiben eine Reihe danach oft kopierter Experimente, bei denen es um die Aggression bei kleinen Kindern geht und die meist wie folgt oder ähnlich aussehen: Den Vpn werden im Film, in Wirklichkeit oder im Cartoon Modelle anderer Kinder oder Erwachsener vorgeführt, die ein *neuartiges* aggressives Verhalten gegenüber einem großen, aufgeblasenen Plastikclown zeigen. Einmal ist das Modell verbal aggressiv; ein anderesmal schlägt es den Clown mit der Faust oder mit dem Schlagstock, tritt ihn oder greift ihn anderweitig an. Die Vpn werden später dem gleichen Clown gegenübergestellt und ihre Reaktionen werden notiert. Sehr oft nehmen diese Reaktionen die Form genau imitierter aggressiver Verhaltensweisen an. Sind sie eindeutig neu für das Kind, so nimmt man an, daß *Modellernen* stattgefunden hat.

Die hemmenden und enthemmenden Effekte

Die zweite Auswirkung der Imitation umfaßt keine neuen Reaktionen, sondern besteht stattdessen in der Unterdrückung oder Enthemmung vorher gelernten *abweichenden* Verhaltens. *Abweichendes* Verhalten ist als *sozial unerwünscht* definiert (z.B. exzessive Aggression). Hemmung und Enthemmung treten für gewöhnlich dann auf, wenn ein Modell für abweichendes Verhalten bestraft oder belohnt wird. Z.B. könnte eine Gruppe von Dieben aufhören zu stehlen, nachdem ein Gruppenmitglied verhaftet und bestraft wurde. Andererseits mag die gleiche Gruppe mit dem Stehlen begonnen haben, nachdem sie ein Gruppenmitglied durch Stehlen hat reich werden sehen. Der erste Fall dient als Beispiel für die hemmende Wirkung; das zweite Beispiel veranschaulicht die enthemmende Wirkung.
Eine ziemlich treffende Veranschaulichung der Macht von Modellen bei der Enthemmung abweichenden Verhaltens wird durch eine Reihe von Experimenten geliefert, auf die manchmal als „Bestrafungsstudien" (punishment studies) verwiesen wird (Walters und Llewellyn, 1963;

Walters, Llewellyn und Acker, 1962). In diesen Studien wurden Vpn gebeten, freiwillig an einem angeblichen Gedächtnisexperiment teilzunehmen. Den Vpn wurde ein kurzer Ausschnitt aus einem von zwei Filmen gezeigt; entweder eine gewalttätige Szene aus dem Film „Rebel without a cause" oder ein Ausschnitt aus einem Film, der in künstlerische Arbeit vertiefte Jugendliche zeigte. Diejenigen, denen die aggressive Szene gezeigt worden war, stellten die Experimentalgruppe dar; die zweite Gruppe diente als Kontrollgruppe. Nach Darbietung der Filme wurden die Vpn gebeten, dem Vl bei einer anderen Untersuchung zu helfen, die die Auswirkung von Strafe auf das Problemlösungsverhalten untersuchen sollte.
Eine als Vp deklarierte Person, die aber in Wirklichkeit ein Helfershelfer war, saß an einer Schalttafel, löste Aufgaben und signalisierte ihre Antworten, indem sie einen Schalter drückte. Immer wenn sie richtig antwortete, sollte ein grünes Licht an einer zweiten Schalttafel aufleuchten; bei falscher Lösung sollte ein rotes Licht angehen. Auf der zweiten Schalttafel befanden sich auch 15 Kippschalter, die mit 15 Volt, 30 Volt, 45 Volt usw. bezeichnet waren. Die Schalter schienen mit den Elektroden verbunden zu sein, die an den Handgelenken des Strohmanns befestigt waren. Die Instruktionen, die der Vp gegeben wurden (nachdem ihr ein milder Schock verabreicht worden war, um sicherzugehen, daß sie erkannte, was sie tat), waren einfach: Sie solle jedesmal eine Bestrafung in Form von Elektroschocks verabreichen, wenn ein Fehler gemacht würde. Die Ergebnisse unterstützten stark die Vorhersage, daß die Darbietung eines aggressiven Modells in einem Anstieg der Intensität der verabreichten Schocks resultieren würde.
Noch eindrucksvoller ist, daß sehr wenige Vpn sich weigerten, an dem Experiment teilzunehmen, obwohl sie gebeten wurden, ihren Kollegen Schmerz zuzufügen.
Der hemmende Effekt kann nicht so leicht experimentell demonstriert werden, wahrscheinlich deshalb, weil systematische Versuche, abweichendes Verhalten zu unterdrücken, oftmals wenig erfolgreich waren. Die zeitgenössische Strafgesetzgebung in den USA wird oftmals mit der Begründung gerechtfertigt, die Bestrafung eines Verbrechers diene zur Abschreckung für andere potentielle Kriminelle; die bestrafte Person soll als Modell für die Unterdrückung des bestraften Verhaltens fungieren. Es gibt jedoch einige Hinweise darauf, daß

Menschen nicht besonders empfänglich für diese Art der Verhaltenskontrolle sind. Großmutter hat dies schon lange gewußt und hat wahrhaftig die ganze Unwirksamkeit der Kriminellenbestrafung in dem brillanten und einsichtsvollen Satz zusammengefaßt: „Er denkt, das könnte ihm nicht passieren." Interessanterweise besteht Großmutter dennoch darauf, daß Kriminelle bestraft werden sollen: „Sie verdienen es eben und damit basta! Darum geht's!"

Der auslösende Effekt

Eine dritte Manifestation des Einflusses von Modellen auf menschliches Verhalten stellt der *auslösende Effekt* dar. Er umfaßt *auslösende* Reaktionen, die nicht *neuartig* sind, die aber zum Verhalten des Modells in zweierlei Hinsicht in Beziehung stehen. Dies geschieht zum ersten dadurch, daß das Verhalten des Modells als Stimulus für das Auftreten der Beobachter-Reaktion dient. Zweitens gehören die Reaktionen des Beobachters und das Verhalten des Modells zu der gleichen Klasse von Verhaltensweisen. Ein ziemlich bekanntes Beispiel für den auslösenden Effekt ist das Verhalten derjenigen, die versuchen, sich auf einem Gebiet auszuzeichnen, weil jemand anderes sich auf einem *anderen* Gebiet auszeichnet. Der Erwerb von Akzenten durch Umgang mit anderssprechenden Leuten und die Großzügigkeit in der Richtung, weil die Nachbarn in einer anderen großzügig sind, sind zwei weitere Beispiele für den auslösenden Effekt. Wann immer ein Modell für das Auftreten einer Reaktion verantwortlich ist, die weder neu, noch *genau imitiert* ist, manifestiert sich der *auslösende* Effekt.

Imitation und soziales Lernen

Imitation nimmt unter den alternativen Erklärungen für komplexes soziales Lernen einen sehr hohen Rang ein, vorwiegend deshalb, weil die von operanten oder klassischen Konditionierungsmodellen gelieferten Darstellungen wohl brauchbar für die Erklärung des Aufbaus einfacher Reaktionen sind, sich jedoch auf einen Großteil des komplexen Lernens nicht klar anwenden lassen. Fähigkeiten wie das Autofahren werden nicht einzig durch Kontiguität oder Versuch-und-Irrtum erworben; sie erfordern die Darbietung eines Modells. Diese Modelle können die Gestalt anderer Fahrer oder verbaler bzw. schriftlicher Instruktionen an-

nehmen. Menschen würden wahrscheinlich niemals sprechen lernen, wenn sie dies über Versuch-und-Irrtum, ohne die Beihilfe von Modellen in Gestalt anderer sprechender Menschen tun müßten. Wir können wirklich ernsthaft behaupten, daß Menschen das, was in Sachen Sprache, Kleidung und Verhalten akzeptabel bzw. nicht-akzeptabel ist, größtenteils durch Beobachtung der Sprache, Kleidung, und des Verhaltens Anderer lernen.

Verhaltensmodifikation

Ausgehend von der Wirksamkeit von Vorbildern bei der Determinierung menschlichen Verhaltens, versuchte man systematisch, bei der Modifikation abweichenden Verhaltens das Modellverhalten wirksam einzusetzen. Bandura und Walters (1963) beschreiben fünf Techniken, die erfolgreich zu diesem Zweck eingesetzt werden können, und die sowohl auf operanten Konditionierungs-Prinzipien als auch auf dem spezifischen Gebrauch von Modellen basieren.

Positive Bekräftigung

Der Gebrauch von Belohnungen zur Veränderung von Verhalten ist eine wohlbekannte und weit verbreitete Praxis im alltäglichen Leben, die von einigen alten Großmüttern erfunden wurde. Damit das Kind „sauber wird", geben die Eltern ihm ein Bonbon, wenn es auf den „Topf" geht; harte Arbeit zahlt sich durch erhöhte Löhne aus; fleißigen Studierenden wird zugelächelt usw. Der systematische Gebrauch von Belohnungen in der Therapie ist jedoch nicht allgemein üblich, wie Großmutter es vielleicht erwartet. Die *psychoanalytische* Ausrichtung vieler Psychotherapeuten läßt sie Ansätze bevorzugen, welche eher die Ursachen des abweichenden Verhaltens aufdecken anstatt dessen Manifestation (Symptome) zu behandeln. Diesen Ansätzen stehen in der Therapie die verhaltensorientierten Ansätze gegenüber, welche eher die Symptome als die Ursachen behandeln. Es wird darüber gestritten, ob die Beseitigung von Symptomen eine *Heilung* darstellt. Gleichzeitig bestehen Zweifel daran, daß Heilungen als Resultat der Psychoanalyse häufig sind.

Positive Bekräftigung ist eine verhaltenstherapeutische Technik. Sie wird vorwiegend dort eingesetzt, wo ein Verhaltensdefizit besteht und umfaßt im Prinzip einfach das Hervorrufen einer Reaktion und die darauf folgende Bekräftigung. Mehrere Untersuchungen (z. B. Lovaas, 1966; Lovaas, Berberich, Perloff & Schaefer, 1966; Risley und Wolf, 1967) haben gezeigt, daß Autismus bei kleinen Kindern erfolgreich durch den Gebrauch positiver Bekräftigung behandelt werden kann. Autismus ist durch extremen Rückzug, unterentwickelte Kommunikation und allgemein nicht sozialisiertes Verhalten gekennzeichnet. Die Therapie kann z. B. dergestalt ablaufen, daß solche Kinder für verbale Reaktionen, die durch Spiele mit dem Therapeuten hervorgerufen werden, belohnt werden (Ferster, 1961; Ferster und deMyer, 1962).

Gegenkonditionierung

Dieser eindrucksvolle Begriff bezieht sich auf die Konditionierung von Reaktionen, die unvereinbar (inkompatibel) mit dem unerwünschten Verhalten sind, aber bei den gleichen Reizen auftreten. Wolpe (1958) entwickelte diese Methode in einer Technik, die er *systematische Desensibilisierung* oder *reziproke Hemmung* nennt. Gleichzeitig sind die drei Techniken, die von Guthrie zur Eliminierung von Gewohnheiten vorgestellt wurden, alle Beispiele für Gegenkonditionierung; jede besteht im Lernen von Reaktionen auf den ursprünglichen Reiz, wobei die Reaktionen mit dem unerwünschten Verhalten inkompatibel sind (s. Kap. 2).

Wolpes *systematische Desensibilisierung* wird hauptsächlich bei der Behandlung von Ängsten und Phobien (Furcht) eingesetzt. Vereinfacht dargestellt besteht sie aus drei Schritten. Zunächst beschreibt die betreffende Person alle Situationen, die ihr ungewolltes Verhalten hervorrufen. Diese Situationen werden in eine hierarchische Ordnung gebracht, beginnend mit dem Reiz, der die schwächste Reaktion auslöst, bis zu dem Reiz, der mit der stärksten Reaktion assoziiert ist. Der zweite Schritt besteht darin, dem Patienten eine Reaktion beizubringen, welche mit der, die er loswerden will, unvereinbar ist. In den meisten Fällen wird der Person eine Entspannungstechnik beigebracht, weil Sich-Entspannen mit Furcht oder Ängstlichkeit unvereinbar ist. Der dritte Schritt ist, der Person, während sie sich entspannt, den schwächsten Reiz der Hierarchie darzubieten; weiterhin werden der Person die Reize in hierarchischer Anordnung geboten, bis diese beginnt, sich unwohl zu fühlen. An diesem Punkt wird der Reiz weggenommen und der Patient gebeten, sich wieder zu entspannen. Das Ziel der Vorgehensweise ist es, schließlich den stärksten Reiz darbieten zu können, ohne dabei die ungewollte Reaktion auszulösen.

Diese Vorgehensweise ist augenscheinlich eine ausgeklügelte Version von Guthries *Schwellentechnik* oder von Großmutters „Wirf-ihn-nicht-ins-Wasser, laß-ihn-sich-langsam-dran-gewöhnen, verdammt-nochmal"-Ansatz.

Löschung

Genauso einfach wie Skinners Ratten durch den Entzug der Belohnung das Hebeldrücken abgewöhnt werden kann, können Menschen dazu gebracht werden, unerwünschtes Verhalten zu unterlassen, indem die Quelle für dessen Verstärkung entfernt wird. Die Anwendung dieser Technik setzt voraus, daß das unerwünschte Verhalten durch positive Bekräftigung aufrechterhalten wurde und daß diese Bekräftigung nunmehr unter Kontrolle der Therapeutin ist. Letztere Forderung wird wahrscheinlich nicht oft erfüllt, da abweichendes Verhalten häufig zu intrinsischer Befriedigung führt, die nicht unter irgendeiner externalen Kontrolle steht. Andererseits gibt es bei kleinen Kindern zahlreiche aufmersamkeisheischende Verhaltensweisen, die einfach gelöscht werden können, indem ihnen keine Aufmerksamkeit mehr geschenkt wird. Ayllon und Michael (1959) beschreiben die erfolgreiche Behandlung eines Kindes, das jedesmal schrie, wenn es zu Bett gebracht wurde. Die Behandlung bestand einfach darin, das Kind schreien zu lassen. In weniger als einer Woche war das Verhalten gänzlich verschwunden.

Lernen durch Beobachtung und Imitation

Die vierte Technik der Verhaltensmodifikation besteht in einer überlegten Darbietung von Modellverhalten mit dem Ziel, abweichendes Verhalten zu eliminieren. Dieses Vorgehen kann die Form einer der drei Effekte der Imitation annehmen. Z. B. kann einem Kind etwas Neues beigebracht werden, indem ihm vorgemacht wird, was zu tun ist (Modellernen); es kann von einer bestimmten Verhaltensweise abgehalten werden, wenn es sieht, wie jemand anderes für eben dieses Verhalten bestraft wird (hemmender Effekt), oder es kann zu einem bestimmten Verhalten ermutigt werden, eine bestimmte Klasse von Verhaltensweisen zu zeigen, wenn ihm dafür ein relevantes Modell angeboten wird (auslösender Effekt). Ferguson (1968) berichtet über eine Untersuchung, bei der erwachsene Vpn erfolgreich gegen Schlangenphobien behandelt wurden, indem ihnen ein Modell angeboten wurde, welches in aufeinanderfolgenden Zeitabschnitten zunächst in der Umgebung einer lebenden Schlange arbeitete, dann die Schlange fütterte, sie schließlich hielt und mit ihr spielte. In ähnlicher Weise wurde gezeigt, daß die Furcht vor Tieren bei kleinen Kindern eliminiert werden kann, wenn sie Modelle beobachten können, die keine Anzeichen von Furcht zeigen (Bandura, Grusec und Menlove, 1967).

Diskriminationslernen

Diskriminationslernen bedeutet die Herausbildung von Unterscheidungen zwischen Reizen; das Individuum soll in ähnlichen Situationen, die jedoch verschiedene Reaktionen erfordern, angemessen reagieren. Z. B. ist beim Fußballspiel aggressives Verhalten angemessen, beim Baseball-Spiel weniger. Ein Kind mag dafür bestraft werden, daß es seine Schwester schlägt, jedoch gelobt werden, wenn es den Raufbold der Gegend angreift. Über ein Experiment zur Anwendung des Diskriminationslernens berichtet Freund (1960). Seine Vpn waren männliche Homosexuelle, die freiwillig zur Behandlung kamen. Ihnen wurden Dias mit nackten Männern genau zu dem Zeitpunkt gezeigt, an dem sie die Wirkungen eines vorher injizierten Brechmittels spürten. In einer späteren Sitzung wurden ihnen Dias mit Frauen gezeigt, nachdem ihnen vorher Testosteron (ein sexuelles Stimulans) injiziert worden war. Dieses Vorgehen brachte beträchtlichen Erfolg bei den freiwilligen Patienten, weniger Erfolg jedoch bei anderen, die nicht freiwillig zur Behandlung gekommen waren.

Soziales Lernen und Unterricht

Für den Unterricht ist das oben gesagte besonders in zweierlei Hinsicht relevant. Erstens ist es wahrscheinlich, daß das Verhalten der Lehrenden nicht nur für einen großen Teil des Schülerverhaltens Modell ist, sondern daß auch die von seiner Seite kommenden Instruktionen, Verhaltensbeschreibungen, expliziten und impliziten Werturteile als symbolische Modelle dienen. Zweitens kann jede der beschriebenen fünf Techniken zur Verhaltensmodifikation sowohl auf Lern- als auch auf Erziehungssituationen (Verhaltenskontrolle) angewandt werden.

Soziale Lerntheorie im Rückblick

Die zunächst von Bandura und Walters vorgestellt und dann von Bandura weiterentwickelte soziale Lerntheorie versucht Lernen mit Hilfe einer Imitationstheorie zu erklären. Diese Theorie steht in enger Beziehung zu einem operanten Konditionierungsmodell, mit Ausnahme eines großen Unterschieds, der von Bandura (1967, 1969) sorgfältig aufgezeigt wird. Das traditionelle operante Konditionierungsparadigma basiert auf der Annahme, daß ein diskriminativer Reiz, der bei der Ausführung eines operanten Verhaltens präsent ist und in der Folge verstärkt wird, die Fähigkeit erwirbt, die Reaktion auszulösen. Beim Lernen durch Imitation ist jedoch der diskriminative Reiz das Modell und das Modell erwirbt nicht die Fähigkeit, die imitierende Reaktion auszulösen. Auch ist die Verstärkung nicht notwendigerweise eine unmittelbare, greifbare Konsequenz des Imitierens. Tatsächlich wurde das Modell häufig lange Zeit vor dem Abgeben einer imitierenden Reaktion dargeboten, und die Verstärkung mag durchaus eher stellvertretend als real bleiben. Nach Banduras Meinung macht dieser große Zeitraum ein operantes Konditionierungsparadigma für die Erklärung des Beobachtungslernens etwas ungenügend. Aus diesem Grunde kann ein symbolisches Verhaltenskontrollsystem durchaus in die Theorie eingefügt werden.

Zusammenfassung: Kapitel 13

Dieses Kapitel bot eine Definition der Sozialisation und diskutierte verschiedene theoretische Erklärungen des sozialen Lernens. Die von Bandura weiterentwickelte Theorie wurde etwas detaillierter untersucht. Es folgte eine kurze Darstellung verhaltenstherapeutischer Techniken.

1. Soziales Lernen kann als der Prozeß beschrieben werden zu lernen, sich in sozial akzeptierter Weise zu verhalten. Der Begriff *Sozialisation* wird synonym mit dem Ausdruck *soziales Lernen* gebraucht.

2. Die Definition von angemessenem Verhalten variiert zwischen den verschiedenen Kulturen und innerhalb der Kulturen für verschiedene Menschen. Daher würde eine Beschreibung des *Inhalts* von sozialem Lernen extrem komplex sein. Der *Prozeß* des sozialen Lernens dagegen verläuft wahrscheinlich bei den verschiedenen Kulturen ziemlich gleich.

3. Unter den Erklärungen für soziale Lernphänomene, die aus der Lerntheorie abgeleitet werden können, befinden sich solche, die sich auf *klassisches Konditionieren, operantes Konditionieren, Kognitivismus* und *Großmutters Imitationsstandpunkt* stützen. Keine der Erklärungen ist für sich alleine angemessen, um viele bedeutsame Aspekte des sozialen Lernens gleichzeitig zu erklären.

4. Die *soziale Imitationstheorie* von Bandura und Walters versucht alle diese Erklärungen zu integrieren.

5. Die Hauptpunkte dieser Theorie sind: Ein Großteil des sozialen Lernens resultiert aus der *Imitation;* die Effekte der Imitation können über ein operantes Konditionierungsmodell erklärt werden; symbolische Prozesse sind oft in soziales Lernen einbezogen.

6. Dollard und Miller stellen ebenfalls eine soziale Lerntheorie vor, die auf der Rolle der Imitation basiert, jedoch im wesentlichen einen *Triebreduktionsansatz* darstellt. Als solcher krankt er an der Tatsache, daß nicht alles menschliche Verhalten dazu bestimmt ist, Stimulierung zu reduzieren.

7. Bandura und Walters beschreiben drei *Verhaltenskontrollsysteme,* die aufgrund der Verschiedenartigkeit der auftretenden Reaktionen voneinander zu unterscheiden sind. Erstens gibt es Reaktionen, die unter direkter Reizkontrolle sind, zweitens solche, die durch ihre Konsequenzen beeinflußt werden und drittens Reaktionen, die über symbolische Prozesse gesteuert werden.

8. *Modelle* sind nicht nur *Menschen,* sondern auch symbolische Verhaltensmuster, wie sie von Büchern, Instruktionen, Religionen, Fernsehen usw. geliefert werden.

9. *Beobachtungslernen* kann sich in einem oder mehr der drei Imitationseffekte manifestieren: Das Modellernen bezieht neue, genau nachahmende Reaktionen ein; die hemmenden und enthemmenden Effekte umfassen die Unterdrückung bzw. das Auftreten von abweichendem Verhalten, gewöhnlich als Funktion der beim Modell beobachteten Konsequenzen; der auslösende Effekt umfaßt Nicht-neuartiges und nicht genau imitiertes Verhalten, das jedoch zu dem Verhalten des Vorbilds in Beziehung steht.

10. Techniken der *Verhaltensmodifikation* sind u. a. positive Bekräftigung, Extinktion, Gegenkonditionierung, Modellieren und Diskriminationslernen. Jede Technik kann deutlich gegen psychoanalytische Ansätze abgesetzt werden.

11. Imitation scheint im sozialen Lernen wesentlich vorherrschender zu sein als Versuch-und-Irrtum oder einsichtsvolles Lernen.

Ein Schlußwort

.

Kapitel 14

Integration und Bewertung

Lügen oder Übersimplifizieren?

In diesem Kapitel wird ein Versuch unternommen, der sehr leicht zu einer überwältigenden Aufgabe hätte werden können, gäbe es meine Großmutter nicht: der Versuch, die in den vorangegangenen Kapiteln vorgestellten Theorien bezüglich Lernen zusammenzufassen und zu bewerten.

Was ist mit Ihrer Großmutter, fragen Sie. Nochmal. Und obwohl ich mich etwas schäme, es zuzugeben, muß ich gestehen, daß ich eine der zwei besten Techniken, mit überwältigenden Dingen umzugehen, von ihr gelernt habe: Das Übersimplifizieren. Die zweite Technik, das Lügen, habe ich selbst irgendwo aufgeschnappt.

Ich benutze eine dieser Techniken öfters in diesem ehrgeizigen Kapitel – einem Kapitel, das eine Zusammenfassung der bereits erörterten Hauptlerntheorien darstellt, gefolgt von einer kurzen Bewertung. Das Kapitel endet mit einem letzten Versuch, einige Teile unseres wichtigen Wissens über menschliches Lernen (in der Form von Robert Gagnés Theorie) zusammenzuschließen.

Die Hauptrichtungen der Lerntheorie

Lernen wurde definiert als aus der Erfahrung resultierende Verhaltensänderungen. Ferner wurde darauf hingewiesen, daß die Ausdrücke *Lerntheorie* und *Verhaltenstheorie* synonym eingesetzt werden. Unter den verschiedenen Betrachtungsweisen des menschlichen Verhaltens oder Lernens können zwei Richtungen identifiziert werden, die für die klassische Unterteilung der psychologischen Theorien verantwortlich sind. Die erste Richtung nimmt an, daß das Verhalten des Menschen zumindest in gewissem Maße durch die in seinem Gehirn ablaufende Aktivität beeinflußt wird. Großmutters Bezeichnung für die gleiche Orientie-

Tabelle 14.1. Unterteilungen der Lerntheorien

Symbolische Darstellung	Bedeutsame Variablen	Repräsentanten
Behaviorismus S-R	Reize (Stimuli)	Watson
	Reaktionen	Thorndike
	Verstärkung	Guthrie
		Skinner
		Hull
		Spence
Übergangsstufe S-O-R	Reize (Stimuli)	Hebb
	Reaktionen	
	Verstärkung	
	Vermittelnde Prozesse	
Kognitivismus O	Wahrnehmung	Gestaltpsychologen
	Organisation	Bruner
	Informationsverarbeitung	Piaget
	Entscheidungsprozesse	Tolman
	Problemlösen	

rung ist, daß der Mensch denkt, einen Willen hat, fühlt, und daß er sich aufgrund seiner Art zu denken, zu fühlen und zu wollen verhält. Zu ihrem Glück wird sie selten gebeten, die von ihr gebrauchten Begriffe zu definieren. Die zweite Richtung widerspricht nicht einfach der ersten, sondern behauptet lediglich, daß aus Untersuchungen der nebulösen, im Gehirn ablaufenden Prozesse wohl wenig wissenschaftlich Gültiges über menschliches Verhalten abgeleitet werden kann. Stattdessen konzentrieren sich die Vertreter dieser Richtung auf die Untersuchung menschlichen Verhaltens und der zu dem Verhalten führenden beobachteten Bedingungen.

Offensichtlich ist den vorbehavioristischen und kognitiven Psychologen die erstere Ausrichtung gemein, während sich die Behavioristen durch die zweite auszeichnen. Man sollte jedoch im Gedächtnis behalten, daß nur wenige Positionen deutlich *nur* behavioristisch oder *nur* kognitiv sind; solche Begriffe sind lediglich Etikettierungen zur Beschreibung unterschiedlicher theoretischer Ausrichtungen. Ferner weisen diese Bezeichnungen auf verschiedene Interessengebiete hin. Der Behaviorismus befaßt sich z. B. größtenteils mit der Untersuchung von Reizen und Reaktionen. Andererseits umfassen die für kognitive Psychologen interessanten Themen meistens nicht Reize und Reaktionen *als solche,* sondern behandeln stattdessen zentrale Prozesse wie z. B. Problemlösen, Entscheidungsprozesse, Wahrnehmung, Informationsverarbeitung, Begriffsbildung und Gedächtnis; Tabelle 14.1 (entspricht Tabelle 3.1 in

Kap. 3) stellt die Hauptrichtungen der Lerntheorie dar. Jede dieser Richtungen wird im folgenden Abschnitt zusammengefaßt.

Analyse

Behaviorismus

Watson
J. B. Watson war einer der ersten Amerikaner, der die Wissenschaft der Psychologie in objektiven Begriffen zu definieren versuchte. Er sah Psychologie als eine Wissenschaft, die sich mit dem Beobachtbaren und nicht mit dem Hypothetischen befassen sollte – eine Definition, die den amerikanischen Behaviorismus hervorbrachte. Watsons Behaviorismus war charakterisiert durch die rigorose Übernahme der von dem russischen Physiologen Pawlow entdeckten Gesetze des klassischen Konditionierens.

Watson gilt auch als einer der Hauptvertreter der Umwelttheorie (Environmentalismus), dem Glauben, daß Persönlichkeit, Intelligenz und alle anderen menschlichen Eigenschaften durch die die Umwelt (d. h. durch den Erziehungspart in der historischen Anlage/Umwelt-Auseinandersetzung) determiniert werden. Es wird von Watson berichtet, er habe gesagt, daß er aus einem Dutzend gesunder Babies machen könne, was immer er wolle, vorausgesetzt, ihm würde freie Hand bei ihrer Aufzucht gegeben.

Guthrie

Wie Watson vertritt Edwin Guthrie einen starren behavioristischen Ansatz, der recht einfach in mehreren Hauptsätzen zusammengefaßt werden kann, welche im wesentlichen aussagen, daß, immer wenn eine Reaktion einem Reiz folgt, daraus eine Tendenz zur Wiederholung der gleichen Reaktion resultiert, wenn der Reiz das nächste Mal dargeboten wird. Im einzelnen behauptet Guthrie, daß Lernen zum Zeitpunkt der ersten Paarung eines Reizes mit einer Reaktion abgeschlossen ist, und daß weitere Übung die Reaktion nicht verfestigt. Gleichermaßen glaubt er, daß wenn sich zwischen einem Reiz und einer Reaktion eine Verbindung gebildet hat, diese niemals aufgebrochen wird. Es ist jedoch möglich, unerwünschte Gewohnheiten durch das Lernen von damit unvereinbaren neuen Verhaltensweisen zu eliminieren. Guthrie schlägt drei Techniken vor, mit denen dies erreicht werden kann: Die Ermüdungsmethode, die Schwellenmethode und die Methode der inkompatiblen Reize. Es ist wichtig, sich zu merken, daß sowohl für Watson als auch für Guthrie die Konsequenzen des Verhaltens für den Lernvorgang nicht essentiell wichtig sind. Die Wirkungen von Strafe und Belohnung liegen nach Guthrie einfach in der Veränderung der Reizsituation, wodurch das Verlernen einer Reaktion verhindert wird.

Thorndike

E. L. Thorndike wird im allgemeinen zugutegehalten, er habe durch die Gesetze der Auswirkung und der Übung den Begriff der Verstärkung (reinforcement) in die zeitgenössische Lerntheorie eingeführt. Das Gesetz der Auswirkung besagt, daß Lernen eine Folge der Konsequenz des Verhaltens ist. Im einzelnen tendieren die zu einem befriedigenden Zustand führenden Reaktionen dazu, wiederholt zu werden, während sich bei den zu einem unangenehmen Zustand führenden Reaktionen diese Tendenz umkehrt. Das Gesetz der Übung sagt, daß Reiz-Reaktions-Ereignisse, die geübt werden, eher verfestigt werden, während ungenutzte (d. h. ungeübte) eher vergessen werden.

Für Thorndike bestand Lernen in der Bildung von Reiz-Reaktions-Verbindungen als Funktion ihrer Wiederholung oder der Konsequenzen der Reaktionen. Er bezeichnete den Prozeß des Lernens als *Einstanzen* ("stamping-in"), Vergessen kommt durch *Ausstanzen* ("stamping-out") zustande. Das System kann durch die Besprechung der fünf Nebengesetze, deren wichtigstes das Gesetz der multiplen Reaktion ist, weiter detailliert werden. Das Gesetz der multiplen Reaktion besagt im wesentlichen, daß mit einer Problemsituation konfrontierte Menschen dazu tendieren, eine Vielzahl von Reaktionen zu zeigen, bis eine von diesen bekräftigt wird. Mit anderen Worten handelt es sich hier um *Lernen durch Versuch und Irrtum*. Weitere Gesetze sind einfach Formalisierungen der Beobachtung, daß Verhalten generalisierbar ist, daß wir auf die auffallendsten Merkmale unserer Umwelt reagieren, daß der kulturelle Hintergrund das Verhalten beeinflußt, und daß Lernen durch Kontiguität tatsächlich auftritt.

Skinner

B. F. Skinner ist einer der großen Systembildner der Psychologie des 20. Jahrhunderts. Interessanterweise war es gar nicht sein Bestreben, ein System oder eine Theorie des Verhaltens zu entwickeln; er wollte lediglich sorgfältige Verhaltensbeobachtungen an verschiedenen Organismen vornehmen. Das aus seiner Arbeit resultierende Lernmodell ist das des *operanten* Konditionierens, ein Modell, das einfach als die Behauptung, Lernen resultierte aus der Verstärkung der vom Organismus abgegebenen Reaktionen, beschrieben werden kann. Skinner beschäftigte sich vor allem mit der Aufdeckung der Beziehungen zwischen Bekräftigung und Reaktionsvariablen. Aus diesem Grund behandelt seine Arbeit größtenteils die Auswirkungen verschiedener Darbietungsweisen von Verstärkung (Verstärkungspläne) auf die Lerngeschwindigkeit, die Reaktionsrate und die Löschungsrate. Der Begriff Löschung bezieht sich auf das Aufhören einer Reaktion nach Absetzung der Verstärkung. Zu den wichtigsten Ergebnissen Skinners zählt die Entdeckung, daß Lernen im Anfangsstadium durch kontinuierliche Verstärkung erleichtert wird, daß aber die Löschungszeit durch intermittierende Verstärkung verlängert wird. Obwohl die meisten seiner Experimente an Tieren durchgeführt wurden, wird angenommen, daß diese Resultate im allgemeinen auch auf menschliches Verhalten übertragbar sind.

Eine der von Skinner entwickelten Techniken, mit denen man Tieren komplexe Verhaltensweisen beibringen kann, ist das „shaping", welches die Verstärkung *stufenweiser* Annäherung an das erwünschte Verhalten umfaßt und bei professionellen „Tiertrainern" weite Anwendung findet.

Die Anwendung seiner Arbeit auf menschliches Verhalten wird von Skinner in drei Büchern besprochen: *Walden Two* dtsch. Futurum zwei (1948), *Science and Human Behavior* (1953) und *Beyond Freedom and Dignity* (1971; dt. 1973). Außerdem ist eine direkte pädagogische Anwendung von Skinners Theorie im Bereich des programmierten Lernens zu finden.

Hull

Clark L. Hulls theoretischer Ansatz wird als hypothetisch-deduktiv bezeichnet. Er ging an eine der ehrgeizigsten Aufgaben, die jemals von einem Psychologen angegangen wurde, nämlich, alles Wissen über menschliches Verhalten zu formalisieren, um zu ermöglichen, Reaktionen aufgrund der Kenntnis der Reize vorauszusagen. Das System wurde niemals vollendet, steht aber nichtsdestoweniger als Denkmal für die formale Theorienbildung da.

Hulls Forschungen und die sich daraus ergebenden Formeln und Gleichungen behandeln drei Aspekte des menschlichen Verhaltens: *Input*-Variablen, welche physikalische Reize sowie auch Faktoren wie Antriebsbedingungen, früher gelernte Gewohnheiten (habits) und die Menge an erreichbarer Belohnung einschließen; *intervenierende* Variablen, die hauptsächlich aus der Wirkung der Input-Variablen auf den Organismus bestehen; und *Output-Variablen,* die die Charakteristika des aktuellen Verhaltens in Form von Reaktionslatenz, Reaktionsfrequenz und Abschwächungszeit darstellen. Das System kann teilweise in Form der folgenden Gleichung zusammengefaßt werden:

$$_SE_R = {_S}H_R \times D \times V \times K$$

Hull beschrieb sein System in 17 Postulaten, 133 Theoremen und unzähligen Subthesen, aus denen seine Ansichten über das Lernen sichtbar werden. Eines der zentralen Konzepte der Theorie ist das der Gewohnheit (habit), welche eine S-R-Verbindung darstellt bzw. das Konzept der *Gewohnheitshierarchie,* die eine Ansammlung solcher S-R-Verbindungen ist. Diese Gewohnheitshierarchie ist eine durch Präferenzen bestimmte hypothetische Anordnung miteinander verwandter alternativer Verhaltensweisen. Die Verwandtschaft zwischen den Gewohnheiten resultiert aus der Gemeinsamkeit ihres Ziels. Nach Hull ist das Verhalten zweckvoll, indem es zielgerichtet ist. Für die Bildung von Gewohnheiten ist die Verstärkung bei Erreichen des Ziels oder in Form der von Hull so genannten *antizipierenden Zielreaktionen (antedating goal responses)* verantwortlich. Eine antizipierende Zielreaktion ist jede der vielen belohnungsbezogenen Reaktionen, die ein Organismus zeigt, während er sich dem Ziel nähert. Leckt sich z. B. eine Ratte, bevor sie die letzte Kurve im Labyrinth nimmt, das Maul, so ist dies eine antizipierende Zielreaktion.

Hulls Gebrauch des Konzepts der intervenierenden Variablen ergibt eine Verbindung zwischen seinem System und eher kognitiven Interessen. Hierbei ist jedoch wichtig zu merken, daß die Hullschen Variablen direkt mit Input- und Output-Variablen verknüpft sind. Sie sind nicht als erschlossene hypothetische Konstrukte gedacht.

Spence

Die Hullsche Tradition wurde von Kenneth Spence weitergeführt. Ein offensichtlicher, doch oberflächlicher Unterschied zwischen Hull und Spence ist, daß einige der von Hull angewandten Symbole geändert wurden. Die Hauptformel lautet nicht mehr $_SE_R = {_S}H_R \times D \times V \times K$ sondern $E = H \times (D + K)$, wobei die Symbole interessanterweise die gleichen Zuschreibungen haben. Eine andere, weniger oberflächliche Veränderung ergibt sich aus der Formel von Spence: Der Wechsel von einer multiplikativen zu einer additiven Funktion. Antrieb (D) oder Belohnung (K) können gleich Null sein, ohne damit notwendigerweise das Reaktionspotential (E) auf Null zu reduzieren. Hinzu kommt, daß, während Hull sich größtenteils auf eine Triebreduktionserklärung der Motivation stützte, Spence dafür die Annahme einsetzte, daß die antizipierenden Zielreaktionen in Abwesenheit tatsächlicher Antriebsreduktion allein bekräftigend seien. Weiterhin nahm Spence an, daß die Stärke einer Gewohnheit nicht von der Bekräftigung abhänge (wie bei Hull), sondern sich auf die Häufigkeit der S-R-Paarungen beziehe.

In der abschließenden Analyse ähneln die beiden Systeme einander mehr als sie sich unterscheiden. Somit ist es auch nicht ungewöhnlich, auf das Hull-Spence-System zu verweisen.

Eine Übergangsphase

Hebb

D.O. Hebb hat einen etwas spekulativen neurophysiologischen Vorschlag für eine Theorie des menschlichen Verhaltens gemacht. Er nimmt an, daß die vermittelnde Aktivität, die die Grundlage seiner Erklärung höherer geistiger Prozesse bei Menschen bildet, in der Aktivität von in geschlossenen Kreisen angeordneten Neuronen oder Neuronengruppen oder in der Aktivität komplexer Anordnungen solcher Kreise besteht. Der geschlossene Kreis von verwandten Nervenzellen wird als Zellgruppierung bezeichnet. Hebb nimmt an, daß sie eine Reihe kleinerer neuraler Einheiten, die *Erregungskreise,* umfaßt. Die komplexeren Anordnungen von Zellgruppierungen werden von Hebb *Phasensequenzen* genannt. Die in Hebbs Theorie absolut zentrale Eigenschaft dieser neuralen Organisationseinheiten besteht darin, daß die Übertragung zwischen Neuronen als Funktion wiederholter Entladungen erleichtert wird. Dieses Phänomen neuraler Aktivität wird als verantwortlich für das Lernen angesehen. Eine Zellgruppierung entspricht irgendeinem einfachen, sensorischen Input – z.B. der Farbe eines Gegenstands oder dem Teil einer seiner Dimensionen. Die Aktivität in einer ganzen Reihe von Gruppierungen (Phasensequenz) entspricht dem ganzen Objekt. Durch Lernen erreichen die Zellgruppierungen und Phasensequenzen schließlich eine Übereinstimmung mit der Umwelt; d.h., da verschiedene Teile eines Gegenstands gewöhnlich in Kontiguität wahrgenommen werden, werden die sich auf verschiedene Aspekte eines Gegenstands beziehenden Zellgruppierungen oft simultan aktiviert und deshalb verknüpft.

Hebb war großenteils verantwortlich für die Entwicklung einer auf Erregung basierenden Theorie der Motivation. Dieser Theorie wird die Annahme vorausgeschickt, daß optimales menschliches Funktionieren durch ein mittleres Erregungsniveau ermöglicht wird, und daß ein Organismus deshalb versucht, dieses Niveau aufrechtzuerhalten. Die gleichen Vorstellungen wurden auch von anderen Theoretikern in ihre Systeme eingebaut (z.B. Bruner).

Kognitivismus

Tolman

Edward Tolman war einer der bemerkenswerten amerikanischen Psychologen, die aus einer rigoros behavioristischen Richtung kamen und schließlich ein System entwickelten, das wesentlich stärker kognitiv als behavioristisch war. Er vertritt eine Theorie des *zielgerichteten* Behaviorismus. Daher wird er zu den kognitiven Psychologen gezählt, obwohl sein System in vielen Beziehungen eigentlich eine Übergangsstufe darstellt. Tolmans System kann am besten anhand seiner drei grundlegendsten Anschauungen verstanden werden. Erstens – und das ist das Wichtigste – wird jegliches Verhalten als zielgerichtet betrachtet. Darunter versteht Tolman, daß Verhalten auf Ziele gerichtet ist, nicht so, wie in Hulls System ein Stimulus Verhalten lenken könnte, sondern, daß Verhalten durch Kognitionen geleitet wird. Er beschreibt diese Kognitionen primär durch den Begriff der Erwartung von Belohnung, die der Organismus entwickelt.

Das zweite wichtige Prinzip in diesem System betrifft Tolmans Betonung der molaren statt der molekularen Aspekte von Verhalten. Mit anderen Worten: Er beschäftigte sich weniger mit diskreten S-R-Ereignissen als vielmehr mit globaleren Aspekten von Verhalten.

Tolmans dritte grundlegende Anschauung ist sein Beharren darauf, daß das, was als Funktion der Verstärkung gelernt wird, nicht eine Reiz-Reaktions-Verbindung oder eine Reaktions-Verstärkungs-Verbindung ist, sondern eine *Kognition* – ein Bewußtsein davon, daß bestimmten Verhaltensweisen vermutlich eine Belohnung folgt. Es ist dieses Bewußtsein, das Verhalten leitet. Und das läßt es für Tolman vernünftig erscheinen, sein System als ein System des zielgerichteten Behaviorismus zu beschreiben.

Die Gestaltpsychologen

Die Gestaltpsychologie kann als zweite Reaktion gegen den Mentalismus der Psychologie vor dem 20. Jahrhundert interpretiert werden. Sie versuchte jedoch im Gegensatz zur behavioristischen Reaktion nicht so sehr, die Wissenschaft zu objektivieren, als ihre Methoden zu ändern. Die Introspektion wurde nicht deshalb nicht akzeptiert, weil sie die falschen Themen untersuchte, sondern weil sie versuchte, das Verhalten durch die *Analyse* zu erforschen. Der Gestaltansatz ist ein *Synthese*-Ansatz; er behauptet ganz klar, daß auch physikalische Objekte nicht vollkommen durch eine Analyse ihrer Teile verstanden werden können. *Das Ganze ist größer als die Summe seiner Teile* wurde zum bekannten Gestalt-Schlagwort.

Das Hauptinteresse der Gestaltpsychologie war es, die die Wahrnehmung steuernden Gesetze zu entdecken. Sie ist verantwortlich für die Ausarbeitung solcher „Gesetze" wie *Geschlossenheit, Nähe, Symmetrie, Kontinuität* und *Prägnanz*. Es ist größtenteils wegen dieser Bevorzugung bestimmter Themen, daß die Gestaltpsychologie als Vorgänger des Kognitivismus betrachtet wird.

Unter den bekannteren Gestaltpsychologen befanden sich Männer wie Köhler, Koffka und Wertheimer. Lewins System ist ebenfalls ein Beispiel für den gestaltpsychologischen Ansatz. Diese Positionen stimmen nicht nur hinsichtlich ihrer Bevorzugung der Wahrnehmung überein, sondern auch durch ihre Ablehnung der Versuch-Irrtum-Erklärungen des menschlichen Lernens; ihre Alternativverklärung war, daß Menschen durch Einsicht lernen.

Bruner

Jerome Bruner hat eine locker geknüpfte kognitive Theorie entwickelt, die verschiedene Phänomene der Wahrnehmung, des Entscheidungsverhaltens, der Informationsverarbeitung, des Konzepterwerbs und der Entwicklung erklären soll. Seine früheren Schriften befassen sich hauptsächlich mit Lernen. Seine jüngeren Interessen liegen auf dem Gebiet der Entwicklung.

Die Theorie wird manchmal als Theorie der Kategorisierung bezeichnet. Der Begriff *Kategorie* ist sowohl mit *Perzeptum* als auch mit *Konzept* synonym. Im wesentlichen bedeutet Kategorisieren, Objekte so zu behandeln, als seien sie in irgendeiner Hinsicht äquivalent. Dementsprechend kann eine Kategorie als eine Regel zum Klassifizieren von Gegenständen bezüglich deren Eigenschaften (Attributen) gedacht werden. Ein Großteil der früheren Arbeiten Bruners war der Untersuchung von Strategien gewidmet, die die Menschen einsetzen, wenn sie lernen, Reizereignisse zu kategorisieren; diese Untersuchungen hatten sowohl die einfache Wahrnehmung als auch den Konzepterwerb zum Gegenstand.

Bruners Ansatz zum Lernen und Problemlösen basiert auf der Annahme, daß der Wert des Gelernten daran meßbar ist, inwieweit er es dem Lernenden erlaubt, *über die gegebene Information hinauszugehen.* Bruner argumentiert, daß Konzepte und Perzepte dann brauchbar sind, wenn sie in Systemen verwandter Kategorien (Kodierungssystemen) mit weiter Allgemeingültigkeit organisiert sind.

Bruner macht ferner Gebrauch von einer auf Erregung basierenden Erklärung der Motivation, die praktisch mit der von Hebb identisch ist. Bei Hebb macht er weiter ausgiebige Anleihen hinsichtlich der Beschreibung der neurologischen Mechanismen, die Menschen besitzen müssen, um sich in einer mit seiner Theorie übereinstimmenden Weise verhalten zu können.

Piaget

Piagets Theorie ist wirklich ein System für sich und kann nicht leicht mit anderen Positionen verglichen werden.

Piagets Hauptinteresse gilt der Entwicklung. Im Hinblick auf die enge Beziehung zwischen Lernen und Entwicklung erscheint es jedoch nicht unangemessen, auf seine *Lern*theorie Bezug zu nehmen. Piaget beschreibt die Entwicklung als die Evolution der Fähigkeit eines Kindes, mit der Welt in zunehmend angemessener, realistischer und logischer Weise zu interagieren. Ein Teil seiner Arbeit ist deshalb der Beschreibung von Kindern auf verschiedenen Entwicklungsstufen gewidmet, die er als sensumotorisches Stadium (0–2 Jahre), präoperationales Stadium (2–7 Jahre; umfaßt vorbegriffliches und intuitives Denken), Stadium der konkreten Operationen (7–11 oder 12 Jahre) und Stadium der formalen Operationen (11 oder 12 oder 14 oder 15 Jahre) bezeichnet. Jedes Stadium ist durch charakteristische Fähigkeiten und Fehler beim Problemlösen gekennzeichnet, resultiert aus Aktivitäten und Fähigkeiten des vorangegangenen und ist eine Vorbereitung auf das nächste Stadium.

Ein anderer Teil von Piagets Arbeit ist der Darstellung der Eigenschaften menschlicher Kinder gewidmet, die diese befähigen, in ihrer Ontogenese Fortschritte zu machen. In Verbindung damit hat er eine biologisch orientierte Definition der Intelligenz als einem interaktiven Prozeß entwickelt. Im wesentlichen ist sie ein Prozeß, der zwei Arten menschlicher Funktionsweisen einbezieht. Die eine ist als Prozeß, vormals gelernte Aktivitäten zu üben (Assimilation) definiert, die andere besteht darin, Verhalten zu modifizieren (Akkomodation). Ein optimales Gleichgewicht zwischen diesen Prozessen (Equilibrium) bildet das maximal adaptive (oder maximal *intelligente*) Verhalten.

Außer dem Studium der Charakteristika der Entwicklung per se hat Piaget einen großen Teil seiner Schriften speziellen Themen wie

z. B. der Entwicklung des Zeit-, Kausalitäts-, Logik-, Raum-, Geometriekonzepts usw. gewidmet.

Künstliche Intelligenz

An dieser Stelle wird keine kurze Zusammenfassung der Forschung zur künstlichen Intelligenz gegeben, weil diese weder neue Kenntnisse über menschliches Verhalten repräsentiert noch in klarer Weise einen neuen Ansatz zu dessen Studium darstellt.

Tatsächlich mag die Möglichkeit, mit Maschinen das menschliche Verhalten zu kopieren, durch das *aus anderen Quellen* herrührende Maß an Information über den Menschen begrenzt sein. Im jetzigen Entwicklungsstadium ist die Computersimulation psychologischer Prozesse im wesentlichen ein interessantes Spiel, das wohl zu einigen außerordentlich brauchbaren Entdeckungen und/oder Anwendungen des Wissens führen mag. Aber im Moment ist die Forschung über künstliche Intelligenz keine Lerntheorie.

Miller, Galanter und Pribram haben ein Modell menschlichen Verhaltens entwickelt, das auf der Vorstellung basiert, Menschen verhielten sich in der gleichen Weise wie eine gut programmierte, selbstregulierte Maschine. Die die Grundlage dieses Modells bildende TOTE-Einheit liefert einen einfachen und potentiell brauchbaren Ansatz zum Verständnis des Verhaltens. Für sich allein genommen ist dies jedoch weder eine neue Theorie noch neue Information über menschliches Verhalten.

Das Lernen beeinflussende Faktoren

Zu den wichtigsten Faktoren, die zwangsläufig mit menschlichem Lernen verbunden sind, gehören Aufmerksamkeit, Gedächtnis und Motivation. Die Theorien in jedem dieser Gebiete beinhalten behavioristische wie auch kognitive Ansätze, obwohl jüngere Forschungsarbeiten über Gedächtnis und Aufmerksamkeit primär auf kognitiven Modellen basieren.

Aufmerksamkeit

Aufmerksamkeit kann als der Prozess des „Im-Geiste-Behaltens" von nur einem oder höchstens zwei der vielen Reize definiert werden, die zu jedem beliebigen Zeitpunkt auf unsere Wahrnehmungsrezeptoren einströmen. In diesem Sinn ähnelt Aufmerksamkeit sehr stark dem, was manchmal auch *aktives* Gedächtnis oder Kurzzeitgedächtnis genannt wird.

Gedächtnis

Eine bekannte Gedächtnistheorie ist die Zwei-Stadien-Theorie. Sie ist im wesentlichen eine Metapher, die besagt, daß wir Informationen so verarbeiten und erinnern, als hätten wir zwei getrennte Gedächtnisspeicher (oder Gedächtnisprozesse) – einen für die Kurzzeiterinnerung (Sekunden, nicht Minuten) und einen zweiten, der die Langzeitspeicherung betrifft. Außer dem offensichtlichen Unterschied in der Zeitdauer, für die relevante Erinnerungen verfügbar sind, gibt es zwischen den beiden Speichern einige weitere, wichtige Unterschiede: die Tatsache, daß das Kurzzeitgedächtnis einen aktiven, fortlaufenden Prozeß darstellt, während das Langzeitgedächtnis passiver ist, daß das Kurzzeitgedächtnis, im Gegensatz zum Langzeitgedächtnis leicht gestört werden kann, und daß das Kurzzeitgedächtnis in Bezug auf seine Kapazität wesentlich begrenzter ist.

Ein wichtiges, allgemeines Modell des Langzeitgedächtnisses bezieht sich auf Knoten (oder Knotenkodierung), die Metaphern für Ideen sind. In der Tat ist ein Knoten das, was immer für eine Idee steht. Im Gegensatz zu früheren Modellen, die das Gedächtnis als aus vielen isolierten Abteilungen bestehend betrachteten oder als eine fortlaufende, videobandartige Darstellung aufeinanderfolgender Ereignisse ansahen, handelt es sich dabei um ein assoziatives Modell (alles Wissen ist verknüpft).

Motivation

Motivationstheorien beziehen sich auf das „Warum" des Verhaltens. Behavioristische Erklärungen für das Auftreten, die Richtung und das Verschwinden von Verhaltensweisen basieren häufig auf Annahmen über Instinkte, Bedürfnisse und Triebe. Instinkte sind ungelernt, komplex und artspezifisch. Sie scheinen für das

Tabelle 14.2. Schlüsselwörter

Behavioristen

Watson	Guthrie	Thorndike	Skinner	Hull	Spence
Behaviorismus	Kontiguität	Auswirkung	„operant"	Gewohnheitsstärke	Gewohnheit
klassisches	Lernen in einem	Übung	respondentes Verhalten	hypothetisch-deduktiv	Reaktionspotential
Konditionieren	Durchgang	Einstanzen	Verstärkungspläne	Reaktionspotential	r_G-S_G
Reflexe	Gewohnheiten	Ausstanzen	Abschwächung	Antrieb	Antrieb
Umwelttheorie	Schwelle	Versuch und Irrtum	Ratten	Zielreaktionen	
(Environmentalismus)	Ermüdung	Konnektionismus	shaping	Gewohnheitshierarchie	
Kontiguität	inkompatible Reize		abergläubisches Verhalten		
			programmiertes Lernen		

Übergangsstufe

Kognitivisten

Hebb	Tolman	Gestaltpsychologen	Bruner	Piaget
neuronale Kreise	zielgerichtet	Wahrnehmung	Kategorisieren	Equilibrierung
Zellgruppierung	molar	Ganzheit	wahrnehmungsmäßige	Stadien
Phasensequenz	Intention	Prägnanz	Bereitschaft	Assimilation
Neurophysiologie	Erwartung	Geschlossenheit	Attribute	Akkomodation
Erregung	Signifikat-Zeichen	Feld	Kodierungssysteme	Operationen
Wahrnehmung	Platzlernen	Vektoren	Strategien	Logik
		Lebensraum		

Verständnis menschlichen Verhaltens nicht sehr relevant zu sein. Bedürfnis- und Triebtheorien sind etwas relevanter, jedoch gelingt es ihnen nicht, eine große Zahl von Verhaltensweisen zu erklären, die keine Reaktionen auf spezielle Bedürfnisse darstellen.

Kognitive Motivationstheorien betrachten menschliches Verhalten als dynamisch, sie unterscheiden sich damit stark von anderen Theorien, die den Organismus als reaktiv ansehen. Dieser wird von Trieben hin- und hergerissen, über die er kaum, wenn überhaupt, Kontrolle hat. Die Theorie der kognitiven Dissonanz und die Attributionstheorie sind zwei Manifestationen kognitiver Richtungen in der Motivationsforschung. Beide beschreiben Verhalten so, daß es den bewußten Versuch voraussetzt, in uns und unserer Umwelt Sinn zu finden.

Erregungstheorien der Motivation basieren auf der grundlegenden Annahme, daß es für verschiedene Verhaltensweisen ein optimales Erregungsniveau gibt und daß wir uns so verhalten, daß dieses Niveau – zumindest annähernd – aufrechterhalten wird.

Synthese

Die vorangehenden Zusammenfassungen sind eine kurze Analyse der in diesem Buch beschriebenen Lernpositionen. Dieser und der nächste Abschnitt bilden eine Synthese der in den Zusammenfassungen dargebotenen Information.

Zwei verschiedene Synthesen werden angeboten: die erste in Gestalt einer tabellarischen Darstellung des Vokabulars jeder theoretischen Position, die zweite in Form einer Reduzierung der theoretischen Fachsprache (Fachchinesisch) auf die Aussprüche einer weisen Großmutter.

Tabelle 14.2 wird in Art eines pädagogischen Plans für Studierende der Lerntheorie dargeboten. Es mag sich als brauchbar erweisen – insbesondere zum Zwecke des Überblicks und der Prüfung – den Inhalt der Tabelle zu studieren. Die mit jedem Theoretiker assoziierten Begriffe sind einfach jene Wörter oder Aussprüche, die am klarsten die betreffende Position identifizieren und von anderen Theorien absetzen. Tabelle 14.3 ist mehr für die visuell Ausgerichteten unter Ihnen entworfen worden. Sie besteht aus einer graphischen oder symbolischen Darstellung einzelner Aspekte jeder Theorie. Hier sei ausdrücklich betont, daß weder Tab. 14.2 noch Tab. 14.3 vorgeben, eine vollständige Darstellung der betreffenden Theorien zu sein.

Fachchinesisch

Wenngleich es ziemlich einfach wäre, alle Unterschiede zwischen den theoretischen Positionen als oberflächlich und nur aus dem Gebrauch verschiedener Termini für die gleichen Konzepte resultierend herunterzuspielen, so wäre das dann doch wohl nicht ganz richtig. Offensichtlich gibt es einige *wirkliche* Unterschiede zwischen den in Tab. 14.2 und Tab. 14.3 beschriebenen theoretischen Positionen; die betreffenden Theoretiker wären wahrscheinlich die ersten, die diese Behauptung aufstellen würden. Tatsächlich scheint es bei der Entwicklung theoretischer Positionen irgendwie beliebt zu sein, zu Beginn ausführlich darzulegen, in welcher Weise frühere Theorien nicht in der Lage waren, verschiedenste, als psychologisch bedeutsam beurteilte Phänomene zu erklären. Für einige Theoretiker war die Verunglimpfung anderer theoretischer Positionen ein großes Anliegen.

Trotz dieser vergeblichen theoretischen Unterscheidungen gibt es viel mehr Ähnlichkeiten zwischen Theorien als es bei oberflächlicher Prüfung der Fall zu sein scheint. Die Fachsprache verbirgt viele dieser Ähnlichkeiten, denn jeder Theoretiker fühlt, daß es sein Recht ist, neue Begriffe zu prüfen oder alte in neuer Weise zu benutzen. Aber manchmal leistet das Fachchinesisch weitaus mehr, als einfach nur die Ähnlichkeit zwischen einer neuen und einer alten Theorie zu entdecken: Häufig verschleiert es die Abwesenheit von Substanz.

Ein flüchtiger Blick auf Tabelle 14.2 offenbart zahlreiche Begriffe, die fast beliebig austauschbar gebraucht werden könnten. In vielen Fällen könnte ein anderer, bekannterer, aber weniger fachspezifischer Ausdruck beide ersetzen. Z. B. ist *Integration* in Wirklichkeit *klassische Konditionierung* – aber das ist auch die *Zellgruppierung*. Eine *Zellgruppierung* birgt in sich eine starke Ähnlichkeit mit einem *Perzept* oder *Konzept*, wie dies auch eine *Kategorie* tut. Eine *Phasensequenz* ist das neurologische Analogon einer *Kategorie* oder vielleicht eines *Schemas*. Aber es gibt Unterschiede. Zum besseren Verständnis dieser sei Ihnen ans Herz gelegt, die Kapitel 1 bis 14 (Kap. 13 ausgenommen) zu studieren.

Tabelle 14.3. Theorien: Diagramme und Symbole

Behaviorismus

Watson	Thorndike	Guthrie	Skinner	Hull	Spence
UCS→UCR	1) S_1→R_1 (angenehm)	S_1→R_1	R_x + reinforcement + S_1	$sE_R = sH_R \times D \times V \times K$	$E = H \times (D+K)$
CS →?	2) S_1→R_1	S_1→R_1	↓		
CS+UCS→UCR	1) S_2→R_2 unangenehm		S_1→R_x		
CS+UCS→UCR					
CS→CR	2) S_2→	S_1→R_1			

Übergangsstufe

Kognitivismus

Hebb	Tolman	Gestaltpsychologie	Bruner	Piaget
	Belohnung 4 Kilometer			Inhalt
				↑
				Struktur
				↑
				Funktion

218

Etwas Kritik

Jede der in diesem Buch beschriebenen Hauptlerntheorien wurde im Anschluß an ihre Darstellung bewertet. Dieser Abschnitt versucht nicht, alle wichtigen Merkmale dieser Bewertungen zusammenzufassen, sondern beschreibt statt dessen allgemeinere (und manchmal relevante) *Kritikpunkte,* die im Laufe der Zeit an den verschiedenen Lerntheorien geübt wurde. Meine Großmutter, die mich das Übersimplifizieren lehrte (was manchmal nicht besser ist als lügen), meinte beharrlich: „Wenn sie was davon haben sollen, mußt Du ihnen erzählen, was falsch dran ist."

Hier ist, was falsch dran ist, wie auch das, was richtig ist, obwohl die folgenden Kommentare in keinem Fall einen erschöpfenden Katalog aller guten und schlechten Merkmale jeder Theorie darstellen. Da diese Kommentare natürlich etwas subjektiv sind, werden sie nur als Vorschläge präsentiert. Interessierte Leserinnen und Leser können die Bewertung gern auf ihre eigene subjektive Art und Weise erweitern oder - als Alternative - ihre Großmutter fragen.

Behaviorismus

Die prinzipielle Kritik am Behaviorismus ist, daß er durch seine Mechanisierung der Menschen diese entmenschlicht hat. Die Kritiker betonen, daß wir Bewußtsein besitzen, daß das Gefühl sehr wohl ein Teil des Verhaltens ist, daß menschliche Interaktion mit der Umwelt sicherlich mehr als einfach eine Angelegenheit von Reizen und Reaktionen ist. Weiter sind sie der Auffassung, daß die Konditionierung in all ihrer Vielfältigkeit nicht ausreicht, um einen großen Teil des menschlichen Verhaltens zu erklären. Sie haben ferner eine negative Einstellung zu Tierexperimenten, deren Resultate dann auf menschliches Verhalten übertragen werden. Die Behavioristen halten andererseits daran fest, daß gültige und zuverlässige Schlußfolgerungen nur erreicht werden können, wenn man die Aspekte menschlichen Verhaltens behandelt, die klar meßbar und definierbar sind. Sie weisen auf die chaotische und verwirrte „mentalistische" Psychologie hin; sie fragen, was Vorstellungen, Gefühle und Empfindungen sind und wundern sich darüber, welche Bedeutung die Konzepte haben sollen, außer daß sie menschliches Verhalten beeinflussen. Der Behaviorismus legt sein Schwergewicht ganz klar auf Objektivität; indem er dies

tut, verliert er einiges an unmittelbarer, offensichtlicher Relevanz. Nichtsdestoweniger hat sich dieser Ansatz als fruchtbar für die anwendbare Forschung und Theorie erwiesen und scheint wenig Gefahr zu laufen, aufgegeben zu werden.

Etwas speziellere Kritik kann an jeder der hauptsächlichen behavioristischen Positionen geübt werden. Es ist z.B. darauf hingewiesen worden, daß ein klassisches Konditionierungsmodell, so wie z.B. Watson es vertritt, nicht leicht für den Erwerb neuartiger Reaktionen verantwortlich sein kann.

Guthries Theorie leidet wie die Watsons daran, daß sie die Wirkung der Konsequenzen des Verhaltens auf das Lernen nicht anerkennt. Ferner ist die Vorstellung, daß Lernen immer auftritt und beim ersten Durchgang abgeschlossen ist, doch wohl etwas unrealistisch. Thorndikes Arbeit war einer Menge Kritik durch die frühen Gestaltpsychologen ausgesetzt, insbesondere wegen ihrer fast ausschließlichen Versuch- und Irrtum-Erklärung des menschlichen Lernens.

Die Arbeit von B. F. Skinner wurde ebenfalls streng kritisiert, dies jedoch nicht so sehr wegen theoretischer Inkonsistenzen oder Irrtümer, sondern eher weil Skinner einen Behaviorismus repräsentiert, der manchmal als potentielle Waffe machiavellistischer Psychologen gegen die Menschlichkeit angesehen wird. Hull entwickelte ein sehr formales und ausgearbeitetes, aber oft ungenaues System. Die Kritik hat die Aufmerksamkeit auf seinen Gebrauch von Zahlen in Gleichungen gelenkt, wobei die Ziffern oft Untersuchungen an nur einer oder zwei Vpn. entstammten; sie bemerkte das Versagen seines Systems hinsichtlich der Erhöhung der Vorhersagegenauigkeit von Reaktionen und kommentierte, daß Hull, obwohl er sich angeblich mit menschlichem Verhalten befaßte, sich gewöhnlich auf Verhaltensstudien an Ratten oder bestenfalls auf konditionierte Augenzwinker-Reaktionen bei Menschen beschränkte.

Spences System kann im allgemeinen mit den gleichen Argumenten kritisiert werden wie Hulls, da es sich im wesentlichen nicht davon unterscheidet.

Eine Übergangsstufe

Der von Donald Hebb vorgebrachte Vorschlag für eine Theorie basiert zugegebenermaßen sowohl auf neurologischer Spekulation als auch auf Fakten. Es wurde eingewandt, daß Neurologisieren wahrscheinlich nicht zu irgendwelchen neuen Entdeckungen über das Lernen führe, sondern bestenfalls in logisch plausiblen, aber praktisch nutzlosen Konzeptionen der neuralen Funktionsweise resultiere. Mit anderen Worten, es ist unwahrscheinlich, daß neurologische Spekulation zu irgendetwas anderem führt als zu einer Erklärung für das, was über Verhalten schon bekannt ist oder vermutet wird. Natürlich kann der entgegengesetzte Einwand ebenso vorgebracht werden. Es kann behauptet werden, daß nicht alles Neurologisieren auf Spekulation basiert, daß es Informationsquellen über menschliche Neurologie gibt, die von psychologischem Experimentieren sehr verschieden sind und daß es durchaus denkbar ist, daß Kenntnisse über menschliche nervöse Aktivitäten schließlich zu einem besseren Verständnis des Lernens und Verhaltens führen können.

Trotz der offensichtlichen Mängel der frühen behavioristischen Positionen ist ihr Einfluß auf die Entwicklung der menschlichen Lerntheorie nicht unbedeutend gewesen. Ein Großteil des heute auf das Experimentieren und die wissenschaftliche Strenge gelegten Nachdrucks rührt von der Arbeit solcher Leute wie Guthrie, Hull und Watson her; vieles von der Betonung der praktischen Anwendbarkeit einer Theorie ist der Arbeit Thorndikes zuzuschreiben, Skinners Beitrag zu einer praktischen Wissenschaft vom Verhalten kann kaum überschätzt werden, und einige Anmerkungen Hebbs bezüglich der Erregung stellen einen wichtigen Teil neuerer Motivationstheorien dar.

Kognitivismus

Die Kritiker der kognitivistischen Ansätze zum menschlichen Lernen stützen viele ihrer Einwände auf den weniger genauen und mehr subjektiven Ansatz der Kognitivisten hinsichtlich der Informationssammlung und des Theoretisierens. Auch der ausgiebige Gebrauch von Fachchinesisch seitens vieler zeitgenössischer Kognitivisten und der Mangel an Übereinstimmung zwischen den verschiedenen Positionen gab Anlaß zu einiger Kritik. Die Kognitivisten kontern, indem sie darauf hinweisen, daß sie sich mit Themen befassen, die für menschliches Verhalten eine größere Bedeutung haben als Fragestellungen über Reize und Reaktionen, und daß die Untersuchung dieser Themen eben manchmal erfordert, Schlußfolgerungen aus relativ begrenztem Datenmaterial zu ziehen.

Die Gestaltpsychologie wurde von einigen zeitgenössischen Theoretikern größtenteils deswegen verworfen, weil die Gesetze der Wahrnehmung sich zum Teil nicht direkt auf Lernprozesse anwenden lassen. („Humanistische" und gruppenorientierte Psychologen sind jedoch häufig gestaltorientiert). Bruner kann mit der Begründung kritisiert werden, daß seine Terminologie manchmal verwirrend und unpraktisch ist.

Piagets Arbeit wurde in verschiedenen Punkten heftig kritisiert. Seine experimentellen Methoden, das Fehlen von Stichprobenverfahren, die in den meisten Untersuchungen extrem kleine Anzahl von Vpn und der Mangel an statistischer Analyse in seinem früheren Werk stießen auf einigen Widerstand, insbesondere seitens der experimentell orientierten amerikanischen Psychologen. Zudem wurde Piaget wegen Übergeneralisierung und Übertheoretisierens seiner Daten angegriffen.

In dieser Bewertung wird nochmals darauf hingewiesen, daß jede Position auch einige Stärken besitzt, wie in den vorangegangenen Kapiteln gezeigt wurde.

Die Gegenüberstellung theoretischer Positionen und der Versuch, einige Erklärungen des Lernens zu diskreditieren, haben sich brauchbar für die Entwicklung neuer Theorien erwiesen; solch augenscheinliche Verschiedenheit zwischen Theoretikern ist für Studierende, die nach *der* korrekten theoretischen Position suchen, jedoch oft entmutigend und enttäuschend; vielleicht existiert diese Position nicht.

Eine Alternative

Historisch gesehen ging die Suche innerhalb der Lerntheorien immer nach *einer* besten Art, menschliches Verhalten zu erklären. Offensichtlich wurde diesem Bemühen die Annahme vorausgeschickt, daß es eine beste Erklärung *gibt*. Eine alternative Annahme, die zu einer drastisch verschiedenen und möglicherweise extrem brauchbaren theoretischen Orientierung führt, kann ebenso vorgebracht werden. Es kann angenommen werden, daß es *die* korrekte Theorie nicht gibt und, da es zahlreiche Arten menschlichen Lernens gibt, auch ein Bedürfnis nach einer großen Anzahl verschiedener Erklärungen besteht. Die daraus resultierende „Theorie" könnte sehr wohl die Integration einer Vielzahl von Konzepten sein, die traditionsgemäß mit getrennten Positionen assoziiert waren.

Mehrere aus jüngerer Zeit stammende Versuche, das Wissen über menschliches Lernen zu integrieren, basieren auf dieser Annahme. Banduras (1969) Beschreibung der Verhaltenskontrollsysteme ist ein Beispiel für diesen Ansatz. Melton (1964) liefert ein zweites Beispiel mit seinem Buch, welches Kategorien des menschlichen Lernens beschreibt. Diese „Kategorien" umfassen Themen, die für die meisten theoretischen Positionen von Interesse sind. Eine dritte, detailliertere und zugleich umfassendere Integration wird von Robert Gagné geliefert. Sie wird im nächsten Abschnitt kurz beschrieben.

Robert Gagné: Eine integrierte Position

Robert Gagné entwickelte die Theorie, die am stärksten den vorsichtigen und systematischen Versuch darstellt, eine Vielzahl der verschiedenen, in diesem Buch beschriebenen Theorien zu vereinigen. Diese Theorie wird hier als letzte Erklärung im letzten Kapitel dargestellt.

Kategorien des Lernens

Gagné (1974) beschreibt fünf Hauptgebiete von *erlernten* Fähigkeiten: intellektuelle Fähigkeiten, verbale Informationen, Einstellungen, motorische Fertigkeiten und kognitive Strategien. Das erste dieser Gebiete (intellektuelle Fähigkeiten) beschäftigt sich mit dem *Wie* des Lernens und steht in enger Beziehung zu den in den vorangegangenen Kapiteln beschriebenen Lerntheorien. Die anderen vier Gebiete beschäftigen sich mit dem *Was* des Lernens und werden vor der Beschreibung der intellektuellen Fähigkeiten unten kurz beschrieben.

Verbale Informationen sind für Lehrende und Lernende von größter Bedeutung. Gagné definiert verbale Information als nichts komplizierteres als das, was allgemein als *Wissen* betrachtet wird. Obwohl verbale Information nicht nur aus verbalem Input (oder verbal Gespeichertem) abgeleitet wird, kann sie doch in Form eines Satzes - oder zumindest eines angedeuteten Satzes - ausgedrückt werden. *Kognitive*

Strategien sind die persönlichen Pläne, mit denen wir alle unsere intellektuellen Tätigkeiten eine Richtung geben. Dies sind die Pläne, die bestimmen, wie wir Lernen, Erinnern, Aufmerksamkeit, Zusammenfügen, Abstrahieren und schöpferisches Tätigsein usw. in Angriff nehmen. Diese Fähigkeiten scheinen - trotz der Tatsache, daß in Schulen und Lehrer-Trainingsprogrammen sehr viel darüber geredet wird - zu einem großen Teil selbst erlernt zu sein.

Einstellungen sind affektive (emotionale) Reaktionen, die im allgemeinen als positiv oder negativ beschrieben werden können und wichtige motivationale Qualitäten darstellen. Gagné nimmt an, daß eine der wichtigsten Arten, wie Einstellungen gelernt werden, Imitation im Sinne Banduras beinhaltet.

Motorische Fertigkeiten sind eine Vielzahl organisierter, sequentieller motorischer Aktivitäten, deren wir fähig sind. Sie schließen all die komplexen Verhaltensweisen mit ein, die ein organisiertes Muster kontrollierter Muskelbewegungen erfordern. Beispiele für motorische Fertigkeiten sind damit Schreiben, Sprechen, das Rupfen von Hühnern und das Treffen eines Spucknapfes aus einiger Entfernung.

Das Gebiet, dem Gagné die größte Aufmerksamkeit widmete, ist das der *intellektuellen Fähigkeiten*. Diese beinhalten all die Fähigkeiten, die beim Erwerb von Informationen, Problemlösen, beim Entdecken von Regeln und Sprechenlernen beteiligt sind, um nur einige zu nennen.

Gagné (1970) beschreibt acht Arten intellektueller Fähigkeiten, von denen er die ersten vier manchmal unter der einen Bezeichnung *einfache Arten des Lernens* zusammenfaßt. Jede der ursprünglichen acht Kategorien und ihre Beziehung zu anderen Lerntheorien wird im Folgenden kurz beschrieben. Jedoch sollte vor der Auflistung und Definierung dieser acht Lernarten noch einiges zu Gagnés allgemeinem Ansatz bemerkt werden. Erstens sind die Lernarten nicht vollständig unabhängig voneinander, sondern hierarchisch angeordnet. Die einfachste Art des Lernens muß beherrscht werden, bevor Lernende zu komplexeren Arten des Lernens übergehen können. Ein zweiter Punkt ist, daß diese Lernarten hinsichtlich der das Lernen ermöglichenden Bedingungen (d. h. bestimmter Voraussetzungen) voneinander zu unterscheiden sind; die Beherrschung der untergeordneten Lernarten ist lediglich eine dieser Bedingungen.

Acht Lerntypen

Typ I: Signallernen

Definition: Einfaches Pawlowsches Konditionieren.
Beispiel: Eine Autohupe ertönt. Ein Mann springt wie wild weg. Der gleiche Mann sieht ein anderes Auto, diesmal ein leises. Er springt wieder wie wild weg.
Wichtige Theoretiker: Pawlow, Watson

Typ II: Reiz-Reaktions-Lernen

Definition: Bildung einer einzelnen Verbindung zwischen einem Reiz und einer Reaktion.
Beispiel: Eine fette Sau wird im Uhrzeigersinn herumgedreht, während ihr stolzer Besitzer, ein Psychologe, sanft sagt: „Dreh' dich". Nach jeder vollzogenen Drehung wird der lächelnden Sau ein Stück Apfel verabreicht. Nach 730 Äpfeln und 1459 Drehungen (der Psychologe aß einmal einen halben Apfel) kann die Sau sich nun drehen, wenn der Psychologe „Dreh' dich" sagt. Das ist langsames Reiz-Reaktions-Lernen.
Wichtige Theoretiker: Skinner, Thorndike, Hull, Spence.

Typ III: Kettenbildung – motorische Ketten

Definition: Die Verbindung einer Abfolge motorischer Reiz-Reaktions-Verhaltensweisen.
Beispiel: Sie sehen einen Mann, der sich selbst seine Zähne zieht. Er führt seine Hand zum Mund, öffnet seinen Mund und geht mit der Hand hinein, legt Daumen und Zeigefinger um den rechten oberen Eckzahn und zieht. Dann macht er mit den unteren Zähnen das gleiche. Die S-R-Kette kann wie folgt vereinfacht werden:

S	R--S	R--S	R---S	R
Hand zum Mund	Mund öffnen	Mund offen	Hand einführen	Hand eingeführt	Finger anlegen	Finger angelegt	ziehen

Wichtige Theoretiker: Guthrie, Thorndike, Skinner

Typ IV: Kettenbildung – sprachliche Assoziation

Definition: Die Verbindung einer Abfolge verbaler Reiz-Reaktions-Verhaltensweisen.
Beispiel: eins, zwei, drei, vier, fünf
Wichtige Theoretiker: Hebb, Bruner

Typ V: Das Lernen multipler Diskriminationen

Definition: Lernen, zwischen hochgradig ähnlichen Reizinputs zu unterscheiden. Das Lernen von Diskriminationen ist „…im wesentlichen eine Sache der Bildung einer Reihe verschiedener Ketten" (Gagné, 1965, S. 115).
Beispiel: Das Erlernen einer fremden Sprache schließt das Lernen von verbalen Ketten in dieser Sprache ein. Da diese Ketten schon in der Muttersprache vorhanden sind, müssen Lernende zwischen diesen beiden diskriminieren.
Wichtige Theoretiker: Bruner, Skinner und Hebb

Typ VI: Begriffslernen

Definition: Begriffslernen ist das Gegenteil von Diskriminationslernen. Es umfaßt das Ordnen von Dingen zu Klassen und das Reagieren auf Klassen als Ganze.
Beispiel: Ein Kind lernt, daß ein englischer Setter ein Hund ist. Es sieht eine Katze und sagt: „Wauwau". Es hat ein „Wauwau"-Konzept entwickelt, wenn auch ein falsches.
Wichtige Theoretiker: Hebb, Bruner, Skinner und Piaget.

Typ VII: Regellernen

Definition: „Eine Regel ist eine erschlossene Fähigkeit, die das Individuum befähigt, auf eine Klasse von Reizsituationen mit einer Klasse von Leistungen zu reagieren" (1970, S. 191).
Beispiel: Eine einfache Regel wird durch die Aussage „Psychologie macht Spaß" exemplifiziert. Diese Regel zu verstehen, schließt das Verstehen des Konzepts „Psychologie" und des Konzepts „Spaß" ein. Manche Studenten und Studentinnen verstehen weder… noch…
Wichtige Theoretiker: Bruner, Piaget

Typ VIII: Problemlösen

Definition: Die Anwendung von Regeln bringt „Regeln höherer Ordnung" hervor. Das ist das unausweichliche Ergebnis der Anwendung von Regeln auf Probleme.
Beispiel: Es soll ein Dorabotur gefangen werden – ein elementares Problem. Vier Regeln können bei der Lösung dieses einfachen Problems angewandt werden:
1. Doraboturen mögen Schrapse
2. Schrapse wachsen in 2-Fuß-tiefen Höhlen
3. Doraboturen haben Schwänze, die immer mindestens 3 Fuß land sind.

4. Doraboturen sind harmlos.
Die Lösung kann in Form einer Regel höherer Ordnung ausgedrückt werden: Doraboturen können an ihren Schwänzen aus Schraps-Höhlen herausgezogen werden.
Wichtige Theoretiker: Bruner, Piaget.

Zusammenfassung: Kapitel 14

Dieses Kapitel brachte Zusammenfassungen der in diesem Bericht dargestellten theoretischen Positionen. Den Zusammenfassungen folgte eine tabellarische Aufstellung der Begriffe, die zur Identifizierung der einzelnen Positionen verwendet werden können, sowie eine Bewertung der Theorien. Ferner wurde die Theorie Robert Gagnés kurz beschrieben.

1. Eines der Probleme beim Zusammenfassen von Lerntheorien besteht in der Schwierigkeit zu vereinfachen, ohne zu lügen.

2. Die Hauptrichtung innerhalb der Lerntheorien können unterschieden werden (a) hinsichtlich der Variablen, die für die betreffenden Theoretiker von größtem Interesse sind, (b) hinsichtlich der Art der Datengewinnung und des wissenschaftlichen Aufbaus.

3. Watson, Guthrie, Thorndike und Skinner gehören zu den frühen Behavioristen. Watson und Guthrie können als „Konnektionisten" klassifiziert werden, während Thorndike und Skinner „Konnektionisten in der Reinforcement-Tradition" sind (Hill, 1963).

4. Hull und Spence versuchen, ein formales, hypothetisch-deduktives System zu entwickkeln; Hebb entwarf ein neurophysiologisches Modell der Wahrnehmung und des Lernens.

5. Die Gestaltpsychologen, Bruner und Piaget können als kognitive Psychologen betrachtet werden. Gestaltpsychologie interessiert sich mehr für Wahrnehmung als für Lernen. Bruner beschreibt eine Informationsverarbeitungstheorie und Piagets System ist größtenteils entwicklungsbezogen.

6. Das Fachchinesisch (Fachsprache) verdeckt Ähnlichkeiten zwischen Lerntheorien. Es kann auch als wirksame Tarnung bei Substanzmangel dienen.

7. Jede theoretische Position kann der Kritik unterzogen werden, wenn sie unter dem Gesichtspunkt bewertet wird, wie gut sie alle Arten menschlichen Lernens und Verhaltens erklären kann.

8. Jüngeren Versuchen, verschiedene Arten des Lernens zu beschreiben (z. B. Bandura, Melton und Gagné) liegt die Annahme zugrunde, daß ein Bedürfnis nach einer Vielzahl von Erklärungen besteht.

9. Gagnés acht Lerntypen können direkt zu den in diesem Bericht besprochenen Theorien in Beziehung gesetzt werden.

Literaturverzeichnis

Allport, F.H. *Theories of perception and the concept of structure.* New York: Wiley, 1955.

Anand, B.K., & Chhina, G.S. Investigations on yogis claiming to stop their heart beats. *Indian Journal of Medical Research,* 1961, **49**, 90–94.

Anastasi, A. Heredity, environment and the question „how?" *Psychological Review,* 1958, **65**, 197–208.

Anderson, A.R. *Minds and machines.* Englewood Cliffs, N.J.: Prentice-Hall, 1964.

Apter, M.J. The computer modelling of behaviour. In Apter, M.J., & Westby, G. (Eds.), *The computer in psychology.* New York: Wiley, 1973.

Apter, M.J., & Westby, G. (Eds.). *The computer in psychology.* New York: Wiley, 1973.

Ashby, W.R. *An introduction to cybernetics.* London: Chapman & Hall, 1961.

Asimov, I. *The human brain.* New York: Signet, 1963.

Athey, I.J., & Rubadeau, D.O. (Eds.). *Educational implications of Piaget's theory.* Waltham, Mass.: Ginn-Blaisdell, 1970.

Atkinson, R.C., & Shiffrin, R.M. Human memory: A proposed system and its control processes. In K.W.Spence & J.T.Spence (Eds.), *The psychology of learning and motivation: Advances in research and theory* (Vol.2). New York: Academic Press, 1968.

Ausubel, D.P. *Theory and problems of child development.* New York: Grune & Stratton, 1957.

Ausubel, D.P. *The psychology of meaningful verbal learning.* New York: Grune & Stratton, 1963.

Ausubel, D.P. *Eduactional psychology: A cognitive view.* New York: Holt, Rinehart & Winston, 1968.

Ausubel, D.P., & Anderson, L.C. *Readings in the psychology of cognition.* New York: Holt, Rinehart & Winston, 1965.

Ausubel, D.P., & Robinson, F.G. *School learning: An introduction to educational psychology.* New York: Holt, Rinehart & Winston, 1969.

Ayllon, T., & Michael, J. The psychiatric nurse as a behavioral engineer. *Journal of the Experimental Analysis of Behavior,* 1959, **2**, 323–334.

Babich, F.R., Jacobson, A.L., Bubash, S., & Jacobson, A. Transfer of learning to naive rats by injection of ribonucleic acid extracted from trained rats. *Science,* 1965, **149**, 656–657.

Babrick, H.P., Babrick, P.O., & Wittlinger, R.P. Fifty years of memory for names and faces: A cross-sectional approach. *Journal of Experimental Psychology,* 1975, **104**, 54–75.

Baddeley, A.D. *The psychology of memory.* New York: Basic Books, 1976.

Baer, D.M., Peterson, R.S., & Sherman, J.A. The development of imitation by reinforcing behavioral similarity to a model. *Journal of the Experimental Analysis of Behavior,* 1967, **10**, 405–416.

Baldwin, A.L. *Theories of child development.* New York: Wiley, 1967.

Bandura, A. Behavioral modifications through modelling procedures. In Krasner, L., & Ullmann, L.P. (Eds.), *Research in behavior modification.* New York: Holt, Rinehart & Winston, 1967.

Bandura, A. *Principles of behavior modification.* New York: Holt, Rinehart & Winston, 1969.

Bandura, A. *Social learning theory.* Englewood Cliffs, N.J.: Prentice-Hall, 1977.

Bandura, A., Grusec, J.E., & Menlove, S.L. The vicarious extinction of avoidance behavior. *Journal of Personality and Social Psychology,* 1967, **5**, 16–23.

Bandura, A., Ross, D., & Ross, S.A. Imitation of film mediated aggressive models. *Journal of Abnormal and Social Psychology,* 1963, **66**, 3–11.

Bandura, A., & Walters, R. *Social learning and personality development.* New York: Holt, Rinehart & Winston, 1963.

Barnard, C.W., Wolfe, H.D., & Graveline, D.E. Sensory deprivation under null gravity conditions. *American Journal of Psychiatry,* 1962, **118**, 921–925.

Bartlett, S.C. *Remembering.* Cambridge, England: Cambridge University Press, 1932.

Bennett, E.L., & Calvin, N. Failure to train planarians reliably. *Neuro-sciences Research Program Bulletin,* 1964, **2**, July-August issue.

Berlyne, D.E. *Conflict arousal and curiosity.* New York: McGraw-Hill, 1960.

Berlyne, D.E. *Structure and direction in thinking.* New York: Wiley, 1965.

Berlyne, D.E. Curiosity and exploration. *Science,* 1966, **153**, 25–33.

Bernard, L.L. *Instinct: A study in social psychology.* New York: Holt, Rinehart & Winston, 1924.

Bexton, W.H., Heron, W., & Scott, T.H. Effects of decreased variation in the sensory environment. *Canadian Journal of Psychology,* 1954, **8**, 70–76.

Bijou, S.W., & Baer, D.M. *Child development I: A systematic and empirical theory.* New York: Appleton-Century-Crofts, 1961. (a)

Bijou, S.W., & Baer, D.M. *Child development II: Universal stage of infancy.* New York: Appleton-Century-Crofts, 1961. (b)

Bijou, S.W., & Sturges, P.S. Positive reinforcers for experimental studies with children – Consumables and manipulatables. *Child Development,* 1959, **30**, 151–170.

Birnbrauer, J.S., & Lawler, J. Token reinforcement for learning. *Mental Retardation,* 1964, **2**, 275–279.

Birnbrauer, J.S., Wolf, M.N., Kidder, J.D., & Tague, C.E. Classroom behavior of retarded pupils with token reinforcement. *Journal of Experimental Child Psychology*, 1965, **2**, 219-235.

Bitterman, M.E. Toward a comparative psychology of learning. *American Psychologist*, 1960, **15**, 704-712.

Bitterman, M.E. Learning in animals. In H. Helson & W. Bevan (Eds.), *Contemporary approaches to psychology*. Princeton, N.J.: Van Nostrand, 1967.

Bitterman, M.E. Thorndike and the problem of animal intelligence. *American Psychologist*, 1969, **24**, 444-453.

Bolles, R.C. Species-specific defense reactions and avoidance learning. *Psychological Review*, 1970, **77**, 32-48.

Bolles, R.C. Cognition and motivation: Some historical trends. In B. Weiner (Ed.), *Cognitive views of human motivation*. New York: Academic Press, 1974.

Bolles, R.C. *Theory of motivation* (2nd ed.). New York: Harper & Row, 1975.

Boring, E.G. *A history of experimental psychology* (2nd ed.). New York: Appleton-Century-Crofts, 1950.

Borke, H. Piaget's mountains revisited: Changes in the egocentric landscape. *Developmental Psychology*, 1975, **11**, 240-243.

Bourne, L.E., Jr., Dominowski, R.L., & Loftus, E.F. *Cognitive processes*. Englewood Cliffs, NJ.: Prentice-Hall, 1979.

Bower, G. (Ed.). *Human memory: Basic processes*. New York: Academic Press, 1977.

Bower, G.H. Mood and memory. *American Psychologist*, 1981, **36**, 129-148.

Bower, T.G.R. *Development in infancy*. San Francisco: Freeman, 1974.

Bowlby, J. *Maternal care and mental health*. Geneva: World Health Organization Monograph Series, 1951.

Bransford, J.D., & Franks, J.J. The abstraction of linguistic ideas. *Cognitive Psychology*, 1971, **2**, 331-350.

Brehm, J.W., & Cohen, A.R. *Explorations in cognitive dissonance*. New York: Wiley, 1962.

Breland, K., & Breland, M. A field of applied animal psychology. *American Psychologist*, 1951, **6**, 202-204.

Breland, K., & Breland, M. The misbehavior of organisms. *American Psychologist*, 1961, **16**, 681-684.

Brim, O.G., Jr., & Wheeler, S. *Socialization after childhood: Two essays*. New York: Wiley, 1966.

Broadbent, D.E. Speaking and listening simultaneously. *Journal of Experimental Psychology*, 1952, **43**, 267-273.

Broadbent, D.E. *Perception and communication*. London: Pergamon Press, 1958.

Brown, J.S. Generalization and discrimination. In D.I. Mostossky (Ed.), *Stimulus generalization*. Stanford, Calif.: Stanford University Press, 1965.

Bruner, J.S. *Contemporary approaches to cognition*. Cambridge, Mass: Harvard University Press, 1957. (a)

Bruner, J.S. On perceptual readiness. *Psychological Review*, 1957, **64**, 123-152. (b)

Bruner, J.S. The act of discovery. *Harvard Educational Review*, 1961, **31**, 21-32. (a)

Bruner, J.S. *The process of education*. Cambridge, Mass.: Harvard University Press, 1961. (b)

Bruner, J.S. *On knowing: Essays for the left hand*. Cambridge, Mass.: Harvard University Press, 1963.

Bruner, J.S. The course of cognitive growth. *American Psychologist*, 1964, **19**, 1-15.

Bruner, J.S. *Toward a theory of instruction*. Cambridge, Mass.: Harvard University Press, 1966.

Bruner, J.S. *Processes of cognitive growth: Infancy*. Worcester, Mass.: Clark University Press, 1968.

Bruner, J.S., Goodnow, J.J., & Austin, G.A. *A study of thinking*. New York: Wiley, 1956.

Bruner, J.S., Olver, R.R., & Greenfield, P.M. *Studies in cognitive growth*. New York: Wiley, 1966.

Butler, R.A., & Harlow, H.S. Discrimination learning and learning sets to visual exploration incentives. *Journal of Genetic Psychology*, 1957, **57**, 257-264.

Buxton, C.E. Latent learning and the goal gradient hypothesis. *Contributions to Psychological Theory*, 1940, **2**, 6.

Campbell, D.T., & Stanley, J.C. *Experimental and quasi-experimental designs for research*. Chicago: Rand McNally, 1963.

Cannon, W.B. *Bodily changes in pain, hunger, fear and rage* (2nd ed.). New York: Appleton-Century-Crofts, 1929.

Cannon, W.B. *The wisdom of the body*. New York: Norton: 1939.

Cermak, L. *Improving your memory*. New York: McGraw-Hill, 1976.

Cermak, L.S., & Craik, F.I. (Eds.). *Levels of processing in human memory*. Hillsdale, N.J.: Erlbaum, 1979.

Chaplin, J.P., & Krawiec, T.S. *Systems and theories of psychology*. New York: Holt, Rinehart & Winston, 1960.

Cherry, E.C. Some experiments on the recognition of speech, with one and with two ears. *Journal of the Acoustical Society of America*, 1953, **25**, 975-979.

Cherry, E.C., & Taylor, W.K. Some further experiments on the recognition of speech with one and two ears. *Journal of the Acoustical Society of America*, 1954, **26**, 554-559.

Chomsky, N. *Language and mind* (Rev. ed.). New York: Harcourt Brace Jovanovich, 1972.

Collins, B.E., & Hoyt, M.F. Personal responsibility for consequences: An integration and extension of the „forced compliance" literature. *Journal of Experimental and Social Psychology*, 1972, **8**, 558-593.

Commons, W.D., & Fagin, B. *Principles of educational psychology*. New York: Ronald Press, 1954.

Conrad, R., & Hille, B. A. The decay theory of immediate memory and space recall. *Canadian Journal of Psychology,* 1958, **12**, 1–6.

Cook, T. D., & Campbell, D. T. *Quasi-experimentation.* Chicago: Rand McNally, 1979.

Corbett, A. T. Retrieval dynamics for rote and visual image mnemonics. *Journal of Verbal Learning and Verbal Behavior,* 1977, **16**, 233–246.

Côté, A. D. J. *Flexibility and conservation acceleration.* Unpublished doctoral dissertation, University of Alberta, Edmonton, 1968.

Craig, R. C. Directed versus independent discovery of established relations. *Journal of Educational Psychology,* 1956, **47**, 223–234.

Craik, F. M., & Lockhart, R. S. Levels of processing: A framework for memory research. *Journal of Verbal Learning and Verbal Behavior,* 1972, **11**, 671–684.

Crespi, L. Quantitative variation of incentive and performance in the white rat. *American Journal of Psychology,* 1942, **55**, 467–517.

Dasen, P. R. Cross-cultural Piagetian research: A summary. *Journal of Cross-Cultural Psychology,* 1972, **3**, 23–29.

Dasen, P. R. (Ed.). *Piagetian psychology: Cross-cultural contributions.* New York: Gardner Press, 1977.

DeCecco, J. P. *The psychology of learning and instruction: Educational psychology.* Englewood Cliffs, N. J.: Prentice-Hall, 1968.

Deci, E. L. *Intrinsic motivation.* New York: Plenum Press, 1975.

Deese, J., & Hulse, S. H. *The psychology of learning* (3rd ed.). New York: McGraw-Hill, 1967.

Delgado, J. M. R. *Physical control of the mind.* New York: Harper & Row, 1969.

Deutsch, J. A., & Deutsch, D. Attention: Some theoretical considerations. *Psychological Review,* 1963, **70**, 80–90.

Dulit, E. Adolescent thinking à la Piaget: The formal stage. *Journal of Youth and Adolescence,* 1972, **1**, 281–301.

Dworkin, B. R., & Miller, N. E. Visceral learning in the curarized rat. In G. E. Schwartz & J. Beatty (Eds.), *Biofeedback: Theory and research.* New York: Academic Press, 1977.

Ebbinghaus, H. *Memory* (H. A. Ruger & C. E. Busenius, trans.). New York: Teacher's College, 1913. Reissued as paperback, New York: Dover, 1964. (Originally published, 1885.)

Eckland, B. K. Darwin rides again. *American Journal of Sociology,* 1977, **82**, 693–697.

Elkind, D. *Children and adolescents: Interpretive essays on Jean Piaget* (3rd ed.). New York: Oxford University Press, 1981.

Eriksen, C. W., & Johnson, H. J. Storage and decay characteristics of nonattended auditory stimuli. *Journal of Experimental Psychology,* 1964, **68**, 28–36.

Estes, W. K. Is human memory obsolete? *American Scientist,* 1980, **68**, 62–69.

Fahlman, S. F. *NETL: A system for representing and using real-world knowledge.* Cambridge: Massachusetts Institute of Technology, 1979.

Falk, J. L. Control of schedule-induced polydipsia: Type, size, and spacing of meals. *Journal of the Experimental Analysis of Behavior,* 1967, **10**, 199–206.

Falk, J. L. Conditions producing psychogenic polydipsia in animals. *Annals of the New York Academy of Science,* 1969, **157**, 569–593.

Falk, J. L. The nature and determinants of adjunctive behavior. In *Schedule-induced and schedule-dependent phenomena* (Vol. 2). Toronto: Addiction Research Foundation, 1970.

Ferguson, L. W. *The use of nonveridical heartrate feedback as an adjunct to modeling technique in the extinction of avoidance response.* Unpublished doctoral dissertation University of Alberta, Edmonton, 1968.

Ferster, C. B. Positive reinforcement and behavioral deficits in autistic children. *Child Development,* 1961, **32**, 437–456.

Ferster, C. B., & deMyer, M. K. Method for the experimental analysis of the behavior of autistic children. *American Journal of Orthopsychiatry,* 1962, **32**, 89–98.

Festinger, L. *A theory of cognitive dissonance.* Stanford, Calif.: Stanford University Press, 1957.

Festinger, L. Cognitive dissonance. *Scientific American,* October 1962.

Flavell, J. H. *The developmental psychology of Jean Piaget.* Princeton, N. J.: Van Nostrand, 1963.

Flavell, J. H. *Cognitive development.* Englewood Cliffs, N. J.: Prentice-Hall, 1977.

Fowler, H. *Curiosity and exploratory behavior.* New York: Macmillan, 1965.

French, J. D. The reticular formation. *Scientific American,* May 1957.

Freund, K. Some problems in the treatment of homosexuality. In H. J. Eysenck (Ed.), *Behavior therapy and the neuroses.* New York: Pergamon Press, 1960.

Furth, H. G. *Piaget and knowledge.* Englewood Cliffs, N. J.: Prentice-Hall, 1969.

Furth, H. G. *Piaget for teachers.* Englewood Cliffs, N. J.: Prentice-Hall, 1970.

Gagné, R. M. *The conditions of learning* (1st ed.). New York: Holt, Rinehart & Winston, 1965.

Gagné, R. M. *The conditions of learning* (2nd ed.). New York: Holt, Rinehart & Winston, 1970.

Gagné, R. M. *Essentials of learning for instruction.* Hinsdale, Ill.: Dryden Press, 1974.

Galton, F. *Hereditary genesis: An inquiry into its laws and consequences.* New York: Appleton, 1870.

Garcia, J., Ervin, F. E., & Koelling, R. A. Learning with prolonged delay of reinforcement. *Psychonomic Science,* 1965, **5**, 121–122.

Garcia, J., & Koelling, R. A. Relation of cue to consequence in avoidance learning. *Psychonomic Science,* 1966, **4**, 123–124.

Gelman, R. Cognitive development. *Annual Review of Psychology,* 1978, **29**, 297–332.

Ginsberg, H., & Opper, S. *Piaget's theory of intellectual development* (2nd ed.). Englewood Cliffs, N.J.: Prentice-Hall, 1978.

Glassman, E., Machlus, B., & Wilson, J.E. Phosphorylation of non-histone acid-extractable nuclear proteins (NANP) from the brain. In H.P.Zippel (Ed.), *Memory and the transfer of information*. New York: Plenum Press, 1973.

Glick, J. Cognitive development in cross-cultural perspective. In F.D.Horowitz, E.M.Hetherington, S.Scarr-Salapatek, & G.M.Siegel (Eds.), *Review of child development research* (Vol.4). Chicago: University of Chicago Press, 1975.

Goldschmid, M.L., & Bentler, P.M. *Conservation concept diagnostic kit: Manual and keys*. San Diego: Educational and Industrial Testing Service, 1968.

Greenspoon, J. The reinforcing effect of two spoken sounds on the frequency of two responses. *American Journal of Psychology*, 1955, **68**, 409–416.

Gunderson, K. The imitation game. In A.R.Anderson (Ed.), *Mind and machines*. Englewood Cliffs, N.J.: Prentice-Hall, 1964.

Guthrie, E.R. *The psychology of learning*. New York: Harper & Row, 1935.

Guthrie, E.R. *The psychology of learning* (Rev. ed.). New York: Harper & Row, 1952.

Guthrie, J.T. Expository instruction versus a discovery method. *Journal of Educational Psychology*, 1967, **58**, 45–49.

Hamilton, W.D. Selfish and spiteful behaviour in an evolutionary model. *Nature*, 1970, **228**, 1218–1220.

Hamilton, W.D. Geometry for the selfish herd. *Journal of Theoretical Biology*, 1971, **31**, 295–311.

Hamilton, W.D. Altruism and related phenomena, mainly in social insects. *Annual Review of Ecology and Systematics*, 1972, **3**, 193–232.

Hardt, J.V., & Kamiya, J. Some comments on Plotkin's self-regulation of electroencephalographic alpha. *Journal of Experimental Psychology*, 1976, **105**, 100–108.

Harlow, H.F. Learning set and error factor theory. In S.Koch (Ed.), *Psychology: A study of a science* (Vol.2). New York: McGraw-Hill, 1959.

Harris, B. Whatever happened to Little Albert? *American Psychologist*, 1979, **34**, 151–160.

Haslerud, G.N., & Meyers, S. The transfer value of given and individually derived principles. *Journal of Educational Psychology*, 1958, **49**, 293–298.

Hebb, D.O. *The organization of behavior*. New York: Wiley, 1949.

Hebb, D.O. *A textbook of psychology* (1st ed.). Philadelphia: Saunders, 1958.

Hebb, D.O. The American Revolution. *American Psychologist*, 1960, **15**, 735–745.

Hebb, D.O. *A textbook of psychology* (2nd ed.). Philadelphia: Saunders, 1966.

Hebb, D.O. *A textbook of psychology* (3rd ed.). Philadelphia: Saunders, 1972.

Hebron, M.E. *Motivated learning*. London: Methuen, 1966.

Heider, F. *The psychology of interpersonal relations*. New York: Wiley, 1958.

Hellyer, S. Supplementary report: Frequency of stimulus presentation and short-term decrement in recall. *Journal of Experimental Psychology*, 1962, **64**, 650.

Heron, W. The pathology of boredom. *Scientific American*, January 1957.

Heron, W., Doane, B.K., & Scott, T.H. Visual disturbances after prolonged perceptual isolation. *Canadian Journal of Psychology*, 1956, **10**, 13–18.

Herrnstein, R.J. Doing what comes naturally: A reply to Professor Skinner. *American Psychologist*, 1977, **32**, 1013–1016.

Hess, E.H. Imprinting in animals. *Scientific American*, 1958, **198**, 81–90.

Hewett, F. *The emotionally disturbed child in the classroom*. Boston: Allyn & Bacon, 1968.

Higbee, K.L. *Your memory: How it works and how to improve it*. Englewood Cliffs, N.J.: Prentice-Hall, 1977.

Hilgard, E.R. & Bower, G.H. *Theories of learning* (3rd ed.). New York: Appleton-Century-Crofts, 1966.

Hill, W.S. *Learning: A survey of psychological interpretations*. San Francisco: Chandler, 1963.

Hinde, R.A., & Stevenson-Hinde, R. (Eds.). *Constraints on learning: Limitations and predispositions*. New York: Academic Press, 1973.

Holland, J.G., & Skinner, B.F. *The analysis of behavior: A program for self-instruction*. New York: McGraw-Hill, 1961.

Hovland, C.I. Computing simulation of thinking. *American Psychologist*, 1960, **15**, 687–693.

Hovland, C.I., & Hunt, E.B. Computer simulation of concept attainment. *Behavioral Science*, 1960, **5**, 265–267.

Hull, C.L. *Principles of behavior*. New York: Appleton-Century-Crofts, 1943.

Hull, C.L. *Essentials of behavior*. New Haven, Conn.: Yale University Press, 1951.

Hull, C.L. *A behavior system*. New Haven, Conn.: Yale University Press, 1952.

Hulse, S.H., Jr. Amount and percentage or reinforcement and duration of goal confinement in conditioning and extinction. *Journal of Experimental Psychology*, 1958, **56**, 48–57.

Hunt, J. McV. *Intelligence and experience*. New York: Ronald Press, 1961.

Hunter, I.M.L. *Memory: Facts and fallacies*. Baltimore: Penguin, 1957.

Hurlock, E.B. *Child development*. New York: McGraw-Hill, 1964.

Hyden, H. Neuronal plasticity, protein conformation and behavior. In H.P.Zippel (Ed.), *Memory and the transfer of information*. New York: Plenum Press, 1973.

Hyden, H., & Lange, P.W. Protein changes in different brain areas as a function of intermittent training. *Proceedings of the National Academy of Sciences*, 1972, **69**, 1980–1984.

Irwin, O.C., & Weiss, L.A. The effect of clothing on the general and vocal activity of the new born infant. *University of Iowa Studies in Child Welfare,* 1934, **9**, 149–162.

Isaacs, N. *The growth of understanding in the young child.* London: The Education Supply, 1961.

Jacobson, A.L., Babich, F.R., Bubash, S., & Jacobson, A. Differential approach tendencies produced by injection of ribonucleic acid from trained rats. *Science,* 1965, **150**, 636–637.

James, W. *The principles of psychology.* New York: Holt, Rinehart & Winston, 1890.

Jensen, A.R. Social class, race and genetics: Implications for education. *American Educational Research Journal,* 1968, **5**, 1–42.

Johnson, M.K., Bransford, J.D., & Solomon, S. Memory for tacit implications of sentences. *Journal of Experimental Psychology,* 1973, **98**, 203–205.

Jones, M.C. Albert, Peter, and John B. Watson. *American Psychologist,* 1974, **29**, 581–583.

Kahneman, D. *Attention and effort.* Englewood Cliffs, N.J.: Prentice-Hall, 1973.

Keith-Lucas, T., & Guttman, N. Robust-single-trial delayed backward conditioning. *Journal of Comparative and Physiological Psychology,* 1975, **88**, 468–476.

Keller, F.S. *Learning: Reinforcement theory* (2nd ed.). New York: Random House, 1969.

Kelley, H.H. *Attribution in social interaction.* Morristown, N.J.: General Learning Press, 1971.

Kelley, H.H. The processes of causal attribution. *American Psychologist,* 1973, **28**, 107–128.

Kendler, H.H. A concept of the concept. In A.W.Melton (Ed.), *Categories of human learning.* New York: Academic Press, 1964.

Kessen, W. *The child.* New York: Wiley, 1965.

Kintsch, W. *Learning, memory and conceptual processes.* New York: Wiley, 1970.

Knowlis, D.T., & Kamiya, J. The control of electroencephalographic alpha rhythms through auditory feedback in the associated mental activity. *Psychophysiology,* 1970, **6**, 476–484.

Köhler, W. *Intelligenzprüfungen an Menschenaffen.* Berlin: Springer, 1921 engl. Übers. *The mentality of the apes.* New York: Harcourt, Brace & World, 1927.

Köhler, W. *Gestalt psychology.* New York: Liveright Publishing, 1929.

Köhler, W. Gestalt psychology today. *American Psychologist,* 1959, **14**, 727–734.

Koffka, K. Perception: An introduction to Gestalt theory. *Psychological Bulletin,* 1922, **19**, 531–585.

Koffka, K. *The growth of the mind.* New York: Harcourt, Brace & World, 1925.

Koffka, K. *Principles of Gestalt psychology.* New York: Harcourt, Brace & World, 1935.

Konorski, J.M.D. *Integrative activity of the brain.* Chicago: University of Chicago Press, 1967.

Krech, D., Rosenzweig, M., & Bennett, E.L. Effects of environmental complexity and training on brain chemistry. *Journal of Comparative and Physiological Psychology,* 1960, **53**, 509–519.

Krech, D., Rosenzweig, M., & Bennett, E.L. Relations between brain chemistry and problem-solving among rats raised in enriched and impoverished environments. *Journal of Comparative and Physiological Psychology,* 1962, **55**, 801–807.

Krech, D., Rosenzweig, M., & Bennett, E.L. Environmental impoverishment, social isolation, and changes in brain chemistry and anatomy. *Physiology and Behavior,* 1966, **1**, 99–104.

Laurendeau, M., & Pinard, A. *Causal thinking in the child: A genetic and experimental approach.* New York: International Universities Press, 1962.

Lazarus, R.S. Cognitive and coping processes in emotion. In B.Weiner (Ed.), *Cognitive views of human motivation.* New York: Academic Press, 1974.

Lefrancois, G.R. *The acquisition of concepts of conservation.* Unpublished doctoral dissertation, University of Alberta, Edmonton, 1966.

Lefrancois, G.R. Jean Piaget's developmental model: Equilibration-through-adaptation. *Alberta Journal of Educational Research,* 1967, **13**, 161–171.

Lefrancois, G.R. A treatment hierarchy for the acceleration of conservation of substance. *Canadian Journal of Psychology,* 1968, **22**, 277–284.

Lefrancois, G.R. *Of children: An introduction to child development* (3rd ed.). Belmont, Calif.: Wadsworth, 1980 (a)

Lefrancois, G.R. *Psychology.* Belmont, Calif.: Wadsworth, 1980. (b)

Lefrancois, G.R. *Adolescents* (2nd ed.). Belmont, Calif.: Wadsworth, 1981.

Lefrancois, G.R. *Psychology for teaching: A bear rarely faces the front* (4th ed.). Belmont, Calif.: Wadsworth, 1982.

Leight, K.H., & Ellis, H.C. Emotional mood states, strategies, and state dependency in memory. *Journal of Verbal Learning and Verbal Behavior,* 1981, **20**, 251–266.

Levenson, R.W. Feedback effects and respiratory involvement in voluntary control of heart rate. *Psychophysiology,* 1976, **13**, 108–114.

Lewin, K. *A dynamic theory of personality.* (B.K. Adams & K.E.Zener, trans.). New York: McGraw-Hill, 1935.

Lewin, K. *Principles of topological psychology* (F.Heider & G.N.Heider, trans.). New York: McGraw-Hill, 1936.

Lewin, K. Frontiers in group dynamics. *Human Relations,* 1947, **1**, 5–41.

Lewin, K. *Field theory in social science.* New York: Harper & Row, 1951.

Liben, L. *Perspective-taking skills in young children: Seeing the world through rose-colored glasses.* Paper presented at the meeting of the Society for Research in Child Development, Denver, 1975.

Lilly, J.C. *The center of the cyclone: An autobiography of inner space.* New York: Julian Press, 1972.

Lindsley, O.R. Characteristics of the behavior of

chronic psychotics as revealed by free operant conditioning methods. *Disease of the Nervous System,* 1960, **21**. (Monograph supplement.)

Lindsley, O.R. Free operant conditioning and psychotherapy. *Current Psychiatric Therapies* (Vol.3). New York: Grune & Stratton, 1963.

Loess, H. Pro-active inhibition in short-term memory. *Journal of Verbal Learning and Verbal Behavior,* 1964, **3**, 362–368.

Loftus, E.F. *Eyewitness testimony.* Cambridge, Mass.: Harvard University Press, 1979.

Lorenz, K. *King Solomon's ring.* London: Methuen, 1952.

Lovaas, O.I. A program for the establishment of speech in psychotic children. In J.K.Wing (Ed.), *Early childhood autism.* Oxford: Pergamon Press, 1966.

Lovaas, O.I., Berberich, J.P., Perloff, B.S., & Schaeffer, B. Acquisition of imitative speech by schizophrenic children. *Science,* 1966, **151**, 705–707.

Luria, A.R. *The mind of a mnemonist.* New York: Avon Books, 1968.

Macfarlane, D.A. The role of kinesthesis in maze learning. *University of California Publications in Psychology,* 1930, **4**, 277–305.

Maier, H.W. *Three theories of child development.* New York: Harper & Row, 1965.

Marx, M.H., & Hillix, W.A. *Systems and theories in psychology.* New York: McGraw-Hill, 1963.

Maslow, A.H. *Motivation and personality.* New York: Harper & Row, 1954.

Maslow, A.H. *Motivation and personality* (2nd ed.). New York: Harper & Row, 1970.

Masson, M.E.J., & McDaniel, M.A. The role of organizational processes in long-term retention. *Journal of Experimental Psychology: Human Learning and Memory,* 1981, **7**, 100–110.

McConnell, J.V. Memory transfer through cannibalism in planarians. *Journal of Neuropsychiatry, 1962,* **3**. (Monograph supplement 1.)

McConnell, J.V. Worm-breeding with tongue in cheek and the confessions of a scientist hoist by his own petard. *UNESCO courier,* April 1976, pp.12–15, **32**.

McDougall, W. *An introduction to social psychology.* London: Methuen, 1908.

Mcloskey, M., & Santee, J. Are semantic memory and episodic memory distinct systems? *Journal of Experimental Psychology: Human Learning and Memory,* 1981, **7**, 66–71.

McNeil, A.B. *Human socialization.* Belmont, Calif.: Brooks/Cole, 1969.

Melton, A.W. Implications of short-term memory for a general theory of memory. *Journal of Verbal Learning and Verbal Behavior,* 1963, **2**, 1–21.

Melton, A.W. *Categories of human learning.* New York: Academic Press, 1964.

Mervis, C.B., & Rosch, E. Categorization of natural objects. *Annual Review of Psychology,* 1981, **32**, 89–115.

Miller, G.A. The magical number seven, plus or minus two: Some limits on our capacity for processing information. *Psychological Review,* 1956, **63**, 81–97.

Miller, G.A., Galanter, E., & Pribram, K.H. *Plans and the structure of behavior.* New York: Holt, 1960.

Miller, N.E. Learnable drives and rewards. In S.S.Stevens (Ed.), *Handbook of experimental psychology.* New York: Wiley, 1951.

Miller, N.E. Learning of visceral and glandular responses. *Science,* 1969, **163**, 434–445.

Miller, N.E. Biofeedback and visceral learning. *Annual Review of Psychology,* 1978, **29**, 373–404.

Miller, N.E., & Dollard, J.C. *Social learning and imitation.* New Haven, Conn.: Yale University Press, 1941.

Miller, N.E., & Dworkin, B.R. Visceral learning: Recent difficulties with curarized rats and significant problems for human research. In P.A.Obrist, A.H.Black, J.Brener, & L.V.DiCara (Eds.), *Cardiovascular psychophysiology: Current issues in response mechanisms, biofeedback, and methodology.* Chicago: Aldine, 1974.

Moray, N. Attention in dichotic listening: Affective cues and the influence of instruction. *Quarterly Journal of Experimental Psychology,* 1959, **11**, 56–60.

Moray, N. *Cybernetics.* New York: Hawthorne, 1963.

Mouly, G.J. *Psychology for effective teaching* (2nd ed.). New York: Holt, Rinehart & Winston, 1968.

Murchison, C. (Ed.). *A history of psychology in autobiography* (Vol.3). Worcester, Mass.: Clark University Press, 1936.

Murdock, B.B., Jr. The retention of individual items. *Journal of Experimental Psychology,* 1961, **62**, 618–625.

Murray, H.A. *Explorations in personality.* New York: Oxford University Press, 1938.

Neimark, E.D. Intellectual development during adolescence. In F.D.Horowitz (Ed.), *Review of child development research.* Chicago: University of Chicago Press, 1975.

Neisser, U. *Cognitive psychology.* New York: Appleton-Century-Crofts, 1967.

Neisser, U. *Cognition and reality: Principles and implications of cognitive psychology.* San Francisco: Freeman, 1976.

Nelson, T.O. Repetition and depth of processing. *Journal of Verbal Learning and Verbal Behavior,* 1977, **16**, 151–171.

Newell, A. Artificial intelligence and the concept of mind. In R.C.Schank & C.M.Colby (Eds.), *Computer models of thought and language.* San Francisco: Freeman, 1973.

Newell, A., Shaw, J.C., & Simon, H.A. Empirical explorations with a logic theory machine. *Proceedings of the Joint Western Computer Conference,* Institute of Radio Engineers, 1957, 218–230.

Newell, A., Shaw, J.C., & Simon, H.A. Elements of a theory of human problem-solving. *Psychological Review,* 1958, **65**, 151–166.

Newell, A., & Simon, H. A. The logic theory machine: A complex information processing system. *Transactions on Information Theory,* Institute of Radio Engineers, 1956, IT-2, 61–69.

Newell, A., & Simon, H. A. *Human problem solving.* Englewood Cliffs, N. J.: Prentice-Hall, 1972.

Norman, D. A. *Memory and attention: An introduction to human information processing.* New York: Wiley, 1969.

O'Leary, K. D., & Becker, W. C. Behavior modification of an adjustment class: A token reinforcement program. *Exceptional Children,* 1967, **33,** 637–642.

O'Leary, K. D., & Becker, W. C. The effects of a teacher's reprimands on children's behavior. *Journal of School Psychology,* 1968, **7,** 8–11.

O'Leary, K. D., Kaufman, K. F., Kass, R. E., & Drabman, R. S. The effects of loud and soft reprimands on the behavior of disruptive students. In A. R. Brown & C. Avery (Eds.), *Modifying children's behavior: A book of readings.* Springfield, Ill.: Charles C Thomas, 1974.

Olson, D. R. *The role of verbal rules in the cognitive processes of children.* Unpublished doctoral dissertation, University of Alberta, Edmonton, 1963.

Opper, S. Concept development in Thai urban and rural children. In P. R. Dasen (Ed.), *Piagetian psychology: Cross-cultural contributions.* New York: Gardner Press, 1977.

Osgood, C. E. A behavioristic analysis of perception and language as cognitive phenomena. In *Contemporary Approaches to Cognition,* Cambridge, Mass.: Harvard University Press, 1957.

Osgood, C. E., Suci, G. P., & Tannenbaum, P. H. *The measurement of meaning.* Urbana: University of Illinois Press, 1957.

Paivio, H. *Imagery and verbal processes* (2nd ed.). New York: Holt, Rinehart & Winston, 1980.

Papalia, D. F. The status of several conservation abilities across the life-span. *Human development,* 1972, **15,** 229–243.

Parke, R. D. Rules, roles, and resistance to deviation: Recent advances in punishment, discipline, and self-control. In A. Pick (Ed.), *Minnesota Symposia on Child Psychology* (Vol. 8). Minneapolis: University of Minnesota Press, 1974.

Peel, E. A. *The pupil's thinking.* London: Oldbourne, 1960.

Peterson, L. R., & Peterson, N. J. Short-term retention of individual verbal items. *Journal of Experimental Psychology,* 1959, **58,** 193–198.

Phillips, John L. *The origins of intellect.* San Francisco: Freeman, 1969.

Piaget, J. *The language and thought of the child.* New York: Harcourt, Brace & World, 1926.

Piaget, J. *The child's conception of the world.* New York: Harcourt, Brace & World, 1929.

Piaget, J. *The child's conception of physical causality.* London: Kegan Paul, 1930.

Piaget, J. *The moral judgement of the child.* London: Kegan Paul, 1932.

Piaget, J. *Le développement de la notion de temps chez l'enfant.* Paris: Presses Univer. France, 1946.

Piaget, J. *The psychology of intelligence.* New York: Harcourt, Brace & World, 1950.

Piaget, J. *Play, dreams and imitation in childhood.* New York: Norton, 1951.

Piaget, J. *Logic and psychology.* New York: Basic Books, 1957. (a)

Piaget, J. Logique et équilibre dans les comportements du suject. In L. Apostel, B. Mandelbrot, & J. Piaget (Eds.), *Logique et équilibre, études d'épistémologie génétique.* 1957, **2,** 27–117. (b)

Piaget, J. The stages of the intellectual development of the child. *Bulletin of the Menninger School of Psychiatry,* March 6, 1961.

Piaget, Jean. *Biologie et connaissance.* Paris: Gallinard, 1967.

Piaget, J. *On the development of memory and identity.* Worcester, Mass.: Clark University Press, 1968.

Piaget, J. Intellectual development from adolescence to adulthood. *Human Development,* 1972, **15,** 1–12.

Piaget, J. *The grasp of consciousness.* Cambridge, Mass.: Harvard University Press, 1976.

Piaget, J., & Inhelder, B. Le développement des quantités chez l'enfant. *Neuchatel: Délachauxet Niestlé,* 1941.

Piaget, J., & Inhelder, B. *The child's conception of space.* New York: Norton, 1956.

Piaget, J., & Inhelder, B. *The growth of logical thinking from childhood to adolescence.* New York: Basic Books, 1958.

Pollack, I. Message uncertainty and message reception. *Journal of Acoustical Society of America,* 1959, **31,** 1500–1508.

Postman, L. Reward and punishments in human learning. In L. Postman (Ed.), *Psychology in the making.* New York: Knox, 1962.

Premack, D. Reinforcement theory. In D. Levine (Ed.), *Nebraska Symposium on Motivation.* Lincoln: University of Nebraska Press, 1965.

Prytula, R. E., Oster, G. D., & Davis, S. F. The „rat rabbit" problem: What did John B. Watson really do? *Teaching of Psychology,* 1977, **4,** 44–46.

Raphael, B. *The thinking computer: Mind inside matter.* San Francisco: Freeman, 1976.

Raths, L. E., & Burrell, A. P. *Understanding the problem child.* West Orange, N. J.: Economics Press, 1963.

Razran, G. The observable unconscious and the inferable conscious in current Soviet psycho-physiology: Introspective conditioning, semantic conditioning, and the orienting reflex. *Psychological Review,* 1961, **68,** 109–119.

Reese, E. P. *The analysis of human operant behavior.* Dubuque, Iowa: Brown, 1966.

Risley, T., & Wolf, M. Establishing functional speech in echolalic children. *Behavior Research and Therapy,* 1967, **5,** 73–88.

Rogers, C. R. *Client-centered therapy: Its current prac-*

tice, implications and theory. Boston: Houghton Mifflin, 1951.

Rogers, C. R. *Freedom to learn.* Columbus, Ohio: Charles E. Merrill, 1969.

Rogers, C. R., & Skinner, B. F. Some issues concerning the control of human behavior: A symposium. *Science,* 1956, **124**, 1057–1066.

Rosenthal, R., & Fode, K. L. The effect of experimenter bias on the performance of the albino rat. *Behavioral Science,* 1963, **8**, 183–189.

Rosenthal, R., & Jacobson, L. *Pygmalion in the classroom: Teacher expectations and pupils' intellectual development.* New York: Holt, Rinehart & Winston, 1968.

Rosenthal, R., & Lawson, R. A longitudinal study of the effects of experimenter bias on the operant learning of laboratory rats. *Journal of Psychiatric Research,* 1964, **2**, 61–72.

Rotter, J. B. *Social learning and clinical psychology.* Englewood Cliffs, N. J.: Prentice-Hall, 1954.

Rozin, P., & Kalat, J. W. Specific hungers and poison avoidance as adaptive specializations of learning. *Psychological Review,* 1971, **78**, 459–486.

Sahakian, W. S. *Psychology learning: Systems, models, and theories* (2nd ed.). Chicago: Markham, 1981.

Sakagami, S. F., & Akahira, Y. Studies on the Japanese honeybee, *Apis cerana fabricius:* 8. Two opposing adaptations in the post-stinging behavior of honeybees. *Evolution,* 1960, **14**, 29–40.

Schachter, S., & Singer, J. Cognitive, social and physiological determinants of emotional state. *Psychological Review,* 1962, **69**, 379–399.

Schultz, D. P. *Sensory restriction: Effects on behavior.* New York: Academic Press, 1965.

Schultz, D. P. *A history of modern psychology.* New York: Academic Press, 1969.

Sears, R. R., Maccoby, E. P., & Lewin, H. *Patterns of child rearing.* Evanston, Ill.: Row, Peterson, 1957.

Seligman, M. E. P. *Helplessness: On depression, development and death.* San Francisco: Freeman, 1975.

Seligman, M. E. P., & Hager, J. L. *Biological boundaries of learning.* New York: Appleton-Century-Crofts, 1972.

Shaver, K. G. *An introduction to attribution processes.* Cambridge, Mass.: Winthrop, 1975.

Shurley, J. T. Stress and adaptation as related to sensory/perceptual isolation research. *Military medicine,* 1966, **131**, 254–258.

Skinner, B. F. *The behavior of organisms: An experimental analysis.* New York: Appleton-Century-Crofts, 1938.

Skinner, B. F. *Walden Two.* New York: Macmillan, 1948.

Skinner, B. F. How to teach animals. *Scientific American,* December 1951, pp. 26–29.

Skinner, B. F. *Science and human behavior.* New York: Macmillan, 1953.

Skinner, B. F. *Verbal behavior.* New York: Appleton-Century-Crofts, 1957.

Skinner, B. F. *Cumulative record* (Rev. ed.). New York: Appleton-Century-Crofts, 1961.

Skinner, B. F. *Beyond freedom and dignity.* New York: Knopf, 1971. dt. Übers. *Jenseits von Freiheit und Würde.* Reinbeck: Rowohlt, 1973

Smedslund, J. The acquisition of conservation of substance and weight in children. I. Introduction. *Scandinavi an Journal of Psychology,* 1961, **2**, 11–20. (a)

Smedslund, J. The acquisition of conservation of substance and weight in children. II. External reinforcement of conservation of weight and of operations of addition and subtraction. *Scandinavian Journal of Psychology,* 1961, **2**, 71–84. (b)

Smedslund, J. The acquisition of conservation of substance and weight in children. III. Extension of conservation of weight acquired normally and by means of empirical controls on a balance scale. *Scandinavian Journal of Psychology,* 1961, **2**, 85–87. (c)

Smedslund, J. The acquisition of conservation of substance and weight in children. IV. An attempt at extension of visual components of the weight concept. *Scandinavian Journal of Psychology,* 1961, **2**, 153–155. (d)

Smedslund, J. The acquisition of conservation of substance and weight in children. V. Practice in conflict situations without external reinforcement. *Scandinavian Journal of Psychology,* 1961, **2**, 158–160. (e)

Spence, K. W. *Behavior theory and conditioning.* New Haven, Conn.: Yale University Press, 1956.

Spence, K. W. *Behavior theory and learning: Selected papers.* Englewood Cliffs, N. J.: Prentice-Hall, 1960.

Sperling, G. A model for visual memory tests. *Human Factors,* 1963, **5**, 19–31.

Sperry, R. W. The great cerebral commissure. *Scientific American,* January 1964.

Spitz, R. A., & Wolf, K. M. Anaclitic depression: An inquiry into the genesis of psychiatric conditions in early childhood. *P. A. Study of the Child II.* New York: International Universities Press, 1946.

Staats, A. W. *Human learning.* New York: Holt, Rinehart & Winston, 1964.

Staats, A. W., & Staats, C. K. Verbal habit families, concepts, and the operant conditioning of word classes. *Psychological Review,* 1961, **68**, 190–204.

Staddon, J. E. R., & Simmelhag, V. L. The „superstition" experiment: A reexamination of its implications for the principles of adaptive behavior. *Psychological Review,* 1971, **78**, 3–43.

Standing, L. Learning 10000 picturees. *Quarterly Journal of Experimental Psychology,* 1973, **25**, 207–222.

Stern, R. M., & Ray, W. J. *Biofeedback: How to control your body, improve your health, and increase your effectiveness.* Homewood, Ill.: Dow Jones-Irwin, 1977.

Stoyva, J., Kamiya, J., Barber, T. X., Miller, N. E., &

Shapiro, D. (Eds.). *Biofeedback and self-control, 1977-78.* New York: Aldine, 1979.

Taylor, J. H. Innate emotional responses in infants. *Ohio University Studies,* 1934, **12**, 69-81.

Thomas, R. M. *Comparing theories of child development.* Belmont, Calif.: Wadsworth, 1979.

Thorndike, E. L. *The psychology of learning.* New York: Teacher's College, 1913.

Thorndike, E. L. *The psychology of arithmetic.* New York: Macmillan, 1922.

Thorndike, E. L. The influence of first year Latin upon the ability to read English. *School and Society,* 1923, **17**, 165-168.

Thorndike, E. L. Reward and punishment in animal learning. *Comparative Psychology Monographs,* 1932, **8**, No. 39.

Thorndike, E. L. *The psychology of wants, interests, and attitudes.* New York: Appleton-Century-Crofts, 1935.

Thorpe, W. H. *Learning and instinct in animals* (2nd ed.). London: Methuen, 1963.

Tinbergen, N. *A study of instinct.* Oxford, England: Clarendon Press, 1951.

Titchener, E. B. Postulates of a structural psychology. *Philosophical Review,* 1898, **7**, 449-465.

Toch, H. H., & Schulte, R. Readiness to perceive violence as a result of police training. *British Journal of Psychology,* 1961, **52**, 389-394.

Tolman, E. C. *Collected papers in psychology.* Berkeley: University of California Press, 1951.

Tolman, E. C. *Purposive behavior in animals and men.* New York: Appleton-Century-Crofts, 1967.

Tolman, E. C., & Honzik, C. H. Insight in rats. *University of California Publications in Psychology,* 1930, **4**, 215-232.

Tolman, E. C., Ritchie, B. F., & Kalish, D. Studies in spatial learning: II. Place learning versus response learning. *Journal of Experimental Psychology,* 1946, **36**, 221-229.

Tomlinson-Keasey, C. Formal operations in females from eleven to fifty-four years of age. *Developmental Psychology,* 1972, **6**, 364.

Towler, J. O. *Training effects and concept development: A study of the conservation of continuous quantity in children.* Unpublished doctoral dissertation, University of Alberta, Edmonton, 1967.

Travis, L. D. *Conservation acceleration through successive approximations.* Unpublished master's thesis, University of Alberta, Edmonton, 1969.

Treisman, A. M. Verbal cues, language and meaning in selective attention. *American Journal of Psychology,* 1964, **77**, 206-219.

Trivers, R. L. The evolution of reciprocal altruism. *Quarterly Review of Biology,* 1971, **46**, 35-37.

Trivers, R. L. Parent-offspring conflict. *American Zoologist,* 1974, **14**, 249-264.

Tulving, E. Episodic and semantic memory. In E. Tulving & W. Donaldson (Eds.), *Organization of memory.* New York: Academic Press, 1972.

Tulving, E. Cue-dependent forgetting. *American Scientist,* 1974, **62**, 74-82.

Tulving, E., & Madigan, S. A. Memory and verbal learning. *Annual Review of Psychology,* 1970, **21**, 437-484.

Turing, A. M. Computing machinery and intelligence. *Mind,* 1950, **59**, 236.

Underwood, B. J., & Schultz, R. W. *Meaningfulness and verbal learning.* Philadelphia: Lippincott, 1960.

Uzgiris, I. C., & Hunt, J. *Assessment in infancy: Ordinal scales of psychological development.* Urbana: University of Illinois Press, 1975.

Voeks, V. W. Postremity, recency, and frequency as bases for prediction in the maze situation. *Journal of Experimental Psychology,* 1948, **38**, 495-510.

Voeks, V. W. Formalization and clarification of a theory of learning. *Journal of Psychology,* 1950, **30**, 341-363.

Voeks, V. W. Acquisition of S-R connections: A test of Hull's and Guthrie's theories. *Journal of Experimental Psychology,* 1954, **47**, 137-147.

Wade, N. Sociobiology: Troubled birth for a new discipline. *Science,* 1976, **191**, 1151-1155.

Wallace, J. G. *Concept growth and the education of the child.* New York: New York University Press, 1965.

Walters, G. C., & Grusec, J. E. *Punishment.* San Francisco: Freeman, 1977.

Walters, R. H., & Llewellyn, T. E. Enhancement of punitiveness by visual and audiovisual displays. *Canadian Journal of Psychology,* 1963, **17**, 244-255.

Walters, R. H., Llewellyn, T. E., & Acker, W. Enhancement of punitive behavior by audiovisual displays. *Science,* 1962, **136**, 872-873.

Watson, J. B. Psychology as the behaviorist views it. *Psychological Review,* 1913, **20**, 157-158.

Watson, J. B. *Behaviorism* (2nd ed.). Chicago: University of Chicago Press, 1930.

Watson, J. B., & Rayner, R. Conditioned emotional reactions. *Journal of Experimental Psychology,* 1920, **3**, 1-14.

Watson, R. I. *The great psychologists* (3rd ed.). Philadelphia: Lippincott, 1971.

Waugh, N. C., & Norman, D. A. Primary memory. *Psychological Review,* 1965, **72**, 89-104.

Weiner, B. *Theories of motivation: From mechanisms to cognition.* Skokie, Ill.: Rand McNally, 1972.

Weiner, B. (Ed.). *Cognitive views of human motivation.* New York: Academic Press, 1974.

Weiner, B. The role of affect in rational (attributional) approaches to human motivation. *Educational Researcher,* 1980, **9**, 4-11.

Weiner, B., Frize, I., Kukla, A., Reed, L., Rest, S., & Rosenbaum, R. M. *Perceiving the causes of success and failure.* New York: General Learning Press, 1971.

Weisenbaum, J. ELIZA - A computer program for the study of natural language communication between man and machine. *Communication Associates Computing Machinery,* 1966, **9**, 36-45.

Wertheimer, M. *Productive thinking* (1st ed.). New York: Harper & Row, 1945.

Wertheimer, M. *Productive thinking* (Rev. ed.). New York: Harper & Row, 1959.

Whitehead, A. N., & Russell, B. *Principia mathematica* (2nd ed.) (Vol. 1). Cambridge, England: Cambridge University Press, 1925.

Why you do what you do: Sociobiology – a new theory of behavior. *Time,* August 1, 1977, pp. 36–41.

Wickelgren, W. A. Human learning and memory. *Annual Review of Psychology,* 1981, **32**, 21–52.

Wiener, N. *Cybernetics* (1st ed.). New York: Wiley, 1948.

Wilcoxon, H. C., Dragoin, W. B., & Kral, P. A. Illness-induced aversions in rat and quail: Relative salience of visual and gustatory cues. *Science,* 1971, **171**, 826–828.

Williams, D. R., & Williams, H. Auto-maintenance in the pigeon: Sustained pecking despite contingent non-reinforcement. *Journal of the Experimental Analysis of Behavior,* 1969, **12**, 511–520.

Wilson, E. O. *Sociobiology: The new synthesis.* Cambridge, Mass.: Belknap, 1975.

Wilson, E. O. Academic vigilantism and the political significance of sociobiology. *Bio-Science,* 1976, **183**, 187–190.

Wittrock, M. C. Verbal stimuli in concept formation: Learning by discovery. *Journal of Educational Psychology,* 1963, **54**, 183–190.

Wolpe, J. *Psychotherapy by reciprocal inhibition.* Stanford, Calif.: Stanford University Press, 1958.

Woodworth, R. S., & Sheehan, M. R. *Contemporary schools of psychology* (3rd ed.). New York: Ronald Press, 1964.

Wulf, S. Tendencies and figural variations. In W. D. Ellis (Ed.), *A source book of Gestalt psychology.* New York: Harcourt, Brace & World, 1938. (Originally published, 1922.)

Yarmey, A. D. *The psychology of eyewitness testimony.* New York: Free Press, 1979.

Zeaman, D. Response latency as a fauction of amount of reinforcement. *Journal of Experimental Psychology,* 1949, **39**, 466–483.

Zeaman, D., & House, B. J. The role of attention in retardate discrimination learning. In N. R. Ellis (Ed.), *Handbook of mental deficiency.* New York: McGraw-Hill, 1963.

Zelman, A., Kabot, L., Jacobson, R., & McConnell, J. V. Transfer of training through injection of „conditioned" RNA into untrained worms. *Worm Runners' Digest,* 1963, **5**, 14–21.

Zubek, J. P. *Sensory deprivation: Fifteen years of research.* New York: Appleton-Century-Crofts, 1969.

Zubek, J. P., & Wilgosh, L. Prolonged immobilization of the body: Changes in performance in the electroencephalogram. *Science,* 1963, **140**, 306–308.

Sachverzeichnis